日本人口述“二战”史

一部日本平民亲历者的战争反思录

〔美〕田谷治子（Haruko Taya Cook）
西奥多·F. 库克（Theodore F. Cook）◎著

小小冰人　潘丽君　易　伊　◎译

重庆出版集团　重庆出版社

版贸核渝字（2016）第066号

图书在版编目（CIP）数据
日本人口述“二战”史：一部日本平民亲历者的战争反思录 /（美）田谷治子，（美）西奥多·F.库克著；
小小冰人等译. — 重庆：重庆出版社, 2016.7（2018.4重印）
书名原文: Japan at War: An Oral History

ISBN 978-7-229-11330-8

Ⅰ. ①日… Ⅱ. ①田… ②西… ③小… Ⅲ. ①第二次世界大战－史料－日本 Ⅳ. ①K313.46

中国版本图书馆CIP数据核字(2016)第142769号

日本人口述“二战”史：一部日本平民亲历者的战争反思录
RIBENREN KOUSHU “ERZHAN” SHI：YIBU RIBEN PINGMIN QINLIZHE DE ZHANZHENG FANSILU
〔美〕田谷治子　西奥多·F. 库克　著
小小冰人　潘丽君　易　伊　译

策　　划：中资海派·重庆出版集团科技分社
执行策划：黄　河　桂　林
责任编辑：吴向阳　张立武　赖义羡
特约编辑：王爱萍　乔明邦　梁桂芳
责任校对：郑小石
版式设计：张　英　胡小瑜
封面设计：WONDERLAND Book design

重庆出版集团 重庆出版社 出版
（重庆市南岸区南滨路162号1幢　邮政编码 400061）
深圳市彩美印刷有限公司制版印刷
重庆出版集团图书发行有限公司发行
邮购电话：023-61520646
重庆出版社天猫旗舰店
cqcbs.tmall.com
全国新华书店经销

开本：787mm×1092mm　1/16　印张：29　字数：462千
2018年1月第1版　2018年4月第2次印刷
ISBN 978-7-229-11330-8
定价：69.80元

如有印装质量问题，请致电：023-61520678

权威推荐

傅高义

费正清东亚研究中心前主任、《邓小平时代》作者

《日本人口述“二战”史》是一部资料翔实、研究细致、全面，描写生动、发人深省的作品。

斯特兹·特克尔

美国著名历史学家、普利策奖获得者

这本荡气回肠的书就像是一幅肖像画，把战争的疯狂展现得淋漓尽致，恐怕就连戈雅也画不出这么生动的画。

马里厄斯·B. 詹森

美国著名历史学家、普林斯顿大学历史教授

自此以后，没有谁在思索、写作或者讲授太平洋战争的那段历史时，可以不参考库克夫妇所著的《日本人口述“二战”史》。

曹景行

资深媒体人、著名时事评论员

《日本人口述“二战”史》是一本我期待已久的作品。前不久日本发生熊本大地震，也由此想到，熊本这么美丽，熊本熊这么可爱，熊本人今天仍然质朴，但当年施行南京大屠杀的主力也来自熊本，为什么？本书中能给我们一些启示和答案。

做这样的口述历史极为困难，许多人不愿谈，因为他们本身就抗拒历史曾发生的丑陋，极力想要回避。但我们不能逃避，所以一定要曝光尽可能多的历史记录，包括口述历史。有了无法抹杀的史实纪录，我们才有对历史问题的发言权。

朱克奇

深圳卫视《决胜制高点》节目主持人

平民对于战争的体验，是历史记忆中非常容易被忽视的一个方面。但这并不意味着这不重要。这种体验深刻地反映出一个民族的心理特征，并且构成这个民族面对下一次战争与和平的选择时的潜意识基础。

正因为如此，《日本人口述“二战”史》对于包括中国读者在内的世界各国人民，有着特别重要的意义，它是一部历史纪录，也是一面折射未来的镜子。未来未必是历史的重演，但必须从心路中寻觅新路。

翟 新

上海交通大学国际与公共事务学院教授

口述史能有效帮助后人重返过去，体验先人的思想、认识、观念和情感的痛苦经历，加深理解文献资料所无法记载的鲜活、丰富和饱满的历史生活的样态。且因口述史往往涉及的不是那些“宏大”领域的诸问题，而是普通小人物的生活与命运，所以重视口述史的知识价值，恰恰正是我们科学认知和反思战争历史的多样性、叠层性及复杂性的重要路径……总体给人的印象是，本书的确展示了当时处于不同社会地位的（日本）口述者的真实想法。

《纽约时报书评》

《日本人口述“二战”史》所述所思均是铿锵有力、振聋发聩、骇人听闻的，亲历者们在书中敞开心扉，真诚吐露往事，共同揭露真相……实为一部难得的佳作。

《科克斯书评》

《日本人口述“二战”史》是一部令人深信不疑的口述史。

《费城问询报》

《日本人口述“二战”史》是一本关于“二战”的重要图书。

《旧金山纪事报》

《日本人口述“二战”史》一书的故事提供了一个视角，可以洞察战时人们行为的极其混乱的复杂性。

序 言

日本为何从不反思“二战”

日本在其最近卷入的一场战争中，彻底溃败。这场冲突持续了若干年、席卷世界上众多的国家，约有 300 万日本人因此丧生。战火波及的范围极广，从夏威夷到印度，从阿拉斯加到澳大利亚，几乎无一幸免；在中国、东南亚及太平洋岛屿等各大战区，有不计其数的生命逝去，百姓苦不堪言；战争还给世界上无数军人和平民家庭造成了永远难以抚平的伤痛。

然而，日本如何看待这场战争？我们对此又了解多少？长期以来，日本被笼统地视为一个狂热的参战国，日本民众个体的战时经历，似乎从未从这个好战民族的集体群像中被剥离出来仔细探究。在日本士兵、水手、工人、农妇、女工和学生眼中，这是一场怎样的战争？他们是如何度过硝烟弥漫的战时岁月，是怎样的精神激励着他们？从这场灾难中他们又学到了什么？诚然，时至今日，在探讨亚洲“二战”史的议题上，美国视角中几乎从来都缺少对“日本想法”的考量，日本人民如何看待这场战争这一角度也基本缺失。穿行于日本的大街小巷，你不难感受到日本国民身上涌动着仇恨战争的强烈情绪，他们坚信这场战争不应该打响。然而，极少有人愿意去反思或细究为什么半个多世纪前，日本会成为这场全球性冲突的中心之一。

事实上，在研究日本战时历史的过程中，我们常常有这样一种感觉，即在那些受访的亲历者们看来，这场战争就如同躲不开的天灾，是“不可抗力地落到”

他们身上的，而不是由他们“造成”的。不少受访者正好在青葱岁月赶上那段非常时期，我们敏锐地察觉到，他们的言谈举止间无不透露出这样一个强烈的讯息：希望有某种叙事方式，来帮助他们永久记录那段激情燃烧的战时岁月；然而事与愿违，斯人难免落寞。如今，依然还没有现成的叙事框架能让这些走过战争年代的人们可以毫无顾忌地把他们的个人经历分享给公众。然而，我们始终坚信，对这场战争的研究，绝不能缺少日本人民战时生活这一要素。掩卷沉思，我们不得不扪心自问，究竟应该如何寻找突破口？

尘封的罪证

忽然，一名男子引起了我们的注意，他让我们真切地体会到当今日本人在回忆起“二战”时的纠结心态。时值 1989 年，我们在文献资料中发现了一条线索。资料显示，有一名日本男子的两位兄长都在“二战”中丧生，而这名男子当时还生活在日本中部的一个小山村，于是我们决定去碰碰运气。后来的结果表明，我们的一时兴起，收获了丰厚的回报。

我们找到了那名男子的家。那是一间简陋的农舍，低调地隐藏在山边一片古树林中。男子出来招呼我们，他大约五十出头，得知我们的来意后，把我们迎进了屋。他非常愿意分享自己的经历，但有些紧张，不知道该从何说起。最后，话题首先锁定他的大哥。他大哥于 1937 年 10 月阵亡，也就是以 1937 年“七七事变”为标志的中日全面战争开始后不久。“当时，”他说道，“在战场上阵亡的人还不是很多，村里人向我们深表同情。大哥被誉为‘军中英雄’，他的灵位被安置到靖国神社，我父母还专程为此去了一趟东京。国家对烈士家属给予了优厚照顾，因此许多人觉得他们的孩子能在战争中阵亡，是份难得的家族荣耀。”

农舍的主人，也就是招呼我们的这名男子，家有五个兄弟。他排行老三，他二哥于 1942 年加入海军。“那年，我刚好上小学。二哥参军入伍时，爸妈因为大哥的死，特别担忧二哥的安危。尽管家里经济拮据，但他们还是狠心买了一台收音机，每天都关注新闻。其实我们并不知道二哥到底去了哪个战场。记得阿图岛、塔拉瓦和塞班岛等战役中，发生日军‘玉碎’事件[①]时，父亲就会郁郁寡欢一整天。事实上，二哥是在 1944 年的特鲁克岛战役中阵亡的。”

①“二战”后期，日本军队以“玉碎”来代称守军全体阵亡的情况。

说到这里，主人走进另一个房间，不一会儿又马上回来，手里拿着一扎用藤条仔细捆着的卡片和信件。他小心翼翼地从里面挑出一张给我们看："这是二哥寄给家里的最后一张卡片，上面是他的遗言：'能像樱花一样坠落，献身沙场，是我此生夙愿。我的兄弟个个从戎，都为家族增添了荣耀。'"说到这里，主人突然顿住了，两边肩膀收紧，开始痛苦地抽搐。他泣不成声，泪水顺着脸颊流下，滴到他那双紧紧拽着膝盖的手上。过了一会儿，他强忍住泪水，哽咽说道："战争结束那天，我父母不禁号啕大哭、悲痛欲绝。'我们的两个儿子就这么白白送命了！'可后来，父亲一直没有埋怨过国家，也从来没有指责军国主义。他只是逢人便说，自己有一对好儿子。"

这时，主人开始给我们沏茶。显然，他比之前放松了些。他好像想起了什么，然后问我们想不想看看他大哥的遗物。我们跟着主人走进一间房，里面放着一张榻榻米。房间的一面墙上挂着不少老照片。其中一张照片上是一名戴着毛皮帽子的年轻士兵，正骄傲地展示着自己上等兵的荣誉徽章；旁边一张照片是一名海员，帽檐上镶着日本"太刀风"级驱逐舰的番号。紧挨这两张照片的是两张相对较新的遗像，相片中是两张苍老的脸，布满皱纹，正是他们的父母。主人从里屋出来，手上捧着一个硕大的长方形紫藤木盒子。盒子上印着粗体"遗物盒"。里面有一份关于他大哥阵亡情况的官方说明，和一张精确标注着他大哥最后活动地点的地图，上面盖着军队长官印章。地图下面放着"千人针"①，据说可以躲避子弹，这是妹妹在大哥前往中国参战时亲手为他缝制的。然后，主人向我们比画着千人针的制作方法及效用。

盒子最底部是一本厚重的相册。封面上考究的浮雕刻字彰显出其尊贵的来历。这是他大哥所在的部队（即日军第35步兵联队）颁发的纪念相册。曾驻扎中国东北。按照惯例，相册的前几页依次是日本裕仁天皇和良子皇后肖像、大日本帝国的地标、破烂不堪的联队旗、日军驻中国伪满洲国军队各级军官头像、所在步兵联队指挥官的照片，接下来是朝气蓬勃、稚气未脱的年轻士兵。相片记录了他们首次出征海外——登陆旅顺港附近的大连时的情形，拍摄地点是日俄战争阵亡日军将士纪念碑前。

相册的最后几页留白，以便士兵根据自己的意愿添加照片。眼前这本相册的后几页贴了不少照片。有几张就是我们身后那面墙上的年轻人的生活照，

①日本一种送给临行士兵的礼物，长约1米，上面由1 000个女人每人缝制一针。日本女性在家中士兵临行时献上千人针，希望能够保佑士兵武运长久，在战场上获得幸运的垂青。

当然还有这名年轻士兵与朋友或战友的合影。有几张中国妇女裹小脚的照片，有几张中国东北的野外的风景照。还有一张看起来比较正式，题词为《清剿行动纪念照》，照片上的士兵穿着战斗服整装待发，后面还附着展示"匪徒"悲惨下场的画面。显然，他大哥参加了这次"剿匪"行动。有一张照片上有三颗人头，其中一颗瞪大双眼，被横放在篱笆上；还有一张照片是一名士兵揪着一名俘虏的头发，俘虏的脸正对着相机镜头；另外一张照片上的中国人，双手被反绑着任人处置，照片底下写着一行字："此人命悬一线。"相册最后几页的照片，是家人参加他大哥葬礼时拍的，当时他大哥的遗骸刚从中国被运送回来，村里为这名战死沙场的士兵举行了隆重的丧葬仪式。

主人一边合上相册，一边转过头平静而又焦灼地对治子说："这个盒子，我也不知道该怎么处理。等我死后，就没有人保管这些东西了。我的其他几个兄弟都英年早逝，儿女也离开村子去大城市打拼了。我知道，他们再也不会回这里来。这些年，为了保管好大哥的遗物，我总时不时把盒子拿出来晒一晒，通风透气。"他接着又说道，"大哥要是在天有灵，知道你们看了他的遗物，一定会非常开心。但请你们千万别把我们的名字与那些惨绝人寰的照片联系在一起，那只不过是形势所迫，是在战争时期，并不像今天。我想，如今的和平就是用当初的鲜血换来的。"

在走访日本的这些年，那只盒子及里面存放的物品一直萦绕在我们心头，它们代表着那场战争，代表了那场战争在日本人心中的形象：那名男子用生命守护的盒子，存放着关于他崇敬的兄长的所有记忆，也存放着那场战争的所有罪证；他对兄长的爱与战争暴行交织在一起，隐匿心间，不为人知；他小心翼翼地看护着他们整个家族都羞于承认的罪行。盒子里如实保存着那个时代日本年轻士兵的自画像，他们走上战场，在那段非凡岁月中履行着国家、社会赋予的使命，尽着他们自认为应尽的职责。当农舍的主人每年把盒子里的东西拿出来通风透气之时，他却拒绝将这些物品的意义公之于众。可如果我们不能开诚布公地谈论过去发生的事情，那么保存这些记忆又有何意义？

寻找战争亲历者

1945 年 8 月 15 日，日本天皇宣布无条件投降，并向本国民众发布《终战诏书》。此后，日本官方将每年的 8 月 15 日定为"战争终结日"。这一天虽非日本法定假日，但每到这天，平日里用来举办音乐会、职业摔跤比赛和武术比赛的日本东京武道馆会骤然转变成公祭场所，用于“祭奠‘二战’日本阵亡将士”。当天，日本首相、各级政要、地方官员以及阵亡将士家属代表都将受邀参加典礼，他们坐在特邀嘉宾席与其他数千名宾客一起，面向黄白菊花，悼念逝者。广播和电视同步直播天皇的简短致辞。正午时分，人们集体默哀致敬。这个简短的仪式，不带有任何宗教意味。

尽管政府高层都出席了这个活动，但从不探讨战争爆发的根源，对战争过程、付出的代价、造成的后果也避而不谈。祭奠仪式上，没有荡气回肠的演讲来缅怀那些为日本民族利益献出生命的英雄儿女，没有任何真诚的言语来纪念逝者的勇敢、慰藉饱经战乱之苦的人们。对于日本给亚太地区造成的深重灾难，日本政府没有表达出任何歉意或内疚，而且似乎也从没有人觉得这有何不妥之处。在一片神圣庄严的气氛中，这场悼念逝者的仪式悄无声息地肯定了参战者的行为。东京武道馆里挤满了经历过战争年代的人们，还有应邀前来的阵亡将士家属。然而，死难者为何战死沙场？究竟是什么夺走了他们的生命？没有人在这个场合中提出此类问题。长此以往，旁观者根本没办法了解死难者家属想要吐露的心声。然而，随着这一年度活动的持续开展，我们始终对他们的故事满怀好奇。像很多人一样，我们愿意驻足，围观这个仪式，或者至少会关注晚间新闻对此事的报道。

这个官方仪式，显得诡异且空洞无意义。这场失败的战争似乎无法通过这样的举动在公众记忆中引起共鸣。事实上，如今绝大多数的日本人都在1945年8月15日之后出生，对于他们而言，悼念战争死难者无非就是例行的应季活动，仅意味着酷暑到来，就好比蝉鸣或者鱼贩的沿街叫卖声。然而，对于我们而言，这个秘而不宣、一开始似乎是个禁忌话题的仪式却显得那样富有魅力，尤其是当我们决定从日本视角来完成一部有关太平洋战争的口述历史的时候。我们很想了解战争死难者的妻子、兄弟、姐妹或者还有幸健在的父母双亲、姨姑叔伯的近况，倾听他们的故事，还有他们口中的那些在半个世纪前就失去生命的阵亡将士们的故事。我们渴望亲耳聆听他们讲述战争岁月，而不希望亲历者们的故事永远埋没于历史尘埃中。

那么，有可能接触到这群人吗？如何才能找到他们的下落？应该从哪里着手？假设我们成功找到他们，会有人真心愿意说出他们的故事吗？又或者，经过了那么多年，他们还能清楚记得当年发生的事吗？治子对此抱有种种疑虑。战时的治子还只是个小孩，生活在日本一个小村庄里。随着战争打响，治子被迫与母亲一起撤离。儿时的亲身经历使得治子明白，在战后日本人的家庭生活中，人们总是对战时岁月讳莫如深。然而，她又很想亲自探究那段记忆很模糊的战时经历。于是，在20世纪60年代晚期，治子为日本的电视台和广播电台制作节目时，特意把“战争”作为主题；在研究日本文学时，她也把“战争期间失去的文学”作为研究主题。治子怀疑，其他人并没有像她这样的热情，愿意去探究那段被尘封多年的战时记忆。西奥多对此持乐观态度，他认为经历战时岁月的那代人愿意分享他们的故事。西奥多的父母于“二战”时在太平洋战区相遇相知。他曾研究过日本的军事机构，也调研过战前日本军队的分布区域。研究过程中，他惊讶地发现，很多陆军和海军军官都愿意分享他们的战时经历和生活，西奥多希望通过这些人联系到广大普通士兵、海员及他们的家人。

然而，只是寻找受访者这个过程已经困难重重，这同时也从侧面折射出日本人如何对待其战时经历。事实上，我们的首次采访经历就令人沮丧。当时采访的是一位德高望重的日本政治学教授。他是我们的旧识，所以我们对采访抱了很大的期待。我们满心希望他不但能分享他自己的战时经历，还能为我们引荐其他受访者，可结果却不尽如人意。

他泛泛地对战争作了评论后，开始讲述自己的经历，但是带着显见的不情愿。当时他正上大学，被迫应召入伍。他的家族几乎动用了所有的人脉关系，想让他躲过征兵令，最终在战争快结束时，他还是被征召入伍，执行海防任务。此时，他的情绪越来越紧张，声音也颤抖起来。他继续说道，1945年7月的一天，他负责看守一个古代海岸炮的炮位。突然，有一名美国飞行员在东京湾降落。那个美国人正朝他的位置游过来，当时还是年轻预备军官的他心里七上八下的。该怎么办？杀了他，还是活捉他？就在这时，他发现自己想得太多了，只见海湾中有艘美国潜艇浮出水面，救起飞行员，然后潜入海底，回到安全地带。说到这里，这名教授停下来，似乎有些喘不过气，然后又说道：“你看，你们能听到的就是这些了，都是些没头没尾、毫无意义的琐事。现在才来讨论那些至关重要的问题已经晚了。当年身居要职的决策者很多早已去世。”他还向我们暗示，人们的战时记忆已经慢慢褪去，战争年代发生的很多重要、感动的事也都被埋进了历史的尘埃。采访收尾之时，他有些不满地说道：“你们应该多看些书。”此话引起了一阵尴尬。

得知该课题的前提假定遭到质疑，对我们而言，的确是个不小的打击。难道超越历史书上已有的内容，通过实地走访、调查和聆听战争亲历者们的故事，探寻日本人的亲身经验，这条道路真的行不通吗？经过冷静思考，我们忽然意识到，教授所讲的故事正好透露出战时日本人所面临的两难境地：当时的日本年轻人如何平衡责任和道德；面临是否杀人这个抉择时，这名教授内心纠结万分；还有他讲故事时忽然想到的，如果他当时杀害了那名美国人，他的生活将会发生何种改变。

于是，我们决定继续这一征程。我们深知8月的日本是进行战时研究最好的时节，而1988年8月成了我们开启课题的一个偶然中带着必然的契机。每年的8月6日和8月9日，即广岛和长崎遭原子弹轰炸的日子以及8月15日日本投降日，正是人们追忆战争最密集的时刻。电视上会播放相关的纪录片，报纸上会刊登人们回忆战时岁月的文章或书信。各大出版商不约而同地集中在8月开设书展，以追忆战争岁月，展出最新军事特辑，个人回忆录或综合回忆集也通常安排在这个月出版。东京不少影院还会回放战争年代的老电影，以满足老年观众群的需求。

很幸运，我们开始课题时，已经有不少追忆性报道出现在日本的主流媒体上。其中大多数篇幅很短，或者只是当时场景的一些掠影，聚焦某次危机以及当事人的顿悟或恐惧。普通人的战时记忆沉睡了几十年，如今一些记忆片段得以曝光，如同漫长黑夜突然闪烁的星光。它们坚定了我们的信心，我们苦苦追寻的故事就在那里。于是，我们开始寻找故事讲述者。我们在报纸上看到一首三行俳句诗，里面有一句诗暗指战争时节。据此，我们找到了一名愿意开口讲述往事的军中诗人。一则关于某岛屿战役退伍老兵聚会的通知，带我们找到了这支队伍唯一的幸存者。我们看到一名女士发布启事，寻找她的儿时好友，我们据此联系到她，收获了一个亲历战时轰炸的故事。有人发布了一则求助消息，想知道自己兄弟如何罹难，望知情者告知，我们也寻迹而至，找到这个无法释怀的家庭。一则则“二战”老兵去世的讣告，也在警示我们时光飞逝，必须加快步伐。因此，根据种种细微线索，我们开始了搜索亲历者的行动。

采访通常是一对一进行的。事实上，我们也很快明白，只要条件允许，要尽量避免同时采访几个人。小组会议式的集体采访往往因人类认知惰性而倾向于达成共识，我们很难从中捕捉微妙的个体感受。更为显而易见的是，整个采访过程越隐秘，讲述者就越有自信去分享自己的故事。大多数采访都由治子完成，西奥多偶尔也会参与其中。我们希望从受访者口中得到他们的个体记忆以及他们对战时岁月的印象。整个采访，我们通常不预设问题，而是给受访者充分的自由，按照他们的思路回忆。每场采访通常会持续好几个小时。一位曾操控“人体鱼雷”的飞行员对治子说：“我以前从来没说过那么多话。其他人一般只会问‘执行自杀性任务是什么感觉？’这样的问题。通常，我还没说出真正想说的话，采访就已经结束了。”我们学着去聆听，然而并非所有人都愿意讲述。有些人答应与我们见面，但也坦言他们已经无法确切描述当时的经历，虽然他们也清楚自己有责任把知道的事说出来。当然，还有一些人并不愿意揭开伤疤，勾起不愉快的回忆。这时，采访的气氛可能充满紧张，但受访者给出的答案恰恰又弥补了一些空白。的确，欲言又止本身就是故事的一部分。

噤口十五年

暂且不论我们运用的采访办法。我们选择开始课题是出于一个偶然机会。20 世纪 80 年代晚期的日本掀起了一股风潮，越来越多的普通日本民众愿意讲述战时经历。他们谈论战争岁月时，不仅仅把自己当成一场灾难的受害者，也谈他们以大日本帝国的名义对其他人的所作所为。1989 年 1 月 7 日，裕仁天皇逝世，标志着他统治长达 63 年的昭和时代结束，同时也意味着一个特殊时代翻篇。对一些人来说，这个日子也预示着他们的旧时代逝去，压抑心底多年的倾诉欲望终于蠢蠢欲动，他们希望把自己内心尘封已久的东西释放出来——也许还谈不上认罪，起码是一种吐露。同时，也有部分人把天皇辞世看成是彻底忘却战争、而非反思战争的节点。

美国人恐怕很难想象当代日本人在面对战时经历时的这种纠结而混乱的状态。因为在美国公众认知中，这场战争有明确的开始（即日本偷袭珍珠港）和明确的结束（即轰炸广岛和日本投降）；美国国内随处可见“二战”纪念馆，较为著名的包括夏威夷亚利桑那纪念馆和华盛顿阿灵顿国家公墓附近的硫黄岛战役纪念碑；美国有许多“二战”主题的博物馆和图书馆，也不乏展现民族自豪感、重温民族记忆的各类公开展览；美国还有众多光荣退伍的“二战”老兵，时刻准备着向公众讲述各大战场的丰功伟绩以及其间体尝的荣耀和恐惧；当然还有各种回忆战争的影视作品。然而，对日本人而言，这场战争根本不具有上述公共性质。战争期间拍摄的电影几乎从未公映。诞生于这期间的艺术和文学作品几乎全部被禁，甚至连艺术家、文学家们自己也否认、谴责、批判这期间的作品。艺术家生平简介中，对其作品的介绍往往不提战时作品，仿佛 1931 ～ 1945 年这 15 年从来没存在过。一些独立制片人作了些勇敢的尝试，试图在电视剧和纪录片中涉及尖锐问题，引发公众思考，但这样的勇者毕竟是少数。银幕上公映的战争题材，依然大多聚焦于盟军轰炸广岛以及日本战败之痛。

日本没有设立相关的国家级博物馆或档案馆，供孩子们了解这场战争，或者供学生自由查阅战争资料；日本并不具备相对中立和宽松的国民环境，供民众研究战时艺术作品、发掘重要珍贵战时照片或者了解当时的日常生活细节。日本一些地方博物馆偶尔会有战争主题的展品，但始终缺乏国家层面的集体努力去保留、积累和从历史角度重构战争记忆。事实上，日本国家层面纪念战争最重要，并且也是唯一的活动就是靖国神社纪念大厅举行的仪式，用于悼念日本战前及战时阵亡将士。由于缺乏客观中立的公共氛围，民众很难全面调查或反思这场战争，不管是今天的学者还是将来想研究战争史的人，大概只能依靠少得可怜的民间素材。

截至今天，战争结束已有半个多世纪。可奇怪的是，日本国内对这场战争竟然没有统一的名称。采访过程中，人们使用“太平洋战争”“大东亚战争”“支那事件”“日中战争”“十五年战争”的都有，或者有人干脆只解释亚洲战区与“二战”其余部分有何不同。对战争名称的选择，实际上暗示了使用者对战争开始年份的选择，有人把 1931 年作为战争的起始时间，也有人认为战争始于 1941 年。名称的选择通常也折射出相应的意识形态。“十五年战争”是个相对偏左的术语，强调战争的帝国主义根源，从 1931 年日本占领满洲算起。“大东亚战争”通常是如今右翼历史修正主义者惯用的名称，显示了使用者要么仍然沉浸在战时情景中，要么对作战目标怀有同情。这一术语在 1941 年 12 月 8 日后开始使用，与建立“大东亚共荣圈”这一概念密不可分。“大东亚共荣圈”计划是日本与西方宣战的一大原因，日本投降后，盟军的官方出版物刻意删去了这一表述。最常用的还是“太平洋战争”，这是盟军占领日本期间使用最广泛的名称，它明确区分了 1937 年正式开始的日中战争（当时称为“支那事变”）与 1941 年日本对美英的战争。实际上，使用“太平洋战争”这个表述，讲话者可以从容规避那些年日本对中国的侵略和蹂躏。不过，大多数受访者都笼统地使用了“战争”一词，我们发现每个人对战争开始时间都有自己的理解。有人在说起“战争”时，甚至指代日本与苏联之间的冲突，起始于 1945 年 8 月 9 日。

在写作本书的过程中，我们也发现，“战争”记忆在日本有多么秘而不宣。为本书寻找愿意开口的受访者，意味着闯入“消息源”那个隐秘的世界，打开他们内心尘封已久的战争记忆。有时，我们通过一系列人脉关系才得以暗中接近受访者。也有时，人们会主动找到我们讲述他们的故事，但只愿意说他们自己的部分。很多人强调他们只了解自己亲身经历的事，没资格对别人的事情评头论足。

提到采访，受访者们总感觉神秘而紧张。我们采访了数百人，其中大部分人都不确定在哪里进行采访才能感觉自在，才能毫不拘谨地说出自己的故事。多数时候，其实还是引导的问题。有些人倾向于选择最热闹或最冷僻的公共场合。所以，我们会相应地选择坐在人来人往的火车站的某个角落进行采访；或者，在清静的咖啡馆开始采访。当然，采访对象不同，我们选择的环境也不拘一格。可以是医院食堂，可以是稻田旁的小路上，可以是宾馆大堂或俱乐部里，也可以是只有一张休闲椅的公园里。有些受访者比较开放大胆，愿意把我们邀请到他们的家里，参观其为纪念逝者而专门布置的私人灵堂。他们通常把这样的房间或壁龛，称为“我的秘密花园”或“我的博物馆”，平日里也不轻易让家族成员随意进入。这类空间通常摆设简单，无非是佛龛上放着逝者在战争年代拍摄的个人照片，或者满房间都是与死难者相关的纪念品、资料、书籍、照片、战舰模型、飞机模型、战友亲笔签名的战旗等。信件、遗嘱、泛黄的珍贵合照、诗歌、战时日记、军用笔记，甚至从中国掠夺来的“战利品”都可能出现在这个“秘密花园”中。从南太平洋沙滩上带回来的一瓶沙子、石子，或者从缅甸某座山上捡回来的石头以及来自最近某场战役的物件都可能成为我们采访场景的一部分。

受访者不知该从何处开始讲述他们的故事，这也不足为奇，毕竟日本人对这场战争的开始时间并没有形成共识。人们也不知道该如何向一个局外人讲述他们的故事。当然，广岛和长崎的幸存者是个例外，因为对于这些事件已经形成了比较一致的说法。结果，受访者们大多自创了一套讲述故事的新模式，而不是将个体故事融入已有的叙事框架中。因此，不少故事，特别是投降年代的故事，总是呈现出某种难以捉摸的随意感。人们会时不时停下来，有时一句话还没讲完，就好像开始质疑他们自己的话，仿佛连他们自己也不相信这些事竟然真真切切地发生过，又好像他们根本不敢相信自己居然是这些故事的当事人。“你不相信我，是吧？”他们常常这样问，然后又笃定地说道：“但这都是真的。”他们往往会在采访结束时，再把几乎一模一样的话再重申一遍。“我知道，这听起来有些匪夷所思，但我们当时就是这样想的，我们内心深处对此坚信不疑。”点头认同、明白无误地告诉他们“我们相信”，这份信任足以让他们毫无顾忌地重温过往。

日本视角

对于本书的大多数受访者来说，讲述战时经历这件事本身就很新奇。这一举动破天荒地将他们带回记忆深处，重温那段 70 年都不曾触碰过的战争岁月。几乎每次采访都包含一场不可思议的情绪宣泄。最常见的情绪表达是流泪，因伤心、痛苦、悲伤、爱、委屈，甚至还有对自己曾经的所作所为感到恐惧和懊悔。讲述者们或哽咽，或泣不成声，或因啜泣身体忍不住颤抖；还有显而易见的痛苦呻吟，咬牙切齿的气愤。采访的小屋会突然爆发震耳欲聋的声音，受访者苍老而佝偻的肩膀刹那间耸立起来，拳头因愤怒而不由自主地攥紧。采访中鲜有会心的笑声，只有为了缓解紧张气氛而发出的讽刺或自嘲的干笑。说服受访者的过程中，我们遇到的其中一个障碍来自于受访者的家人，他们“担心”回忆往事如同在当事人的伤口上撒盐，这是我们始料未及的。也有不少受访者大概早就意识到，一旦任其回忆过去，必将“伤筋动骨”，引发剧烈的情绪波动，因此他们本身也害怕谈及过往。可是，当我们感同身受，分享他们的情绪感受，甚至与他们一同流泪时，他们明白无误地体会到了一次难得的情感交流，甚至感激有这样一次机会能在他人面前真诚袒露自己的内心。

本书大体按照年代顺序来编排受访者的故事，力图直观呈现日本经验中这场战争的持续时间、规模和过程等各个层面。这场战争虽说是几个国家之间的冲突，但对日本的士兵、海员、飞行员、工厂女工、农妇和工人来说，战时岁月归根结底还是一种挥之不去的个体经历。本书的受访者中有将军、列兵、狱警、记者、舞蹈家、外交官，有“大东亚共荣圈”理念的推崇者，也有这一理念的批判者，他们都从自己的视角讲述了战争经历。我们建议，读者在阅读这些战时日本的个体叙述时，注意从以下四个层面来理解日本对这场战争的认知与美国经验的差异。

首先，日本是战败国，如今学界尚未形成一种适合战败国的叙事方式。战争史和文学作品中，常常见到胜利的一方回顾战争，即便他们尽量客观中立，总也难掩胜利者的自豪口吻。但对日本而言，不管是1941年12月成功偷袭珍珠港，还是1942年初在其他地方取得的胜利，似乎都无法顺其自然地成为叙述故事的逻辑起点，这与美国的战争故事不同。每位受访者都清晰地记得他们得知珍珠港事件这一消息时的情形，也能准确说出自己当时的感受，但几乎没有人主动将这一事件当成胜利的开头，或者流露出战争捷报频传应有的欣喜和兴奋。他们在分享往事时，几乎不会提到珍珠港事件。这种遗漏恰恰折射出日本后来的彻底溃败，完全抹杀了战争期间日军取得的一些关键性胜利。因为按照常理，参战者们应该侃侃而谈这些战绩的。

缺乏标志性的开始和结束，日本人对太平洋战争的记忆基本没有叙事框架可言，有的只是个体关于堕落、恐惧和死亡的零碎记忆以及一场失去理智的屠戮造成的梦魇。日本人对战败故事的叙述没有固定模式和主题：有的聚焦阵亡将士，有的讲述在东京空袭中逃命的女孩，有的讲述一名实习护士在冲绳那段噩梦般的生活，还有的讲述一位绝望的母亲飞往中国东北开始新生活的故事等。总之，他们随性地用自己的方式回忆战争。在西方视角中，日本通常被刻画成一个狂热的自杀性民族，国民被天皇出于某种政治野心紧紧团结在一起。但听完亲历者的讲述后，我们忽然发现，日本更像一个被盟军打掉嚣张气焰的民族，民众内心深处充满了迷茫、恐惧甚至绝望。

迄今为止，几乎鲜有关于日本人战时记忆的公开出版物。直到战争结束几十年后的今天，他们才有机会表达，于是战争年代那些熟悉的字眼很快重现。“玉碎”“为了大日本帝国的荣誉”“特攻队”“神风敢死队”“宪兵队”“天皇的子民”等词语伴随他们的记忆迅速复苏，当然还有“召集令状”（即入伍通知单）、“三八式步枪”、“慰问袋”（即祖国寄给士兵礼物的慰问包裹）、“防空头巾”（即“二战”后期日本城市里的妇女和儿童普遍佩戴的棉衬里帽子）等。讲述者会不由自主地使用战时专用词语，仿佛它们依然是当下流行语。“玉碎”的字面意思是“把玉打碎”，源于古汉语，在“二战”期间，这个词被广泛用于日本军队中，指代士兵们在面临强敌时宁死不屈、视死如归的英勇壮举。事实上，像塞班岛玉碎这样的战役中，日本士兵并非穷途末路，只是皇军钢铁般的纪律严禁士兵们投降。有些受访者用这样的字眼，仅仅为了重新唤起战时的肃杀气氛，当然多数人用这样的旧时委婉语，指的就是其真实意义。在他们看来，战后这些年并没有创造出更确切的词来描述当时的情况。

第二，在很多现代日本人的心里，对于"到底谁该为战争负责"这个问题并没有清晰的认知，而其他国家对此已有明确定论。事实上，盟军并没有把账算到日本人民头上，他们只是对日本领导人和军方高层进行了象征性的审判和定罪，因为正是这群人阴谋策划了一场"侵略战争"，并且鼓励纵容战争罪行。裕仁天皇在战争期间被日本人当成神一样来膜拜。据称，所有作战命令都由他授意，然而就是这样一个罪孽滔天的人，都没有被追究战争责任，因此日本人对"战争该归咎于谁"这个问题更加糊涂了。1946 年 1 月，裕仁天皇发布《人间宣言》，否定天皇神圣地位，承认自己与平民百姓一样也是人类，并不是神。战后裕仁天皇继续履职，尽管战后新时期里，在驻日盟军的干预下，日本通过新的宪法，使天皇这一最高统治者的位置变成了国家虚位元首。在德国，纳粹党与希特勒休戚相关，希特勒之死成为战后德国国内一大焦点，这或多或少有助于净化整个社会。反观日本，虽然以军事机构形式出现的"军国主义"可以被废除，颁布的新宪法也宣布日本放弃战争，然而反思执政者与战时军国主义千丝万缕联系的大规模努力迟迟缺位。

通过本书，读者不难发现在日本人的战时记忆中，关注重点极端个人化。无数日本热血男儿响应国家战争号召，视死如归、坚持战斗，直到最后一刻，他们几乎从来没有反对甚至质疑过国家的战争命令，可最终却只剩一片战败的山河和无法挽回的个人损失。战时经历逐渐淡出公众视野，只隐匿在民众内心深处，伴随着极大的个体伤痛。对于探究战争原因、追寻责任等这些更为宏大的问题，大多避而不谈。盟军审判了一小撮日本军队领袖、政治家、大官僚，日本国内似乎也直接听从了日本占领军对这些问题的说法。尽管有不少进步人士作出了非凡的努力，试图梳理战时经历，然而这些故事终究还是没能出现在公开材料中。因为对于日本来说，当务之急是重建和重新出发，追究帝国主义的战争责任、惩罚战犯等问题大都无人问津。

裕仁天皇不再与自己的子民提及战争。战后，他继续在名义上统治日本长达 44 年。裕仁天皇曾被战时一代人当成神一样供奉，无数日本人为效忠天皇甘愿阵亡，但就是这样一位双手沾满鲜血的君主，在战后也从未勇敢站出来接受或承担发动战争、导致屠戮的责任。尽管战争是根据天皇的旨意发起的，但本书的受访者们在讲述自己的经历时，几乎很少提及天皇，除了那些战争期间还在上小学的人们，他们长大后还是习惯于自称“天皇的子民”。当然，受访者一旦提及天皇，通常还是指他的战争责任。

第三，在采访过程中，有人表示“战败是好事”。这个说法对美国读者来说很新奇，因为在他们眼中，日本最后无条件投降是被迫的，别无选择，也没有任何胜算。受访者之所以有这样的说法，主要是考虑到战后日本经济的强劲复苏，以及日本在当今国际舞台上拥有的一席之地。这个战争“教训”，微妙复杂甚至有些矛盾，其实使用者们也并没有对此形成完全统一的解释。例如，曾在“二战”最后一年加入日本海军兵学校的禅宗长老板桥兴宗在总结战争遗产时这样说道：“如果日本占领菲律宾后见好就收，停止战争，似乎有个体面的结局，因为当时日本至少还占有中国台湾、韩国等地，但我相信这些地区最终还是会想方设法从日本手中获得自由。我不知道这个过程需要多久，但日本必定面临一场旷日持久的反击战。我认为，正是因为日本的最终战败，才有了今日的繁荣。”很快，他又补充道，“我不是简单指战败是好事，我只是说，只要认真地打一场战争，就会产生深远的意义。我们全力备战，倾尽人力物力，结果我们输了，但这也比半途而废要好。我敢大声地说一句，我们虽败犹荣。当然，我们应该为死难者祈祷，应该为战争的受害者祈祷。”

受访者大多拒绝承认那场可怕的战争和惨痛的“阵亡”没带来任何好处。他们总是自觉或不自觉地寻找些什么，为当年的阵亡和努力赋予意义。但也有例外，一名海军特攻队军官的妹妹得知自己的哥哥死于意外时，备感安慰。她说：“这意味着，他没有杀害别人，虽然他自己死了。”还有一种声嘶力竭的呼喊，认为战败是为了特定目的，而不是白白投降。这个特定目的，通常是指为了把日本从军国主义手中解放出来。94岁的原古一郎曾是日本规模最大的一家公司的董事长，他直截了当地说道：“军人目中无人，官僚顽固僵化！如果这些人最终获得了胜利，谁知道他们会把日本带到哪里？”

第四点区别可能会令读者大跌眼镜。日本人几乎不提敌人，也很少有对敌人的仇恨，他们的讲述甚至让人误以为这是一场没有敌人的冲突。日本人很少认为，是美国、中国或其他盟军导致了日本最终投降，他们更倾向于认为日本输给了同盟国的形成过程，他们归咎于物质而非人。提到敌人时，他们也会象征性地使用战时的口号，如“英美恶魔”等，但提到的次数很少，而且几乎不带感情色彩，与西方国家的回忆录中提到“日本鬼子”时蕴含的强烈种族仇恨不可同日而语。

我们认为，在此率先澄清本书不是什么“这个问题也很重要”。我们在书中，很少探讨战争策略，对于日本的作战计划也只是偶有提及。我们的第一个受访者，即那位政治学教授曾经预测，本书不过是日本政界或军事领导人反思战争的作品集，但事实并非如此。我们没有在书中综述这场战争，受访者也没有在回顾历史后对整个战时经历作出评论。的确，他们很少有人能够或者愿意把自己的个人经历与战争大背景或全球形势及时代特征有机结合起来。本书没有对战争作出言简意赅的精辟评论，书中大多数日本人对战争作出的结论都是“很微观”，并且个人化。也许我们可以说，日本深刻总结战时经验的时代还未真正到来。

战争结束50年后，当初执掌日本政治、军事和工业领域的一代人陆续离去，还占据高位、能跟我们说话的只有极少数人，其中还有不少人拒绝被采访。在日本战前扩张中攫取了大量利润、负责生产绝大部分日本军用物资，而且在如今的日本经济领域依然拥有领导地位的许多工业巨头，也没有在本书中发声。本书无法以内容全面自居，但呈现在书中的人物故事是从我们所有受访者中精挑细选出来的，它们尽可能地符合了大多数人的战时经验。

为写作本书，我们进行了不少采访和访谈。我们从中发现，这些受访者的战时经历很少能在公开出版物中找到。或许，对于日本公众来说，回忆一场以失败告终的战争，太不愉快，太尴尬，太沉闷无趣，也太苍白了。又或者正如许多人坦言的那样，“太愚蠢”。他们无法从这样的回忆中获得丝毫慰藉。许多人宁愿把想法永远凝固在过去，而拒绝为他们的战时情绪和行为赋予新的意义或寻求新的解释。有两件小事，或许可以生动地说明战时经历仍然牢牢冰封在那代人的心灵深处。

1989年9月的一个星期六，治子应邀参加“樟宜协会”的年度聚会。此前，她采访过几名该组织成员，里面有些军人于1946～1947年被判处战争罪，随后被囚禁在新加坡樟宜监狱，日本在占领期间曾在那里犯下众多暴行。聚会安排在日本首都最著名的中餐馆——东京大饭店。治子到达那里后发现酒店大堂有一个醒目的横幅——“樟宜聚会”，通常举行婚礼才会用这样的标牌。这是一个曾在东南亚地区犯下战争罪行的老兵的聚会，高调标注显得不太合宜。在一个相对隐蔽的小型包厢里，摆好了两张大圆桌，约20名穿着西装打着领带的男士正在平静地互相问候。桌上摆着开胃头盘，啤酒和宝利橙汁刚刚打开，瓶口还冒着气，协会会长若松仁博士率先祝酒，宣布聚会开始。他告诉在场的各位，自己刚做完心脏起搏器植入手术，现在已经完全康复。接着他又说道，去年聚会后，又有两名协会成员去世，另外还有一位因病未能出席今天的聚会。最后，他提议大家举起酒杯，为在座各位的身体健康"干杯！"之后，人们开始开动筷子，一边吃一边聊天。他们说着自己这些年去过哪些地方旅行、家里又新添了几个孙子，或者儿子女儿刚刚升职的事。樟宜战役的老兵们谈笑风生，觥筹交错，相互斟酒，但聚会过程中，没有人说到战争，甚至连樟宜这两个字都没有提及。聚餐结束后，他们分摊了饭费，相互鞠躬道别，然后分道扬镳。到晚上8点，也就是聚餐开始不到两个小时，治子发现房间里只剩她和那位邀请她出席的老兵。他似乎看出了治子的困惑，温和地说道："我之前也跟你说过，把我们聚到一起的，是我们当初在樟宜一起度过的那段时光，仅此而已。绝大多数人不愿再提起审判的事，他们好像已经准备把所有回忆都带进坟墓，与他们一同埋葬。"

即便有过相似经历，接受调查、审判、惩罚，经历牢狱生涯，这些老兵也依然无法与彼此完全分享过去。不过，他们还是能从彼此身上获得一丝安慰，可以不用孤独地面对自己的回忆。在这个群体内部，他们可以很自由，不用提及关于自己的问题，不用去审视自己当年所作所为是否符合人类正义。面对一群几乎同一时间、在同一地方战斗过、有着相似经历的战友，他们能找到一种共通的方式来维系那个时代。在这群人中，他们还能共同缅怀在战争中失去的朋友和战友。

还有一位女士，她的丈夫是特攻队成员，早在45年前就已去世。她向治子讲述了有关她和她朋友的故事。"我们这群人大概有四五个，都是'特攻队'飞行员的遗孀，丈夫们都很年轻就阵亡了，我们这些人每年会在'特攻队'的纪念仪式上见面。3月、4月和5月，我们都会感到莫名的不安，因为我们的另一半几乎都是在那段时间执行任务时阵亡的。樱花盛开的季节恰恰是我们最悲伤的时候。我们经常给彼此打电话聊天，能清楚地说出40多年前发生的事，就好像它们发生在昨天。"忽然，她有些神秘兮兮又半开玩笑地说道："我跟我的好朋友私下秘密约定，死后我们一定要把骨灰撒到大海。"她相信，那些骨灰经过几千年的漂流后，最终将到达冲绳海域，她们的丈夫就是在那里出事的。“我们打算偷偷做这件事，因为未经卫生福利部的允许，擅自撒骨灰是非法的。”她又静静地补充说，“我不知道我丈夫是不是开着飞机撞向了敌人，有些飞行员就是这么做的。我只希望他没有白白阵亡。”

像“特攻队”飞行员的遗孀以及那些樟宜老兵那样，纪念战争死难者通常只是私下进行，低调、秘密、默默地进行。我们相信，只有当战争这个古老而永恒的话题在日本不再成为禁忌，只有当日本公开面对和反思“二战”，那些幸存的人才能在公共领域坦然谈论这一话题，日本的战争亲历者们才能向所有人公开他们几十年来难以启齿的战时经历，美国和日本等国才能开诚布公地讨论和理解这个宏大的课题。

衷心希望本书能为开启这个伟大的征程推波助澜。

目　录

第一部分　侵华战争

为何日本举国上下一致支持侵华战争？中国大地上发生的屠戮、日本的伤亡情况以及各种血淋淋的现实，为何没能引起日本人的关注？日军又是源于何种原因，才能对战争期间犯下那么多骇人听闻、惨绝人寰的罪行，视而不见、丝毫不受良心谴责？

第二部分　必胜的信念

日本不仅要跟宁死不屈的中国军队作战，还要跟世界上最大的海军强国和工业强国开战——即使是这样的事实，当局也能美化成“解放西方对亚洲的统治”。希望、梦想与质疑相互交织，日本士兵被激发出人类的凶残本性，实施暴行已成为家常便饭。“二战”在亚洲制造的最大悲剧从此拉开帷幕。

第三部分　日本本土

因据守漫长的中国战线，以及满足太平洋战区庞大的作战需求，对日本的军备和战时生产力的要求达到了可怕的程度。日本全体国民被送上日夜不息的生产线，就连小学生都不放过。从战场与殖民地掳来的各国俘虏、民工更是在日本人的殴打、鞭抽下劳作至死。与此同时，那些横行中国的战争恶棍却凭着这些物资大发横财。

第四部分 败 仗

战争走向失败已不可避免，帝国大本营执意要“战至最后一兵一卒”，美其名曰“玉碎冲锋”。无论是士兵还是国民，日本全体陷入绝境，饥饿、疲惫、手无寸铁。在盟军逼近本土之际，日军的宣传机器为全体国民准备的东西，却是对死亡和苦难加以美化，为遭受的摧残感到自豪。

第五部分　一亿玉碎

1944年，日本本土。美军的火力打击犹如“钢铁风暴”，舰炮、大炮、炸弹、迫击炮、机枪、火焰喷射器和炸药铺天盖地。妇女、儿童、老人，所有人全部身处战区。“被敌人抓获后，男人会被切成碎片，妇女会被强奸……”在军国主义的宣传下，岛国开始了最惨绝人寰的“集体自决”噩梦，人们纷纷把屠刀砍向自己的亲朋好友……

第六部分　沉默的结局

在这场举国奋斗的庞大战争中，数百万日本人被卷入这场战争，酿下无数悲剧。但战后，日本却没有设法总结战败的原因，不去了解战争的可怕及其复杂，也没有吸取教训或得出结论，更没有进行过真正的全国性辩论。在大多数日本人眼里，就连东京战犯审判也不过是在描绘一个精英策略、政变、阴谋、军事阵营和集团的世界，几乎没人认为这与他们亲身经历过的历史有关。

第一部分 侵华战争

JAPAN AT WAR

为何日本举国上下一致支持侵华战争？中国大地上发生的屠戮、日本的伤亡情况以及各种血淋淋的现实，为何没能引起日本人的关注？日军又是源于何种原因，才能对战争期间犯下那么多骇人听闻、惨绝人寰的罪行，视而不见、丝毫不受良心谴责？

今凭陛下之盛威，帝国陆海军已攻克广东（广州）、武汉三镇，平定中国重要地区。国民政府仅为一地方政权而已。然而，如该政府坚持抗日容共政策，则帝国决不收兵，一直打到它崩溃为止。

帝国所期求者即建设确保东亚永久和平的新秩序。这次征战之最后目的，亦在于此。

此种新秩序的建设，应以日满华三国合作，在政治、经济、文化等各方面建立连环互助的关系为根本，希望在东亚确立国际正义，实现共同防共，创造新文化，实现经济的结合。这就是有助于东亚之安定和促进世界进步的方法。

——1938年11月3日，日本政府近卫文麿内阁声明

日本的战争并非始于珍珠港事件。早在1941年12月7日之前的四年半里，日本已向中国展开一场不宣而战的战争。战火波及范围极广，向北达到中国满洲地区，南至法属印度支那地区，肆虐长江流域多地，包括国际知名港口城市上海。中国国民政府军对日军作战接连失利，大片国土沦陷，首都南京告急，国民党总裁蒋介石被迫决定迁都重庆。截至1941年，近30万日本士兵在侵华战争中丧生，驻扎中国各地的日军兵力高达100多万，他们占据着该国绝大多数主要城市、港口和各大重要铁路线。不计其数的中国人因此殒命，然而，战争却不见任何消停的迹象。

这场战争的开端难以界定。20世纪初的中国，中央政府的权威轰然倒塌，国家陷入混乱。盘踞各地的军阀混战，人民饱受内战之苦；国家分崩离析，外国势力伺机入侵。经过1894～1895年中日甲午战争、1900年义和团运动以及1904～1905年的日俄战争，日本迫使中国政府给予其特殊待遇，开放港口和一些内陆城市，便于日本从经济上渗透中国。而许多西方大国则早已先于日本，纷纷攫取在华特权。接着，日本趁西方国家忙于第一次世界大战、无暇东顾之际，迅速扩大其在中国的势力范围。当然，彼时日本还没有野心勃勃地采取果断行动，大规模控制中国领土，直到1931年9月"满洲事变"爆发。

早在3年前，即1928年，日本关东军就制造了皇姑屯事件，秘密暗杀奉系军阀首领张作霖。张作霖是奉系最高领袖，控制着矿产丰富的满洲地区，与在1910年被日本吞并的朝鲜接壤。日本阴谋占领满洲，为阻止张作霖归顺南京国民政府，遂对其狠下毒手。1931年，他们企图从张作霖之子张学良手中夺取满洲的控制权。9月18日晚上，日军小分队秘密潜入奉天（今沈阳），炸毁日本修筑的南满铁路柳条湖段，却反诬为中国东北军所为，借口出兵，占领沈阳。

日本处心积虑制造这些事件（却总是反过来污蔑中国“侵略”）才得以侵吞满洲。由于日本政府严格的新闻管制，其中细节并不为广大日本民众所知，他们大多只为满洲事变的结果感到欣喜。1932 年，清朝宗室在中国东北建立伪满洲国——满族人的国家，清逊帝溥仪担任元首。但其实，日本关东军对满洲政权所在地拥有事实上的控制权，他们以保护满洲地区的日本侨民的权利和财产为由，堂而皇之地驻扎在中国的领土上。

对许多日本人而言，在大萧条期间，满洲是日本经济复苏的桥头堡，以应对世界上与日俱增的敌意和动荡。满洲被视为拥有巨大发展潜力的新大陆，这里煤炭、铁等矿产资源丰富，农业生产条件优渥，对日本经济发展至关重要。而且满洲幅员辽阔，可有效缓解日本迅速增长的人口压力。东北原居民是日军彻底控制该地区的一大障碍，但同时他们也是顺从而廉价的劳动力源泉。20 世纪 30 年代早中期，日本控制的满洲地区几乎是中国罕见的安定之地，只有少数“土匪”不守规矩；其余的中国国土则饱经成年累月的战乱之苦。当时，中国国民党多次对共产党发起“围剿”战争，最终迫使毛泽东及其领导的工农红军开始长征，从南方一路北上抵达满洲附近的陕西省。

1937 年 7 月 7 日，日军和中国军队在北平（今北京）郊外的卢沟桥爆发冲突。以往发生类似事件时，地方官员就会出来平息事端，并且常常是中国方面在领土问题上作出让步，才得以平息干戈；但这次双方正式爆发了大规模武装冲突。战火迅速蔓延至整个华北、华中地区，并燃烧到国际大都市上海的边缘，那里驻扎着国民党最精锐的部队。双方都没有正式宣战，但中日战争就此打响，而且一打就打了 8 年。

早在美国人最熟知的珍珠港事件爆发前，激烈的战争已经在亚洲大陆拉开帷幕。那些年的中日交战中，日本的行为已显现出几大特征，而且这些特征在珍珠港事件后演绎到巅峰。

首先是“误判”。这场战争没能如日本事先预料的那样速战速决，仿佛也预示着日本在之后与西方盟国交战时更为灾难性的军事和权力误判。因日本对石油等战略性资源的无止境追求，一场战争往往引发另一场战争，日本并没有适可而止，在中日开战 4 年后深陷战争泥淖，无法自拔，日本决策层有多么不切实际，由此可见一斑。1937 年，日本的战争目标似乎还只是为了惩罚中国，吞噬其北方的一个省；但一年之后，它的野心已经膨胀到创建确保“东亚永久和平”的新秩序。这之后到太平洋战争爆发，日本的宏伟目标进一步放大，但其实力却似乎承载不起其日渐膨胀的野心。

第二，中日战争折射出日本的一种情结，即对其他亚洲国家所持的暧昧态度。这种情结也最终令日本弄巧成拙。日本想控制属于他人的土地，却不敢明目张胆，总是戴着解放他人的伪善面具。1941 年后日本抛出“大东亚共荣圈”计划，其雏形早在伪满洲国时期就已显现，随后又出现在 1939 年日本占领南京后扶植的汪伪国民政府时期。汪伪国民政府是中国抗日战争时期由汪精卫等投靠日本的中国国民党党员建立的政权。在每一个占领区，日本都试图制造一种社会秩序很正常的假象，有意扶植当地人建立的政权，并大肆宣扬“亚洲是亚洲人的亚洲”。然而，它并不甘心将实际权力交还给当地人，更别提允许其“独立”了。因此，傀儡政权也无法真正有效地把当地百姓的革命热情或反西方情绪转化到支持日本当局的“高尚”事业上来，这些傀儡政权不过就是空壳子罢了。

日本人，特别是日军，在面对其他亚洲民族时，总是带着一种与生俱来的优越感。日本家长式作风盛行，经常以老大哥自居，欲“领导亚洲大家庭中的其他新兴国家共同走向繁荣”。这种根深蒂固的思想和行为准则，使得日本在面对敌对方时，总是无视后者的人权和利益。因此，日本士兵和平民才会在战争期间犯下那么多骇人听闻、惨绝人寰的罪行，而丝毫不受自己良心的谴责。他们认为，暴行不过是战争必不可少的部分。这样的例子，在本书接下来的章节中比比皆是。

日军最臭名昭著的罪行莫过于南京大屠杀了。1937 年 12 月 12 日，日本在占领南京后，对当地平民和战俘进行了大规模的屠杀、强奸、纵火和抢劫，疯狂的屠戮行为持续了好几周，其暴行被中国的幸存者、外国外交官、传教士、商人和记者等记录下来。这些档案资料在世界各地广泛流传，国际社会对于日本所谓的在中国开展某项“事业”的说法嗤之以鼻。然而，这些在国际上传得沸沸扬扬的消息，却由于日本政府严密的新闻审查制度，很少为日本国内民众所知，当地报纸最多只在某个不起眼的角落对此一笔带过。日本的新闻报道总是大肆宣传日军攻占“敌都”，南京沦陷后，日本举国欢腾，出现进行各类庆祝活动和胜利游行的盛况。公众想当然地认为，战争基本上已经结束；而且正如万众期待的那样，日本已经大获全胜。但事实证明，中国人并没有轻易屈服。

就这样，一场不宣而战的战争在中国大地爆发了。冲突期间，日本政府并未如实向其国民描述这场残酷的、甚至是赤裸裸的侵略战争。日本的节节胜利，均被歪曲成是将士们为了国家大业而浴血奋战、顽强拼搏的结果。但是，参战者们都清楚地知道战争的真相，这些士兵来自日本全国各地、各个阶层、各行各业，有些人服满兵役期后得以回乡，但大部分人还是随着战事持续而又应召入伍。日本侵华战争期间，类似南京大屠杀的事件每天都在上演，后来更是扩大到东南亚以及整个太平洋战区。这支狂妄傲慢的军队从来都漠视外国民众和俘虏的生命，甚至到战争最后阶段，连本国人民的性命都开始肆意践踏。

第三，中日战争折射出战时日本管理人民和资源的方式。至少，根据现在坊间流传的某些版本，日本政府、军队和天皇发动这场战争是为了动员和控制日本人民，镇压各类反抗势力。报纸、期刊和摄影杂志上满是来自前线的激动人心的报道和照片。摄影机摄录了精彩刺激的战争画面。表面看来，有关战争的新闻多如牛毛，但最该公之于众的消息却从“支那事件”（七七事变）开始起就被严密封锁。尽管战争一直持续，日本还是轻描淡写地称之为“事件”。其间，屠戮的情形、日本的伤亡情况以及战争中血淋淋的现实，这类新闻都被查禁。日本公众被要求，更确切地说，被迫不约而同去支持这场战争。但凡有人质疑，就会招来杀身之祸，更别提公然反对战争了。日本政治生活中，绝不容许存在反对天皇制度的意识形态。日本共产党的大多数成员，要么长期遭监禁，要么被捕后被迫“改变立场”。另外的少数成员则过着东躲西藏、胆战心惊的日子。进步思想家、作家和教授，一旦对国家政策有异议，就会落得悲惨下场：哪怕他们只是稍微关心一下阵亡将士的遗孀和战争孤儿的生存状况，或者质疑国家大幅支出战争费用导致通货膨胀而已。

那时，人们习惯于把这场战争奉为“神圣战争”，由天皇亲自领导。日本在中国的战争，不仅正义，而且必胜。然而，日本占领“敌都”10个月后，本该迎来的和谈未见踪影，中方也没有屈服的意思。在日本，任何人都不允许批判这场战争。但仍然有人坚信，以“神圣”为名义，并不表示日本可以不惜一切代价投入战斗。尤其是当人们惊恐地发觉，1940年已有10万人在战争中丧生的时候，部分人不再盲信和麻木。日本国内出现了少数呼声，要求政府给出解释。国会议员斋藤隆夫曾要求政府对战争中付出的惨痛阵亡给出具体理由，却被逐出国会，罪名是侮辱“神圣战争”的目标和战争殉难者“高贵”的灵魂。他提出的那些发难性问题也被人从记录中删除。此时的战时运动已风声鹤唳，由此人们不难想象，1941年后日本政府更是倾其所有打造出一个思想高度一致的国家，其1亿人民时刻准备着甘愿为效忠天皇而献出生命。

1939年9月，第二次世界大战在欧洲爆发，其影响也波及东亚。到1940年5月，荷兰、法国等相继落入希特勒军队之手，原本从英属缅甸及法属印度支那进入中国的物资运输线被临时切断。但不列颠之战的危机解除后，在美国的敦促下，物资很快又通过陆路运往重庆。对日本军政府而言，要彻底解决与中国间的冲突，似乎意味着首先要控制更广大的区域。于是，进一步“南侵”变得越来越具有吸引力。因为当时西方国家威胁封锁和禁运一些重要的原材料，以反对日本侵华战争，而这些原材料多数来自南亚。因此日本认为，控制中国的唯一途径，就是控制整个东亚。于是，日军不顾美国的警告，挥师南下，进犯印度；其实日本政府早已有心理准备，想要打破在中国的僵局，可能得面临着向全世界开战的风险。

直到今天，不仅美国人对中日战争[①]了解不多，就连日本民众也对此知之甚少。然而，太平洋地区的第二次世界大战实际上早在1937年的中国就打响了，根源可追溯至1931年。中国战场直到1945年才结束，那里曾驻扎着100万日军；截至1945年，共有约40万日本将士阵亡。这一切起始于满洲地区；然而讽刺的是，苏联军队仅花了短短几天时间，就实现了对该地区的控制。

---

① 美国人习惯于把中日战争的起始时间定为1941～1945年。

第1章 | 中国战场

乡村男孩上战场

口述者：通信兵　野原挺进

74岁的他，坐在这个房间中心的一个平炉前。这是一间古老的农舍，位于东雅村——日本中部富山县一个偏远的小山村。透过敞开的窗户，只见远处的山脉和山脊已经呈现出盛夏特有的亮绿色，圆形的山顶被白云团团环绕着。

他取出墨砚，说道：“这是我从一户中国人家里‘收缴’来的。”然后，他铺开一面很大的日本太阳旗，角落有个蓝紫色标记，上书：“攻陷南京纪念。战地邮局。”这些物件可追溯至1937年12月13日，即日军攻占中国首都南京的第二天。

我父亲以制作木炭为生。而我们自己家的木材并不够用，所以常常需要从别处购买木材。木炭烧制完成以后，我们用马车运到镇上去卖。这里山势陡峭，开垦水稻梯田需要耗费巨大的劳动力，所以我们主要以小米、荞麦为主食。每户人家用磨盘磨谷物，我记得，那时候祖母因为在外劳作一天，疲惫不堪，所以回家常常边磨粮食，边不停地打瞌睡。每年我只有三次机会能吃上白米饭：8月为祭奠逝者过盂兰盆节时，村里有节庆时，还有就是过年的时候。

每到冬天，父亲就去离家很远的栃木县的一个铜矿工作。因为家乡会下大雪，积雪厚得快漫过一层楼了，无法正常干活谋生。母亲在我 2 岁的时候撒手西去，祖父母一手将我拉扯大。祖母反对我上农业学校，她认为：“村里那些去外地上学的孩子长大后都不愿意回来了。”所以，我只在村里上了 6 年小学。

1934 年，我步行 20 公里到稻美町，从那里坐火车到城端町参加入伍前的体能测试，我的其他同学也都在那里。哦，对了，其实还缺一个。听说那位同学在京都自杀了，但因为没找到尸体，所以军队登记册上还有他的名字。

我们村的 40 个人中，有 10 个顺利通过测试，等级为 A（优等），完全符合军队要求，我就是其中一个。监考人员在考完后告诉我们，笠原明和野原挺进这两名候选人的测试结果甚至达到了中等院校毕业生的水平。他们说这话时还特意把我们叫到大家面前。我想，我当时肯定特别神气。当然，因为有 10 个人考了优等，整个镇都受到了表彰。

那天晚上，我们回到稻美町，村长以及村委会的干部一起为我们举行庆功宴。所有考到 A 等的人都坐在房间的第一排，大家开怀畅饮着米酒。不过，我对酒没什么兴趣，我更喜欢喝茶。第二天，大家都返回村里。

1935 年 1 月，我加入了富山县第 35 步兵联队。所有新兵都要接受基础性作战训练；另外，每个人根据兵种的不同，还需要进行相应的特殊技能训练，比如使用和检测毒气、开机关枪、投掷手榴弹等。我被分到通信组，必须学会用旗语、手势、电话和电报发送指令。最不招人待见的是号兵，因为他们基本没有机会晋升为上等兵；此外，谁也不愿意被分到后勤处去看马，因为这样的话，你就只是整天等着，看哪位军官需要用马。在和平时期，医务兵和担架兵出人头地的机会也很少。比较容易干出成绩的是防化兵，不过他们要很用心地鉴别各种毒气。当然，信号兵要是够优秀，也还是能有出头之日的，不过得首先把摩斯密码背得滚瓜烂熟。哒哒嘀，哒哒。发电报都要用数字代码，刚开始看到密密麻麻的代号时，我心里着实没底，还好后来还是学会了。

1935 年底，我刚去满洲时，那里还比较平静。我们主要负责逮捕土匪强盗，维持伪满洲国的治安。匪徒每天都会在不同的地方寻衅滋事，主要是盗窃财物，然后用中国特有的矮种马驮走他们的战利品。女性，特别是年轻姑娘是他们主要的攻击目标。日本先头部队在村里筑起围墙，以防盗贼进入；但村民的田地仍然在围墙外头。也有些地方拥有独立驻军，不过“帮助维持当地治安、保证人民生活太平”的主要还是我们。可是，中国实在太大了，大到超乎你的想象。

翻山越岭地行军也是我们工作的重要部分。通常情况下，我们每一次都会连续行军 1 个月，然后驻扎休整 1 ~ 2 个月，接着继续赶路。我们常常会先派 200 人左右的中队作为先遣队去侦察情况，其余的人则留在原地驻守。

在剿匪行动中，时不时会发生交火。事实上我们能亲眼见到敌人，战斗大多发生在山区。我烦透了这种荒郊野岭，到处都是超过半人高的灌木和杂草，一路上你必须先把它们处理掉才能继续前进，这已经耗掉了你很多的精力。不出一个月，整个人就像散了架似的，几乎无法动弹。我们这些从山里摸爬滚打出来的孩子还能勉强坚持下来，但不少来自城市的士兵，他们从小习惯舞文弄墨，所以基本上跟不上我们。

1936 年 12 月，我服满兵役返回家乡。当时，村子里议论最多的是我们下一次什么时候再应召入伍。大家每天看报纸、听广播，密切追踪自 1937 年 7 月开始的中日战争的最新消息。1937 年 9 月 12 日，我再次回到部队，直接被派到华中地区。我所在的部队，正是原来第 35 步兵联队下属的藤井部队。在这里我还是负责通信，底下有 9 ~ 10 个小兵。10 月 3 日晚间，我们要执行一项任务，就是穿过一条小溪上的花岗岩桥，在作战旅团和联队总部之间布好电线。我负责在桥的一端打桩，其他几名队员在桥上布线。正在这时，附近有一门迫击炮爆炸了。弹片击中一名士兵，胸口破了个大洞，当场死亡；弹片还击中另一名士兵的手臂，骨头立即粉碎，就靠表皮连着。我用一条毛巾把他的手臂绑住，固定起来以免掉下；另外还有一名士兵腿部受伤。我所领导的小分队是富山县第 35 步兵联队首支在卢沟桥事变后损兵折将的队伍。

布线是项艰巨的任务，责任重大。你必须准确估算出布线两端的间距，然后确定每位士兵除了扛步枪和必备装备外，还需额外背负多少电缆线。这基本上是在挑战人类的极限，我们总是尽量多带线。有时候，子弹会击中或切断电线。如果电话线断了，那我必须先派士兵们轻装上阵找到断裂处，然后让他们拿着必要的工具回去修复。毕竟，作战旅团和联队总部之间的通信保障全靠我们。

开始的时候，敌人很强，日本士兵排成一队，等指挥官一声令下，然后齐步前进。最初的几场战役中，我们第 35 步兵联队就是因为采用了这种战术，所以几乎是全军覆没。在一个被称之为“朱雀笼”的地方，我们与敌军进行了一场恶战。敌人掩护精密，而我方则完全暴露在野外，他们通过高墙的洞眼向我们开火，我方死伤迅速激增。“向前冲！冲啊，冲啊！”指挥官不停地下命令，我们只好硬着头皮往前小跑；然后卧倒，调整呼吸，接着继续往前冲。200 名士兵中，只有 10 个人幸免于难。就这样，我们的兵力急速损耗，元气大伤。我所有的朋友都在那场战争中丧命。我真的很难用言语描述当时的惨烈和痛苦。

联队长打电话责问第 3 大队长新海大佐，为什么没能如期攻陷目标。新海大佐报告上司称所采用的战术行不通，皇军无法顺利从敌军手中拿下城池。“兵力再这么耗下去，恐怕坚持不了多久。”多亏了新海，自从那以后，哪怕我们要花两三天去攻城，也会想办法采取新战术。他带领我们挖战壕，这是一种“打地鼠”的战略，等战壕接近敌人时，我们才发动攻击。第 1、第 2 大队也纷纷效法我们的战术。

战争总是残酷的。华中地区多溪流，敌对双方有士兵战死，尸体会直接落入小溪，浮在水面，往往是密密麻麻的好几百具，很可怕。这些尸体很碍事，你得用棍子把他们拨开，它们才会渐渐全部漂走。然后，我们就能在这些小溪里打水饮用、煮饭。

记得战争开始后没多久，军营就爆发了霍乱，疫情迅速蔓延开来。患者被统一安置在竹林里，外面用一根绳子围着隔离开来。患者被禁止出来，也没有人给他们送饭。我有个朋友也因为霍乱被隔离了，我只能做好饭送给他吃。据说，靠太近的话霍乱会传染，因此我只能把饭菜系在扁担的一端递过去。他不停地乞求：“水，我要喝水。”我又折回来，用自己的餐具烧好开水，给他送进去。在营地休息时，我还能为他做点什么，可一旦进入战斗状态，我就得离开营地，上战场打仗。我不知道医务人员隔多久才会去看他们一次。我的那位朋友真是太可怜了。霍乱致死率高，当时很多人都死了，他也未能幸免。

我们一路攻打到南京。1937 年 12 月，我们参与了攻打“敌都”的行动，率先袭击南京中华门的就是我们部队。我们用大炮不停地轰击那里的砖壁土墙长达一个星期，神奇的是城墙居然纹丝不动。12 月 11 日晚上，我们终于攻破城墙。等到第二天一早，部队的很多人还落在后头，但我们已经进入城墙内。城门背后堆积着无数沙袋，我们把沙袋挪开，摘掉锁，伴随着一阵响亮的吱吱嘎嘎声，城门打开了。我们真的做到了！我们把堡垒打开，敌人已经落荒而逃，所以我们不费一兵一卒。走进这座城堡时，我们满心以为是我们占领了这个城市。

第 35 步兵联队接到军令部的批文，上面说是第 20 步兵联队攻克了城门，之后第 35 步兵联队才通过。那天晚上，来自福山和京都的第 20 步兵联队侦察小组的两三名官兵的确跟我们一起。他们走在最前排，率先进入大门。而且他们还在门上写了城门由他们步兵联队攻破一类的宣言。就这样，我们的功劳被抢了，因为我们没有留下任何标记。

第二天，一支日本部队抵达，攻占“敌都”的纪念印章也被制作出来了。我在国旗上盖了个邮戳，以此作为纪念。周围除了那些逃不走的老弱病残之外，几乎没有别的中国人。随后，我们把这批人统一归置到某个地方，以免他们碍事。我们并没有杀他们。我觉得应该这么说，我们是让他们过“集体生活”。

南京是个大城市，以蒋介石为首的国民政府以此为都多年。我在那儿看到了中山陵，被誉为“国父”的孙中山就葬在此地。很遗憾，因为炮击和空袭，整座城几乎尽毁。这可是中国的首都，相当于日本的东京，因此我们必须拿下它，但这种行为并不光明磊落。城中所有建筑都沦为废墟，被轰炸的地区无法住人，甚至连一家商店都没有了。城里到处都是日本军人，几十万日军尽聚在此。城里容不下这么多兵力，所以第 35 步兵联队根据上级命令，退回苏州。

此时，日本军队几乎已经全部占领华北和华中地区。根据部署，我们第 35 步兵联队的士兵应该驻扎在山上。1938 年 7 月初，我们接到命令直接从山上行军向徐州进发。一路上，我们遇到了无数艰难险境，但这已是家常便饭。有一次，我在联队办公室里接到了军士长打来的电话。“我们被攻击了，现在我方已经弹尽粮绝。士兵们正在努力保住最后一颗子弹，我们赶紧做最后的决定吧。”然后，电话就此切断。即便到了现在，只要回想起曾经历过的那么多危难时刻，我的心依然会疼痛，胸口像有大石头压着一样喘不过气来。

我曾经参加过一个“死难者火葬仪式”，其中一名死者是我们村的。当时，我们推倒附近的房子，把木材摞起来，然后再把尸体往上放，就像烤沙丁鱼一样。只需点一把火，火焰就会冉冉升起继而吞噬木材。接着，我们从燃烧的灰烬中挑拣出骨头，把它们装进袋子里，贴上标签注明死者身份。做这一切时，你会不自觉地默默祈祷，但其实算不上什么所谓的“仪式”。那是战争年代，没那么多讲究。要是碰上下雨天，就很难把所有尸体都焚尽。所以，如果当时正好有个大队长或别的什么军官也刚好阵亡，那我们就想办法只烧掉他的尸体，然后将他的骨灰分装到其他袋子里，当成是别的士兵的。这些事情的真相，当然不能跟死者家属讲。我们就是这样简化仪式，迅速把能烧的烧掉，然后继续行军。10 公里，20 公里，我们必须快速前进。你落后于大部队越多，你就必须越快前进，以赶上他们。每个士兵都想跟大部队一起走，他们害怕掉队，这就是士兵们的真实心声。

有一次，为了追捕敌人，我们翻越了两座山，到了一处不毛之地。那里连一棵树、一片叶子都没有，我们带着马，驮着无线电设备和电缆线。于是，我们就到当地农户家里，“征用”——确切地说，是掠夺衣服和布料，用来裹住马腿，以免它们被岩石碰伤。这些马善于攀山越岭，但下山就不拿手了。它们容易失足下滑，所以我还得让士兵们自己扛着设备。

我想，偷马的行为也是从那个时候开始的。我们的马有时会摔断腿，或者生病无法驮东西。所以，我们必须准备好替补力量。每位骑兵都会分到一匹马，但士兵睡着的时候，马儿可能会挣脱绳索，自个儿跑掉。

这样的事情经常发生。后来，我们只剩下一匹马，但是要驮的装备还有那么多。我命令马夫晚上睡觉的时候，把马绳拴在自己的身上，但绳子还是被切断。他慌慌张张跑过来向我汇报情况的时候，天已经亮了。没办法，部队走不了。我让士兵们在原地驻扎，我出去想办法。很快，我看到有匹马绑在树边，不远处有个骑兵，应该就是马的主人。他似乎是在解手。我一溜烟跑过去，跳上马骑走了。我就是一个光天化日之下的偷马贼！我剪掉了几撮马的鬃毛，它就彻底改头换面了。我们在中国就是这么干的。我们不仅偷别人的马，甚至还偷自己部队中的，没办法，因为我们必须运送设备，否则没办法打仗。

一路上，如果遇到受伤或者快死了的中国士兵，我们就会一脚将其踢开。其实，我对他们并没有什么恶意。负伤的日本士兵也到处都是，这就是战争，我没办法好好照顾他们。我只是有种感觉，自己早晚有一天也会受伤。要是时间充裕，我会跟他们聊一会，不过大多数情况下都是匆匆而过。碰到熟人，我还是忍不住会跟他们说点什么。但就算是碰到同村人，我能说的也不过是：

“加油啊，医生快到了，坚持住！”然后继续赶路。

战争催生了许多歌颂不离不弃战友情的歌曲，可在中国战场上就没有这样的歌了。倒下的士兵不会说：“请你们先走。”他们往往很痛苦，会乞求别人的援助。但是其余的人必须迅速前进，执行各自的任务。那些掉队的伤员，可能稍后会被医护队接走，在临时急救站或者医院接受治疗；又或者就这么留在原地自生自灭了。很幸运的是，我从来没上过担架。两年半后，我的部队“凯旋”。

回家之后，我应该怎么告诉我朋友的父母他是死于霍乱疫情呢？最终，我选择告诉他们，朋友是中流弹阵亡的。我自己毫发无伤，我担心他们会觉得我把自己掩护得很好，却不照顾朋友。实际上，那里无处可藏，中国地势相对平坦。我是分队长，负责领导这支队伍，但我从来没做过什么落人口实的事情。作战期间，我们也会谈论“运气好躲过枪林弹雨”的事。我们的队伍有 200 人，里面像我一样毫发无伤的有两三个。我甚至连感冒请假的事都没有过。

这之后，我又重返战区两次。每次复员回家，我都觉得自己肯定很快又会被召回去，他们就是让我们稍微休息一下而已。算上我现役军身份那次，我总共上了四次战场。我们并非因为喜欢战争而去打仗，“国家的号召”“天皇的命令”——这才是根源所在。除了执行命令，你还能怎样？如果命令下来了，你不去，那你就成了叛国者。每个士兵在战死前都会说：“天皇万岁！”我亲眼见过很多士兵战死，他们的脸上都带着极其痛苦的表情。

我的黄金时代、我的青春都是在军营度过的。虽然我晋升到预备军里的最高职位，但我多么希望自己能一直在东雅村过着平静的日子，而不是去当什么军士长。

南京大屠杀

口述者：陆军参谋　谷田勇

房间的墙上挂着一张他父亲的照片。照片中，他父亲穿着全套陆军中将制服，胸前挂满了奖章和荣誉勋章。旁边是他自己的照片，穿着军装，没有挂军功勋章。他现年 93 岁，曾是工兵部队中将。

“1941年关东军特别大演习期间，我独自号令众多工兵，数量之大，创下了日本军史之最。为了完成任务，我按照指示，接手了一支特别行动部队，由6个联队、30个中队组成，我担任司令。事实上，这些工兵的直接指挥权都在别人手中——他们的联队长、师团长和司令官。所以，接到任务时，我并没有那么激动，但现在回过头来想想，我还是挺自豪的。我不好意思公开表达这种自豪感，毕竟那只是一次演习，只是为了对付我们曾经的假想敌——苏联。之后，演习方案也没有落到实战中。按照演习预案，我当时应该渡过乌苏里江和1 300多米宽的黑龙江！”他指着一张带相框的照片，照片上是一条大河，上面密密麻麻布满了浮桥。“我在德国留学期间买了台莱卡相机，这张照片就是用莱卡拍摄的。”

他想说说20世纪30年代皇军内部的派系斗争，他认为自己是目前国内了解这一领域仅存的顶尖专家。他向我们推荐了他所写的有关这一话题的专著，然后又花了好几个小时侃侃而谈。他一直谈笑风生，直到我们最终聊到战争。

1937年7月，中日战争爆发时，我是陆军大佐。1937年11月5日，日军第10军登陆和攻占杭州湾时，我担任参谋，本次行动是日军继续向前包抄上海侧翼并最终攻陷中国当时的首都南京的关键步骤。

问：偕行社①最近出版了一本关于南京大屠杀的书。攻陷南京时，您正好在中国，对吗？那么，日军到底杀害了多少当地人？

答：据说有几十万人丧命。我订了偕行社的书，不过还没来得及看。厚厚的一本书，你应该看看。我真的不清楚确切数据是多少。

问：其实当时您也进入了南京，根据您观察到的情况，大概有多少人死亡？

答：我真的不知道。偕行社探讨过这个问题，他们应该有统计数据。前几天，我刚好受邀参加了那次讨论。

问：当时，日军认为杀死了多少人？

答：（他站起身走向书架，从上面挑出两本巨大的相册。他把相册摆在咖啡桌上，然后打开了其中一本。）这张照片是我们刚刚进入南京城的时候拍摄的，那是1937年12月14日，正好是我生日的那天。当天下午，我带着一队哨兵在

① 创立于明治时代的日本陆军军人团体。

城里四处转悠。看到这扇门了吗？这是我下午三四点的时候拍的。虽然那个门已经被毁坏了，但是你看不到任何尸体。（他用手指了指照片。）再看看这里，中国方面出版的书里面有记载，说这个地方有1万具尸体。就在这。

问：谷田先生，照片的背面，您写着："截至下午4点，约1 000人死亡。"您看，就是这里，对吧？

答：我们大概3点出发，到这个地方的时候，差不多4点。这就是城门前，当时火还在烧，浓烟不停升起。我在这写了"1 000多人"，但实际上可能有两三千人死在这里。如果朝着距离城门大约300米的河边走去，就可以到达另一个地方。（他翻到了另一张照片。）

问：照片上那些白色物体是尸体吗？

答：我也在想，这些白色的东西到底是什么？可能是洒了什么白色的东西吧。

问：您是大佐，又担任第10军参谋长，应该有机会视察整个南京城吧？这张照片上写着"1937年12月14日，下关港码头"。

答：不，这个地方叫沙坎。我们正午前到达这里，在一处河岸停下，南京有很多河岸。上岸后，我们吃了中饭，然后把一个警卫队从总部调度到卡车上。你可以想象，当时真的很危险。随后，我们四处巡逻探测情况。我们还不清楚发生了什么。这些照片就是那个时候拍的。这个地方，我们往里走了大概两三百米。这边还在焚烧，大概有几千具尸体。

问：中国方面表示，日军还屠杀了当地平民、妇女和儿童。

答：偕行社出版的有关南京大屠杀的书已经表明，有人声称当时有几十万人死亡。（他暂停了一会儿。）你看，这张图是当时第6师团打算攻占南京城门的进攻计划。你明白我的意思了吗？（他仿佛又使用起了军队司令官的口吻。）昭和十二年12月12日正午12点（即1937年12月12日正午时分），有4个12重叠在一起。可惜不是12点12分，而是12点20分，晚了8分钟。不过，已经有4个12了，第6师团的旗帜高高地飘扬在南京城上。我在军队指挥中心所在的山上目睹了这一切。（他在地图上指出指挥中心所在地。）我当时就蹲在一个坑道里，我们是从山后进入的。我们随军的一位艺术家把这一个场景画了下来。真正进入南京那天，正好有4个12重叠。昭和十二年12月12日12点，一名男子挥舞着胜利的旗帜，这张照片就是用我的莱卡拍下的。

这张照片是14日我生日那天，第10军进入南京城时拍摄的。这张是我们攻占的城墙。这张是士兵们聆听大队长三宅讲话时拍的，他正在描述攻占城门的情形。三宅首先上台，拿着地图侃侃而谈。接着，二把手中鹤也上去补充了些作战情况。这是12月16日，当时我们其实在城墙上。我们爬上梯子，穿过河流，听中鹤讲话。这张照片上，中鹤正在爬梯子，下面有两三具尸体。

这张是1938年拍的，当时有个剧团来军队巡演，渡边浜子和赤坂小梅等当红女艺人也来了。胖胖的这个是小梅，她现在还住在横滨。有时，我还会碰到她。她会给一些军人表演。不过现在，她可苗条多了。这张照片上的是我，站在城门上为大家讲解。这张是纪念我们攻陷南京一周年，我正在发表讲话。那天，我们在户外举行了一个庆祝派对。

后来，我们决定在当地建造一个公园。1939年，我们雇了一个工程公司，开始建公园。工程竣工，也就是开园仪式上，我发表了讲话。我们立了一座十几米高的石碑，纪念日本攻陷南京。开幕式当天，我们还安排了飞行表演，就像我们在日本国内经常做的那样。这是之后的庆功宴，我们找了南京城所有的日本美女过来助兴。今天，公园周围的不少设施已经毁坏，不过公园还在。因为有个中队长很聪明，先在里面建造了一座中国阵亡将士墓。当地民众很高兴，甚至还有不少年轻壮劳力主动过来帮忙。所以，公园能一直保留到今天。最后一张照片摄于1942年12月12日，我发表了一个简短的讲话，时值公园开园三周年，我们攻陷南京五周年。

1937年12月12日日军攻占南京后，连续几个星期对当地百姓展开惨绝人寰的屠戮。暴力、强奸、肆无忌惮地屠杀手无缚鸡之力的中国人，这些现象随处可见。屠戮者自然没有兴趣统计死亡人数，而受害一方又无从精确计算其损失。当时留在南京的许多外部观察人士对目睹的日军暴行深感震惊，他们的记录、报道、信件、照片还有影视资料，都成为了当今世界研究南京大屠杀的重要材料。几十年过去了，许多有关南京大屠杀的日记、书信、地图和军事档案逐步浮出水面，成为日本犯下战争罪的铁证。然而，这场暴行的全部真相恐怕永远也无法还原。

南京大屠杀的争议主要集中在死亡人数上，日军到底杀害了多少中国士兵（战俘、未能逃走的士兵和游击队员）和平民（特别是妇女和儿童)。根据今天中国南京大屠杀纪念馆及其他官方记载，共有 30 万人被杀。在台湾，不少国民党的历史学家也使用了类似数据。西方主流“二战”史的书籍在提及南京大屠杀时，通常都不使用明确数据。至于日本，不难想见，即便是最自由的知识分子在援引数据时，也比中国提出的要少得多。在日本，“有多少人被杀害”这个问题的答案有各种版本，数量从 3 000 到 6 000 不等，有的甚至还高达 20 万，详见藤原彰著的《南京大屠杀》。研究中日战争的日本知名历史学家秦郁彦 1986 年曾写道，在南京“非法谋杀”中丧生的中国人大概在 3.8 万～ 4.2 万，此说法可在其作品《南京事变：屠杀的结构》中找到。

谷田勇提到的《南京战史》两卷本，由前军官协会偕行社于 1989 年出版，该书第一卷没明确指出日军杀害的中国人数量。书中虽然没否认当时的确发生了大屠杀，但完全否认“有二三十万中国人被杀害”的说法。第二卷是 789 页的文档集增补版，读者可根据史料得出自己的结论。前军官协会本该拥有独特视角来判断这场战争犯下的罪行，然而他们选择让读者自己去寻找问题的答案，这种做法也表明了直到今天，他们也不愿为日军曾经的所作所为承担责任。

够狠才能当领导

口述者：小队长　富永正三

“当时，大学生可以推迟服兵役。毕业后，我听从导师团建议，到满洲一家公司工作，负责当地的粮食供应。小日子过得挺滋润，还有精力操持自己的终身大事。军队给我发征兵函时，我已经快 26 岁了。我在满洲接受了体检，测试结果为 A 等。我并不是特别想去参军，但也没提出任何异议。”

1941 年夏天，当他以军人身份被派往中国时，中日战争已经持续了 4 年之久。自卢沟桥事变爆发后，中国战场已伤亡 50 多万日本人。但战争仍然看不见尽头。他被分配到广岛第 39 师团下属的第 232 联队，驻守华中地区。该师团驻地为前线最繁荣地区，主要是长江流域一带，包括重庆。

1941年7月30日，我到部队报到。他们把我带到了一个步兵中队，并将我晋升为少尉，可实际上我只是刚从军官学校毕业的新手。“这些都是二小队的士兵。”带我过来的人只跟我说了这么一句话，就把我撂下，让我独自面对那些即将接受我领导的士兵。我永远也不会忘记第一次见到他们的情形，大概有20名士兵；这个小队还有一半士兵正在前线战斗。我看着他们，感到很害怕。他们都目露凶光，那不是人类的眼睛，而是豹或者虎才有的眼神。有不少士兵已身经百战，而我才新手上路。我还没见过什么大风大浪，怎么能领导这些人呢？我甚至不敢正眼看他们。我的信心瞬间崩溃。这些人里，有刚入伍的新兵，更多的是服役两三年以上的。士兵们在前线待得越久，眼神就越狠。

报到第二天，我们新来的22名候选军官接受了一次特殊的实战演习。田中少尉，也就是我们的指导员，花了一个星期时间，把我们带到当地各个中日曾经交战的战场。他向我们介绍了哪些是曾经日军打过胜仗的地方，哪些是我们失利的战场，这些地方处处都是破坏和屠杀的痕迹。我们按照他的命令，从上面走过去或者跑过去，我们对着实实在在的战场，努力把从书本上学到的知识运用到实践中。

演习倒数的第二天，田中少尉把我们带到拘留中心。他指着一屋子的中国人，对我们说：“这些就是检测你们勇气和胆量的试金石。”他们个个都那么单薄、瘦弱，我们不禁倒吸了一口凉气。田中对我们说：“他们已经好几天没吃饭了，就准备着为明天的演习出一份力。”他说，明天的测试，可以检验我们是否够格当小队长。如果不敢砍头，就没资格。

最后一天，我们来到一个刑场。24名囚犯蹲在那，双手被反绑着，所有人都被蒙住双眼。离他们不远处有一个10米长、2米宽、约3米多深的大坑。联队长、大队长和中队长们都已经依次对号入座。田中少尉向联队长鞠躬报告：“我们现在开始。”他命令杂役把一名囚犯拖到大坑边，囚犯不停反抗，却只招来重踢。士兵费了好大劲才把囚犯拖到坑边，强迫他跪下。田中转过头面朝我们，视线一一扫过我们的脸。“应该像这样把头砍下！”他一边说，一边拔出刀，从木桶里舀了一瓢水，然后浇在刀刃正反两边。抖落水滴后，他举起刀，在空中画出一道长弧。田中站在囚犯背后，两腿分开与肩同宽，找稳重心。他“哟”地大喊一声，砍下了囚犯的头。脑袋滚出1米多远，鲜血像喷泉一样从伤口涌出，流进挖好的大坑中。

这一幕实在太瘆人，我快窒息了。在场所有候选军官都吓呆了。田中少尉让我们依次照着做，从我们这小队最右边的人开始，我是第四个。轮到我时，我一心只想着：“千万别出丑！我不能丢脸。”我向联队长鞠了个躬，然后向前走去。没想到，我居然双腿没有发软，稳稳地走了出去。一个身材瘦弱、衣着褴褛的囚犯已经跪在大坑旁，眼睛被蒙着。我拔出姐夫送的刀，像少尉刚刚演示的那样，用水把刀刃两边淋湿，然后站到囚犯背后。他低着头，一动不动，仿佛已经认命了。我很紧张，暗暗告诉自己，决不能失败。我深呼吸了一下，尽力平复情绪。站稳后，我把刀向右肩上方高高举起，然后铆足了劲一口气往下砍。人头飞得老远，囚犯的身体顺势瘫了下去，鲜血喷射出来。空气中弥漫着浓重的血腥味。我把刀上的血洗掉，用纸擦拭刀刃。上面沾着脂肪，很难擦掉。我把刀放入刀鞘时，发现它有些弯曲了。

就在那一刻，我感觉自己内心有些微妙的变化。我不知该如何形容，但好像突然之间我胆子大了许多。

有名候选军官砍头时出现失误，没有一下砍断。囚犯疯狂地四处乱窜，蒙着眼睛的布也挣脱掉了，头上很深的伤口流着鲜血。“刺死他！”田中命令道。军官挥刀照做，但再次失误。“你个笨蛋！”田中破口大骂。这时，田中挥舞自己的刀，我们所有人都一起上，每个人的刀上都沾满了那个囚犯的鲜血。

演习完毕后，我们回到了各自的中队。这样之后，我每天晚上在中队里点名的时候，再碰到士兵们凶狠的目光，已经不再发怵了。就在那天晚上，我发现自己在他们面前不再胆怯。我觉得自己已经可以自如地对他们发号施令了。

后来，国防妇女协会的成员在满洲迎接我们进城时对我说，他们从来没有见过这样一支眼睛充满杀气的队伍。而我已经对此习以为常了。只要上了战场，人人都会变得杀气腾腾、麻木不仁。士兵们上战场时，都如同接受一次鲜血的洗礼。他们是施暴者，而我在杀了那名囚犯之后，也加入了他们的行列。

每年 3 月份，都会有新兵告别自己的家乡前来参战。许多人会在前线完成他们的兵役，但大多数人通常还会继续留下来。因为日军死伤惨重，1939 年应召入伍的士兵直到战争结束才能回家，他们在战区整整待了六个年头。

在前线，一个新兵三个月就能淬炼成老手。我们为他们设计了一整套训练方案，训练的最后阶段，就是让他们刺死一个活生生的人。我当中队长时，这一课可谓训练大纲的点睛之笔，也是测试军官勇气的方法。囚犯们被蒙着眼睛，五花大绑，士兵们举着刺刀向前冲，大喊一声“杀！”有些人害怕，不敢往前，我们就在后面踢他们，迫使他们冲上去。只要过了这关，他们就什么都敢做了。军队能催生人的战斗力。一支军队最核心的任务就是让士兵打仗。不管他们是否乐意，是否出自真心。不敢打仗的士兵是毫无价值的。敢于杀人的士兵才是好士兵，不管手段多么拙劣。我们把士兵训练成了杀人机器。那些人原来在家时，都是好儿子、好爸爸、好哥哥，上了战场都急红了眼，开始相互厮杀。人类变成了恶魔。每个新兵过三个月就练成了杀人恶魔。只有抑制人性，人类才能勇敢地战斗厮杀。我们对此深信不疑。这也是继承了日本国内军训的精髓，因为我们是大日本皇军。

我第一次亲眼目睹战争是在 1941 年 9 月底至 10 月初。当时正值长沙战役期间，战斗夜以继日地进行。有 3 个大队加入了我们的进攻行动，我在第 3 大队最左边的那个中队中位于左侧的那个小队作战。起初，我们在轻机枪的掩护下不断前进，辅以炮轰，攻击敌人的阵地。一旦攻到离敌人不到 50 米的地方，我们就用刺刀杀敌。一路上，我们没有什么掩护，而敌人的砖头碉堡又近在眼前。我们不敢贸然靠近，就在这时，有颗炮弹在碉堡附近炸开，掀起了很大的尘土。我趁乱带领士兵前进，大喊“冲啊！”快到碉堡时，尘土突然没了，敌人开枪朝我们扫射。子弹打在地面，我们的脚底掀起了灰尘。我们完全暴露在敌人的视野中，不过很奇怪，居然没有中弹。我跑的时候一直在想，自己可能迟早会倒下。当时距离碉堡不过 50 米，照道理，10 秒钟就可以跑完，可我当时感觉自己好像怎么使劲跑，都跑不到。我抬起头，惊恐地发现一挺机关枪巨大的枪口正朝我扫射。“枪口居然这么大。”我心想。我闭上眼睛，使劲朝他们的位置杀过去。有一半敌人已经逃走了，我们只抓获了大概 10 名俘虏。我太激动了，以至于有些语无伦次。其实，我并不打算说什么，可是话赶到嘴边，不由自主地开始责备我的部下。有支预备队解救了我们，我们带着那些战俘一起去面见中队长。我们从中得知，原来我们是第一支冲进敌人所在区的部队，也因此重创了敌军。战争期间，对个人的作战表现有一套考核体系。我因为那次行动，立了一等功，不过当时我根本不知道。这也是我第一次打仗，第一次发号施令。

有了经验后，我学会去判断形势是否危险。经历得越多，我就越胆怯。一开始，我什么都不了解，初生牛犊不怕虎，像疯了似的只顾往前冲。打仗时，小队长总是要带头领导其他成员一起战斗。向前冲往往是因为别无选择，这跟勇气没有关系。我满脑子想的都是履行自己的职责。当小队长通常比较危险，如果是中队长，你大可以派出一两个小队先冲在前面，除非要发动夜攻，中队长得趁着夜色带领整个中队一起行动。

后来，我终于当上了中队长，任务也相对轻松了些。中队每次参加行动前，都会全体集合，向我敬礼。我心里暗自思忖，这里面不知道会有多少名士兵无法安然归来。我最不喜欢这种感觉。执行大规模行动的时候，往往有三分之一到一半的士兵会回不来。他们不一定全都战死，但免不了受伤。一旦有伤亡，其他士兵就要抬着他们。抬 1 名无法行走的士兵，至少需要 4 名士兵。如果我们吃了败仗，那就没办法疏散伤员了。我们只能把还能走的伤员救走，带走一个算一个。其余的伤者应该自杀，那些没有自杀的日本士兵大都成了俘虏。

屠杀平民是家常便饭。谁让他们与敌军合作，把敌军藏在他们的屋里，还给他们通风报信？在我们看来，他们也是敌人。打仗时，所有村民都会躲起来。我们就从村民的屋里抢东西，要是碰到冬天，就干脆把房子烧掉取暖。一旦我们发现有什么人在四处流窜，就会抓住他们，并且杀掉。那一定是敌军的探子！这就是战争年代。

富永正三将在第 24 章继续讲述他的行为所带来的后果。

毒气战

口述者：防化兵　谷荣江静夫

他拿出军人手册，里面记录了他每次晋升的日期以及曾经服役过的部队。专长一栏中写着“防化兵”。没上前线前，他在一家化工厂当办公室文员。

“我们从一开始就在中国使用毒气了，只不过并没有公开而已，因为这违反了《日内瓦公约》的规定。我们会特别小心地把用完的毒气瓶收集起来，并且消除战场上使用过毒气的痕迹。我是毒气工人协会会员，专门从事这方面研究。战时，我们制作各种各样的毒气，窒息性毒气、喷嚏毒气、芥子毒气等，制作过程中一旦受伤，就会向日本政府索赔。”他看了看笔记本，继续说道：“我记录了日军在中国使用毒气的情况。1937 年，9 次；1938 年，185 次；单是 1939 年，就多达 465 次；1940 年，259 次；1941 年，48 次。1945 年的所有战争中都用了毒气。”

1937 年 7 月底，我所在的福山部队被调往前线。当时正是卢沟桥事变，即中日战争正式爆发后不久。我还是个新兵蛋子，属于最后一批在和平时期接受军事训练的人。战前，我们这些专业人士只受过四五天气体鉴定培训。我们主要使用 1937 年 4 月起草的一本教材《防御气体》，当时它还没有成为官方指南。培训重点主要放在如何净化被芥子气污染过的区域等方面。我们每人都会发一大袋约 10 公斤重的漂白粉，然后撒在我们前方区域。由于可能要处理芥子毒气，所以必须全副武装——胶皮靴、橡皮裤、夹克衫、手套和头盔，一样都不能少。盛夏时期，单是穿上这些行头，就把人闷得够呛，转眼就汗流浃背，我们称之为“八爪鱼之舞”。面具后面的玻璃镜片很快就起雾了。这恐怕是军队中最令人讨厌的训练了。

我是第 5 师团第 41 联队第 2 大队的二等兵。当时提到战斗，仍然主要指用步枪、机关枪或者大炮袭击敌人。这是正常情况下士兵们的作战方法。偶尔也有飞机在空中轰炸以支援地面部队。我是在 1939 年北平、南京和汉口等地沦陷后才到的中国。我们的主要工作是镇压那些试图反抗的势力，通过讲和或者惩罚的办法。

每个小分队都会带两三个“红罐”，里面装满了能引发咳嗽的气体。罐子大约 20 厘米长，直径 5 厘米。罐子的顶部很像火柴头，上面盖着一个小盖子，还裹着棉花，以防意外打开。它就像一根保险丝，你打开时会冒烟，那就是毒气。如果你使劲，可以把它扔出 50 米远。

天气暖和的时候，毒气是发挥不了太大作用的，这是因为上升气流往往会让气体迅速地消散殆尽。但暴风雨来临之前的气压很低，敌人所在地的风速小且风向稳定，此时毒气就能发挥出最佳效果。培训时，我们还学习了如何测量风速。

有一次，我在中国前线作战的时候，接到了"使用红罐"的命令。我举起一张纸巾，观察它在空中的飘动方向。看到当时的天气条件十分有利，我很开心。天气多云，风在朝敌人的方向吹。"太棒了！"我心想，然后大声下令："拿出罐子！"我让士兵们戴上防毒面具，上好刺刀，然后命令他们蹲下来等待。我把罐子一个接一个地扔向敌人。刹那间，只见白色烟雾喷发出来，弥漫在地面上方。我命令士兵们冲进村子，对方的士兵和很多村民都已经逃跑了。

有位老妇因为缠过小脚跑不快，就没有逃走。她竭力想逃，但就像一只鸭子，一小步一小步的十分笨拙，臀部颤巍巍的，她在不停地咳嗽。"竟然还没死，"我心想，"好奇怪。"当然，这是喷嚏毒气，不一定会致死，只会让敌人失去战斗力。我想当时中国还没有完备的防毒面具。通常情况下，如果你想快速攻占敌人的阵地，最好是在关键时刻用红罐毒气。一经使用，敌人会撒腿就跑，接下来就变得轻而易举了。这么说可能有些搞笑，但事实就是这样。

我自己打仗时，就用过那么一次毒气。

从中国回来之后，我被调去了大久野岛上的秘密毒气工厂工作。就在那个时候，日本与美国开战了。一天早上，我刚去岛上上班，忽然听到广播里播送这么一则消息："今天日本陆军和海军正式登陆西太平洋岛，对美英开战。"

虽说在 12 月 8 日之前就已经有些征兆了，但我还是无法想象日本竟然真的会同美国这个世界强国开战。对日本来说，对它开战根本就意味着全国集体自杀。我当时就是这么想的。那件事后，我们刚开始上早班。我听到这个消息时的第一感觉是震惊！我这一生还没这么震惊过。我再也坐不住了，走到屋后的厕所里，想着接下来将要发生的事，泪水在我的眼眶里不停打转。我感觉，我这一生就这么完了。尽管日本不停吹嘘，但实际上它几乎已经在中国战场耗尽了一切。这样一个疲惫不堪的国家怎么可能是英美两国的对手？

消息不断传来。偷袭珍珠港成功。新加坡也拿下了。收音机里播放着《军舰进行曲》。我惊呆了，所有事情被描述得那么乐观。"一切进展顺利"，报道指出。接下来几个星期里，前方传来的消息仿佛也印证着这一点。消息一个接一个传来，我们到处都在打胜仗。

但我了解官方军事消息的真实情况。我曾经在部队待过，知道这些消息掺着水分。不可能全部都是真的。在侵华战争中，军方会说：“我们攻占了这里、那里。”但他们绝口不提，我们曾使用了毒气，也不会提战争还在无休止地进行。

第2章 | 大东亚梦想

“战争意味着有活干”

口述者：机械师　熊谷德一

50年来，他一直住在这栋小木屋里。小屋位于工业城市川崎，早在战争开始前，这里就已是制造业的中心。他现在72岁，已经从五十铃汽车公司退休。在此之前，他几乎把所有心血都花在工厂的车间里。

你也知道，日本民众对士兵有种与生俱来的亲切感，对他们很热情。都是出于同情，你可能会这么说。他们为国家奉献了生命，他们的鞠躬尽瘁，让我们满怀感激。人们都知道，服兵役就如同服刑。老百姓都很清楚这些，因为他们亲眼见识过当兵的辛苦。每年秋收过后，部队就会在当地稻田里进行大规模演习，士兵们分散到各农户家居住。小时候，我与小伙伴们玩过家家就经常扮演军人，拿着棍子假装是步枪和刺刀。大人们很鼓励我们玩这种游戏。要是真的碰到当兵的，我们通常会毕恭毕敬地称呼他“军官先生”。

其实我们这些普通的老百姓对于年轻军官们在1936年发动的“二二六事件”[①]大多拍手称好。我心想：“他们太棒了！真厉害！”人们都期待变革，

① 日本近代史上最大规模的叛乱行动，20世纪30年代日本法西斯主义发展的重要事件。1936年2月26日，日本帝国陆军中部分支持天皇亲政的“皇道派”青年军官，率数名士兵刺杀政府中得到军方拥护的“统制派”要员，取得相当成果，但最终遭到扑杀。由此，“皇道派”在军中影响力大减，而军方领导人对政府的政治影响力也因此大增。

因为当时的形势比较混乱，没有人务实地想过万一打仗会出现什么后果。即便在起义军官宣布投降以后，我也认为日军只要稍微动一动手指就能让中国人吓破胆的。在 1937 和 1938 年，我们对战争就是怀着这样一种轻松愉悦的心态。

我的父亲曾在东京的兵工厂工作，负责制造步枪和刺刀。他是最底层的劳动者，没上过学，大字不识一个，虽然勉强能在兵工厂找份糊口的活，但注定永远也成不了机械工程师，因为他看不懂设计图。那时候，在工厂干了好几年的老员工也开始学英语，主要是为了能看懂图纸上标注的机器零部件名称。父亲很拼命，但除了努力工作，其他的事他一窍不通。只要开战的概率不大，军工厂的工人就会下岗，所以我父亲打过各种各样的零工，甚至还当过街头小贩。我们一家人住在东京一处拥挤的棚屋里，棚屋只有两个小房间：其中一间的面积大概能平铺下四张半桌垫；另一间更小，大概三张桌垫。父母、三个姐姐、两个哥哥、弟弟和我，我们全家九口人就这么蜗居在小棚屋里。

像我们这种贫苦家庭出身的人，长大后基本上只能在商店和工厂当学徒。我的三个姐姐小学毕业后，都去了政府下属的印刷厂工作。当时，小学毕业还能继续求学深造的孩子不多。一个大约 50 人的班级里，只有五六名学生能升到初中，而我就是其中一名幸运儿。我 14 岁初中毕业后进入一家中等规模的机械厂工作，厂名是北辰电器，主要制造高温熔铁所需的温度计。另外，我们也制造测距仪，供海岸炮兵使用。

我每天步行上下班，来回路上总共得花去 2 小时。我坐不起车，几位姐姐甚至经常穿着木屐在那些坑坑洼洼的道路上颠簸，就为了节省 5 分钱的公交车费。其他工厂的工人一般都是朝七晚五，不过我们工厂每天工作 8 小时，而且每个月第一和第三个星期的星期天都休息，因为我们工厂是半军工性质的。每年有 4 个假期：元旦、天皇生日、明治天皇诞辰纪念日以及神武天皇登基日，即日本建国纪念日。我每天加班 2 个小时以上，会得到相应的加班工资；其他工厂的工人则没有加班费。顶多就是等他们到部队服兵役时，会领到一套西装或有领饰的和服，算是犒赏。

我们敬仰白种人，因为我们用的那些高端的机械设备都是他们生产的，他们还创造了先进的文化；但我们瞧不起中国人，称他们是“清国奴”；我们也鄙视朝鲜人，称呼他们“鲜人”。在比较体面的高档社区，国人绝不肯把房子出租给朝鲜人。所以，他们就用铁皮自己搭建棚屋。附近的孩子经常蜂拥着去看他们吃饭。朝鲜人端着大碗，嚼着红辣椒下饭。公共浴室里，单凭身上的气味，就可以判断出哪些是朝鲜人，因为他们所在的地方总会散发出大蒜的味道。

在车工吉田的熏陶之下，我开始阅读共产党的报纸《赤旗报》。吉田是我的学长，比我高一届。我第一次喝可可就是在他的家里，当时他递给我一份《赤旗报》和一杯可可。我对意识形态并不感兴趣，但共产党对我很有吸引力，因为当时我很穷。不过，老实说，我根本不理解那些党的理论和教条。“打倒天皇！”我觉得这个口号挺好，因为长期贫困已经让我没办法再相信政府，我觉得现政府的治国理念无法改善我的生活。我从来不觉得天皇是神，就算是在小时候。

因为非法派发传单这件事，我被宪兵队抓走了，彼时我阅读共产党的报纸已经有两年了。宪兵队的人问我，共产党都在干些什么。我说我不知道，我就是为了喝可可，才帮他们收发传单的。审讯时并没有使用酷刑，大概因为我还是不到20岁的毛头小子，他们量我也折腾不出什么大事来。在关了两个星期后，他们把我放了出来。不过我也因此丢了工厂的工作，吉田则遭到起诉。

1936年我参加征兵入伍考试，结果为B-2等，成为后备军。次年，中日战争爆发，第一批后备军人得立刻上前线，不过我一直到1939年才受训。当时我参加了坦克机械师的培训课程，合格后进入装甲车间。

机械师很欢迎战争的到来。我们迫切地希望战争能打得更猛烈一些。在那之后，我们真的忙活起来了。有关中国战场的消息铺天盖地而来，就连我的父亲也订阅了《朝日新闻》，因为里面有大量关于日军在中国前线的照片。1937年底，日本近乎全国总动员，每一位工人都忙得不亦乐乎。人生中第一次，我竟然还可以养活我的父亲了。战争也不全都是坏事，我想。我是一名技术娴熟的机械师，这在当时很吃香。在1938年、1939年和1940年时，我的薪水达到了巅峰。我经常加班加点，还不停地跳槽，每份新工作都比之前的要好。1940年，政府出台了关于熟练技术工的制度草案，防止工人们随便换工作。

新的工厂如同雨后春笋般拔地而起。我所在的工厂也于1938年从龟户搬迁到了川崎，当时厂里有十二三名员工。可是没过多久，工人规模就扩大到了两三百人。因为战争的缘故，我晋升很快，成为了一支一流队伍的主管，每个月的薪水大约有120日元。1940年3月，我结婚了，当时我23岁，收入可观，完全有能力购买一套房子。最开心的是，我根本不用担心失业或找不到工作。

我清楚地记得日本海军袭击珍珠港那天的情形。我上完夜班回家，与妻子一起上街，打算给大儿子买一架木马。妻子背着儿子，突然广播传来了突袭珍珠港的消息，那时候大概是早上9点。“我们真的打仗了！真的成功了！战争真的打响了！”我们就这样大声欢呼。

我的姐姐问我：“德一，你觉得日本真的能够打败美国吗？”我回答她说：“不知道。”其实，我隐约还是能预料到接下来将会发生什么。我们这些常年与机械打交道的人，当然能够意识到我们与美国在装备方面的差距。当时，我们很多的先进机械都是从美国、英国和法国进口的。日本还造不出抛光、碾磨和铣床等精密度很高的设备。我怀疑甚至连日本当时的飞机引擎制造公司所使用的那些机械设备都是从美国进口的，当然我也不是百分之百的肯定。在战争爆发之后，美国不但对日本实行了石油禁运，还停止向我们出口机械设备。

我觉得日本人在西方人面前有一种自卑的情结，我们称他们为“毛人”，但却对他们有一种崇拜的心理。我们不想败给白人，但是跟很多人一样，我并不痛恨美国人。所以政府得大张旗鼓地进行宣传，希望激起民众的仇恨。宣传口号中说，美国人和英国人都是恶魔。但其实我们打美国时对他们并没有真正的敌意，也许职业军人有种想跟他们一较高下的强烈情绪，但我们这些工人并没有。

回首战争年代，很多人都声称，他们支持战争是因为自己别无选择。我认为，这完全都是谎言。知识分子、记者和其他受过教育的人都积极支持战争，只有共产党除外，但可惜的是他们全都被关在监狱里了。没有人想过日本可能真的会战败，因为在当时，几乎全国上下的人都想当然地认为，我们可以在适当的时候停止战争。

于是，一波又一波高呼着“万岁”的士兵和战马一起登上了火车或飞机赶赴前线。我们曾经无数次欢天喜地地打着灯笼在大街上游行，庆祝我们在战场上取得的胜利。

可是战败后，我们为什么都忘记了这些呢？

“我想为建立大东亚奉献力量”

口述者：右翼团体地下党成员　野木春道

八尾町是个安静的小镇，距离大阪约1小时的火车车程。眼前的这位老者，坐在弥漫着新鲜咖啡香的书房里，那咖啡是他刚去印度尼西亚旅行时带回来的。老者非常高大英俊，是名退休的房地产经纪人。

20世纪30年代，“创建亚洲经济区，促进该地区各国共同发展”这一理念在日本学界和政坛盛行。在这个区域经济中，日本是当之无愧的领袖。1940年8月1日，外相松冈洋右在为德国驻日大使奥特举行招待会时，第一次提出了建立“大东亚共荣圈”的计划。日本在中国的战争导致日本与美国的经济和政治关系日益恶化，荷属东印度群岛上的资源，尤其是丰富的石油资源，对日本工业和军事发展越来越重要。

1940年，还在上大学的野木春道加入爱国学生联盟，从此越来越多地卷入右翼团体的半地下活动。该联盟的学员思想慢慢成形，摩拳擦掌，打算在把“东印度群岛从荷兰手中解放出来”这一神圣事业中大展拳脚。

我真正开始对殖民主义着迷源于今村忠介教授，他是日本大学殖民经济学系的创始人兼系主任。日本大学是一座私立高校，简称“日大”。今村教授曾经在课堂上说：“我去过上海，那里公园门口的标牌上写着：‘华人与狗，不得入内！’我也到过南海，那片区域几乎全部都由白人控制。”他接着问我们：“你们应该怎么做，才能打破这种格局？”今村曾留学美国，负责教授时事政治，但是他很热衷于作这种煽动性演讲。他的话让我产生了强烈的共鸣，我顿时心潮澎湃，很想大干一番。“只要有机会，我一定要上前线。我要去中国，我要亲自动手干一番事业！”学生们通常会这样异口同声地说。

美国和英国已经殖民中国多年，日本属于落后者。那时的中国积贫积弱。1931年“九一八事变”时，我们认为日本应该带着先进的技术和领导理念挺进中国，帮助它变成一个更好的国家。当时战场上的情况都是保密的，我们并不知情。不过我坚信，“大东亚共荣圈”计划是落后民族的福音。只要日本和德国联手，就能打破盎格鲁 — 撒克逊人对亚洲的控制，殖民地的瓜分将重新洗牌。我们当时就是这么想的。

自 1939 年开始，有关希特勒的电视新闻每天都在滚动播出。我经常逃课去看电视，看着这些激动人心的短片，我心里总在想："满洲地区的日军到底是怎么回事？为什么不干脆消灭掉英国和美国？希特勒都拿下整个波兰，将其并入德国了！”之后，我购买了希特勒那本史诗般的自传《我的奋斗》。当时日本的年轻人都很崇拜希特勒和墨索里尼，期待日本政坛也能出现一位类似人物。我们都希望日本能够果断地采取行动。彼时，前日本军官桥本欣五郎和主张“南进政策”的政治家中野正刚两人深得希特勒真传，开始效仿其行事作风。但凡他们作演讲，我一定会参加。有时候，我会被赶出来。他们的追随者们要求我出示学生证，然后说我年龄还太小，不宜入内。总之，他们不喜欢学生，可能是嫌我们碍手碍脚。我只好脱掉校服，偷偷溜进去。演讲大多设在日比谷公会堂。只要极右翼势力作关于“攻击英美”等话题的讲座，民众就会从四面八方赶来听。他们带着饭盒从早上 6 点开始排长队，等会场开门，就为了听中野正刚讲解如何解放亚洲。有时候人多得挤都挤不进去。那是 1940 ~ 1941 年初，日美战争爆发前。听他们演讲，你会忽然茅塞顿开，心里异常满足。听众很容易心潮澎湃，甚至膜拜“大东亚共荣圈”计划。

另一位出色的演说家叫作永井柳太郎，人们颇为喜欢他的语调。他喜欢鼓吹“亚洲是亚洲人的亚洲”。他的演讲非常容易感染旁人，我个人也很喜欢。当时，日本在中国海域击沉了一艘英国炮舰，英国借此向日本提出抗议，日本反过来谴责英国："你们自己也在侵略，怎么敢对驻华日军指手画脚？”政府号召我们都站出来抗议大英帝国。于是，我们在英国驻日大使馆的门口进行了示威游行。我也参加了那一次的游行，并与示威者们一起大喊："英国人滚出中国。停止侵略！你们来东方干什么？”我们不能够接受他们涉足远东地区。

我们在课堂上所学的东西可能会让你非常震惊。“民主”意味着你高兴干什么就干什么。如果我们不得不与美国开战，那也不用担心，因为美国是民主国家，迟早都会崩溃。当时似乎人人都这么认为。美国人永远无法为了共同的目标团结在一起，这个国家缺乏凝聚力，只要轻轻一击，就会土崩瓦解的。

我学习法律和会计，整天都跟加减乘除、记录税费、查询现有法律条款的解释打交道，这样的日子让我觉得有些枯燥乏味。我无法忍受自己此生就这样活着。有一天，爱国学生同盟日本大学分会的会长把我拉到了一边，说有件事要跟我商量。“我们要执行一项任务，不过得秘密进行。我觉得你能担此重任。要是你不愿干也没关系，但千万不要跟任何人吐露一个字。如果你愿意加入，就在一星期内联系我。”然后，他对我说，要带我去认识一位“大人物”。爱国学生同盟在很多大学和高等院校都设立了分支。该同盟由右翼集团成立，是所谓的“国际反共联盟”的一部分。到今天，我当然已经明白这个组织主要扮演着鼓吹战争的角色，但当时我只担心这会不会是个黑帮团伙。所谓的任务是不是暗杀某个人？我找到分会会长，他向我保证，绝对不是搞暗杀。他还透露，这项任务与印度尼西亚独立运动有关。印度尼西亚独立运动？听着就让人热血沸腾，还很刺激。于是在 1940 年初，我决定加入该组织。

该组织在东京目黑附近一位商人的家里设有私人研究院，院长金子就是右翼势力领导人岩田爱之助的门徒。1926 年（即昭和元年），金子曾去过印度尼西亚，并在那流浪了许多年。他跟那些曾经在中国的浪人很像。在中国的浪人是指无门无派的日本武士，曾在 1911 年中国辛亥革命爆发之前，自发地与中国国民党联手，推翻腐败的清政府。我觉得，应该称金子为“南部浪人”。

我到达目黑时，金子先生穿着一身很正式的和服出来迎接。他看起来就像游戏《明治维新》中的主人公高杉晋作。金子虽然只有 36 岁，但门下的学生已有无数。他的门徒中有 20 人曾去过印度尼西亚，他们与我年龄相仿，都是小学毕业后无意在日本工作，就被送到印度尼西亚。他们在印尼泗水等大城市的大型百货公司工作，能说一口流利的印尼语。虽然我在进入日本大学学习殖民经济学期间才开始学习印尼语，但现在已经跃跃欲试地想要出国闯一番天地。

我本身就信奉“大东亚共荣圈”计划，但在这个话题上跟其他同学聊不起来，大概是因为他们的教育程度还没达到那个层次，不过我们会讨论比如“什么才是对印尼独立运动最好的”等话题，我们聚焦如何与印尼更好地发展双边关系等问题。在我们看来，印尼有着丰富的自然资源，但发展落后。日本应该去那里帮助开发和利用这些宝贵的财富。这是一种很功利主义的视角。渐渐地，我隐约感觉到我们这些人接受着类似预备军的训练。不过，想到也许能亲自参与独立运动，把印尼从荷兰手中解放出来，我就觉得挺振奋的。日本军队不干的事，我们可以干，我心想。后来我们发现，军队即将有所行动。

日本建国 2 600 周年纪念是日本举国上下的一大盛事，全民聚在一起就是为了欢庆这历史性的伟大时刻！ 1940 年夏天，在这一口号下，我们几乎全国总动员。我们这些学生分配到的任务基本是带团，准备庆典和活动的日程。许多海外日本人也都闻讯回国，齐聚一堂，其中不乏从拉丁美洲和美国归国的代表。我们带着他们去参观军港，陪他们到皇宫觐见天皇陛下。珍珠港事件爆发的前一年，海外的日本人也都被动员起来。他们接收到的信息是，即使开战，日本也不会输。于是，一切都在政府的主导下，以纪念日为幌子，伺机树立起日本皇军和海军的威信，继而向海外日本人，乃至全世界各国展示日本国威。

我加入了一个名叫“苏美尔”的学习小组，该组织的名称实际上是一个一语双关的文字游戏。“苏美尔”在日语中，既指天皇，又指创造人类文明的中东古老民族苏美尔人。该组织由几位学者在 1940 年成立，他们从各大院校招募学生加入，不单单是日本大学这样的私立学校，还有国立高校。我们当时在日本著名的百货商店——白木屋的二层碰头，只要参加讲座就会有钱收。会上我们经常被灌输这样的思想：日本必须更加积极，应该为了天皇不断扩张。类似的经历可不少，所以我敢断定那时几乎所有学生都被军国主义洗脑了。

我有时会为我们私人研究院去海军军务部跑个腿，比如给他们送旅居印尼的日本人名单等，但当时我并不清楚自己在其中扮演着什么角色。有一天，我们组织的负责人对我说：“你马上要加入海军了，去领取相关申请表吧。”我有些惊讶，因为我还没参加考试呢。当时我并没有意识到，其实自己早就深陷其中，因为我们研究院跟海军“南进”派系有深厚渊源。

我也曾心生怀疑，但总觉得那是自己缺乏爱国热情的表现。我觉得自己该积极主动，思想更进步些。

一旦国家决定采取行动，那么所有人都应该积极响应。当然，不可否认，我还是会想自己能从中得到什么好处。有别人的陪伴，才能更好地保护自己。

1941 年 11 月，研究院的一名成员吉住留五郎突然消失了，但是院长对此却只字未提。我们能感觉到作战准备正在如火如荼地进行，我们只需要静静等待它的到来。每当我们问什么时候开战，他们只会说，等着便是。他们不肯说出确切的日期。

那一年，我们在学校的学制缩短了，提前到 12 月就毕业了。私人研究院允许我暂时离开，返回学校准备毕业考试及相关手续，他们还允许我在学院院址之外的地方居住，前提是我得同意加入海军。12 月初，我返回学院所在地，打算参加海军入伍体检及笔试，却惊奇地发现私人研究院已经人去楼空，所有年轻人都为日军登陆部队当译员去了。后来我还了解到，原来失踪的吉住是提前被派往印度尼西亚为军队打探消息去了。

战争胜利的那一天，我们准备了一大盆甜甜的红豆汤，送给“南进”战略计划的功臣们——军务部第八集团军的将士们。我和我的顶头上司一个接一个地把汤端给每位官兵。“恭喜恭喜！”我们还一边向他们道贺道。在我们的印象中，海军军官都应该是不苟言笑的高冷模样。他们寡言少语，为自己能够执行机密任务而自豪。但那天，他们那严肃的脸上有种难以掩饰的雀跃之情。

人们期待已久的事情终于发生了。那一刹那，我前所未有地松了口气。也许日本人当时都有相同的感受。僵局打破了，横在日本跟前的绊脚石被挪掉了。然而，我内心依然会犯嘀咕：日本真的可能赢吗？

1 月 15 日，我收到了通过海军入伍考试的通知。根据安排，我前往军需官学校报到。一起报到的人有 6 个，分别是几名东京外国语学院印尼语专业的学生，一名拓殖大学的学生，再加上我。实际上，这一届海军共招了 300 人，据说其他人正在千叶县的某个地方接受为期一年的培训课程。我们 6 个就在军务部等待分配。他们让我们时刻作好准备，等日军占领南部后，立马会有调令，而且这一天很快就会到来，可当时的我们连敬礼都还不会。不久之前，我表面上还是名不谙世事的学生。可这时，我已经身穿候补海军少尉的制服了。

海军方面，一切都有条不紊地进行着。他们正在策划澳大利亚行动。为了给登陆行动作准备，他们召集在澳大利亚生活的日本人，让他们亲自去当地考察、踩点，并向刚从澳大利亚返回的人打探消息。我们每天给这些日本人发电报，传唤他们来总部。盘问这些人主要是为了勾勒出更为准确的战术地图。我们这些候补军官应邀旁观。海军军令部的一位少佐负责问话，问题涉及悉尼港的海岸线情况、水深等。通过这些问询，我们就能对行动计划有个大致的了解。事后，我问少佐 ：“所以我们打算登陆澳大利亚？”他朝我大发雷霆 ：“以后再也不许问这样的问题了！禁止发问！出办公室后，你们一个字也不许跟外人提。”

3 月底，我们接到命令，登上“龙田丸”号远洋轮，前往印度尼西亚。我终于梦想成真，彼时真的是喜出望外。

满洲“拓荒”

口述者 ：在华日本商妇　福岛芳惠

她穿着一身闪闪发光的套装，白底粉红色圆点，头上戴一顶粉色帽子，整个人显得神采奕奕。采访过程中，她时而迸发出笑声，时而泣不成声 ；讲话时，带着浓重的金泽口音，还不时夹杂着俄语、汉语甚至东北话，折射出她跌宕复杂的人生阅历。

中国满洲幅员辽阔，面积相当于美国的整个东北部。1931 年 9 月 18 日，即“九一八事变”之后，日军对该地区实现了事实上的控制，80 多万日本殖民者长驱直入，到达满洲，她就是其中的一分子。1911 年，中国推翻了清王朝的腐朽统治，建立中华民国。而在“九一八事变”之后的 1932 年，清王室残余势力在日本的扶植下，建立起傀儡政权——伪满洲国，由清逊帝溥仪再次“执政”。伪满洲国吸引了日本全国各地无数“拓荒者”前来，官僚、军人、农民、店主、实业家、暴徒以及理想主义者等，他们希冀在这片大陆上展开新生活，构建起一个理想的帝国。

上小学六年级时，我立志成为一名飞行员。只要天空有飞机飞过，我就会跑出教室去看，哪怕正在上课，我也不管。因为这事，我没少挨老师的批评。我似乎是一个“痴迷军国主义的女孩”。当时的我总憧憬着以后长大了就去开战机，或者在军队干点别的，总之应该是军中女豪杰。法国民族女英雄圣女贞德是我的偶像，我很希望自己能像她一样，为国效力。我自幼活泼好动，从不安分守己。我总觉得自己该去满洲，我也不知道自己为什么会有这种想法，就是有种强烈的使命感。我曾经为了给军队筹集资金沿街卖花，为此还获得《北国新闻》报授予的奖章。

我父亲是一名海军退役人员，在石川县一个名叫七尾的小镇经营一家船厂。我有 8 个兄弟姐妹，父亲希望我们姐妹几个长大后当红十字会的护士。“军人最喜欢的是好护士。”他总这样念叨。当时的日本盛行军国主义，我的 5 个姐姐按照父亲的心愿当了护士。她们上培训课根本不用花钱，反而还能赚钱。

那时候，我的梦想是成为一名幼儿园老师。为此，我在东京市教育协会下属的幼师培训学校进修了一年。为了给我支付学费，我的父母几乎倾其所有。培训结束后，我回到七尾镇，想就近找份工作，以早日偿还父母为我支付的高额学费。但小镇只有一家幼儿园，而且不招人。但我主意已定，不管怎样都要坚持下去。就在这时，同学告诉我一个可以解我燃眉之急的就业机会——她在满洲发展。“福岛小姐，你应该来这，”她热情邀请，“这儿要办一所幼儿园。”于是，我不顾家人的反对，执意前往满洲的抚顺。我当时满腔热情，想为那片热土作出自己的贡献。我总觉得“我们有责任照顾好满洲地区的孩子，因为满洲也在眷顾着日本”。我甚至觉得，自己会在满洲落地生根。

我的母亲是一位寺庙僧人的女儿，长大以后嫁给了军人。她从小不能按照自己的自由意志生活，但却很支持我独自出去闯荡。那年我才 19 岁，母亲瞒着父亲偷偷塞给我 100 日元当盘缠。从日本到抚顺的船票和火车票加起来是 60 ~ 80 日元，这是一笔不小的费用。母亲嘱咐我：“路上不管碰到多好的人，都不要跟他们走，直接去你的目的地抚顺。”我从下关港先乘船到朝鲜，心里不免有些忐忑。一路上我一言不发，完全漠视周围的人。不管在船上，还是在昭信铁路和满洲铁路上，说日语就可以顺利通关，不会遇到任何障碍。

南满铁路公司在抚顺城外有个露天煤矿，生产优质煤炭，很多外国人在那里工作。南满铁路公司经营范围很广，包括煤矿、酒店、铁路等。抚顺这座小城也发展得很好。那个时代，已婚妇女一般都只待在家里相夫教子，但在抚顺工作的女性人数已经达到 1 000 人。大部分人都是从日本国内来的，包括像我这种瞅准了机会来的，还有不少前来满洲地区投靠他们亲朋好友的。我在幼儿园里带的那些孩子都是南满铁路公司抚顺分部的工人子女，我很爱护他们。大约过了一年，我突然失声，低烧不退。幼儿园园长和南满铁路公司抚顺分部附属医院的主治医生得知我的情况后，勒令我立即住院。但我的病情并没有好转，他们让我赶紧回日本。我无能为力，只好返回家乡，当时真是伤心欲绝。

回七尾后，我进入金泽市的一家医院进行治疗，2 个月之后痊愈。医生说我得的是胸膜炎，因气候干燥所致。病好了之后，我盼着马上就能回到工作岗位上。当时我是请了病假回来的。于是，我又一次不顾家人反对，很快踏上了返回抚顺幼儿园的旅途。火车疾驰在满洲的旷野上，车窗外是延绵不绝的红高粱，遥远的天边夕阳徐徐落下。景色如此壮丽，这片叫做满洲的土地令我深深着迷。

1941 年 12 月 8 日，我已在满洲开始第二阶段的工作和生活。那是一个寒风刺骨的早晨。外面冰天雪地，孩子们来上学，跟我说了早安。有一个孩子的名字恰巧也叫东条，全名是东条英子，她说："日本和美国开战了。"我告诉她，这不可能。但她说，刚刚听到广播里就是这么说的。我感到很震惊：美国那么强大，日本怎么敢跟这样的强国开战？好在这之后，我们的生活并没有受到太大影响。

我所在寝室的寝室长岩间小姐是一个古道热肠的人。她很喜欢当地人，总是带我去当地的村庄。"咱们出去玩玩吧，芳惠。"她经常盛情邀请我，之后我们就去各种各样犄角旮旯的小村庄。看到孩子，她总要忍不住拍拍他们的脑袋，跟他们一起玩耍嬉戏。她精通满洲话，常带我去那里的影院看演出，回家路上我们还会吃个西瓜解渴或者吃点别的宵夜。我真的爱上了满洲，但是它似乎并不爱我。我又一次得了胸膜炎，因此不得不伤心告别岩间小姐和孩子们。

我去过满洲两次，那里让我有一种亲切感。但是我也明白，我的体质并不适合在那儿长期生活。而我一生病，就会给许多人带来不便。于是我又回到了七尾，此时我的婚姻大事提上了议事日程。我们家附近一家和服店的老板，他有个侄子住在满洲，想找个日本姑娘结婚。对方开出的条件是未来对象必须身体健康，并且会打算盘。而我就挺喜欢打算盘的。店主很疼爱他的侄子，希望我能当他们家的媳妇。他还给我看了他侄子的照片，小伙儿看起来人挺不错的。就这样他侄子回到日本，我俩在他叔叔家正式见了一面。我们聊了两三分钟，因为我实在太想去满洲了，就直截了当地对他说："我答应去满洲。"

我们快要结婚的时候，我母亲的姐姐不顾舟车劳顿，不远万里来七尾看望我。“芳惠，你真的打算去满洲吗？你知不知道日本现在是什么状况？我们的国家正在打仗。”她这样对我说。我宽慰她说，满洲挺好的，很太平，那里有很多日本人，苏联人也很友好。但她并没有就此罢休，依然很严肃地对我说：“如果日本打了败仗，你们可能就回不来了。”“您别这么说。”我试图制止她，但是没有成功。“如果你跟我一样打理一间寺庙，你就能看清时局了。我们的寺庙都已经不得不把殿里的铁铸祭坛和钟捐出去给国家了。最近，甚至就连挂蚊帐的钩子都要捐掉了。寺里什么都没有了，我还把我自己的2个金戒指也捐了。这样的国家能打胜仗吗？如果日本输了，满洲就会被瓜分。如果我们失败了，我们全家人最好能一块死在这里。”那时候，我内心深处的真实想法是，这个老太太疯了吧，都在胡说些什么！我宽慰她说，放心，日本不会输！我父亲就是这么说的。不管怎样，结婚已经是板上钉钉的事。

我再一次前往满洲。那是1943年，正值大东亚战争[①]如火如荼之时。我的丈夫在满洲东北部的一个城市做起了生意，那里距离苏联最近。这个地区很特别，独立管理，有自己独特的法律。当时大约有30万兵力部署在边境一带，还有大概5万日本籍的铁路工人、银行家、教师及其家人在此聚居。

我丈夫的商店顺利开张了，店门口挂着“军方许可供应商”的招牌，我甚至还记得店里的电话号码。那时候，电话机还是很罕见的。许多房子都空了，可能是因为人们怕有危险都回家乡了吧。我们俩却对外面发生的一切一无所知。

满洲地区的村庄与日本人的居住区是隔开的。我们雇了4个帮佣，其中一位是卓先生，长着一张长方形的脸，能说一口流利的日语，主要负责物资调度和监督装运。另外2个是年轻孩子，分别12岁和13岁，我们直接称呼他们为小伙子，这两个孩子都很听话。我们还雇了1个女佣，为我洗衣服。他们都叫我“太太”。在这之前，我一直习惯于去照顾别人，但现在我当起了夫人。

那年元旦，我们受邀到卓先生家里吃饭。他是他们村的村长，我丈夫有很多货都是从那进的。他管我丈夫叫“老板”。丈夫对我说，不能轻信满洲人。

① 大东亚战争是日本对“二战”时在远东和太平洋战场的战争的总称，包括东亚、南洋的中日战争和太平洋战争。其目的是为建立以日本为中心的“大东亚共荣圈”，而与英国、美国等同盟国势力争夺殖民地。

他说，可以对他们客气些，热情些，但不能完全放松对他们的戒备。丈夫说："他们很可能对日本怀有报复心理。"给我们打工的那些孩子也会不由自主地向我抱怨，日本人是坏蛋，霸占了他们的土地。

丈夫从军队购买了一条大型的德国牧羊犬，名叫埃苏。这条狗很机灵，丈夫不在我身边时，它就会保护我。丈夫告诉我，军队经过长期训练，已经把这条狗训练成只咬中国人。军队会让士兵们穿上满洲人的衣服，然后放狗去攻击。只要满洲人靠近，这条狗就会扑上去，咬他们的小腿。它不会咬死人，但会让对方无法动弹。这样，日军就可以活捉这个中国人，然后进行盘问，以确定他是不是探子。埃苏就是这样被训练大的。我们告诉卓先生，千万别穿中国人的衣服来上班。丈夫并没有把所有事情都告诉我，但我相信他肯定知道更多内幕，因为他曾经两次参军入伍。

我们有栋大房子，里面有很多宽敞的房间，所以只要碰到石川来的老乡，丈夫都会邀请他们到家里来吃饭。抚顺学校的校长兼任当地石川协会会长，我丈夫是协会秘书长。抚顺税务局局长也是石川人。石川老乡懂得抱团。我们的食物供应很充足，罐头笋、豆腐干、香菇和蘑菇等应有尽有。家里只要有客人来，我都会拿出各种好吃的来招待他们。招呼客人好像成了我生活的主要部分，我很享受这样的生活。很快，我怀孕了，我欣喜若狂地等待小生命的降临。

反观当时日本国内，物资匮乏现象极为严重。布料实行配给制，食物已经供不上了。单就物产丰富这一点，就足以让满洲充满吸引力。我丈夫从日本军方那里得到采购订单，然后到上海等地找寻相应的货源。他会预判一下，如果觉得某些产品可能畅销，就会大量买入。他不但从日本的贸易公司订货，还从满洲人的公司进货。"军方许可供应商"的真正意思也就是"代理"，他从中赚了不少钱。我很吃惊，他居然能从军方那儿赚到那么多钱。我在一个贫困的军人家庭长大，父亲在造船厂的一场事故中去世时，我们从保险公司得到一笔 800 日元的赔偿。母亲说，这是国家补偿给我们的钱，我当时觉得这笔赔偿已经是巨额了。

我对丈夫说："这好像是在做梦，我简直不敢相信自己的眼睛！""为什么这么说？"他问。我指了指银行存折，一本存折上写着 3 000 日元，另一本写着 5 000 日元。丈夫从奉天的供货商那里订购鱼子酱、黄金鲅鱼和萝卜泡菜，他们按照订单给我们发货。我就是不敢相信，这样就能赚钱。在国人食不果腹的年代里，我能随便享用重油蛋糕，我不知道自己会不会因此受到天谴。

军官们会偶尔来我家放松，我则经常做点家乡小菜招待他们。仅仅这样，他们就已经很满足了。有官兵问道："夫人，您爱吃什么？"我回答说："重油蛋糕！""好，我这就给您带来！"他马上到军队杂货店，买了黄油、面粉和糖，军队里什么都有。如果我说，想吃奶油泡芙，也立马会有人给我带来四五个。他们都很照顾我。对他们来说，能吃上一口家乡的饭菜，和一个家乡来的知心姐姐聊聊天，就心满意足了。

在他们面前，我可以卸下所有伪装，就像他们的姐姐或者媳妇，或者他们的红颜知己，可以畅聊各种话题。他们很感激，在异国他乡仍然有个人愿意聆听他们的倾诉。后来，丈夫的生意越做越大，他还特别会哄人开心。我很享受当时的幸福生活，却从来没想过，接下来会面临什么。

深夜里的舞者

口述者：舞蹈教练　原村清志

他在大手町文化中心接受了我们的采访。他的舞蹈班上有 10 名学生，每星期二和星期六准时开课，这些学生都是国标拉丁舞大赛的未来之星。这天，他们正在跳探戈。只见他动作娴熟，轻轻松松便展示了一套优美的舞蹈，那一头齐肩长发也有韵律地摆动。他现年 76 岁，身材瘦小，被誉为"华尔兹舞王"原村，其专长由此即可见。"我越来越老了，现在跳舞的人基本都身材高大，跟他们搭档我还挺累的。"

战争打响后，一切都改变了。那意味着一个乏味、尚武的时代到来。舞蹈、音乐被视为靡靡之音，完全遭禁止。战前，东京大约有 8 家舞厅，横滨还有 4 家。我主要教授"英式"交谊舞。英国一位世界舞蹈冠军曾经出了一本书，我就是根据他的书自学的。碰到不认识的字，我就查字典，逐字逐句把这本书翻译出来，不过后来我发现有很多地方我译得并不对。我之所以选择这本书，就因为它是英国人出的。我上学时学的是设计，特别擅长绘画。毕业后，我在松坂屋百货店工作，这份工作没什么太大的技术含量，就是按照设计图给和服上的友禅[1]纹样染色。很快我就辞职了，因为兼职教舞蹈能赚更多的钱，每月120日元。要知道，那个时候，东京帝国大学（即东京大学的前身）的毕业生每个月工资才48日元，艺术院校毕业生每月工资47元，早稻田大学的毕业生每月才赚45元。

我第一次教别人跳舞的时候，自己还是个学生，没钱租用场地。当时三田区一家幼儿园晚上是免费开放的，我就利用那里当舞蹈教室。邻居们抱怨："那么多男男女女在幼儿园里搂搂抱抱的，成何体统！"警察警告我们，让我们赶紧离开。那个时代，人们思想传统保守。后来，我在涩谷附近开设了一家会员制的舞蹈工作室。从此，我真正把舞蹈当成事业来做。那年是1925年。

我还记得大正天皇驾崩的那天晚上。那是1926年12月25日，正值圣诞节。我们跳舞正在兴头上，警察突然闯了进来。我们当时完全一头雾水，还不知道天皇驾崩了。根据日本法律，国丧日是禁止跳舞、演奏音乐的。舞蹈工作室的房东和我都被带到涩谷警察局，扣留了一天，就因为在不恰当的时间里举办了一场圣诞晚会。当天报纸刊登了特别版，卖报小贩一直沿街叫卖，传播着这个特大消息，但我们没听到，因为跳舞本身就很闹腾。有些报纸竟然污蔑我们，说我们当时举着天皇驾崩的讣告手舞足蹈！

东京的8家舞厅中，最著名的那家叫"佛罗里达州"。这是很多文人的常聚之地。日本桥区的"日美舞厅"也很出名，虽然它的名字叫日美，但跳的还是英式风格的舞蹈。这些场所都是凭票进入的。顾客们支付入场费，然后预订跳舞当天的票。舞娘们在墙边一字排开，人们可以选择自己的舞伴，然后把票投入墙上的盒子里。

高端舞厅的入场费是50钱，跳一支舞是10钱。也可以购买情侣票，自己带舞伴一起去。想邀请舞厅的头牌舞娘共舞，可能还得排号等待。一家舞厅大约会雇用五六十名舞娘。优秀的舞者步伐轻盈，任何舞蹈动作都难不倒她们。她们一般会来我的舞蹈工作室接受为期2个月的培训，舞厅负责给她们报销交通费。高端舞厅里，舞娘跳一支舞大概收取每张票价的40%；低端消费舞厅里，一般收取票价的50%。

舞者要接受严格的公共道德审查。每个女孩都有一张时间卡，上面要写明她几点几分离开舞厅，几点几分到家，到家后父母要确认签章。第二

① 日本一种混色的月季花品种。

天早上，她必须把卡给舞厅经理过目，并盖章。横滨有些咖啡馆里，来光顾的海员很多，特别是外国的。这些地方无须凭票进入，风格更偏美式，因为来光顾的很多海员都是美国人。咖啡厅一般都设有舞池和一个小吧台。我们有时也会去里面跳舞，一直跳到凌晨，然后装阔绰，花 1 日元坐出租，但司机通常会说，如果来回都打车的话，可以优惠，总共只需 1.5 日元。当时的生活真的很奢侈。我跳舞的时候是从来不喝酒的，所以我很受欢迎。

喜欢跳舞的女孩是真正的“摩登女郎”。思想最摩登的则是电话接线员；接下来是打字员，当然不是指日语的打字员，而是英语等外国语言的打字员。排第三的是从事演艺工作的女孩们，而我就教这些人跳舞。这个分类并不适用于男性。来我这里学舞蹈比较多的男性其中一种是运动员，特别是从早稻田大学来的橄榄球运动员。可能是因为他们经常受邀要去外国吧，所以通常出国前会临时抱佛脚，学一下跳舞。网球运动员也不少。不过我印象中，好像没有篮球运动员过来学跳舞。我的舞蹈班里，也有专业舞者前来学习。

第二类是日本海军兵学校的学生。这些海军学员在毕业时通常会进行一段较长时间的海外巡航，免不了会受到驻在国的邀请，出席各种活动。要是只会靠墙站着不懂跳舞的话，我们这些日本海军军官就会感觉脸上无光。也许海军比其他军种更了解世界，又或者他们更懂得如何放松自己，总之在日美正式开战前的五六年，总有海军在出航海外前来我这里上舞蹈课。“让他们舞动起来。”长官通常会给我下达这样的指示。

他们一般都在每周三和周五，在上司的带领下过来。我的舞蹈工作室没有足够的女舞伴分配给他们每个人，我只好教其中部分军官男舞步，另一部分军官跳女舞步，然后把这些小伙子配对。我教他们跳华尔兹、布鲁斯、探戈还有其他轻快的舞步。如果时间不够，我们就会省去探戈。我只给他们示范一遍，让他们对探戈有个大概了解。因为晚会上跳舞，探戈通常只跳一次，能用上的概率不大，除非要去阿根廷。这大概就是我第一次把交谊舞引入日本的课堂进行教学。

有时，我也会去海军军官俱乐部。他们收藏了很多唱片，甚至有不少是我没有的，他们还有爵士乐。海军们经常去国外，通关方便，所以可以想带什么就带什么。

距离战争开始还有两三年的时候，国家规定顾客进入舞厅时，需要填写姓名、年龄、职业和家庭住址。接着，我们又收到通知，舞蹈教学中心要在一年内关闭；舞厅两年内关闭，最终的截止日期是1940年10月31日。它们通通关门大吉了。最后一天，舞厅得到许可，可以营业到凌晨2点。以前，即便是平安夜，我们也只能营业到午夜。最后一支舞曲是《友谊地久天长》，跳完之后，所有舞娘都哭了，这是人之常情。因为从第二天开始，她们就失业了。

后来，我们去军官俱乐部的次数也少了。不过，在战争刚开始那段时间里，热爱舞蹈的人们还是会聚在某个人的家里，偷偷跳几支舞过过瘾。我接到邀请，去了一家大型铁路公司的老板家里当私人舞蹈教练。富商们还是会举办一些舞会，不过规模比较小，人数控制在10人以内。即便如此，他们也会受到警告。警察的眼睛真是无处不在。

1941年12月8日，我和夫人去日比谷看一部进口大片。走出影院时，忽然听到外面到处都在喊“号外！号外！”看到报纸，我才明白为什么整整6个月海军军官们都没来上舞蹈课。我想，以后再也没必要了。

命途多舛的自由派

口述者：杂志编辑　畑中繁雄

本该是春寒料峭的2月，阳光却格外眷顾房子的主人，温柔地洒进他的书房，充盈着整个房间。书房里满是可以追溯至20世纪30年代的书，它们走过了烽火岁月，如今得以安然落户，从房间的地板一直堆砌到天花板。他语速飞快，语气铿锵有力，透露着坚毅：“后来为了维持生计，我卖掉了不少珍藏的书，现在书房里的好书已经所剩无几了。”

1944年，他被迫辞去日本顶级杂志《中央公论》编辑一职，并因涉嫌从事共产主义活动，在这间房里被捕入狱。

还在早稻田大学上学的时候，我就立志去《中央公论》杂志社工作。这本杂志的立刊理念是“自由主义”，就跟今天的“民主”类似，政治思想偏左。该杂志与军方之间的较量由来已久。1918年，《中央公论》发表了一篇由东京帝国大学吉野作造教授撰写的重磅文章，以批驳日军在西伯利亚的军事干涉行动，引起了不小的轰动。到1937年中日战争正式爆发之时，我们已经无法公开表达反对军方的态度，否则只会招来牢狱之灾。

我们这本杂志的确也给那些被日本政府以《治安维持法》的名义指控、囚禁、后被释放的人们，提供了申诉的平台。为了模糊政府视线，我们偶尔也会刊登一些军人撰写的文章。如果我们只刊登左翼或中间派的作品，《中央公论》恐怕早就被查封了。我们把军人称为“魔法护盾”，意为他们能保护我们，免受迫害。然而，这并非长久之计。它只能让我们求得一时安宁，治标不治本。在我的印象中，《中央公论》从来没有真正附和或者支持过军方政策。有时，杂志难免会发表些自相矛盾的言论，就好像它屈从了军方，但这只是表面上的。

我们杂志的最高销量可达10万册，出版物免不了要接受内容审查。战争刚开始的时候，我们杂志通常是先配送，然后才提交审查表。如果内容有什么问题，他们就会通知我们，责任编辑会被传唤。如果内容必须删减，那就会折腾一番，因为这个时候刊物已经在书店了。当地警察会负责从各大销售点回收杂志，并且一般存放于特别高等警察（简称“特高”）办公室，后者是镇压思想自由的思想警察。然后，我们就得去他们那里，手持尺子，把“有问题的页面”裁掉。每当这个时候，我们杂志社就会全体出动，经理、印刷工人，甚至连我们单位餐厅服务员都得来帮忙。我们租用几辆车，一个警察局接一个警察局地跑。等到思想警察给我们盖章，证明不合宜的言论已从杂志删除之后，我们还得把杂志依次送到各大书店。

最极端的例子是1938年3月刊。当时石川达三先生的小说《活着的士兵》遭查禁，小说描述了在华日本士兵的暴行。其实，石川达三先生是《中央公论》杂志社专门派去前线采编的。前一年，即1937年的12月，南京事件爆发时，他刚好在当地。3月刊被撕掉了100多页，不过这期杂志依然售罄。我当时真的很感动。我们没来得及降价，因为大量内容被删，杂志的篇幅明显薄了很多，我们只好在上面盖了个戳：修订版。裁掉的那些内容留在警察局，作为内容删除的证据。然而，那期《中央公论》竟还是以原价全部卖出了。

我已经不记得我们被军方传唤过多少次了。1939年5月，军部新闻处“邀请”我们到“旅亭好乐”饭店一聚。记得1936年“二二六事件”发生时，军方的叛党就是把自己关在这家餐厅。军方表示，晚饭由他们请，希望我们杂志社所有采编人员都能出席，因为军方新闻处的人都会来，包括他们的大领导。

我们杂志社社长岛中雄作真可谓胆识过人。他坦率地说道："你们军人只要动动口，普通老百姓就要乖乖按你们的心意行事；但我们这些文人，思想比较复杂。如果你们想说服我们，就必须说出个所以然来。"这些话当然合情合理，但军部新闻处负责人立即发作，气呼呼地站起来，大声说道："你这么说是什么意思？你是说你们杂志社不能按照我们刚刚说的意思来办？"军方所有人都开始咆哮。几杯酒下肚后，他们更加猖狂。幸运的是，正当他们开始耍狠的时候，女服务员适时进来将其安抚住。

几个月后，内阁情报局召集出版商"开会"。会上，他们要求各大出版商提交刊物未来几期的策划和约稿作者名单。至此，政府公开干涉出版自由。他们给我们发了一系列"左翼分子""亲美派"或者"自由派"作家的黑名单。我还记得好几次，我不得不怀着无限悲痛的心情告诉作者，他们的稿子被毙掉了。

听到珍珠港事件的时候，我脑子里只有一个想法："这一天总算是来了。"战争爆发时，我就认为日本会输。日本基本没有可调度的强大军队，又缺乏强有力的物质保障。珍珠港事件的第二天，内阁情报局在东京召开了一次特别会议。会议指出，战争爆发的真正原因是美国狼子野心，企图控制全世界。日本创建新秩序的政策，如今调整为倡导"八纮一宇"①。出版人应该负起责任，在出版物中强调日本在战争中的优势地位，并努力向日本人民灌输对美英的仇恨情绪。以上这些还只是其中一部分指令。

从1941年12月19日开始，军部新闻处每月6日定期在新宿或曲町的饭店召开会议，为各种报纸杂志定宣传基调，以支持战争。会议会将每家杂志社的出勤率记录在案。一般而言，会上都会先程式化地描述下战况，然后由现役军官点评每家杂志的内容，并提出接下来的报道要求。所谓"要求"，其实就是"命令"。在会上，《中央公论》《改造》和《日本评论》这三家杂志社常常挨批。

会上，其他杂志社的人几乎都不说话，他们担心帮我们说好话会引火烧身；而且坦率地说，军方打压我们不是正中其下怀吗？起码他们的竞争对手会少一些。以《评论》杂志为例，这是一家极其偏右翼的杂志，对日本政府言听计从。该杂志文风非常古老，语言像日本神话那样晦涩难懂，根本卖不出去，其销量还不到我们的三分之一。对他们而言，如果我们消

① 当时日军宣扬大东亚战争正当性的用语，意为"天下一家"。

失了，他们的读者可能会增加。

《改造》《中央公论》《文艺春秋》《评论》《日本评论》等这几家日本主流杂志的编辑也会定期聚会。总编或者总编助理会参加这每月一次的聚会，一起讨论问题。有一次在会上，我们这些《中央公论》杂志社的员工被要求深刻反省，以对政府表忠心。我们的社长岛中先生被批评为缺乏“对战争的深入理解”，并指像他这样的自由派不应该当杂志社社长。当时，《评论》杂志的总编用充满右翼色彩的论调不断抨击我们；然而战后媚俗文学泛滥之时，这位仁兄又开始写性爱小说，简直可笑。对普通民众，有时候你真的不能要求他们太多；但那些自称是知识分子的人，起码不应该为了眼前的蝇头小利见风使舵，轻易放弃原则。然而，这样的人实在太多了！真的，有些人就是墙头草随风倒，左中右摇摆不定，实在太可悲了。

尽管这样，依然没有人敢公开反对战争。谁要是胆敢这么做，等待他的必然是立即人头落地，又或者先被关起来折磨一番后再遭毒手。因此，我们这些杂志社也只能做自己力所能及的事。我们接触军方，尽力谏言，但他们并不听。我们热爱祖国，因此大声疾呼，表示军方的所作所为无法令知识分子信服，日本不可能获得胜利。然而，他们认为这种想法是错误的。“每个人都必须拥护国家的战争政策”，这是他们的口号。这就意味着，我们应该顺从他们，应该扛起大旗，唱着军歌，响应他们的号召。而我们对战争持有的虚无主义的态度也是错的。他们说，只要看看我们的脸色，就知道我们的话是否发自真心。

我们永远无法完全放松警惕，总担心哪个环节会出问题。1943 年 1 月和 3 月期中，我们杂志连载了谷崎润一郎的小说《细雪》。起初我们并没有遇到任何审查方面的麻烦，因为小说没有任何反对军方的言论，也没有任何色情片段，所以我们没有删节，基本上是原封不动地刊发出来了。然而不久之后，军方出面直接干预！“这写的都是些什么？”他们说，“我们每天都在前线浴血战斗、奋力杀敌，而你们杂志社竟然还有闲心刊登这种难登大雅之堂的文章！描写大阪千羽商业区女孩们的婚嫁琐事，在这个食不果腹的时代里，你们竟然吃饱了撑的去关注包办婚姻之类的小事？你们杂志怎么能刊登这么低级趣味的作品？这完全是自私自利的个人主义！而且主人公全都是女性！”

他们就这样攻击我们。他们认定，《中央公论》是一本反战杂志。草木皆兵到这种程度，所以只有真正有勇气的人，才敢反对军国主义。1943 年，日本所有杂志社都接到命令：印上“誓言战斗到底，直到敌人投降”。这个口号是8世纪前叶《古事记》（3月刊）用来纪念建军节时提出的。如果我们照做，局面定会很尴尬，因为对这个口号有感觉的读者根本不会看我们的杂志。但如果我们不印，就会惹上大麻烦，所以我们决定在社论之后的某个不起眼的角落印上这句话，他们就没办法找碴了。我们杂志是当时唯一没有完全照章办事的。

对战争有丝毫怀疑，都会引来麻烦。政府是绝对正确的。歌颂美国或英国这样的民主国家，简直不可思议。我们被迫声称，日本才是亚洲的主宰，是未来维护世界和平的领袖。日本国内再也容不下自由主义者的文章。清水几太郎是所谓的“自由派”，1943年4月我们打算刊登他的文章《美国精神之敌》。其实，文章的原标题是《美国精神》，为了避免惹麻烦，“之敌”是我添加上去的。文章指出，美国社会制度的活力值得我们学习，日本应该认真思考这个问题。然而军方认为，这是在赞扬美国。

我是那一期杂志的主编，事发后我在编辑部就再也待不下去了。不管我怎么解释，黑上加黑。我被禁止进入军部，军部新闻处领导还给我寄来一封正式的绝交信。如果杂志社有人与军方绝交，这本杂志几乎就失去了生存的可能性。我明白，如果我继续赖着不走，只会连累这本杂志。于是我递交了辞呈，但社长不同意。最终，我以个人名义对这件事全权负责，并销毁了那期《中央公论》，事情才得以平息。

我受到了暂停职务的处分，1943年7月本刊“主动”撤出市场。杂志创刊以来，还是第一次采取这样的紧急措施。当时杂志都已经印刷出来，就等装封了。到今天再回过头来看看文章的标题，我都觉得羞愧，因为本身就已经非常右翼了。然而，就算是那样的标题，当局都无法接受。

《中央公论》杂志社全体员工有个共识：我们决不向极端军国主义摇尾乞怜。我们无须向别人解释我们的战略。当时我们的理念是在不宣传军国主义的前提下确保如何推动社会正义、保持自由主义思想的鲜活，这可能听起来有些夸张。战争期间，我们杂志的读者思想比我们更进步。即便我们没有明确说，他们也能心领神会。我们只需稍微暗示一下，他们就能明白我们的意图。比如，我们用圈圈代替如“共产主义”之类的敏感词，读者们能准确地自行想象、替换。

使用“天皇”这个词时，要特别小心。如果天皇两个字不小心出现在某一行的最末时，必须将它们挪到下一行的首位，而且这两个字不能拆开。在设计版面时，必须为“天皇陛下”这几个字预留空间，而且一定要出现在页面的最醒目的位置。这要是搁在今天，可能会觉得很滑稽，但当时我们真的是必须非常严格地执行这些规矩。

第二部分 | 必胜的信念

JAPAN AT WAR

日本不仅要跟宁死不屈的中国军队作战，还要跟世界上最大的海军强国和工业强国开战——即使是这样的事实，当局也能美化成“解放西方对亚洲的统治”。希望、梦想与质疑相互交织，日本士兵被激发出人类的凶残本性，实施暴行已成为家常便饭。“二战”在亚洲制造的最大悲剧从此拉开帷幕。

我决心为国奉献我的身躯和灵魂，以捍卫我国神圣之主权不受侵犯。我坚信，你们每个人，我的同胞，都不会吝啬自己的生命，必定乐意奉献，甘愿誓死效忠天皇陛下。胜利之关键在于有“必胜的信念”。建国2 600年来，我们大日本帝国永不言败。这一光荣传统，足以令我们深信，不管敌人多么强大，我们都有能力战胜他们。让我们在此起誓，我们决不会玷污我们辉煌的历史，只会再添荣光……

这场战争，事关大日本帝国的荣辱以及东亚的兴衰。在这生死存亡的关头，我们一亿日本同胞应该团结起来，不惜为国家的神圣事业献出一切。秉承“八纮一宇”的伟大坚毅及爱国主义精神，我们在抗击美英之时，定能无所畏惧，所向披靡。我坚信，胜利属于大日本帝国。以上系本人拙见，我愿与同胞们一起为大日本帝国的丰功伟绩添砖加瓦。

——东条英机内阁

日本人民第一次得知他们与美英开战，是在1941年12月8日星期一的大清早。如此劲爆的消息从收音机传来，人们为它的突如其来感到惊愕，不只是日本首都，整个帝国的大街小巷顿时都炸开了锅。收音机里播出的公告没有详细说明新的战争是如何爆发的，只是告诉日本人民，他们的国家不仅要跟宁死不屈的中国军队作战，而且还要跟世界上最大的海军强国和工业强国开战。

几个月来，这场战争爆发的可能性日益增长。1940年9月，日本加入轴心国，成为英国的两大劲敌德国和意大利的盟友。同年12月，美国对日本实行贸易禁运，禁止向日本出口铁屑及其他军用物资。1941年4月，日本与苏联签订《苏日中立条约》，令日本得以继续南进，但实际上日本在满洲－苏联边境仍然部署着60万兵力。1941年7月，日军为阻断滇越公路，强行进驻法属印度支那北部，威胁东南亚。这导致了美国、英国以及荷兰采取了禁止向日本出口石油和钢铁的对抗性措施。形势剑拔弩张，美国和日本平心静气进行谈判对话变得越来越艰难。日本高层在东京召开会议，认定该国已经陷入了ABCD[①]战争包围圈，这些国家正虎视眈眈，威胁着日本的安全，因此必须扩大战争，破除这个包围圈。1941年10月16日，东条英机出任内阁总理大臣，兼任陆军大臣和内务大臣。不少政治观察家认为，此举清楚地表明，日本正在准备进行另一场战争。

在日本看来，美国一再对其提出无理要求，英国持续通过缅甸的陆路向中国输送物资，变相支持中国的抗战；然而，拒绝屈从美国、抗议英国的行

① 源于美国（America）、英国（Britain）、中国（China）、荷兰（Dutch）四个国家的首字母缩写。

为说起来容易，而真正要通过发动战争来显示自己决心，绝非易事。听到消息后，许多人在心里都不禁犯嘀咕：“这场战争怎么可能赢？”不过，日本政府很快为战争定下了于我有利的基调。日本裕仁天皇庄严发布《宣战诏书》，将战争责任推给美国和英国，因“美英两国支援中国残存政权，助长东亚之祸乱，假和平之美名，逞制霸东方之野心”，诏书字里行间显示出天皇维系和平的诚意。然而，“彼方毫无退让之精神，徒事推延时局之解决，近则日益加强起经济军事威胁，企图使我屈从……而帝国之存在，亦将濒临于危殆。帝国势逼处此，为生存与自卫计，唯有毅然奋起，粉碎一切障碍”。在日本人眼中，满洲事关日本的生死存亡；战死中国沙场的日军士兵，只是为了维护日本在亚洲的核心利益而作出的暂时的流血代价。因此天皇诏书中所言，的确令人信服，继续扩大战争是日本自然而然的选择。

当然，天皇身份尊贵，并没有直接向民众宣读诏书。时任内阁总理的东条英机在诏书宣布后，通过收音机的直播向人民发表了讲话。东条英机没有夸下“战争会迅速取得胜利”这样的海口，他只是呼吁全国人民与他一起发扬自我奉献的精神。他宣称：“我们的敌人，坐拥丰富的自然资源，妄图称霸世界。为了消灭敌人，建立起不可撼动的东亚新秩序，我们要作好持久战的准备。”

得益于几十年来的爱国主义教育和公共训诫，再加上多年来受到战争报道的熏陶和动员，日本首都民众的反应似乎还在预期之内。人们无声地压制着自己的怀疑、恐惧和担忧，还有序地准备到皇宫门口集会游行。到了晚上，被爱国主义的狂热冲昏头脑的日本高层人士惊喜地发现，报纸上除了日军在夏威夷大胜美国舰队的喜讯外，还有人们举着旗帜游行示威支持战争的消息。这是第一次关于这场战争的真实报道。美国战舰被击沉的消息传开后，整个日本都松了口气，举国欢腾。

之后，日军凯旋的消息接踵而至，日本成功登陆了东南亚一带多地，包括马来半岛、菲律宾、关岛和缅甸等，日本飞机还成功袭击了英国两艘主力舰。珍珠港事件爆发后的几个星期里，东南亚地区象征西方霸权的桥头堡如多米诺骨牌倒塌般一个接一个落入日军手中：关岛、韦克、马尼拉、香港、仰光，被誉为“坚不可摧的堡垒”的新加坡、荷属东印度群岛的首府巴达维亚[①]、菲律宾的巴丹半岛以及缅甸的曼德勒。1942 年 5 月 6 日，部署在菲律宾科雷吉多尔岛的美军海岸炮兵不敌日军的猛烈攻击而投降，美军在菲律宾

①即今日的雅加达，又名椰城，是印度尼西亚最大的城市和首都，位于爪哇岛的西北海岸。

的最后一块滩头阵地也落入日军手中。日本对美英开战后的6个月中，日本皇军很快将英国、美国和荷兰等在亚洲及中南太平洋的殖民地收入囊中。此时的日本已经成为征服者们的主宰，就像所有崛起中的西方帝国缔造者一样势如破竹。日军在印度边界虎视眈眈，又泰然自若地降落澳大利亚。日本舰队向印度洋纵深挺进，试图控制整个西太平洋。尽管日本在中国的战斗仍在艰难继续，但表面看来，实现“大东亚共荣”几乎已是唾手可得。拥有这样一支攻无不克的陆军和海军，作战计划如此无懈可击，还有谁能战胜日本呢？现在日本还能怎么做？

如果谁私下里还有怀疑，报刊、杂志上充斥的新闻照片就足以令其打消疑虑。有从新加坡发回的有关英国、澳大利亚和印度战俘的照片，韦克岛和科雷吉多尔岛上美国军队受尽屈辱而投降的照片以及英军在新加坡向日本的山下将军投降的照片，所有这些都生动地向日本民众证明了，西方对亚洲的统治已经被彻底摧毁，未来是属于日本的。

新攻占的南方大陆，通常被日本军方统称为南部地区，大多数日本人对这些地方一无所知。强大的日本帝国带领着年轻的士兵执行着高贵的使命——努力将落后地区从几百年的西方殖民奴役中解放出来，这一理念在日本深入人心。“亚洲是亚洲人的亚洲”，这在西方国家看来或许只是空洞无物的口号，但在日本看来，“大东亚共荣圈”计划的确结束了西欧和美国对沙捞越、婆罗洲、苏门答腊、爪哇、西里伯斯岛、摩鹿加群岛、新几内亚北部和西部、所罗门群岛、菲律宾、马来半岛、缅甸、法属印度支那、安达曼群岛、关岛、韦克岛、吉尔伯特和马绍尔群岛等地的殖民统治。在马来半岛和新加坡等地被日军俘虏的英军中，有很多是印度人，日本把这部分人组成了一支由他们控制的新印度国家军队。

被俘虏是奇耻大辱，日军长期以来接受这样的教育洗脑。猛然间，他们发现随着自己攻占一片又一片新大陆，身边满是被他们俘虏的敌军和当地平民。第二次世界大战在亚洲制造的最大悲剧从此拉开帷幕。落入日军之手的盟军士兵、海员，还有不计其数的平民，正在走向地狱之门。巴丹死亡行军[①]的相关新闻虽然没能及时向公众披露，但等一切终于浮出水面之时，全世界都为日军的暴行所震惊。1942年4月美军空袭日本东京时有

① “二战”中，日军攻占菲律宾巴丹半岛后，强迫美军战俘徒步行军至俘虏营集中，沿途死者颇众。

飞行员不慎被俘，日本以惨绝人寰的方式将其处死，举世哗然。因为战争持续时间太长，被俘的盟军将士无法得到同盟国的有效救援。成千上万的盟军士兵死于日军的酷刑、冷漠、疾病、饥饿，不是直接惨遭日军毒手就是被皇军的忠实走狗杀害。1941 ~ 1942 年，日军在东南亚俘虏的英国、澳大利亚和荷兰的士兵约 6.1 万人，其中 1.2 万战俘在修建缅甸—暹罗铁路的过程中丧生。

12 月 8 日后，这场冲突立即被正式命名为“大东亚战争”。日本对待这场对美英的战争态度明显与其对待侵华战争不同，它公开宣布，这是一场全面战争，显然免不了需要举国动员。战前综合素质考评也许顶多只够得上预备役的士兵们，此时通通接受训练，然后被送到前线。预备役人员以及那些曾在中国参过战的退伍老兵都应召入伍。刚刚年满 18 岁的志愿军和大量少年兵都被动员起来，迅速受训，然后走向战场。

日本举国上下沉浸在战争总动员中，但多数个体其实是孤身一人走上前线的。他们没来得及准备，就被迫卷入血腥的战争中，内心百感交集，希望、梦想与质疑相互交织。几乎谁也没有真正准备好开始一段把实施暴行作为家常便饭的日本士兵生活——激发出人的凶残本性是日本军队训练的核心要义。新兵入伍都要接受系统的洗脑，他们必须严格遵守部队铁一般的纪律，违者就遭殴打、被降级，他们要接受盲目的层级制度。士兵们要无条件服从命令、服从任何命令：上级长官、日本帝国各个部门领导以及日本军队的最高统帅天皇本人的命令。战争爆发的头几个月，日本军队在大东亚各地所向披靡之时，所有人几乎都只关注在日本天皇名义下所取得的各种胜利。为了胜利，付出什么代价都是值得的。无论采取多么残酷、麻木不仁或者骇人听闻的做法，都是应该的、必须的。一支野心勃勃，并且被上级默许甚至是纵容各种倒行逆施行为的军队，做事从来都是不计后果的。

日本国内长期有着蔑视中国人和朝鲜人的传统，这一风气在中国战场上得到不断助长，愈演愈烈。随着中国军力不敌日本，战争越来越呈现出“打了就跑”的游击战特质，日本“平定”中国的行动开始实行三光政策——“烧光、杀光、抢光”。同样，日本在“解放”东南亚的过程中也不可避免地采取了类似的战术，因为这些日军大多是直接从中国战场调遣过来的。日军在西方强国的战俘和被“解放”的平民身上都运用了“三光政策”。此时的日本军队早已失去了后方的补给保障，他们奉命“就地征用”。但实际上，不少地区常年饱受战争蹂躏，田地荒废，人们无心农事；有些地方本来就人迹罕至，当它们成为军事行动争夺的焦点之时，后勤保障乏力，甚至没有物资供应都是不可避免的。那些得到“解放”的民族，起初欢迎日军进入。可在日本看来，这些被征服的土著，后来就开始“忘恩负义”。而中国本来就是个难缠的敌人。日军认为，为了制服这个敌人，采取任何手段都不为过。

第 3 章 | 珍珠港事件

“看到新闻，我整个人都热血沸腾了”

口述者：中学生　板桥康正

1944 年末，他进入日本海军兵学校学习，还没毕业，“二战”就已落幕。“我入学仅 10 个月，军校教育就在我生命中留下了强烈的印记。如果能重返青春，如果还有来生，我依然会选择当一名军人。当时的教育崇尚纪律至上，那种弘扬钢铁般严明纪律的教育理念，在当今世界已经绝迹。一切都显得井然有序。我们全力以赴，服从命令，天天如此，向着同一个目标。为了国家，我甘愿献出自己的生命。”

如今，他是大乘寺的住持。这座位于日本金泽市郊外的古寺，隶属禅宗佛教曹洞宗一派。身上的住持法袍昭示了他在寺中的地位。寺院面积辽阔，瓢泼大雨顺着屋檐飞流直下。已是入夏时节，微风拂过庭院的苔藓丛，裹挟着湿气，寒意阵阵袭来。

偷袭珍珠港的那天，我还在念初二。“哇，我们真的成功了！”我心想。时至今日，我的耳边仍然回荡着当天广播里宣布这一消息时激动人心的声音。（说到这里，他忍不住哼起了《军舰进行曲》的旋律，当天广播宣布喜讯时，配的背景音乐正是这首旧时的日本海军军歌。）“号外，号外！”大街小巷的卖报人大声而急促地吆喝着，“今天凌晨，美英对日宣战。”我感觉自己瞬间血脉贲张，身上的每个细胞都颤抖了起来。全国人民都沸腾了，欢欣鼓舞，振奋不已。“我们真的做到了！太不可思议了！太棒了！”当时，日本整个民族就是这么想的。

我所成长的那个时代，世界上还没有哪个国家站出来批评日本。我只是个中学生，脑子里却根深蒂固地认为，这场战争是顺应时代潮流的必然选择。我们每天欢呼着“万岁、万岁”，把一批批士兵送往前线。战争首先在中国打响，美国责令日本“撤军”。如果当时有哪位具有远见卓识的首相敢下令撤军，很可能会落得遭暗杀的悲惨下场。就连我这个毛头小子都明白，撤军是不可能的！那时，美国、英国、中国和荷兰这四个首字母分别为 ABCD 的国家对日本虎视眈眈，他们根本不会放过我们。

日本必须绝处逢生——这是当时所有日本人的心态。这些国家一心想把日本往死里逼。日本有句俗语叫“穷鼠啮狸”，意思是老鼠被逼入绝境时也会咬猫（与“兔子急了也会咬人”意思相近）。我们坚信，美国是魔鬼，英国是坏蛋。我们来不及细想，也不明白他们为什么要包围我们。

在日本，根本没有人去理性思考我们最后会赢还是会输。每一个人都只是铆足了劲不断地往前冲。我们的热血已经被点燃，打了鸡血似的拼命战斗。直到最后一刻，都没有人想过日本可能会输的这个问题。20 世纪 70 年代，“二战”时期的日本军人——中士横井庄一和中尉小野弘男先后在关岛及菲律宾的丛林里被发现，他们都不相信日本已经战败，这折射出的正是那个时代日本人典型的国民心态。如今日本的年轻一代是很难想象那种心情的。

我所就读的是宫城县最好的中学——仙台市第一中学。之前，我从来没想过要去参军，我的理想是当一名医生。但是当我们的国家正处在战时，每个人仿佛都是为了战争而生的。你很容易会被那种氛围传染，然后自然而然地放弃自己原本的人生目标。当然，我想得可能比较简单，既然早晚都要当兵，那就尽量选个比较高的起点。日本海军兵学校对当时的我充满魔力，我没有过多地去思考自己能不能考上。高二那年，我参加了海军学校的入学考试。在此前，日本海军兵学校每年在全国只录取两三百名学生；我们赶上了非常时期，那年学校的录取名额增加到两三千。学校好像迫不及待地要招兵买马。

那时候，我们根本不会去想万一被子弹打中怎么办。我们一心想着为了国家、为了“正义”而战，不论何时何地，只要大日本帝国有需要，我们都甘愿抛头颅洒热血。我们甚至来不及想万一被炸得粉身碎骨会有多痛苦。战争的目标不外乎就是这些，别无其他。为了“神圣的大日本国天皇陛下”，这句口号似乎涵盖了一切——国家、历史、民族、和平。人们很容易被这样的宣传洗脑、点燃激情，所以每个人都像着了魔一样，完全失去理性。对日本而言，这是一场“圣战”。日本宣称要通过战争把支离破碎的世界团结到一起。如果只是声称要通过战争来扩疆拓土，这样的信念就不可能支撑着我们一直打到婆罗洲了。

“感觉像被泼了一盆冷水”

口述者：海军军官　吉田敏夫

东乡神社是为纪念日俄战争中的英雄——日本海军元帅东乡平八郎[①]而建。它位于日本东京著名的“年轻人之街”原宿的街尾，几乎是这一带唯一的静谧之地。神社后面是前海军军官俱乐部。如今俱乐部成员中有少量海军自卫队的军官，以前就是日本帝国海军的军官。俱乐部的入口处挂着超级战舰“大和”号的巨幅图像。在前台的零售窗口，顾客可以买到这幅画的小型复制品、海军军帽、航海书籍以及东乡平八郎的“三笠”号战舰模型。“我父亲是海军。受父亲的熏陶，我从小就酷爱战舰，我在我国著名的海军基地佐世保长大。后来我好像也没想太多，就这么顺理成章成了一名海军军官。”他穿着嫩绿色的夹克，深绿色的裤子，浑身散发出书卷气，就像一位著作等身的文豪。在我们聊天过程中，他不时朝着从大厅走过的日本海军兵学校毕业生点头致意。

“日本陆军和海军正式在西太平洋与美英开战。”听到这则消息时，我正在去海军省上班的路上。这还是我第一次听到有关开战的消息，当时我是情报部的中尉，兼海军军令部职员，隶属英文科，可是就连我这个“局内人”都不知道军方在密谋这件事。我在新桥站下车，附近一家名叫能势町的餐厅

① 东乡平八郎曾率领日本海军击败俄国海军，开创近代史上东方黄种人打败西方白种人的先例，有“东方纳尔逊”之誉。

正在播送这则消息。我听到后，感觉像被当头浇了一盆冷水一样。

我深知日本不应该打响这场战争，因为我还能像个局外人一样比较清醒地看待日本的形势。刹那间，一股寒意穿过我心底，时至今日，那种感觉我仍记忆犹新。我立刻朝海军省方向跑去，袭击珍珠港计划的知情人士脸上堆满了得意的笑容。我所在的部门却对此一无所知。

每当我回忆起那天的情形，心里都会万分沮丧。这之后的几天里，珍珠港袭击的战况，也就是12月8日下午发生的事，不断有相关消息涌来。很快，这事便已街知巷闻。“胜利，胜利！”有些人为之欣喜若狂。但像我这样的人，从一开始就认定日本迟早会彻底溃败。我们所取得的成功令我感到很惊讶。行动科的同事得意地说：“这可是我们精心策划的！”他们大摇大摆地在大楼里走来走去，一副不可一世的样子，脸上是掩饰不住的骄傲。

我应该算是个内部知情人士，我所在的部门要求具备批判性的思维方式，能够着眼未来。在战争爆发前的7个月中，我去过印度尼西亚的泗水和巴达维亚，试图购买石油。由于美国对日本实行石油禁运，我们只好去荷属东印度群岛购买。但日本当局的“风险管理”能力简直一塌糊涂。看看当时发生的那些事，你就不难得出这个结论。领导人只看到日本的优点，而选择忽略其不足。

谈到武器时，只权衡进攻能力，从不关注防御要求。他们总认为，只要进攻，机会之门就会自然而然向你敞开。如果要防卫，就意味着要输了。因此，“前进，向前冲”就成了唯一目标。但如果向前冲会发生什么，会出现什么样的局面，他们从来不考虑。这其实涉及更高级的哲学层面问题：如何管理风险，以避免国家间的冲突？如何防范风险以维护国家利益？他们从来不关心这些。在武士道精神中，生死都无关紧要。那么，个人自治和独立呢？也不重要。

我们的石油储存完全保密，可以说是一个绝对的秘密。我们从哪里获得石油、数量有多少，以什么价格成交，通通都是最高机密。保管这些资料的是海军省的燃料科，我们海军军令部的人根本接触不到这些数据。他们只是通知我们去东印度群岛买石油。外务省（即日本的外交部）的公使吉泽修治率领代表团前去执行这项任务，我是代表团的一员。在代表团中，有五六名成员来自外务省，其余是海军和陆军代表。海军省派出的4名代表中，我官衔最低。不少军官在印尼首府巴达维亚都有自己的官邸，所以我们时不时会在那里聚一聚，聊聊天。偶尔，我们也会在巴达维亚的总领事馆会面。但事情到底进展到什么程度，我几乎一无所知。我只按上面的指示行事："哎，吉田，把这事处理一下"或"密切跟踪那件事，中尉"。

经过几次谈判，东印度群岛荷兰总督根本不同意把石油卖给我们。当时，欧洲的战事已经爆发。如果荷兰同意把石油卖给日本，那美国对日本实行石油禁运就毫无意义，所以美国总领事馆一直向荷兰方面施压，从中阻挠。但即便是我们这些在前方的人都还没有意识到个中缘由。"不管怎样，日本的问题总会解决的"——这是我们当时的真实想法。因为那时的日本自视甚高，它不仅仅是自信，甚至很自大。"只要我们把部队开进印度尼西亚，他们就会害怕得发抖，立即跪下来向我们求饶。我们只需要轻轻说一句'日本需要这个，乖乖交出来吧，你们的日子也能好过些'"，因此"大东亚共荣圈"计划尚未透露。

其实，我们有各种情报来源。外务省、各种报纸杂志和电报都可以让我们获取消息，情报部门还有特工从各个地方发送材料回来。我们有成堆的文件，但没人看，因为人手不够。海军省花在情报方面的经费不多，很少有人关注情报资料。我不明白情况怎么会这样。

按理说，海军省的每位职员都毕业于著名的江山岛海军学校，这些人是毕业生中的佼佼者，完全有资格胜任海军中将甚至上将。他们曾以优异的成绩完成学业，通过海军省严格的遴选考试，后又在各自的岗位上实践锻炼，可以说是一路过关斩将才得以进入海军核心部门。人人都说，他们是日本海军中"最优秀"的军官。我总是在想，说他们"优秀"到底是什么意思。

偷袭前夕

口述者：战时海员　野田满春

当日本帝国海军大部分战舰驶向各自的战斗岗位时，联合舰队司令长官山本五十六登上了锚泊在日本濑户内海的旗舰——"长门"号战列舰，准备下达为日本开启全球战争序幕、令海军袭击珍珠港的最终命令。

一开始，野田满春是一名战时海员。最后，他在塞班岛登岸，参与了1944年7月7日日本军队最后的自杀性冲锋。虽然也受了一些伤，但他还是成为少数的幸存者之一。战后返回家乡的野田满春时，他发现早已有人为自己树立起了墓碑。

1941年4月，我作为一级抄写员被分配到大本营联合舰队，成为海军出纳部门的一名职员。除了我在海军训练学校成绩优异外，我不知道自己被分配到大本营还有什么其他原因。1939年6月毕业后，我在航行实习中游历了整个世界，或至少是大半个世界。当我们抵达檀香山时，当地人员不允许我们的船进入珍珠港。但我们最后仍然登上岸，并在当地居民家中度过了一天。随船人员受到了瓦胡岛各日本地方协会的接待。我来自茨城县，很不幸，那里没有我的家乡组织，所以由邻近的福岛县协会负责接待我。

那天，负责接待我的家庭的女儿，在一辆小汽车里与我相见了。她高中毕业，与父亲和兄长一样，都在都乐菠萝罐头厂工作。当我抵达她家时，最让我惊讶的是，她家竟然有两辆小汽车！不是移民大亨的后代，仅是菠萝罐头厂的普通员工，每个人都有一辆属于自己的汽车！我想，多么富有的一个国家啊！那时候，我的家乡水户市只有一家出租车公司，大概有10辆出租车。市政府和警察局也拥有几辆轿车，而全市可能只有一两户人家拥有私人轿车。在瓦胡岛，我们走过的所有道路都是经过精心铺设的；而水户市全市只有一条硬地道路。把我送回船上时，他们送了好几箱都乐菠萝罐头给我们这些海员。

1941年12月8日，我在“长门”号战列舰上服役，它是联合舰队司令长官山本五十六的旗舰。我们仍然留在濑户内海，通过无线电和整个舰队保持联系。所有给海上舰队的命令和指令都是以特种电码发送。如果电报说“攀登新高峰”，即意味着与美国的战争即将开始，并开始进攻夏威夷。我们有很多代表特殊含义的四位数字，列在一张油印表格上，分发给各个舰队。如果它们以电报形式发送，军官们就能知道其中的含义。我们这些抄写员就是负责编写、复制和分配那些表格的人。

那是非常特殊的一天，我们甚至被允许到小卖部购买清酒。在海军省，我们已经习惯在特殊日子里受到特殊待遇，比如在天皇生日当天，每位海员都能得到鱼和喜庆的红米。但那一天，由于战争仍然在进行当中，我们没有得到食物。全国各地发给山本五十六司令的祝贺电报像潮水般涌来。信件和写满鼓舞之词的明信片，一麻袋一麻袋地运到“长门”号上。我负责处理它们，打开每一封信并把其亲自交给司令。司令命我制作一批特别大号的名片，上书“联合舰队司令长官山本五十六”。他在每张名片上都亲自写了一段话：“我发誓将付出更大努力，绝不因战争开端的这场小小胜利而骄傲自满。”他的字写得十分优雅、漂亮。

当参谋长和其他高级官员都返回船舱休息时，联合舰队司令长官办公室的灯依然亮着。一开始，我还在好奇司令到底在做什么。后来我恍然大悟，显然他是在回复那些信件。只要舰队司令还没休息，我们这些海员就不能睡觉！自12月8日起，我肯定他已经写了数千封这样的回信。对此，我深感钦佩。随后，我负责将这些信件盖上舰队司令公章，并装进信封寄出。

当山本五十六还是一名海军大佐时，他就开始担任日本驻华盛顿海军特派员。他曾亲自撰文声称对美开战是非常愚蠢的决策，尤其是在他见识过底特律的汽车工厂和得克萨斯州的油田后。我为他贴身效命。他喜欢赌博，尤其是打牌。有时候，当别的军官赌清酒时，他会在赌桌上输掉自己的整套制服。山本五十六喜欢日本将棋（日本象棋），也经常玩。我们称他的一名参谋为“将棋参谋”，因为后者得以担任参谋的原因，似乎更多在于其高超的将棋水平，而非其本职要求的后勤知识。

舰队司令也喜欢女人。他的新桥艺伎情人非常著名，每个人都知道她，包括我们。山本五十六坐镇“长门”号时，他把她和她的朋友全部都带到了这艘战舰上来。一艘汽艇专门负责把她们送到“长门”号，舰长会到舷梯旁专门迎接，随舰乐队则会弹奏当时流行的乡村舞曲。要知道，这些事情如果被军队发现，是会引起大麻烦的！所以说，山本五十六是一个非常入世的人，灵活而亲切。

我知道这些事，真的。我了解他，知道他的个性。那场“偷袭”并非出自他的意愿。我们在大本营有一位专门的联络参谋，名叫藤井茂，他只对联合舰队的事务负责。当他们起草完那道在太平洋发动全面进攻的命令，从作战指挥室里出来的时候，我亲耳听到山本五十六再一次确认：“毫无疑问，美国人已经得到了消息，不是吗？”这是我亲耳听到的。那根本不是一场偷袭，证据就是那一位联络参谋的出现。他来到我们的船上，负责保持我们和帝国大本营以及外务省的联络。美国人应该在我们进攻前夕就已经知道了这件事的。

成功偷袭珍珠港后，船员们都在谈论我们可能得到的机会。等日本占领旧金山后，我希望自己能到那里去主持驻军的会计部门。海军的每个人都梦想着前往美国，我不认为有人想前往中国。

在满洲边境的战斗机机舱里

口述者：战斗机飞行员　最上贞夫

监视中国满洲与苏联接壤的漫长边界是关东军的职责。所谓的关东军，就是指驻扎在满洲的日本军队。甚至在支那事变发生之后，关东军的这一项工作也没有停止。中苏边境冲突十分频繁，有时候甚至会爆发激烈的交火。1939 年 7 ~ 9 月，日本在诺门坎地区的一场激战中遭遇了惨重的失败，死亡超过 2 万人。诺门坎战役的结果虽被列为机密，但那场惨败令日军开始重新评估对苏联发动战争的必要性。日军向那里派出了更多的坦克、飞机和士兵。

1941 年夏，当德军横扫苏联在西方的地盘时，关东军规模扩张到 70 万，空军力量更是翻倍，拥有的飞机数量达到 700 架。最上贞夫现在是帝国陆军军事学院毕业生协会的官员，他于 1940 年从第 54 班毕业。系着深棕色的条纹领带的他，看上去更像一名退休商人，而不是一名前飞行员。

1941 年 6 月，在关东军举行的一场大型军事演习活动中，我的战斗机部队被部署到满洲东部边境。事实上，该演习是针对苏联的一次战争调动。满洲东部甚至没有兵营，我们需要自己动手挖掘战壕和防空壕，并在地面上挖出简陋的栖身之所。

我们接到命令，必须作好一切准备，在收到命令的 3 分钟之内投入到对苏联的战斗之中。“接到命令的 3 分钟之内”，这表示你必须时刻坐在战斗机机舱里。你要在机舱里吃饭；当然，饭食是地勤人员送过来的。就这样过了 3 天，我们接到的命令发生了变化：须在接到命令的 30 分钟内展开行动。这表示你可以待在飞机场附近的候命室里，还可以和飞行员同伴聊聊天。又过了 3 天，我得到了 3 天的假期。休假期间，我都住在佳木斯，那是满洲地区一个很大的城市。我落脚的酒店是日本人开的，堪称当地最奢华的场所。整整 3 天，我除了玩乐还是玩乐。彼时的我，完全没有意识到日本即将要和美国开战。

我满脑子想的都是苏联。在军事学院上学的时候，只有短短几个课时提及美国及其军事管理。我对他们的空军力量没有任何了解，但我对一切有关苏联的事情却了如指掌。我卧室的墙上就贴着海参崴和哈巴罗夫斯克的苏联机场地图。

就像海军飞行员研究敌人的战舰和海港布局一样，我把这些苏联机场的地图牢牢记在脑子里，以便在需要发动进攻时一眼认出它们。我们在满洲集结就是为了进攻苏联；我们的任务就是在某年某月发动进攻，现在要做的就是等待那天的到来。我们坐在碉堡里，满脑子想着每日的训练和反苏行动。当时，我是一名中尉。

12 月初，我被派往敦化县，负责接收一种全新的轻型攻击战斗机——Type-98，这种战机将要取代当时在用的 Type-97 战机。在敦化县，我发现负责训练我们的指导员居然是我在空军学院的同学菊田。在此之前，我们曾一起接受过 Type-98 战斗机的培训。他说他没有任何新内容可以教我，所以建议我在每天早晨和我的 10 位下属好好看看这座城市。那就是我每天所做的事情。

12 月 8 日早晨，我照常把 10 名下属带到机场。但当时下着大雪，所以我让他们待在教室里，并用一个吊着的黑板进行训练。在上课中间，菊田走了进来，把我拉到外面，告诉我海军袭击了珍珠港。我感到非常震惊。“什么？！和美国开战！我们干得过美国吗？”这是我当时的原话。我对闹得沸沸扬扬的美日谈判一无所知。在中苏边境附近，我白天训练，晚上喝清酒，那里连报纸都没有。和美国开战！我惊呆了。我所学的外语是俄语。我知道，如果与美国开战无可避免，那原因想必非常重大，但就连我这样的军人，都对此毫不知情。

由此，你可以了解军队当时的准备情况究竟如何！我们停止了 Tpye-98 战斗机的训练，回到了自己的队伍。但是，之前设定的任务依然未变，我们仍然要作好和苏联战斗的准备。谁会率先发动奇袭呢，日本还是苏联？这就是我们考虑的事情。我们的空军部队有 27 架飞机，还有 3 架备用。苏联的最新机型是米格 -3，但对美国的飞机，我却一无所知，包括名字和战力都是闻所未闻。但与苏联相比，我们对己方战力则十分自信。

太平洋战场上的消息传回来了。日军在马来亚登陆，开始攻击新加坡。部署在满洲的部队都被动员起来，调往南方，我们却仿佛被遗弃在满洲一样。我们也想前往南方，马上投入战斗。1942 年 8 月，我们的部队终于收到前往北京的命令，继而前往南京和广州。在两广地区，我们参与了对桂林的进攻，敌人是美国陈纳德将军的飞虎队，那是我们第一次遭遇 P-40 战斗机。

战争初期阶段，日本的空军力量仍然占据优势，数量上也胜过敌军。我们的侦察机可以在黎明时分拍下美方基地的照片，急速返航，然后冲洗照片。得知敌方基地的确切情况，我们很快就接到发动进攻的命令。然而，即使在黎明时分确认美军尚在基地，但等我们赶过去，那些人早就全部撤离，避开了我们的攻击。我们想要开战，但却连敌人都找不到。

在我们的攻击部队抵达前 1 小时，他们就得到了袭击的消息。但当他们的部队朝我们开过来时，我们要等到他们的先遣部队抵达前六七分钟才反应过来。在中国的战争早期，如果你在日本观看战斗形势图，你会以为日本已经占领了整个中国南方。但实际上，日本只占领地图上几个单独的据点。如果报纸说日本占领了广州，那表示日军只控制广州市中心方圆 40 公里的地区。而从广州到桂林的 360 公里，都是他们的地盘。日本媒体在国内大肆宣传，说我们正在胜利的道路上奋勇前进。

我们的飞机升级为“隼”式战机，其机动性非常出色。除非被偷袭，否则我们能绕到美军飞机后方。美军飞机比我们重，所以拐弯的时候动作跟不上“隼”式战机。他们曾有一些特别勇敢的飞行员尝试想追逐我们，但我们拐到他们内部，将其击落。但如果他们逃跑，我们是追不上的。P-40 战斗机的俯冲速度比我们的“隼”式战机更快，所以如果他们不追逐我们，我们是没法将其击落的。

有一次，我们突然记起日军曾在菲律宾俘获了一些 P-40 战斗机，其中有几架被带到东京之外的立川空军基地。如果我们也有 P-40 战斗机，就一定能将对方击落。因此，我们向上级军令部提出申请，希望能将几架俘获的 P-40 战斗机运到前线，我们在其机身涂上太阳标志后，便能作为日军战机对抗美国人了。一开始，上级军令部同意了，所以我们返回家乡提取 3 架 P-40 战斗机，但后来上级军令部改变了主意，认为把象征日本的标志涂到敌军战机上，是一个非常糟糕的主意。

向南进发

口述者：见习海员　增田令二

我爱大海。当我还是个孩子的时候，我就听说过“水手的友谊”是可以超越民族的。但在我体会到那种友谊之前，战争爆发了。1941年12月，日本军方着手发动有史以来最大规模的海陆空联合军事行动。从夏威夷群岛到马来半岛，再到威克岛、关岛、菲律宾、香港和婆罗洲，日本舰队和空军发动了协同进攻。

随后，日军到处登陆，除了夏威夷群岛外。东京离檀香山3 904英里，离新加坡3 490英里。日本舰队的作战基地位于加罗林群岛中的特鲁克岛，在东京南面2 341英里处。这次战争的最大回报就是东印度群岛的财富。战争初期，日本占领的所有地盘，还有新基地、要塞、军队、机场、仓库和锚地，都需要依靠大海来维持供给。

战争是无法避免的——这就是当时我们被灌输的思想，这种思想在东京高等商船学院尤为盛行。我于1937年秋入学，那里的学生毕业后都是后备海军军官。日本海军认为，通过吸纳商船学院的毕业生，可以满足战时海军对军官的需求。1941年，我成为一名见习海员，被分配到“亚利桑那丸”号上。这是一艘重9 683吨的货轮，被海军强征为部队运输船，命名为“防空舰830”号。当时它正在吴海军工厂的因岛码头，工人正在不分昼夜地将其改装。它的首舷上装了两门大炮，船首安了四门防空炮。在左舷和右舷、驾驶台和船首上都装了平射炮，加起来大约10门。船上还有马厩和船员居住舱。我从它的改装工时中，看出了一种特别紧迫的意味。

改装作业于10月28日完工，然后我们起航前往濑户内海的宇品港。整个海港爆满，停了大概三四百艘船，其中大多数都是被军队征用的商船。作为伪装的运兵船，这些商船上很多都已满载士兵。“亚利桑那丸”号是一艘重要的防空舰，一支陆军防空火炮队在11月1日登船入伙。第二天，全体船员通过一个仪式，正式应召成为军队的文职人员。

我们预感到，即将有大事发生。有谣言称日军将要开往法属印度支那。士兵们每天都在操练防空炮和机关枪，25mm口径的单装炮似乎成了军队的新武器。每位小队长都得到一册说明书，用来训练士兵。11 月 13 日，大冢大佐登船。

我们起航前往秘密仓库糸崎港，那里为军队储藏了 3 000 桶原油。经过濑户内海的月岛时，我看到了帝国海军庞大的战斗舰队。我们为“亚利桑那丸”号的锅炉补充了大量煤炭，锅炉上有很多泄漏点，蒸汽泄漏时有发生。每天晚上，我们都不得不爬到锅炉上，在六七十摄氏度的高温环境中，手持蜡烛，拼命寻找泄漏点。

19 日那天，我们满怀激情，朝南方进发。23 日，我们抵达台湾高雄，发现当地码头堆满了补给品，到处都是人、马和卡车。那天晚上，我们一直忙着往船上装载物品。在那里，我们第一次见到香蕉等热带水果。在高温中劳累一整天后，我们欣喜地拿着水果奔走相告，感觉自己吃到了这辈子最美味的食物。我们当时想，这大概是大家最后品尝到的美味了。26 日，约 1 300 名步兵登船。此时，我们仍然不知道此行的目的地是哪里。直到 29 日那天，大家终于得到通知——我们的最终使命是将部队运往美属菲律宾!

驶进澎湖岛时，我能清楚看到壮观的战舰和庞大的护航队，数不清的小型海军汽艇和军用摩托艇在海港上来回巡逻。“雾岛”号战列舰、“榛名”号战列舰、“足柄”号重巡洋舰、“羽黑”号重巡洋舰，以及 6 艘驱逐舰均于 12 月 4 日起航，它们的主炮都被调到 45 度仰角。军号嘹亮，水面上到处回荡着“出港”的呼号。不当班的船员都来到外面的甲板，向起航的战船挥帽致敬。战船的甲板上也很快就挤满士兵和船员，他们挥舞日本国旗和舰旗欢呼着。那场面着实激动人心。

“亚利桑那丸”号收到命令，将在 12 月 7 日离港。我们是 6 艘被护送的船只之一，负责将部队运至菲律宾吕宋岛的阿帕里市，我们的主要护航舰和旗舰是“名取”号轻型巡洋舰。整个编队加起来一共 15 艘船。12 月 10 日凌晨，我们抵达菲律宾海岸沿海。海面状况很糟糕，浪头很大。我们克服重重困难，放下登陆艇。破晓时分，我们的特攻队向海滩进发。子弹嗖嗖地从我们耳旁飞过，我的大东亚战争历程就此开始。

敌军战机迅猛扑向我们的舰队，我们则用密集的防空火炮迎接他们。一艘敌军潜艇开始发动攻击，“名取”号似乎被击中，四周都是伤亡人员。顶着敌军强大的火力，“亚利桑那丸”号完成了关键的登陆行动，然后在 3 艘驱逐舰的护送下返回北方装载更多士兵。这次，我们运输的是马尼拉特攻队!

在这次任务中，从高雄、基隆和澎湖岛来的战舰组成一支庞大的护航队，全部船只加起来达到 84 艘，排成两支长长的舰队。放眼过去，海平线上都是我们的船只，堪称“二战”中规模最庞大的日本护航队了。我们此行的目的地是林加延湾。

船舱装满了人和马匹，人数总共约有 2 000。12 月 22 日，我们驶进林加延湾，并立即开始登陆。大海波涛汹涌，登陆艇摆动得厉害，想要把士兵和物资装进去几乎是不可能的任务。拂晓时分，敌军飞机对我们发动攻击，主要打击目标是滩头阵地。飞机朝我们开往海岸的登陆艇扫射，“亚利桑那丸”号也向空中倾泻火力。我们亲眼看见敌军飞机冒出白烟，从空中盘旋着坠落。在巨浪和炸弹的冲击波之下，“亚利桑那丸”号剧烈摇撼。但无论如何，大部分船只终究成功卸载，地面部队也开始攻打马尼拉。我们这些船员则返回高雄，准备执行下一个任务。在这次登陆行动中，我方仅损失一艘船，而敌方则损失了一艘潜艇。

1 月 30 日，“亚利桑那丸”号从高雄再次起航，奔赴爪哇岛。2 月 1 日，在离右舷 200 米远的海面上，我们发现了一个潜望镜。继而，3 颗鱼雷袭击了我们；其中一颗击中了船的吃水线下方，但没有爆炸！它似乎击穿了船体，擦过龙骨从船的另外一边钻了出去，背后拖着一条长长的气泡尾巴，最终湮没在海港。船上乱成一锅粥，首舷的防空加农炮对准海面，发射炮弹。炮弹在我们上空炸开，而非潜艇的上空。原来是士兵在点燃炮弹引信时出了错。弹片纷纷射向驾驶台。大约 10 人受伤，我们手忙脚乱地起航逃跑，避免损失扩大。

随后，我们再次向南进发。2 月 27 日的日落后，在泗水附近海域，爪哇战役打响。到处都是雷鸣般的炮声，火光冲天，照亮了整个漆黑的夜空。就在我们眼皮底下，一场骇人听闻的海战正在激烈展开。我当时以为护航队的末日将临，敌人一旦突破日军战舰，我们就成了砧板上的鱼肉了。

战役结束时，帝国海军却取得了一场压倒性的胜利。第二天早晨，我们看到海面上到处漂着船只的残骸，无数白人和黑人海员挤在散落的救生筏上。我们没做任何停留继续航行，因为我们必须让船上的部队登陆。但后来我听说，敌方幸存的海员被我们的猎潜舰艇俘走了。这一次，日本消灭了一支美国、荷兰和英国的联合舰队。

我们继续前往新加坡，继而前往印度支那。在那我们装了一船西贡大米，再返回日本。1942年4月12日，我们返回位于宇品的家，彼时樱花已盛开。我的见习生涯结束了，就此成为一名三管轮①。

致命的外交失利

口述者：外务大臣首席秘书官　加濑俊一

1941年春，美日关系进入决定性阶段。日本对法属印度支那施加压力，直接导致罗斯福发出警告，美国可能在贸易制裁之外，还会采取进一步的行动。在华盛顿，美国国务卿科德尔·赫尔和日本新任驻美大使野村吉三郎之间的谈判正在紧张地进行。

从1940年起直至战争结束，加濑俊一一直担任历任日本外务大臣首席秘书官，只有1941年7～10月除外，因受到导师松冈洋右被迫下台所牵连。

我们在皇宫酒店的皇家贵宾室里见面。加濑俊一在贵宾室的一角有一个专属位置，这里可以将日本皇宫护城河的景色尽收眼底。他长长的银发梳理得非常整齐，看上去完全不像是一个出生在1903年的人。他穿着蓝灰色宽肩式丝质西装，优雅而得体，甚至连他的打火机也和蓝色的装束搭配得很完美。

加濑俊一的背部挺得笔直，看上去似乎还是战后美国占领日本时期的首任日本驻美大使。他喜欢把谈话限制在对外交过程的专业阐述上，而不愿提及那个春夏所发生的事件及其恶劣后果。

我是一名外交官。外交官的工作是尽可能避免冲突，战争则意味着外交官的彻底失败。然而，如果你一直想着“必须防止战争”，那你最后很可能会招致战争。外交官的天职是为双方的利益进行友好的谈判。从这个观点来看，1941年的日美谈判，是我最深刻的遗憾。我们尝试在尊重美国的同时，可以避免日本的国家利益损失。

我们寻求妥协，即便面对重重困难，我们也从未放弃希望，直至最后一刻。

① 海员岗位之一，负责船舶机舱设备的日常管理，特别是负责主机、辅机操作与运，机舱设备的保养和保管，船上其他机械设备的维修保养。

当我们意识到，战争的爆发已经无可避免时，我感到了一种无法言表的失望。

我经常问自己，那些谈判究竟是好是坏？我们从战争爆发那年的4月开始谈判，彼时我还是外务大臣松冈洋右的首席秘书官，相当于美国的办公厅主任。松冈洋右就像我的保护人，把我揽在他的羽翼之下。我们的工作关系非常亲密，以至于有时候别人会说我们的坏话，例如：日本外务省只要有松冈洋右和加濑俊一就够了。

如果你继续往前追溯，就会发现早在1940年9月日本与德国、意大利签订《德意日三国同盟条约》组成轴心国时，日美关系就开始急剧恶化。正是在那个夏天，松冈洋右成为日本外务大臣，日美关系已经进入关键性阶段。当时，我还是日本驻伦敦大使馆的一名书记官。我相继效力的吉田茂大使和重光葵大使，这两人都非常希望改善日美关系，而这也是我的目标。我在艾姆赫斯特学院和哈佛大学上过学，是一名优等毕业生。

1930年，我加入外务省北美局。我在美国有很多朋友，也在华盛顿工作过。在人们眼中，我应该是最了解美国的人之一。我一直坚持这样的观点：日本想要继续生存，必须维持和美国的友好关系。

在日本，我被视为亲英派。人们普遍认为，“不能启用这样的人”。但松冈洋右亲自拍了一个越洋电报，催促我尽快回国担任其首席秘书官。我可以告诉你，我在伦敦非常受欢迎。离开伦敦返回日本时，英国报纸还把这条新闻刊登在社论的专页上。要知道，他们很少为某位回国的大使专门写一篇社论，更别提我这种官职更低的人了。

这时候，东京方面已经偏向轴心国。不仅日本军方如此，甚至外务省的人也对轴心国深感钦佩，他们断定英国马上就要迎来衰落。因此，一名外交官在英国大受欢迎，似乎是一件可耻的事情。那明知如此，为什么松冈洋右仍要求我担任他的首席秘书官呢？这是因为松冈洋右希望改善日英，继而是日美的关系，才重用我。根据内阁规定，作为首席秘书官的我，有权接触连科长或局长都无权过问的机密事项。

在同轴心国结盟的问题上，内阁成员一个接一个地栽跟头。日本军方不惜一切代价，想要签订那份同盟条约。其中，日本陆军尤为迫切。松冈洋右希望制定一份《德意日三国同盟条约》，该条约要无损日本和英美达成的共识，如此外务省就能恢复其在外交事务上的领导权。他认为，外交事务应由外务省负责，而非军方。所以，他和德国大使海因里希·斯塔玛在8月进行了整整两周的谈判，其间完全没有咨询日本陆军或海军——他有那样的个人权威和实权。

1941 年春，松冈洋右代表团前往欧洲，我伴其左右。人们以为，我们此行是去与希特勒和墨索里尼开庆祝会的，但我们其实是去秘密会见斯大林，以改善日苏关系。英国已经被战争搞得筋疲力尽，无法为中国的蒋介石提供多少帮助。彼时，蒋介石的主要捐助者是苏联。我们希望通过谈判，让苏联终止继续援华，从而给蒋介石沉重的打击。之后，松冈洋右将前往美国谒见罗斯福。

顺利的话，蒋介石将会陷入麻烦当中。届时，日本将向蒋介石提供一个慷慨并且可接受的提案，并设法令罗斯福说服蒋介石，让已经深陷战争泥沼的蒋介石听从我们的建议，接受那份提案，达成中日合作——这就是松冈洋右的全盘计划。松冈洋右曾在美国求学，拥有众多美国朋友，如斯克里普斯报团的霍华德。在我们离开日本前往欧洲之前，我写了一封信，告知这些希望此行顺利的人。这就是松冈洋右的作风。

我出席了代表团在莫斯科的所有会议。松冈洋右是那种用人不疑的上级，只要他信任你，就会让你全权作主。出使莫斯科的美国大使是劳伦斯·A. 斯坦哈特，他是松冈洋右的好朋友。他们常常在富士山附近的御殿场一起钓鱼。罗斯福非常信任斯坦哈特，后者甚至可以越过国务卿赫尔，直接给罗斯福发海底电报。

我们见到了斯大林，并和莫洛托夫举行了谈判。其间，我们见了斯坦哈特三次。松冈洋右对斯坦哈特说，“这是希特勒说的”，“这是墨索里尼的观点”。但在斯坦哈特看来，日本也是一个危险的国家。我肯定，对这场受到日本外务大臣和苏联领导人欢迎的谈话的性质，他一定感到十分好奇。我将那些会议记录拿给斯坦哈特，和他一起从头至尾浏览一遍。我们的第三次会面正好在《苏日互不侵犯条约》即将签署的时候举行。那次会面，我们告诉斯坦哈特：虽然还不能对媒体公开，但日本和苏联即将签订一份中立条约。斯坦哈特问：“这种事情真的会发生吗？”“是真的。”松冈洋右回答，“而且苏联会切断对蒋介石的所有援助。”松冈洋右告诉他，一旦蒋介石陷入麻烦，日本会拿出一个令蒋介石感到惊讶的和解提案。松冈洋右说，届时日本将寻求罗斯福的支持。

斯坦哈特回答说，这些事将会成为真正的非凡事件。1941 年 4 月 13 日，我们与苏联签署了《苏日互不侵犯条约》。会后，斯大林亲自来到火车站的月台，送别松冈洋右。我们沿着西伯利亚大铁路进发。登上火车后，斯坦哈特给我们发来一封电报。电报说，“与罗斯福顺利交谈”。意思是，罗斯福同意接见松冈洋右。作为外务大臣，松冈洋右的胸脯此时真正挺了起来。我们带着非常乐观的情绪，抵达中国大连。松冈洋右曾任南满铁路株式会社的总裁，所以他在当地得到了驻军神明般的待遇。松冈洋右和我住在南满铁路株式会社总裁的官邸，代表团的其他成员则住在大和酒店。

很快，我们接到了首相近卫文麿的电话。他说美国发来了一份非常重要的提议，因此希望我们立即返回日本。松冈洋右相信，那一定是罗斯福就他和斯坦哈特讨论的议题发来的回应。所以，他情绪高昂地回国了。4 月 15 日清晨，近卫文麿收到一封来自日本驻华盛顿大使——海军上将野村吉三郎的电报，据说那是一份美日协议草案。

4 月 22 日，松冈洋右回到东京，近卫文麿催促他赶紧浏览那份提议。所有的内阁高级官员都聚集到外务大臣的官邸，争先恐后地恭喜松冈洋右和苏联签订了条约。

松冈洋右把电报交到我手上，电报很厚，分量特别重。我走进隔壁的一个房间，把门锁了起来，开始阅读电报。我以为原始的电报是英文的，而这是一份非常糟糕的翻译件。我要求电报科室的负责人立即将原件带过来给我，但是他信誓旦旦地保证，从来没有见到所谓的原件。我被搞糊涂了。在外交谈判中，任何以译文发送的东西都是无效的，你必须拿到原件。无论如何，我尽了最大的努力去理解那封电报：看起来，美国似乎赞成日本对中国采取的行动，并允许日本人自由移民至美国。这是一份罗列了诸多好事的清单，但是如果你能体会其中的言外之意的话，可以看出它在暗示日本退出轴心国联盟。

松冈洋右觉得自己在莫斯科的努力终于结出果实了，摆在他眼前的成绩远超当初的预期。野村大使声称，罗斯福总统和国务卿赫尔都知道并认可这封电报。他声称，我们手里握着的是一份美国官方提议。我们相信了他的说法，因为日本驻华盛顿特使也给出了同样的说法。直到战争结束后，我们才知道，那份被我们当成美国官方提议的电报，罗斯福根本不知道；赫尔或许知道，但并没有认真对待，他不相信这份提议能够达成。

近卫文麿首相和军方重要官员没有读出这封电报的弦外之音。当时的氛围是，“我们尽快接受这份提议吧，日美关系将因此改善”。一番觥筹交错后，松冈洋右召见了我，问我如何解读这封电报。我告诉他，我们无法签订这份提案，除非日本退出《德意日三国同盟条约》。“解读得很好。”他说。松冈洋右确实是专业人士。

野村每天都会从华盛顿打电话到东京，如果松冈洋右无法接通，他就会和我通话。他一直在说：“你们必须尽快接受它，如果动作太慢，它就会像鱼肉一样腐坏。”无论如何，一名大使应该诚实，即便美国政府说了什么日本政府不愿意听的话，他也应该原原本本地传达。将一份非官方文件当成官方文件发回来，这是一名大使的污点，是不可原谅的。提议收到的日期是4月18日。松冈洋右和我连续多日不眠不休地研究，试图拟出一份针对“他们的提议”的回应。5月初，我们将回复发给美国。但他们从来没想过这是一份对“他们的提议”的回复，因为他们从来没发过什么提议过来。由于这一切始于一个谎言，所以我们所做的，只是在给这个谎言添砖加瓦。

7月，我意识到这一切都很可疑。松冈洋右性格敏感，所以也感觉到某些地方不对劲。7月中旬，近卫文磨认为，松冈洋右反对他接受这份“美国提议”，因此将松冈洋右逐出内阁，并任命海军大将丰田贞次郎为新的外务大臣。军人的职业当然是打仗，如果你的外务大臣是一名海军大将，你驻华盛顿的大使也是一名海军大将，那么你就得到了一个全海军利益共同体。

当军人开始履行其并不熟悉的外务大臣或大使的职责时，他们最终将迷失方向。谈判开始一点一点地误入歧途。近卫文磨处于巨大的压力之下，帝国议会频繁举办。

终于，10月26日，陆军大臣东条英机成了首相。我则再次担任新外务大臣东乡茂德的首席秘书官。最后，1941年11月26日，美国国务卿赫尔发来了《赫尔备忘录》。得知美国的明确立场后，日本终于放弃一切希望，决定发动战争。最后真相大白，是野村吉三郎犯了错，近卫文磨则错信了他。东条英机也错了，他到最后一刻仍然相信野村。作为日本驻美大使，野村前往华盛顿时，身上带着裕仁天皇的任命书。谁会怀疑一个拥有如此地位的人？野村，那个不懂外交、把日本引入歧途的男人，导致了所有错误的发生。这一切导致了珍珠港事件。

从一开始，那些谈判就受到诅咒。在世界史中，这样不合法、不正常的谈判记载，绝对再找不出第二家！我常想，我们为什么会经历这样的苦难？

如果我们没有在 1941 年发起那些日美谈判，战争就不会爆发。是那些谈判，把和平破坏到了那种程度。

现在回过头去思考，我会说，在最后一次帝国议会正式批准之前，我不相信战争有可能避免。历史车轮有时候会淹没你，席卷你，裹挟着你前行。你无法一直避开它们。一个人的意志，是无法左右历史发展的。战争有它自己的生命，甚至东条英机本人，也无法阻止那场战争的发生。

第 4 章 | 征战东南亚

战时漫画

口述者：战时漫画家　横山隆一

战争岁月里，漫画家也被政府动员起来。1942 年 5 月，他们成立了一个“旨在为国家服务”的独立新协会，根据官方主题进行创作，比如提升士气，宣传对英美的仇恨以及劝谏人们勤俭节约等。他们举办会展，呼吁公众支持战争。

80 岁高龄的横山隆一，是日本最著名的漫画家之一。两簇白发服帖地梳理在脑袋两侧。他创作的漫画《小阿福》，于 1936 年开始在《朝日新闻》上连载，直到战争结束。“小阿福是一个小男孩，实际上就是我。但漫画的读者并不是儿童，而是家庭主妇，主要刊载在家庭页面上。我对社会议题之类的东西没有太大兴趣。我从未上过大学，中学毕业后就开始靠画漫画谋生。我承担不起可能会让我遭到意识形态警告的题材，也从来没遭到过这类警告，无论来自共产党员还是警察。我根本不想过问关于政治的话题。”

战争打响时，我正在家里睡觉。那天是 12 月 8 日，日军偷袭了珍珠港。妻子把我摇醒，说道：“战争爆发了！”我激动难抑，心底所有的疑虑一扫而空。

12 月 8 日前，军队把我和另外两名漫画家关在一家旅馆里。我们在那里绘制漫画，向日本士兵展示印度尼西亚的风土人情，同时也向印度尼西亚人展示日本的风土人情。比如，我们画了印度尼西亚人戴的穆斯林帽，然后画一个触摸穆斯林帽的人，在人物的背后打一个大大的叉，表示该行为是禁止的。一个长时间旅居印度尼西亚的人负责向我们描述要画的内容，然后我们就一直不停地画。而我为印度尼西亚人画的，全都是我根本买不起的东西，注释文字都用马来语写成。就是在那家小旅馆里，我第一次知晓日军正在南下。

战争爆发前几天，军队放我们回家了，同时也给我们放了几天年假。我似乎被军队征调了，但事实上我收到的召集令是一张“白纸”。我不用成为士兵，但必须为他们工作。我永远不会得到任何奖赏或荣耀，也不会得到钱财。他们只不过是利用我，用完之后就把我踢开。我被带到印度尼西亚，名义上我是去参军的，但我从来没见过任何残酷的场面。在爪哇岛，我给人们看我的漫画，漫画内容多半是宣扬日军有多么强大和多么“正义”。所以，那是一份宣传的工作。

当得知我们即将要南下的消息时，我买了一把军刀，但是我没想到军刀那么贵。我把军刀插在腰间的皮鞘里，因为我太矮，所以刀都拖到了地上。我得把军刀改短一点，因此我跑到部队军营外的铁匠铺。铺里的人却要砍掉刀柄，刀柄上刻着铸刀者的名字。我大喊：“嘿！请不要砍掉它。我为这把刀花了一大笔钱！”铁匠轻蔑地哼了一声：“昭和刀没有重要的名字。”然后就把刀柄砍掉了，我的新武器就此短了一大截！

途中，我们在台湾逗留了一个月。在那里，我将那把刀挂在一所学校的体育馆墙上。部队里有个来自九州的剑道大师，他告诉我：“横山，你应该照顾好自己的刀。”那把刀配有一个白色的木质护套，并装在一个皮革刀鞘里。刀看起来非常漂亮。听到他那样说之后，我想重新打量一下我的那把刀。但我甚至拔不出刀来，试了好几次，终于成功拔刀出鞘，但护套又飞了出去，刀刃上锈迹斑斑。在场的所有人都笑疯了。因为我当时小有名气，而且是《小阿福》的作者，所以谣言很快传开：横山先生只有一把用来演戏剧的道具竹刀。

当时的我以为，战争也不过如此，无忧无虑的生活依旧。的确，传说中它很可怕，但台湾却完全没有这样的氛围。我觉得很奇怪，这是战争吗？那里的士兵们告诉我，一旦投入战斗，你甚至没时间吃饭；但实际上每个人都无聊死了。“你在漫画里的人物，总是叫着‘冲锋！冲锋！’那不是真正的战争。”老兵们说。等待，无尽的等待。其间无所事事，枯燥迟钝。我意识到，这才是战争真正的模样。

当我抵达爪哇岛时，我发现那里的沉闷氛围超乎想象。我们的工作主要是安抚群众。但是，只要你打了胜仗，基本就没什么事情可做了。我们被派往那里的目的，是平息占领初始阶段群众的怒火。从日本来的教育工作者和管理者来了又走，占领的制度系统渐渐地建立起来。那之后，我们唯一做的便是给军队惹麻烦。虽说当时是战争时期，但我的生活过得轻松又惬意。我们打了胜仗，军队用短波无线电信号向日本发送广播节目。

作家武田麟太郎、漫画家大野健雄和我一起出席一档广播节目。大野健雄在节目里随意畅谈，讲述爪哇岛的丰富物资和美妙生活。他甚至说："我正缠着一条虎皮腰带。"节目进行到一半，我们接到一个军方打来的电话。他们在电话里对我们破口大骂。

我们只是实话实说，但军队的人告诉我们："日本的人民现在几乎吃不上饭，你们不应该吹嘘这边的生活！"

我和武田麟太郎一起出去，给爪哇岛的几个部队发表演讲。他告诉我，我要介绍的就是创作《小阿福》的历程。这听起来很简单，所以我和他一起过去讲了大约30分钟。演讲完后，我从部队指挥官那得到一件礼物，是一本梵高的画集。太棒了！我做梦也想不到，自己有一天能拥有这样的书。在巴达维亚，所有梵高画集都被日本人买了下来。无论何时，只要我走到印度尼西亚首都的大街上，第一个去的地方就是书店。后来，我找到了米开朗基罗、罗特列克的作品，还找到了那些在偏远山区想都不敢想的书。我非常高兴，把它们全部运回日本。留在那里的最后几天，我收集了很多玩具，比如小火车等，并想办法把它们寄回家。日本已出现了毛巾和袜子等物资的匮乏，所以我也采购了毛巾、袜子、针线、香皂和梳妆用品，还有外国货。我有一位同事是品牌方面的专家，给了我很多有益的指导。毛巾？坎农的。牙膏？高露洁的。我采纳了他的建议，并且从来没后悔过。我还买了一个便宜的皮箱，里面装满玩具，玩具则用毛巾之类的物品包好。皮箱上，我用油性漆画了一张小阿福的脸，以防不小心弄丢，别人会把它寄回给我。我把它送上回日本的船。很久之后，我回到日本，直接去联队指挥部，我的箱子就在那里。上面贴了很多标签，南京、广东等。我把它打开，玩具还在里面，就和当初我把它们放进去时一样，但里面的毛巾等物品全都不翼而飞了。但是，我依旧很高兴地拿回了自己的箱子。

因为工作，我们在爪哇岛上奔波了一个月。我们向当地居民展示了日本电影，并和印度尼西亚的女演员和舞蹈演员一起为日本军队表演节目。军队为我们配备了一支小护卫队。必须说，在军队报销费用的前提下，我度过了一次很美妙的旅行，虽然我并不是真的那么想待在那里。因为公事，我与印度尼西亚的画家见过几次面，但从来没想过和他们交朋友。我太累了，万一他们喜欢上我，要求我多待一段时间，那事情可就麻烦了。他们讲马来语，我没法和他们交流，而且我也不想就那么无所事事地待在那里。但大野健雄不一样，他和当地画家关系相当亲密，时常用日语和手语与他们交流。他在南方多留了一段时间，直到沦为战俘被遣返回日本。

1942年3月，我到达爪哇岛，同年6月离开。我设法登上了“朝日”号飞机，该机处于海军的控制之下，而巴达维亚海军的每个人都认识我。我和那架飞机的飞行员之前见过，早期我前往中国慰问军队时，还曾给过他一瓶威士忌。所以当他想起我签署了官方文件，是军队的正式成员，就没有让我在新加坡下飞机。回到日本后，我立刻重获自由。其实，我并没有真的参军。因此，当一位指挥官说“你已经完成了自己的任务，可以回家了”，我就真的回家了，后来我继续画《小阿福》。

我画《小阿福》并非讨好军队。我全盘接受了军队的说法，从来没有怀疑过哪怕一分钟，也从未因此而困惑过。我一直相信，日本在做正确的事情。我的漫画名字改成了《小阿福分队》，但我只是在敷衍战争。战争时期，漫画仅用角色的名字“小阿福”，力度显然不够。那时的报纸，到处都是这个分队、那个分队的报道，这就是当时的氛围。分队，意味着是集体行动，个人行动的受重视程度在下降。作为一个整体，官方不提倡任何突出个人主义的东西。有组织的行为，比如邻里互助协会，都是集体行为。所以《小阿福分队》的漫画名称和内容无关，纯粹就是换了一个合适的标题。

当时到处都是各种口号，比如“克制个人欲望，直到战争胜利”。我在作品中采用了这些口号，但那并非出自我的真实感受。事实上，我充满了个人欲望。小阿福不是个太有骨气的角色，因为它的作者并不那么坚定、虔诚。然而，我最后却成为邻里互助协会的代言人，和众多邻居太太一起在各种活动中合作。我恳求她们不要表现得太突出，“如果你拿了第一，我们所有人就不得不跟上来，成为别人的榜样”。同时，我也求她们不要落到最后一名，不然大家就会被揪出来，成为批评对象。“那我们应该怎么办？”她们问。“噢，我也不知道，或许倒数第三是最安全的。”我回答，那就是我的哲学。理论上说，表现出色是一件好事，但在战争时期，表现得太突出也并非好事。

赶建泰缅铁路

口述者：乙级战犯　阿部宽

1942 年，帝国陆军参谋本部命令南部的军队在缅甸东南部修建一条铁路，连接缅甸和泰国的战前铁路系统，为北缅规模庞大的日本部队运输增补人员和后勤物资，以对抗印度的英军和云南的中美军队。军队规定的任务期限为 18 个月。泰国的塔布扎亚特(Tanbyuzayat)和班蓬之间有多达 265 英里的丛林和瘴气沼泽，这表明泰国是东南亚地区最危险的国家之一。缅甸和马来西亚的劳工总数约 25 万，连同 6.1 万名盟军战俘，一起投入到铁路建设中。盟军战俘中，约一半是英国人，四分之一是澳大利亚人，约 700 人是美国人，剩下的大多是荷兰人。铁路于 1943 年 11 月竣工。其间，大约五分之一的盟军战俘丧命。虽然准确的数字已无从查考，但至少 8 万当地居民因此丧命。

1941 年 1 月 10 日应征入伍前，我正在东京和下关港市之间为铁道部计划修建的超级特快列车检测轨道。我和另外 21 名年轻的军官花了 1 年多一点的时间，从缅甸日军第 5 铁道联队的一名新兵，成长为初露峥嵘的少尉。第 5 铁道联队由大约 600 名不那么年轻的士兵组成，他们的年龄几乎可以当我的叔叔。这其中的大多数人都当过铁道兵，而且已服满役返家，但重新被日军征召。

1942 年 8 月 15 日，我们乘坐一艘 4 000 吨的运输船离开宇品港，前往缅甸。他们给我们这些军官预支了 6 000 日元，将那 600 名士兵带到南方。我们首先咨询这趟旅行可能需要购买的东西，最后确定啤酒最为合适。我们将决定提交军令部，并开始往船上装啤酒。船舱很快就满了，但船长对此很生气，质问“你们这些部队是怎么回事”。我们让他闭嘴，然后继续装。我们要确保这些酒能支撑我们到达仰光。那趟旅程中，士兵们想买多少酒就能买多少酒，一瓶价格 25 钱。由于船上无事可干，他们很快就吵着要啤酒了。刚到台湾高雄，船上的 2.4 万瓶啤酒就已全部被我们喝光。于是，我们就用士兵买酒时付的钱，又补充了新的啤酒。大家精神抖擞，继续航行。到新加坡，酒又喝光了，于是我们又补充了虎啤。9 月 8 日，我们抵达仰光时，平均每个人还有两三瓶啤酒没喝完。整天喝啤酒的日子结束了，从那时起直到战争结束，我们再也没有沾过一滴啤酒。

“进入丛林，修一条铁路！”这是我们在缅甸得到的唯一命令。那里的丛林茂密得令人难以置信，又深、又黑，参天的大树简直不像是真的。丛林里连路都没有，我们也没有准确的地图，只有一张很久以前英军绘制的草图。草图上零星标记着村庄的名字，你也许还能大致辨别出图上的山脉，这就是全部内容了。就这样，我们开始动工了。天气好的时候，我们就骑着大象进行勘察，测绘基本的地形。继而砍伐树木，大致估算哪里可以铺设铁轨。

泰缅铁路的计划长度是 400 公里，我主要负责泰缅之间的边境区域。我们砍掉山脚的树木修出一条路，再用车辆把其他建筑材料拉进来。感谢新加坡的英国人，开始的时候我们还能享用到他们的杜松子酒、威士忌和香烟。英国烟真是美妙，“海军切片”更是一级棒！当大象没有按时运送食物过来时，我们就到河里炸鱼。青蛙、蛇还有蜥蜴，都是我们的日常菜品。粉色的蜥蜴肉非常美味，所以一到午饭时间，我们就会派出约 10 个人去抓蜥蜴。那里的蜥蜴体积特别大，捕捉的时候，你必须先用木棍把它们敲晕。

1943 年 9 月，工程终于到了铺设铁轨的阶段。就在这时候，我们开始使用战俘。沿线每 5 公里都有 1 个战俘营，每个战俘营约 1 500 人，由不同的警卫队管理。我必须在一条 30 米深的河谷上方，建一道 90 米长的木桥。没有大象的帮助，这项任务不可能完成。在差不多 1 年半的时间里，我拥有一头属于自己的大象。每个缅甸建设志愿军工人每天的工钱是 1 卢比，但每头大象每天的租金却是 2 卢比。所有人都对大象照顾有加，甚至连那些成天殴打缅甸人的日本士兵，也不会动大象一根毫毛。在早期，我们所有的食物和设备都依靠大象来运输，每个小队配有大约 10 头象。每天晚上，我们都会用长铁链锁住大象的前腿，让它们在山上自由活动。大象会在山上寻找野生的香蕉和竹子吃，并将泥巴裹在身上，避免虫子叮咬。早晨，缅甸象夫会根据脚印找到大象。它们通常就在一两公里远的地方，然后大象们会到河里洗个澡。每一位象夫都会用刷子为自己的大象擦洗。这些大象看上去非常享受，在河里滚来滚去，过程大概持续 30 分钟。洗完澡之后的它们腹中饱足，浑身清爽，精神焕发。这时候你就可以给它们套上鞍座或绳索，大象们会听从命令，好好干上一天的活。

一旦遇到树木，从前当过木匠的士兵就会接手。他们将树干加工成方截面30厘米×30厘米、长度80厘米的木料。每5米的桥梁，需要16根这样的木料。也就是说，我们需要准备天文数字般的木材。这是最困难的事情，因为一棵看似结实的树，可以在1个月内被虫子蛀空。我对树木一无所知，所以只要看到又大又粗的树木，我就直接下令："把它们砍下来！"我们砍下树干，用大象将之拉倒，堆放到卡车上运走。开始时我们会就近寻找树木，但后来因需求量太大，我们不得不越走越远。萨科莱（Sangkrai，音译）的那座大桥是我规划并真正监督建造的第一座桥，那是一座建立在石基上的木桥！旱季河流水位较低的时候，我们就筑坝拦水，露出河床上的石头，然后为木料钻孔。我恳求联队长给我弄来一些水泥，我们将木桩插入石洞，并灌入水泥作为接合剂。只要用少许水泥固定，就会起到很好的效果。我们围绕木桩，建造大概1米高的船形结构体，并用石头填满。这样可使水流绕开，水流湍急的季风季节便可以保护好桥基。

我们需要依靠那些石基造桥。不久，这里就开始下雨，但桥基挺住了！那是一幅壮观的景象！我们同时从河谷两边铺设桥梁，大桥从河面上一层一层升起，逐渐成型。这些活都是我们借助绳索、滑轮和一些铁条，凭人力完成的。整个过程中，没有一个人受伤。我没有让战俘参与，这对他们来说太危险了。桥上所有木料的处理和铺设都由日本人进行，木板的固定也是我们自己完成。有时候，我们还要走到水里，顶住水流的冲刷，走向木桩，安装金属配件。我确实使用了战俘来拉绳索，但我没有让穿着皮鞋的他们爬到木架上走来走去，因为在二三十米的高空，摔下去你就死定了，这些工作是由10～15名日本人完成的。

缅甸人和日本人在工作中齐心协力。考虑到我们使用的工具，甚至连英国官员都认为，日本军队完成了一项了不起的工作。我们浑身只缠着腰布，在湿漉漉的大雨里劳作。穿着雨衣的英国官员在观看我们工作的时候，脸上惊讶的表情似乎在说："干得好！"每位英国官员手里都拿着一根轻便手杖，并时不时以一种有趣的方式向我们致意。但我只是对他们大喊："滚开！你们挡住路了！我们在这里不是给你们搞娱乐表演的！"

当16根木梁组合起来后，整座大桥看上去气势恢宏。我们进行了一次通车测试。一辆C-56型号的机车冒着烟、鸣着汽笛开了过来。这辆机车重达 150 吨，速度不是很快，因为铁轨尚未完全完工。终于，机车抵达我们的桥梁，大队长就在车上。“阿部，”他对我大喊，“你也给我上来！”我当时满脑子都在想：“如果桥塌了，我就得和他同归于尽。”

我紧紧攀在机车上，大声下令：“向前！出发！”机车缓慢前移。我仔细倾听是否有任何异常响声，但大桥纹丝未动。“万岁！万岁！”我们的士兵大喊。“万岁！”缅甸人也跟着我们一起喊，甚至连战俘口中也冒出类似“万岁”的话。这真是难以置信，一辆发出轰鸣声的机车竟可以在这片此前无人涉足的野地里畅通无阻地前进！而我们仅用一年的时间就完成了这项根本不可能的任务！

修建铁道的士兵冒着重重危险。铺完铁轨后，我们要铺上碎石。日本士兵需要在附近炸山取石，然后再用炸药把石头炸成碎石。战俘们则负责把碎石整合成大小合适的石块，或挖土。他们的身体太虚弱，无法干太多的活，而且也不愿意干。就算与日军合作，他们也不会得到任何回报。

电影《桂河大桥》对当时桂河的英军战俘进行了描写，但那完全是虚构和想象出来的。在那部电影里，负责管理战俘的是铁道部队，但那并非事实。我们的部队负责造桥，劳动力是从战俘营租借来的。我们会到战俘营询问：“我们今天能否借 300 个人？”警卫队就会向我们提供战俘。我们为战俘分配不同的工作，如 100 个人去挖洞，50 个人伐木。在那部电影里，造桥的却是英军战俘。他们说：“日军的造桥方法全都错了，让我们来吧！”然而，这些场景从来没发生过，他们从来没有为我们造出过桥梁。电影里，威廉·霍尔登和他的小分队偷偷溜进后方，把桥炸毁了，这也并非事实。

泰缅铁路修好后，第 5 铁道联队又被派去执行运输补给并维护缅甸其他铁路的任务。北缅地区日军数量庞大，我们必须为他们提供足够的补给。1944 年整整一年，我们都在密支那铁路上忙碌。这条铁路从缅甸的曼德勒出发，一直向北延伸至印度和中国的边境。从东部进入的英国军队，实际上每天都在攻击该铁路。英军白天派飞机过来轰炸，我们就在晚上进行维修，火车必须在黎明前通过。我们必须计算出扔下来的炸弹总数和爆炸的炸弹数量，因为有些炸弹可能扔下来时并没有爆炸，等到我们进行铁路维修时才突然爆炸。白天我们待在丛林里，唯一能做的便是睡觉。每隔一两天，我们就必须换地方扎营，英军甚至不需要再担心我们的飞机。他们沿着铁路埋设大量诡雷，如果你不幸踩中其中一个，弹片就会从脚底往上射穿你的身体。有时候，敌人会从空中撒下传单，上面专门标记着我们的军队番号。这是一种很奇怪的感觉，他们竟然了解我们的一切。

奥德·温盖特的英国特种空降部队“钦迪特”在离我们30公里的地方降落，我们此时必须保护好附近的一座桥。他们乘滑翔机过来，还配备了重机枪和迫击炮。英军的战斗机就在上空翱翔，为他们做掩护。茂卢附近的铁路被切断，我们的一个师团就驻扎在那里，我们决不能让他们断水断粮。得到该命令后，我们携带着仅有的一些步枪和两三枚手榴弹开始出发。然而，我们毕竟没有接受过战斗训练，当时又是白天。敌军重机枪的子弹在我们头顶上嗖嗖乱飞，迫击炮炮弹爆炸的声音传到我们耳中。

我大喊：“前进！否则我们会被困住的！”敌军飞机在我的左侧扔下了一颗炸弹。我看到我身后冒出了红色的火焰，那是从一个类似巨型煤气灯的火焰喷射器中喷射出来的。我们这些仅配备了单发步枪的铁道兵匍匐着爬过稻田，甚至连子弹都不够，敌人却有火焰喷射器！我迎面遇到7名英国士兵。看到我的一瞬间，他们就用手里的自动武器朝我扫射。我躲到一棵树后面，看见他们用榴弹发射器对准我，然后发射出一颗榴弹。后来，我全身取出了22块弹片，左腿伤得非常严重，能保住性命已属幸运。其中一块弹片扎进我的膝盖上方，位置实在太深了，以至于直到战争结束，那块弹片都一直留在我体内。在这次行动中，我们总共阵亡30人，其中包括2名军官；受伤的还有另外30人。

1944年3月18日，上级把我调出并派往后方，我在医院度过了一个多月。5月初，我的伤口仍然在渗出脓液，但敌人就在附近。军队需要军官，所以我便带伤回去报到了。

在我受伤期间，上万日军士兵奉命进入缅甸深山，而且是在没有任何补给支援的情况下。他们把大米和武器装在马车上，一路拖着前进。行到马车无法前行的地方，他们就把补给卸下来，扛在背上继续前进。然而，无论走多远，前方等待他们的永远都是无穷无尽的丛林，还有一大群蚊子。所以，他们无可避免地患上了疟疾。如果水源不好，他们很容易就会腹泻。深山中，部队间也无法保持联络。那里没有弹药，没有食物，士兵们都是溃败的掉队者。数十万士兵的尸骨被遗弃在缅甸。在帝国大本营发出命令时，那些中将和大将们本该提出抗议，因为那里没有任何可以维持士兵生存的弹药和食物。

然而，在发布了催促军队前进的命令后，将军们为了自身的安全却趁机逃离。缅甸的日军高层军官被英军处决，但“伟大的”中层军官却像什么事都没发生那样回家了。

1945年1月8日，我们接到命令，前往腊戌铁路线上一个叫春美（Chōmei，音译）的地方。那里的北部正在激战，我的任务是通过铁路将2个师团转移出来。抵达之后，我们在晚上将一车又一车的人带上火车，然后沿线运走。这项工作一直持续到3月。其间，我们疏散的士兵一直在抵抗试图碾压过来的敌人，但最后还是寡不敌众。3月8日，我们将104名生病的士兵运上前往曼德勒的火车。火车刚出站，敌人就到了。

我一路瘸着腿回到毛淡棉市。抵达之后，我的膝盖又红又肿，根本走不动，军医把我送上了回曼谷医院的火车。途中，我要求火车在萨科莱停一下。我的护理员背着我，来到能让我看到那座桥的地方。在这一年多的时间里，它一直是敌军的重点轰炸目标，但从未被炸弹直接命中过。这座桥横跨在陡峭的河谷间，轰炸机没法对它进行直接俯冲。它仍然在那里，就和当初我建造完成时一样。我望着它有些陶醉地想。我坐火车来到泰国，并于1945年7月20日左右抵达曼谷。但我一直保存着那段记忆。在日军灾难性的溃败期间，很多士兵都是通过泰缅铁路撤退到泰国的，很多人因那座桥保住了性命。在这点上，我感觉自己起到了了不起的作用。

阿部宽因为参与了泰缅铁路的修建而被指控为战犯。他在第21章里讲述了那个故事。

“统治”东印度群岛

口述者：东印度群岛占领军管理层　禾晴道

对日本的“大东亚共荣圈”而言，荷属东印度群岛极为重要。因为日本能从印度尼西亚群岛获得石油等对其军事、经济极其重要的资源。在荷属与英属东印度群岛取得的巨大军事胜利，让日本得以控制盛产石油的婆罗洲地区。其中，马辰于1月16日沦陷，巴厘巴板于1月24日失守，而苏门答腊岛和爪哇岛则于1942年4月被日本攻占。

和菲律宾群岛、缅甸、泰国、“自由印度临时政府”、中国的伪满洲国以及其他日伪政权不同，印度尼西亚并不在“大东亚同盟”之内。“大东亚同盟”由日本于1943年10月5日提出，宣告梦想实现。看起来，日本似乎应该先对东印度群岛迅速实施直接的军事管制，让陆军和海军都获得清晰的管辖范围。1944年9月，随着战败局势日益明显，日本首相小矶国昭承诺，东印度群岛将在“不久的未来”独立。

禾晴道身处海军行政机关，后者的管辖范围包括南婆罗洲、西里伯斯岛、摩鹿加群岛和小巽他群岛。“由于战争期间我在印度尼西亚的所作所为，美国人判处我30年的劳役。1955年，我因为减刑走出巢鸭监狱的大门时，感觉自己唯一渴望的东西就是自由。那年我37岁。”

1942年，我觉得占领他国是一件非常神奇的事情。当我们的船抵达印度尼西亚的西里伯斯岛时，首先映入我眼帘的是一片广袤的蛮荒之地。我想：“我们可以开发这片土地，并引入日本的先进科技。”随后，我们入住荷兰殖民者建造的房子。我们不动印度尼西亚人的一针一线，只拿荷兰人的东西。随便哪天，我们都可能会收到类似这样的命令，“要分配酒了，准备好桶”或“军官们，准备好接收威士忌”。到处都是尊尼获加威士忌①，它们曾是当地剥削者的财产，后来被我们没收。所以大多数时候，我觉得我们缴获这些战利品是理所应当的。

我们4个新晋海军候补军官都不知道自己能派上什么用场，上级给的唯一命令是：“我们将对你们进行就地训练，作好准备！”我们曾制作过一份荷兰战俘名单。这些荷兰战俘被关押在一个由学校操场改建的监狱。我和伊藤先生专门去见了荷兰军官，后者是一名中佐。我们向他下达命令：“把战俘的名单列出来！我们要检查！”我们奉上级命令收集马卡萨城空房里的图书。这个城市的荷兰人已经撤空了，他们的房子到处都张贴着军队征用的通告。我们找到很多被塞满的冷冻库，里面囤积了大量威士忌。荷兰人的衣服就挂在衣柜里，屋前还停着汽车。伊藤把那些图书都分门别类进行了整理，然后装车运走。我们白天干着各种各样的杂事，晚上则进行基本的军官培训，学习诸如海军章则、船舶操作和人员管理等基本知识。

① 世界著名的苏格兰威士忌品牌，由帝亚吉欧在英国基尔马诺克的酿酒厂酿造。

我对这里的认知基本都来自一部叫《团吉历险》的连环画。无论我在学校学到什么，无论我见过多少像荷兰本土那样满布林荫大道的现代都市照片，《团吉历险》里描绘的南海就是在我脑海里挥之不去。甚至在听关于泗水的生活的演讲报告时，我脑子里想的也仍然是在一座小型荒岛上，一群裸体黑人土著坐在棕榈树下的情景。所以，当亲眼看到那里的真实模样时，我感到非常震惊。

我们的军令部驻扎在曾经的荷兰总督办公大楼里。那是一栋罗马式建筑，每个房间的天花板上都装有巨大的吊扇，房中甚至有热水供应系统。日本可没有这种条件。在这个占领区，我第一次见识到欧洲发达国家的模样。欧洲有大型的冷冻库，日本却还在使用小冰箱。占领区的日本士兵大多来自农村，他们连东京都没有去过，很多人甚至不知道该如何正确使用马桶。由此，我内心开始滋生出一种遥远的焦虑："日本，能赢吗？"

1942 年 8 月，民政部门成立，我被分配到法律处。我当时还只是一名实习海军少尉，是被随意分配进去的。其他各个部门也有一些受过良好教育的印度尼西亚人，他们在荷兰占领时期就在政府部门工作。无论什么时候，只要我有疑问，他们都能为我提供一堆非常有用的资料和记录。我们完全沿用了荷兰人的管理机制，因为事实证明：哪怕稍作改变，我们也很难管理好这个国家，就算在基层也是如此。每个地方都有它自己的首领和自治体系，这种体系完全是封建社会性质的，在当地非常普遍。在西里伯斯岛，荷兰人仅控制着马卡萨城的人口，其他地方则由各乡村的首领掌管。日本军事当局沿用了相同的管理模式，利用当地的封建体制。

我的首要职责之一，是陪同通信部门负责人视察当地维持公共秩序与安全的设施，包括监狱、警察和电话。我们坐车穿行在西里伯斯岛南部。一切看上去都在正常运转，在当地印度尼西亚人眼中，日本人是帮他们赶走荷兰人的解放者。曾在东印度群岛称霸的傲慢荷兰人，却在一夜之间沦为阶下囚。当我来到日本军队从未涉足过的地区时，当地村庄的首领都会热情接待我。我穿着白色的军装，但把手枪藏了起来。当地人同时挥舞着太阳旗和印度尼西亚旗，以至于我打心底认为我们做了一件很了不起的事情。至少在我看来，他们很喜欢我们。这一切持续到 1942 年末。后来，西里伯斯岛腹地大米丰收，日本军队要求从中征收一笔用作军需。由此，当地人和日本军队之间的关系骤然紧张起来，需要小心控制。

1943 年，盟军开始轰炸。马卡萨城每天都会遭受袭击，人员伤亡数字开始上升。今天日本银行的总裁澄田先生在当时还是一名海军中尉，主管民政部门，我则负责民防系统。每次遭到空袭之前，城里似乎总会出现一束光，标明了我们的位置。人们开始怀疑有间谍作祟，但我抓捕间谍的行动没有任何收获。我不能肯定地说，城里存在专门针对我们的有组织的独立运动。我感受到了阻力，却又无法确定来自何方。这种感觉特别明显：以前，三轮车总是随叫随停，但现在你在马路上叫三轮车，车夫们会假装没听到，从你面前呼啸而过。

民政部警察事务处，开始联合 1943 年末成立的海军特警队一起大规模拘捕外国人、混血人种和知识分子。一开始，我作为翻译员参与了他们的行动。随后，我意识到日军的所有指控都是凭空捏造的，我拒绝继续与他们合作。我不喜欢军队巡视员身上的窥视心态，但这些最高级别的军人非常凶悍，我不敢批评他们，只能告诉他们：我能力有限，没法胜任翻译一职。在战后，所有认真参与了此事的日本人都被判处了死刑。

当时我也开始意识到，这一地区的右翼财团和军队已结成联盟。当然，我当时不会公开提及。我重逢了我母校校长，他也携妻来到印度尼西亚，他现在是南方觉醒建筑公司的领导人，该建筑公司甚至还有一个专门的南方觉醒联谊会。每当军队需要修建通往飞机场的公路时，他们会为该项目拨出一大笔预算。此时，南方觉醒建筑公司就会包揽整个工程。只是这个公司究竟负责怎样的工作，其实并不重要。而这些预算，都属于特别的军事开支。

军方官员拿着那些钱和右翼人士一起去买醉。当地到处都是取着日本名字的饭店，这些饭店由精致、昂贵的木头建造。甚至军舰里也铺有华丽奢侈的榻榻米垫子，但像我这种阶级的人是禁止入内的，它们仅对高级军官开放，花销十分昂贵。尽管没有真正的艺伎，但那里有女仆。我们的指挥官偶尔会慷慨一回：“把你们全带过去耍耍，我请客。”我肯定，他有一笔专门作此用途的经费。我以前的校长——金子老师就经常和船长、大佐出门消遣。作为一个小小的海军中尉，我和他没有太多交集。因此就算同在马卡萨城，我也没见过他几次。但我听说他邀请军方高官到自己家里时会透露：“禾晴道是我的学生，曾在我学校里上学。请多关照他。”

在海军待满 2 年后，上级会问你想去哪里。如果你在晋升后还留在原来的岗位，那就是非常不体面的做法了。伊藤先生和其他一些人要求返回祖国，我则要求奔赴前线。我当时琢磨着：我是一名军人，留在这里干什么呢？我对解放印度尼西亚的工作没什么激情，想要去往一个正在激烈交战的地方。我已经对做一名低级官僚感到厌烦。

随后，我被分配到安汶岛，负责管理当地的海军特警队。安汶岛靠近新几内亚，在当时已成为事实上的前线。新几内亚战火纷飞，美军朝我们席卷而来。我从未学习过适用于警察工作的法律。我的上级是一名海军舰长，直接对我下达命令。我们负责落实军队纪律和规章，同时掌管军队内部事务。

我在专属于我的特警队办公室贴了两条标语："我们是天皇的子民"和"人心是我们的堡垒"。事实上，我从没觉得天皇是神圣的，但我确实借用了他的权威。要完成工作，我们绝不能失去当地人的心——我是真相信这个说法，并且也是这么告诉下属的。

前往安汶岛报到后不久，我接到总部打来的电话，命我前往一所普通的住宅。在那里，我见到了金子老师，他和海军中将山形及其参谋在一起，正在分享一大瓶日本清酒。我的前任校长对我说话时，仿佛我是他的属下一般。"我得到了本地指挥官的许可，为我的船员建一个训练基地，我希望你来管理这个训练基地，我会派最好的海军士官给你充当教练，好吗？"南方觉醒建筑公司要在岛屿之间来往，所以需要船员提供渡轮服务。但现在，他们竟然开始让军队来帮他们训练船员。更让我震惊的是，如此重大的决定，居然是在这样的地方作出的。指挥官直接问我："你觉得怎么样？"我回答："如果这是命令，我会执行。"

从那时起，我同时管理海军特警队和接受训练的船员。他们也召集了印度尼西亚各位村长的儿子和当地年轻官员。这些人都很聪明，军方教授了他们简单的航海技术、摩斯电码和手势信号。我要向他们灌输各种意识形态，告诉他们我们为什么要打这场战争，以及他们为什么要和我们合作。我的说辞是：如果日本战败，他们的国家就会继续沦为殖民地。我请求他们与我们继续合作，直到战争胜利。

其实，我自己都不再相信那套说辞。但无论如何，我得利用它们。我觉得我们只不过是在把印度尼西亚变成我们的殖民地。我曾想象，我们会带领印度尼西亚人吟唱他们的独立国歌《伟大的印度尼西亚》。但现在，我们把那首歌给禁了。我甚至收到过一道命令，所有民族主义运动都被禁止。我们将当地人安排到各个重要岗位上，命令他们上报所有针对我们的谣言，甚至是最微小的也不放过。我们派人前往疑似印尼民族主义者的家里搜捕，但直到战争结束，我们也没有发现一个真正的民族主义者。

在日本军队当中，气氛变得越来越恐怖。暴力事件时有发生，甚至上级都遭到醉酒士兵的殴打。一名海军舰长痛打了一名指责他专横的平民行政官。甚至还有一桩谋杀案被掩盖过去。官方说法中，被害人是因病去世的，但当我想要展开调查时却被告知，案子已经结案。主管舰长骂我："愚蠢的菜鸟！不要将你的鸟嘴伸向不属于你的地方。一场灭绝之战即将爆发。如果我们惩罚了这个人，就会削弱日本的战斗力！"随后，他建议我离开警察部队。"你去管理防空部队怎么样？"这是一种威胁，因为一旦主管了防空炮阵地，你将成为敌军雪崩般轰炸的目标。这件事让我确信，军队是一个反复无常的组织，不值得我信任。从此以后，我不再催促我的属下追捕罪犯。

印度尼西亚人从他们的"非法"短波电台得知日本在新几内亚战败。一旦发现当地人在耳语此事，我们就以传播谣言和动摇军心的罪名逮捕他们。单凭收听电台的罪名就足以判处他们死刑，这已经被写入军法，而且人们也接受了。我们有过这样的先例。

但我还是相当谨慎，从未当着印尼人的面做任何危害他们的事。甚至当我们必须采取某种行动时，我也不会让他们发觉。对我来说，这不是什么人道主义，而是一种策略。激怒他们肯定不是什么好事，杀鸡儆猴只会激起更强烈的负面反应。在其他地区，日本当局的确采取了杀鸡儆猴的做法。但在我的地盘，当人们得知我们抓捕了某位反抗我们的人，我总会告诉那些人，犯人已经逃跑，尽管事实上他可能是被我们处死了。我知道，如果当地人对我们展开游击战，我们的军事占领将逐渐失控。

1944 年，美军飞行员坠落到我们的地盘。陆军和海军参谋们对他们进行了审问，并且拿出地图让他们标明某些位置。一旦从他们那里得到所需情报，上级就会下令"处理他们"。我学过一点法律，了解国际规则，知道这是非法的。但这些双引擎洛克希德战斗机每天都在我们上空撒野，为所欲为。我们所有飞机都被击落，根本无力阻挡敌人的飞机。对此，我们既愤怒又沮丧。当你失去战力只能忍受敌人攻击的时候，复仇心一定会非常强烈。现在终于抓到他们了！他们要为此付出代价！"这是非法的，"我想，"但日本要么被全体歼灭，要么取得胜利。如果我们继续这样输下去，我们将永远不可能活着回去。我会因为我的所作所为受到审问吗？不太可能。我们会全部战死沙场。如果我们赢了，就更没什么好担心的了，因为这是上级的命令。”百感交集的我更多地觉得：“你们竟敢轰炸我们！我们不能因为他们是战俘就特别对待他们。我永远无法原谅他们。”

当然，在作为战犯出现在审判席上时，我没有说这样的话。我只说，我没有选择，只能服从命令。但真相是，我确实想杀了他们。尽管如此，当我看到他们的脸时，还是会感到怜悯——他们和我们的士兵一样年轻。今天说出这话来，我感到羞愧：我当时有种奇怪的虚荣感，但我又不想在自己士兵面前陷入尴尬。当时准备死刑和负责挖掘坟墓的士兵都在看着我，如果我表现不好，就会沦为笑柄。现在回过头来分析当时的心理，我会说，那才是我杀死他们的原因。俘虏们的脸都非常苍白，眼睛蒙着布。你需要真实的合法文件，包括一份判决书和一道死刑命令才能执行死刑。但当时我们没有进行审判，也没有进行听证。我知道这是违法的，但我还是宣布：“你们被判处了死刑。”他们问：“为什么？”如果我把他们的疑问听进脑子里，那我的内心必定陷入挣扎，所以我拿着军刀，迫使他们跪下。

他们一共有 3 个人。我们当时使用的是刀，因为用手枪会有风险——枪声会激起当地居民的民愤。所以，我们没有采取枪毙的办法。我们把俘虏带到深山，避免被当地人看见。美国人、白人、手枪，我只记得这些，我甚至不记得他们的名字。

在前线坠机的敌军飞行员全部被处死了。我们为什么要这么做？我想，因为他们的出现是日军正在全面溃败的铁证，日本军官不希望这个消息在部队内散播。所以，这应该就是他们被处死的原因。虽然没有证据，但我怀疑这种杀无赦的政策在当时被广泛执行。考虑到整个前线都出现这种事，用当地指挥官的自发秩序来解释，恐怕会很勉强。一定有来自更高层次的原因。但直到今天，佐官们从未就这一点进行过解释，也没说过任何对自己不利的话。有时，我会偶然遇到他们。和他们一起饮日本清酒时，也问过这个问题，但他们仍然不愿意提起。

我之所以不让下属来替我做那件事，是因为他们全都当过警察。他们有老婆和孩子，他们不再年轻。我同情他们，觉得还是我自己来充当刽子手比较合适。战争结束时，我担心我的整支部队都会被处死，但最后只有两名属下受到审判。其中一名被判处死刑，剩下所有人都返回家中重操警察旧业。

战后，荷兰人没指控那些遵循日本陆军和海军颁布的军事法程序的人。

即便审判中涉及可怕的事情，他们也没有提出质疑。虽然他们检查了戒严令的宣判与执行，但没有对我提出诉讼。南方战区海军特警队一半的人，包括指挥官和普通成员都被判处死刑。这也表明，很多案件没有走正常的审判程序。然而，美国人还是命令我挖出死于我手的人的骸骨。挖出来的时候，他们的尸体还是新鲜的，就像腌牛肉，尽管已经过了几近一年。

真可怕！当时协助我执行死刑的曹长吉崎和我一起清洗了他们的尸骸。战争快结束时，我们不得不自己种植粮食。与当地劳动力的争吵不断发生，我们支使他们做这做那。陆军设法削减我们的补给，并威胁出动宪兵队，我们的食物配给减少了40%。部队里一半人负责建造军事阵地，一半人负责种田。我们真的很饿，但不能说出来，我们必须就这样忍耐下去。我们向当地劳动力支付的报酬全都是军用钞票，那基本毫无价值，等同于白纸。

由于陆军没有提供足够的补给品，海军开始对陆军怀恨在心。就在前线，日本海军和日本陆军像敌人一样打了起来。如果战争再持续6个月，我敢肯定他们一定会拔枪相向，抢夺对方的补给。我觉得当地宪兵队的行为有些残暴，为了达到目的，他们不惜捏造各种假案。宪兵队一个接一个地逮捕村庄首领，指控他们是间谍，并处死他们。

我有许多同事加入了安汶岛战争老兵协会。他们当中很多人都认为，我为那些事情承担了全部的责任，是一个阵亡品，甚至是受害者。无论是军官还是士兵，他们都是那样看我的。我没有问他们在岛上都做了什么，因为每个人自己都心知肚明。他们虽然没有谈起，但他们记得，这些事情不可能忘记。我问他们："如果外国军队在日本做了和我们同样的事情，你们不会愤怒吗？"他们通常都同意我的观点。但分别之后，我不知道他们会怎么想，怎么做。我猜，很多人仍然感到恐怖。如果承认自己打了一场肮脏的侵略战，那么自己冒着生命危险所做的事情，将会变成一种耻辱。他们否认了自己的行为，我觉得战后对日本战犯的审判是一件好事，我遭到惩罚也是一件好事。因为如果我直接被放回家，如果我的一切行为都被原谅，这反而会更让我感到恐惧。如果当初直接回家了，我或许会参与竞选，成为一名官员，并最终沦为因腐败而名誉扫地的保守党派。如果我们为民族利己主义所做的事情被接受了，那才是最可怕的。很遗憾，现在的日本领导人都是我那一代的人。

今天，日本政府开始试图将日军在战争期间的所作所为合理化。我之所以这么说，是因为我现在每个月都收到一笔抚恤金。我作为战犯在巢鸭监狱服刑的年月，也被算进服役时间内。这相当于日本这个国家在说："非常感谢你的付出！你是在为日本的利益而行动！"虽然我作为战犯被美国人判处了 30 年监禁，但这是外国的判决，在国内没什么影响。我在离开巢鸭监狱后，也没有人以奇怪的眼神看我。

我曾七次回到印度尼西亚，印尼人不想让我们参观战争博物馆。但如果我特别请求，他们会带我去。所以我最终还是参观了雅加达战争纪念馆，但不允许携带照相机。他们陈列了很多日本人在战争期间镇压印尼人的照片。今天印尼的政治家要向日本请求经济援助，他们是觉得既然自己拿了日本人的经济援助，就应该避免让日本人不快。

朝鲜籍战俘监管员

口述者：战俘监管员　笠山能吉

他自称笠山，这是他在战争时期使用的名字。他的朝鲜名字叫李圭一。采访的时候，他双手放在桌上，拳头紧握。说话时，拳头微微颤抖，但并没有产生愤怒或其他情绪。他的日语非常流利，只夹杂着一点点朝鲜语的痕迹。他是同进会的一员，那是一个由大约 40 名生活在日本的韩国乙、丙级战犯组成的团体，他们因对盟军俘虏犯下罪行而在战后受到指控和定罪。团体的大多数成员都像他一样，是平民职员，被日本军队雇佣或征召，干一些卑贱的工作，包括监管俘虏。

在汉城，住在我附近的工人，有时候会在半夜突然失踪，直到一年半载后才再次出现。当你问："嘿，你们去哪儿了？"他们会说："别问，我不能告诉你。"我曾认识一个这样的人，他和我年龄相仿。当时只有我俩在一起喝酒。我能问出来的，就只有他被军队抓走，在某个军队码头里当苦力的信息。我想，或许很快就轮到我了。如果你可能被秘密抓走充当苦力，最明智的方法是尽可能加入公共部门。1941 年，我通过考试，成为日军中一名"穿制服的平民"。虽然我看上去是自愿加入的，但其实是身不由己。当时就连社区管理处都会告诉你，如果你不表现得自愿、积极，他们就会切断你的食物配给。

当知道马上要去往东印度后，我去了一趟京城的丸善书店。京城是汉城当时的旧称。我在丸善书店买了一本英文版的印度尼西亚语教材，然后开始自学。1942年6月，我在釜山港正式加入军队。我们接受了电磁感应器的搜身，当他们发现我那本教材时，我受到了小队副的严厉训斥："从今以后，全世界的人都将使用日语。你学印度尼西亚语和英语做什么？"

他痛打了我一顿，并让我牢记自己是一个带有"西方思想"的蠢蛋。但他们没有拿走我的书，所以我在船上继续学习。当抵达爪哇岛的泗水时，我已经可以用马来语和当地人打招呼。

当时日军打了胜仗，我们激动得到处分享这个消息。在当地，只要帽子上镶着一颗日本星章，你就是个大人物。我的车技很烂，所以我开车总是沿"之"字形行驶，人们纷纷避让我。当时我穿着狱警的制服，乍看上去与正规军服一样，但我们没有军衔。我负责监管战俘并协助野外营地的运转，并不是上前线打仗。像我这样的朝鲜战俘监管员有大约30人，我们的上级是一名日本准伍长、一名小队副和另一名军官，后者通常是一名中尉或少尉。我们要对他们的命令绝对服从。他们总是说，命令来自他们的天皇陛下，不服从他们的命令，就是忤逆天皇陛下本人。

我们从爪哇岛出发，将大约2 000名战俘押送往新几内亚，并将他们分散到安汶岛、哈鲁古岛等地，我被派到哈鲁古岛。我觉得他们这是为了建造用于攻击澳大利亚的飞机场和军事基地。抵达哈鲁古岛后，我发现那里没有房屋，没有营房，什么都没有。我们用随身携带的毯子取暖。只要3分钟，你就会浑身湿透。几个小时内，你就会感冒腹泻。那里没有煮饭用的柴火。我们砍下树枝，浇上仅有的一点汽油点燃。我们用竹子搭建房屋的框架和地基，然后用干燥的棕榈树造墙和天花板。我们一点点地改善生活环境。我们管它叫营地，但那里甚至连一道篱笆也没有。因为四周都是大海，我们根本无从逃跑。每个长方形的小屋里关着约100名战俘，屋子中间有一条长长的过道。战俘就睡在过道的地板上，我们管那叫"床"。他们仅有的衣服，就是自己的军装。

我所在的营地有荷兰人、英国人、澳大利亚人，以及几个美国人和一些东印度人，2 000多人混杂在一起，其中大多数是东印度人和荷兰人。荷兰人中，有一些是军官和医生，军官另有单独居所。与荷兰人相比，英国人相当傲慢。战俘中，一些人专门担任日本人的口译员。

日军在每个监管部队里都安排有 15 ～ 20 名军官或军士。虽然这些军官中有些是从军事学院毕业的，但他们几乎都不会讲英语。由于我在汉城的基督教青年会那里学过一点单词和语法，并且和美国传教士交流过，所以我会讲一点英语。我祖父的朝鲜古玩商店就开在朝鲜大酒店的对面，专门做游客的生意，所以英语至关重要。

每天早晨，各工作单位会来领取战俘。我的职责是将所需数量的战俘交给他们。除了生病的战俘留在所谓的医院里，其他人都必须去工作。谁留在医院由战俘群中的医生决定。有时候，日本医生会过来检查。如果战俘医生允许工作的战俘数量太少，日本医生就会说："这个人的健康状况是可以去工作的，他病得没那么严重。"战俘的工作时间从上午 9 点到下午 5 点，上午 10 点和下午 3 点各休息一次。岛上有个大"厨房"，战俘们在那里做饭，我们也自己做饭。

修建飞机场的施工队拥有更多的工具，包括从荷兰军队处缴获的推土机。日本士兵不懂如何操作推土机，但英军中的印度人懂，所以他们负责开推土机，将机场推平整。日军花了 4 个月，用 2 000 名劳动力建起了一座机场。当然，为了让战俘工作，我们免不了对他们又打又踢，但他们就是要尽可能地少干活。强壮一些的战俘会以最快速度干完活，然后坐在那里看。这时候我们就会出面，暴脾气的日本兵会扇他们耳光。战俘有时候也会做一些不该做的事，比如偷窃，甚至偷施工队的东西。在施工队的人眼里，那些失踪的工具就像天皇陛下亲授的武器一样贵重。战俘们偷的东西中有一部分是消耗品，比如纸张和食物。我们的衣服对战俘来说太小，所以他们不偷。一旦被我们抓住，偷窃者就会遭到痛打。

我主管办公室的文书工作，也经常负责采购事宜。我到村子里去采购，顺便也给自己买点东西。我不抽烟，配发给我的香烟被我拿去换食物了。我把换来的食物藏在库房，饿了再拿出来吃。当地人都很合作，至少表面如此。他们还能怎么办？我们会指定，哪些商人可以和军队进行交易，而我是军队杂货商店和村庄商人之间的中间人。我从战俘处收集采购清单，检查一遍后交上去。我们会以国际法的标准，为战俘支付工作报酬。战俘军官的薪水和日本军官一样，但只能拿基本工资，没有家庭津贴或风险补贴。如果你将工资一次性支付，他们会利用那笔钱逃跑，所以我们强制他们存钱。战俘每个月到手的零花钱只够买水果、糖等物品，剩下的全都被我们强制存进储蓄账户。我们用军用钞票发工资。

监管人员的工资也用军用钞票支付，我们大多数钱都寄回家存了起来。日本人也不希望我们手里有太多钱，我们只能拿到10日元。如果你能拿到现金，你就会去找女人、买醉。岛上有“慰安妇”，日本人、朝鲜人和当地人都有。但数量有限，我们不能让战俘也去找那些女人。

战俘需要食物和医药用品，我们也没有什么大餐，只有大米和木薯的叶子。我们用木薯叶，加上少许大蒜、盐和一点黄油煮汤。我们上级的生活条件也一样。食物是匮乏的，日本陆军规定必须让日本人先吃饱，然后是当地人，最后剩下的食物才留给战俘。

战俘最常见的死亡原因是痢疾。有时候就算他们挺过痢疾的折磨，我们也没法为其提供足够的食物，所以营养不良就接踵而来。战俘们变得非常消瘦，嘴唇都是干的，视力浑浊不清。战俘用彩色明胶纸发明了一种眼镜，保护眼睛不受阳光直射。病人情况日益恶化，如果我们有足够的食物和药品，很多人都不会死。但我们甚至连足够的盐都没有，战俘的医生恳求：“多给我们一点盐，每天的标准至少应该是5克。”但这远远超出了我们的能力。没有盐，人根本活不了。倒霉的战俘被送到了可怕的地方，而幸运的战俘则留在基础设施齐全的城市，那里也许会有好一点的医院。

每天都有战俘死去，我们连挖坟墓的时间都没有。我们挖不了深坑，因为当地的土壤沙化严重，坑的边缘容易坍塌。我们也没有其他工具，只有铲子和斧子。因此，我们搭建了一座小屋，取名“安息所”。当然，这活得由战俘来干，不然谁还会做？数百具尸体堆放在同一个地方后，整个岛上都开始弥漫尸体腐败的味道，那是死亡的恶臭。战俘当中，士兵死得比军官快，因为军官只负责监督，不需要干“重活”。如你所知，这是国际法所禁止的。

日军的战争局势日益恶化。本来就稀缺的补给品变得更加匮乏，送达的时间也越来越不稳定。我们尝试从主岛的印度尼西亚人手里购买药品，但货船也被盟军的潜艇击沉。有的时候，我们不得不依靠每天摄入1 500卡路里活下去，维持人类生存的每天最低卡路里摄入量是2 000大卡。我负责将日本陆军和各级军官的命令传达给战俘，告诉他们每天该干什么。由于战俘军官是从朝鲜监护员笠山口中得到命令，而不是从日本军官那里，所以他们认为，至少有一半的命令是我私自下达的。战争结束后，这个证词在审判中出现了。

如果我没学过英语，下场可能会好很多。就因为我懂英语，所以我不得不担任战俘和日本陆军之间的口译员，并为别人的罪行承担责任。是的，因为懂外语，我的工作比别人更轻松一些。在办公室里，我经常以“有很多文书工作要忙”为借口逃避了许多繁重的训练。我们雇用了口译员，但很多日本“马来语口译员”根本无法和当地人交流，一点也不行。我们这些“平民职员”共计有 3 000 人，全部来自朝鲜半岛，并全部被分配到南方。我们学习马来语的速度很快。如果你想有所作为，这就是唯一的出路。此外，因为我需要和战俘对话，所以我也从他们那里学习语言。

营地禁止使用收音机，但他们还是设法搞到收音机。他们把收音机拆解，每个战俘拿一个部件藏起来。每次他们搬地方，我们都会搜身找他们的收音机，但从来没成功过。再次安顿下来后，他们就会把收音机拼凑起来。战俘里有技术专家，可以在森林里完成收音机的拼凑，而日本陆军中只有特种部队才掌握这种技能。战俘们可以安全地和外界交流，并且知道战况正在向自己这方倾斜，作为战俘监护员的我们却对这些一无所知。我有时候会和他们的军官聊天。我们几乎会开玩笑，谈论谁会赢得这场战争。

在一个月色清朗的夜晚，飞机在我们上空咆哮。我往上看到每架飞机都安装了 2 个探照灯。经常和我聊天的英国皇家空军上校就说：“笠山，你知道那是什么吗？”“日本人的水上飞机。”我回答。“你真是一无所知。”他说。我感觉受到了冒犯，大声吼回去：“你什么意思？”“那是洛克希德 P-38，有两个尾翼，它们是来这儿找我们的。如果是日本海军的飞机，它们怎么可能大晚上飞过来呢？”我让他继续说。“你最好听清楚了！”他说，“很快，不超过 2 个星期，轰炸就会开始。”

10 天后的上午 10 点左右，我们遭到了轰炸。奇怪的是，他们避开了营地，炸弹只落在营地防御带之外，大约 500 名当地居民在那次突袭中丧生。那是我第一次经历大轰炸。我必须去查看在机场劳动的战俘的情况。于是我骑着自行车穿过燃烧的树林，我紧闭双眼，在路中间猛踩踏板。当到达机场后，我发现他们毫发无损地聚集在那里，神色淡定，甚至连一点慌乱之色都没有。

最后一段时间，问题不再是我们给不给战俘食物，因为连日本士兵也断粮了。真是悲惨！有时候，一些从被击沉的运输船上下来的日本士兵会来到岛上，他们几乎是裸着身子的，连野营餐具和刀剑都没有。在这种自顾不暇的情况下，你真的没法为战俘做什么。我们靠喝米粥度日，几乎没有任何下粥菜。蔬菜有一些，但非常少。此外，还有一些水牛肉和鱼肉。

当机场差不多建完后，我们奉命返回爪哇岛。日本的飞机从来没有使用过那座机场。离开哈鲁古岛回去的途中，我们再次遭到轰炸。我们是随一支小船组成的护航队离开的，我所在的船只挤了大约400人。敌军飞机直接从空中俯冲下来，机关枪吐着火舌。我当时坐在两个朋友中间，我跳到海里，其他人也跟着跳海，然后船就翻了。我不会游泳，只能紧紧抓住船体外侧，看着飞机在头顶上空盘旋。然后又是一阵开火。当然，战俘也跳到了海里。如果英国人手里有旗帜表明自己身份的话，飞机或许会停止扫射。那次轰炸中，大约有两三个战俘丧命，我的两个朋友也死了。

尽管泗水[①]近在眼前，但我们还是花了近60天才抵达。我们的船只破烂不堪，速度最多只能达到5～7节。如果风向是逆风，我们根本无法前行。我们就驾驶这艘破船，藏身在岛屿的小海湾，沿海岸偷偷前行。在那60天里，很多战俘因病去世。我们对他们进行了海葬。在他们的脚上绑上沙袋，把尸体放到担架上，沉到海里。一开始，尸体会沉下去，但几天后尸体往往会浮出水面。接下来，尸体会散发恶臭，所以你必须再多绑一个沙袋，让尸体沉下去。航行中，我们无法获取任何淡水，只能从受到污染的海水里提取淡水，用来洗澡做饭。所以我们之中没有一个人是身体健康的，营养不良非常普遍，很多人还得了脚气病。一双脚就像是灌了铅，肌肉肿胀，失去弹性。1943年11月，我们终于到达目的地。离开时，我们一共有2 000人，但抵达目的地的只有800人。

抵达泗水后，我们又去了万隆。在那里，我们终于享受到良好的基础设施，那是荷兰军队留下的一处军事基地。食物充足，你可以一直吃到饱，甚至连战俘的待遇和营地也很好。那里气候很好。现在的战俘中有许多是前殖民地官员，所以他们知道什么药品能派上用场，也知道放在哪里。我们大概过了一年多的太平生活，工作不再是我们最关心的事情，我们四处找女人、饮酒，主要兴趣是为找乐子而寻衅滋事。即便扣除我们寄回家的储蓄，在万隆的时候，我们手里依然有余钱。我们通过黑市，从战俘手中低价购买手表等物品，然后高价卖出。赚取的“佣金”被我们大肆挥霍。如果你最终难逃一死，那

①即苏腊巴亚，印度尼西亚第二大海港，华人称其为“泗水”。

今朝有酒就今朝醉了，我们都已经放弃回家的希望。

我没有给家里写信，反正这是没有意义的。哪怕你失去了一条胳膊，你也必须在家书中写："我很好，我要将生命献给国家。天皇万岁！天皇万岁！"日本的战况越来越严峻，我们受到了至少 80 架美国战斗机的突袭。日本人开始担心我们这些朝鲜人会叛乱，所以他们把我们分成 30 人的小队，每个队又分成三四个人的小组。我们的身体比日本人强壮，头脑也比他们聪明。毕竟我们是日本人从三四千万人中甄选出来的，是沙子里面淘出来的金子。我从未有过叛乱的想法，但有同伴确实有。日本人甚至尝试对我们进行"再教育"。他们成立了一个专门的教育小组，尝试向我们灌输"朝鲜人应该忠于日本"的思想，但情况已急剧恶化，我们彼此甚至拔枪相向。最初几年过后，我们不再掩饰自己的感受。当日本人违背约定，拒绝放我们回家时，我们没理由再继续忍让下去。"你们以为，我们一直到死都会任由你们在我们头上拉屎吗？"我们满脑子想的都是从剩余的日子里，尽可能榨取一些乐趣。"把一切献给军队！""把一切献给国家！"真恶心！"我们不能再继续沉沦下去。来吧！如果你想战斗，让我们看看你的本事！"我们现在也有步枪了。

我们偶尔会在餐厅遇到日本士兵。他们会说："你们是朝鲜人，不是吗？我们是官方应征人员，有红色的征兵通知书。"我们回击："那又怎样？我们有白色通知书，我们是志愿者！这场战争对我们来说都一样，不是吗？别在这跟我们废话！"我们曾把一名士兵拖进厕所痛殴一顿，在他晕过去之后，我们把他丢在厕所里关上门，急匆匆付了账单逃离。事后，他们也没法确定究竟是谁干的。在监狱里，我们又干了一次同样的事。当手里没有枪的时候，日本人就会下跪道歉。

在官方宣布前 3 天，我们就已得知投降的消息。万隆营地里的所有战俘都走出了监狱。他们每个人的口袋上，都戴着一条象征胜利的丝带。我们必须为他们提供食物，直到盟军军队过来解散营地。我们给他们的食物配给量突然猛增，所有的食物优先发放给战俘，而不是日本人，因为盟军才是胜利者。他们全都知道《波茨坦公告》和无条件投降的情况。这让我们感到非常惊讶。战俘们说，现在我们得向他们敬礼了，因为他们赢了。我们不得不如此，因为我们是战败的一方。

我想，我马上就能回家了。可战争结束 4 天后，一名中校宣布我作为战犯被捕。两名廓尔喀士兵扭着我的双臂押我离开监狱警卫室。我接受了审判，并被定罪。一开始，我被判无期徒刑，在新加坡的樟宜监狱服刑。1951 年，我被转到东京的巢鸭监狱——这是我第一次踏上日本本土。1955 年，我假释出狱，但必须定期向日本警方报告。从此，我就留在了日本生活。

第5章 | 天皇的士兵

“是你把他送进鬼门关！”

口述者：士兵供应者　出分重信

“1939年12月，服役期满的我从军队回家。我曾作为骑兵，在中国前线待了6个月。可以说，那是日本军队的最后一次凯旋。街上挤满了欢呼的人群，他们手里挥舞着旗帜。当时我们以为，侵华战争是一场必赢的战争，所以我们跟在马背上的指挥官后面，横穿整个城镇，昂首挺胸地从金泽站走到我们的营地。战争，是一件你必须在合适的时间收手的事情。”富山平原的村庄特色鲜明，房屋建得非常分散，每栋房子都被大片稻田包围。他的住宅外种着一排高高的雪松。而他奔赴战场前住的村庄，现已是砺波市的一部分。

“包括我在内，日本有10 521名军事职员。在投降时，政府下令我们将那些文件全部烧毁，我是唯一保存着那些文件的人。”可能被敌人利用的所有军方记录均被下令销毁，他大笑着说：“我是一名重罪犯。”他精干结实，大约5英尺高，说话声音洪亮，充满生气，话语间带有一种使命感。在强调重点时，他会将老花眼镜重重地放在桌上，导致一个镜片总是掉出来，但这丝毫没有打断他的说话。他总是不停地走回库房，取出装满文件的箱子。那些文件都是关于被他送往前线的士兵的，看得出经过了悉心的整理。针对某些文件，他还会为我们详细阐释。

当时流传着这样一种说法：对战前军队而言，一条人命只值1.5钱，即1日元的1.5%，相当于一张明信片的价格。很多人相信，这就是军队征兵时的开价。但我很清楚，事实并非如此。我当时在村里的行政机关工作，负责为军队输送士兵和海员。当有士兵在战争中阵亡时，我也必须按规定流程办事。我包揽了所有工作。在富山县，我是最出色的军事职员，我甚至获得了金泽市第九分区指挥部颁发的一个奖项。第九分区指挥部由整个北陆地方的联队级指挥部合并而成，包括石川县、富山县和岐阜县。

我问你，在当时，是闻名世界的德国军制更高级，还是日本军制更高级？我们的军制，可以在24小时之内集结大规模部队。这是世界级的！世界上没有任何一个国家，在动员士兵方面，能够比日本更加彻底、高效。

所有年满20岁的男性，都有参加征兵体检的义务。但在服役期满后，他们仍然需要响应之后的召集令。早至日俄战争时期，日本政府就已明确，国民服兵役的义务将延长到40岁。一旦发生战争，那些有经验的老兵将起到重要作用，他们知道如何用枪。所以很早以前，日本就做好了将那些人召回当时所谓的国民军的准备。

我们优先维护现役军人的档案，然后是后备军人和其他仍然有义务响应征召者的。士兵本人并不知道，村行政机关针对他搜集了什么信息。但我可以向你保证，那些文件非常彻底、全面、清晰，甚至第三方都可以看得明明白白。军方提供了一个严格的词汇表，用以编写那些文件。

我们只需要看看这一个例子就一清二楚了。1925年，一个叫白山信一的男子参加了征兵检查。他在体格检查中得了A，也就是最好的一级。他被分配到了步兵联队。1927年，他被升为步兵少尉。当时他已服完现役，在预备军人名单上。在第二栏的备注中，我们可以看到他在1944年因太平洋战争再次响应征召，加入日本东部地区的第48军。

这是最基本的信息，但下一栏写了第二次征兵通知的邮寄地址。大门1229号，是他父亲白山治策的地址。法律规定，他必须将此事通知自己的儿子。如果男人不在家，那么由他妻子将通知转达给儿子。如果她没有履行此义务，她将依据军事刑法受到指控。收到征召通知后，无论他从哪里赶回富山县，政府都将承担其交通费用。负责那笔费用的具体军队，明确地写在了他的红色征召书上。此程序绝对是全世界最先进的。

此军制和准备工作在全国范围内通用。一纸红色的通知书，让所有相关组织都运行起来。每名男性的身体状况、工作情况和军队等级地位等信息，都由军事职员记录下来。军事职员通常还负责对每个人进行调查，将任何变动上报给联队指挥部。这不是区区 50 人或 100 人的事情，而是涉及 240 户人家数百个人。不仅是战争时期，在和平时期军事职员也都必须对每个人的情况了如指掌，包括村里的青少年。同时，你也必须了解他们家庭的情况。很多孩子被疏散到东京的这个地区，老师们也是。一旦日本本土发生像冲绳县那样的大决战，老师必须冲在前面，所以我也要负责他们的兵役登记工作。

我经常在村子里走动，了解村民们都在忙什么。甚至这些走动，也属于军事机密的范围。我不能说“我是来检查你的”，我只会问“你在大阪当理发师的儿子，最近怎么样了？”这样我就能达到目的。然后，我会直接写一封信给那个人。在战争时期，一个人不会瞒报自己的身体状况，所以他会回信，“我很好”。他们总是那样回信，无一例外。甚至那些体检结果为 C 的人，也不会请医生给自己开一个肺部感染证明之类的文件。每个人都清楚自己应该承担什么义务。这就是战争时期的情况。

给国民发征召书的并非军事职员，但军事职员的文书工作量仍然巨大。富山联队指挥部不可能了解每个人，但是一旦该地区的某人首次入伍，他的所有信息都将被记录下来，包括他的想法。军事职员必须定期调查这些信息。

当一名士兵入伍时，军事职员就会向军队发送一封完整的报告，包括士兵的家庭背景、是否有罪犯亲属、家里有多少田地、财产情况等等。但士兵本人并不知道自己的档案上写的是什么，他们从未真正见过它。有时候，富山县联队或金泽市师团会派人下来检查这些文件。

大多时候，通知书会在半夜下达。军队指挥部将信交给村里的警察局长，再由警察局电话通知村长。我听说，在侵华战争刚开始时，信件是由警察护送的，但随后就由军事职员前往村行政机关取信转交，因为警察局太忙了。我会当着村长的面拆开信件。在那之前，连我也不知道谁受到了征召。我会在各种文件上做好记号，然后派一个人去送信。在太平洋战争期间，大多数时候我会亲自送信。信有可能是某人的从军征召书，也可能是某位士兵战死沙场的官方通知。但如果那封信半路上发生任何意外，那都将是灾难。

这些工作通常都在一天很早的时候进行。比如，这份文件显示，它的递送时间是凌晨 4 点 45 分。如果是白日漫长的 7 月倒还好，但如果是冬天，那就很麻烦了。这样安排是为了防止被人窥探，征召士兵的工作属于军事机密。引起大众的猜疑并非好事，而且你也不希望敌军会知道有多少日本士兵受到征召，或应征士兵在哪里集合。

1937 年 8 月 25 日那天，共有 13 份红色文件在同一天到达村中。全面侵华战争于 7 月 7 日爆发。我必须向警察报告我将每份征召文件交给应征士兵家人的准确时间。直到应征士兵真正到部队报到，军事职员才会放下心中的大石。那时候，我只是挂着一个副职。送完 13 份征兵通知书后，我只能祈祷。因为一旦发生任何意外，其中某个人没去军队报到，或拒绝征召入伍，村长和军事职员将会受到军队训斥。这些规则并没有明确写入刑法。或许应征士兵本人也将承担法律责任，或受到惩罚，但事情往往并不那么简单。

1941 年 12 月 8 日，我通过收音机得知英美对日宣战的消息。准备工作已在 7 月启动。我们收到征召士兵的命令，但命令要求应征者带一根钓鱼竿，或是腰带上挂一个可以装啤酒或苹果酒的瓶子，穿着轻便的夏天和服前来应征。这些指令并没有写在征兵通知上，而是写在一张单独的纸条上。这很奇怪，但我马上明白过来，这是军事机密。我们无法像“七七事变”时那样在大白天送他们离开车站，但我们仍然在学校举办了一个送别仪式。

征兵通知抵达后，家属纷纷开始缝制“千人针”，时间非常紧迫。如果你戴了一条“千人针”，人们会认为子弹将无法对你造成伤害。不管多穷困，家属们仍然会想办法买一条海鲷，并备好红米。至少在表面上，这象征着入伍当天是一个吉利的日子。然后，所有人都将前来送别那些士兵，为他们送上祝贺之词。然而，没人可以公开表露他们最深层的情绪。被征召的人，都必须在形式上要求，万一自己阵亡，请乡亲邻里照顾好自己的家人。

整个日本的村长都会对应征士兵们说：“离去后请不要担心。如果你们在战争中阵亡，我们会把你们供奉在靖国神社。”他是代表整个政府和整个日本的人民说话，保证为捍卫天皇而阵亡的士兵之灵魂，找到通往东京伟大民族圣殿的路。小学生站在应征士兵的身前，其他村民、家属、亲戚也都为他们集合到一起。太平洋战争爆发前，他们甚至拉起了横幅，用醒目的粗体文字写道：“祝贺受到军旗的征召”或“为你在军队的不朽功绩而祈祷”，上面写着征召入伍者的名字。一名村里的少年爬上房子旁最高的雪松树，举起一面太阳旗。某些家庭房屋上空也会飘扬三四面旗帜。这些旗帜将一直挂在那里，直到士兵回家。如果哪个家庭的士兵阵亡，国旗下会挂上一条黑色飘带。有的家庭甚至在两三面旗帜下全挂上黑色飘带。

人们在送别士兵时会欢呼，“万岁！万岁！”“恭喜！恭喜！”你必须说这些。我记得一个年纪相当大的应征者，他膝下有几个孩子。他非常担忧自己离开后，家人不知道要怎样生活。在村长面前，他喝了一些日本清酒，吃了一盒盒饭。村民们一个接一个为他倒酒，他喝得酩酊大醉，直到走路都摇摇晃晃。最后，他来到我面前哭泣着说：“我不想走。我刚从前线回来，又被军队征召，这是为什么？”不久后，那个人在日军登陆菲律宾时战死沙场。我收到了他的一张明信片，那竟成了他最后的遗言。随后，装有其遗物的箱子也被送回来了。箱子上写着他的名字，但里面是空的。我能做的，就是把那张明信片送给他的家人。

如果某支部队同时阵亡三四个人，哪怕他们的遗物在一两个月的时间内先后送回来，他们的葬礼也会在一起举行。村长会亲自发表哀悼演讲。在我们这个地方，净土真宗佛教盛行，寺庙通常都会派一名僧侣参加葬礼。死者当中，有的人已在前线服役 8 年、9 年乃至 10 年。他们在服现役时被困在了前线，从此再也没有挣脱过那个泥潭。当你思考这些的时候，你会发现，在战场上流血的是这些人，在沙场上搏杀的是每一个士兵。战争，不仅是军队占领土地这么简单。

1944 年和 1945 年，太平洋战争进入白热化阶段。村行政机关接到命令，为海军征召数十名不到服兵役年龄的年轻志愿者。军队已经没有子弹和枪支，但命令依旧下来了：把那些男孩征为志愿者。真是荒谬，简直不可理喻。我曾亲自参加过战争，我也知道军队是否还有弹药。

那时候，村长告诉我：“我会让我的二儿子去当志愿者，你让你读中学的弟弟去当志愿者。”这是预料之内的事情。村长的二儿子正在早稻田读大学，后来加入了神风特攻队，并且再也没有从战场回来。

我的弟弟当时正在高冈市商业学校念书，还是个 15 岁的孩子。他哭着说：“我不想去。”但我告诉他，他必须去。我拿出了这张桌子和一把剃刀，让他割破手指，用自己的血，在质地最好的纸张上写下了成为志愿者的志愿书。他的血滴在一个清酒酒杯里。为写完请愿书，他不得不从手指里挤出更多的血。我们将志愿书交给县政府，他被登记为年轻的飞行学员。我的父母沉默着。一切必须进行，因为我是军事职员。我必须将人送往前线，哪怕只剩最后一个人。

离开时，我的弟弟希望我送一把军刀给他。我们一起去买了一把。如果战争再持续 2 天，他就可能作为日本海军神风特攻队的一员阵亡了。

当我需要征召志愿者时，我就在整个村子里不停地走动。一位男孩的奶奶抗议说："太早了，等他 20 岁进行征兵体检再说吧。"但那个男孩还是入伍了，而且最后还阵亡了。他的奶奶痛骂我："是你把他送进鬼门关的！"我向她道歉："求您了，我向您请求原谅。"鼓励他成为志愿者的人是我，将他阵亡的消息通知他家人的也是我。太多士兵被这样送往战场，为国战死。然而，日本战败后，军方却要求我们烧毁那些记录。他们付出如此巨大的代价，竟然什么都不能留下吗？这太残忍了，我想。他们是为国家阵亡的。我无法承受那种愧疚感，于是我决定保留那些文件，哪怕触犯法律。战争末期，我成了村里唯一的男子。甚至那些身体虚弱，或有轻微残疾的人，也被送上了战场。那些体检结果为 C 或 D 的人，也受到了征召。战争结束时，我 28 岁。作为优秀的军事职员之一，我不会受到征召。军队的机密之一，就是军事职员将不会受到征召上前线。军事职员和国会议员以及村长一样，可以推迟服役。

终于，1945 年，在太平洋战争的极端情况下，甚至村长和国会议员也受到了征召，只留下我们这些军事职员。没有我们，军方征召不到士兵。战争末期，我们村有 246 户人家，388 名现役军人，其中 53 人战死。我们为国家付出太多。我在履行职责时，必须带着一种信念——这是为国家的利益，为了军队的利益。否则，师团指挥官也不会为我的工作颁发奖状。金泽市师团的富山县联队区有很多村庄和城镇，我是唯一获奖的人，这真实地反映了我的工作能力。军队告诉我们士兵征召人数后，我们就必须满额完成任务。我不想让村长丢脸，这会让整个村子蒙羞，不是吗？

零式王牌

口述者：零式战机驾驶员　坂井三郎

日本有一个专门关于他的海军空军博物馆。天花板上悬吊着零式战斗机和几架美国飞机的模型，包括 F4F 野猫战斗机和 F6F 地狱猫战斗机。墙上挂着坂井年轻时的画像，穿着飞行员制服的他站在一架零式战斗机旁。墙上还挂有很多美国空军部队或民航组织赠送的礼物。房间的一角放着一尊小小的观音像，观音像前面是一杯水和几个橘子。

他在1957年出版了自己的英文著作《空中武士》，该书让他在全世界的飞行员和飞机爱好者之间声名鹊起。今年，坂井已73岁，他说自己经常给日本公司的领导作演讲，包括日立、日产和丰田这些巨头。他看起来温文尔雅，准备充分，但随着我们交谈的进行，他的语气突然发生变化。

“战争已经过去45年了。我相信，现在是将太平洋战争期间日本空军的真面目公之于世的时候了。好吧，我会告诉你当时的情况。”他的身体强壮，精力充沛，情绪刚开始只是犹豫和沉思，后来逐渐变得愤怒，浑身都颤抖起来。说到帝国海军打那场战争的方式，他的声音总是因为愤慨而变得沙哑。

当你已经身经百战，击落了1架飞机、2架飞机……10架飞机，那么当敌机出现的那一刻，你立刻就能看出敌人的技术水平，从而将其定为甲级或乙级。你或许会想：“哦，这架飞机很胆怯，飞行员肯定是个胆小鬼！”但你还是没法轻易击落他，你得射出一连串子弹。零式飞机装配了两杆7.7毫米口径的机关枪，通过飞行员前面的螺旋桨开火。主武器是20毫米口径的自动加农炮，装在两侧机翼上，离飞行员驾驶座的距离只有2米。击落敌机的方式可以是击毙对方飞行员或击中敌机的发动机，造成飞机故障失灵；也可以是击中敌机油箱，造成敌机起火。一般来说，你不可能瞄准敌机飞行员开枪，因为那基本做不到。但如果你足够幸运，你可以俘虏对方。

战斗机之间的对战可谓电光石火，空中辗转腾挪的速度往往达到每秒100～200米。在这种条件下，用机关枪击中目标，就好比在高速跑动中尝试穿针那样困难。否则，一名飞行员无论有多少条命都不够打，更别说击落别人的飞机。离心力也在起作用，你的眼球几乎要陷到脑袋里去。将子弹送出枪膛时火药爆炸所产生的压力是恒定的，但每射出5颗子弹，子弹的重量就会增加。我们管那叫“小便弹”，因为它们的弹道是弯曲的。今天的战斗机，电脑会为你计算弹道，但当时我们只能通过目测距离，然后在脑子里计算地球引力对弹道的影响。如果不对所做之事了如指掌，你根本什么也做不了。

战斗是残酷的。你必须在敌人杀死你之前，先干掉对方。这就是你总会提前开火的原因，这好比用真正的刀剑进行决斗的武士。师父教自己的弟子说："拔剑时尽可能划出一个最大的弧度。先和敌人分开，再慢慢向他靠近。移动过程中，集中精神发出最响亮的咆哮。直到你确认自己可以击中对方的前额，然后发动进攻。你将用自己的刀尖，刺中对方的眉心。"

老兵非常厉害。太平洋战争开始四五个月后，战斗机一般3架飞机组成一个小队进行飞行。一架飞机负责攻击，另外两架负责掩护。首先发现敌人的一方将占据上风，我通常都是第一个发现敌人。然后，你需要通知飞行指挥官。我们甚至都不会在这上面多花时间，只需要说一句："跟我来！"发现敌机的那一刻，你马上就需要扮演飞行指挥官的角色。因为此时你没法用无线电进行通信，日本战斗机最糟糕的设计就是无线电话机，太多静电干扰了。你在指定频段里根本听不清任何东西。起飞前，我会对无线电话机踢上一脚，然后报告"它发生了故障"。更糟糕的是，你的背后还竖着一根木质天线。我问地勤人员要了一把锯子，把那根天线锯掉了。我们组的指挥官发现了我的行为，我告诉他："这能让飞机的速度再快上一节，我就有机会击落敌机了。"最后，他竟然请我把他的那根天线也锯掉！

太平洋战争前，我们收到很多关于美国、英国、法国和澳大利亚战斗机的相关资料和性能一览表，这些材料把我吓了一跳——所有飞机都在某些性能上超越了零式战斗机。被莱特兄弟精神震撼的我不禁想：飞机如此先进的国家，力量一定如魔鬼般强大，它们的飞行员一定也出类拔萃。但我依然坚信，无论他们的飞机有多先进，只要我先发现他们，就能把他们击落。所以，我通过不停地用眼睛搜索天空，来训练我的视力。飞行员同事曾问我："你又在预测天气了吗，坂井？"当时每个人都在嘲笑我，但等到太平洋战争爆发时，我已经能在白天看到天上的星星了。我才不要被杀掉！我和其他飞行员进行了同样的基本训练，但是在这些训练以外，飞行员如何增强自己的力量是没有限制的。陆军或海军的士兵多半在一个平面上战斗，他们必须观察前后左右的形势。但飞行员是在天空中活动，脚底下和头顶上都需要一双眼睛。

从中日战争爆发时起，我就上了战场，然后又从太平洋战争的爆发一直打到结束。在近200次交战中，我从未损失过一架僚机。相比击落的敌机数量，我对这个记录感到更加骄傲。据官方统计，我击落了64架飞机。每一次战斗都历历在目。他们要么杀人，要么被杀。那些危机四伏的时刻，那种恐惧，以及死里逃生后的惊讶，通通都在我脑海中难以忘却。

我曾在瓜达尔卡纳尔岛上空被子弹击中，当时我正急着去拯救一名下属。可能正因如此，老天才没有夺去我的性命（他拿出一个破旧的带有护目镜的皮质头盔和一小块脏污的灰色丝绸）。我当时戴着这个飞行员头盔和这架护目镜，击落2架敌机后，我独自冲向一个8机的飞行编队。它们全都是轰炸机，所有机尾炮手都集中火力向我开火。

一分钟1.2万发子弹！这根本没法躲开！我击中了2架飞机，它们当场爆炸，冒着火焰的碎片直接向我飞来。我的飞机座舱罩早就被吹飞，那一瞬间，我感到脑袋一震。一颗子弹击中了我右眼护目镜弯曲金属结构的上方。子弹从这个地方穿出，在头盔上形成一个洞。只要子弹再低一英寸，我就必死无疑。

另一颗子弹击穿了护目镜的镜片。我不知道子弹的弹道是怎么走的，但它一定从某个地方穿出去了。由于头部右侧中弹，我左侧的身体失去了知觉。

我流了很多血，双眼暂时性失明。我当时曾拿这条围巾来止血，所有三角绷带和毛巾都被风吹走了。飞回基地途中，我将那条围巾撕成一小块一小块的，来为伤口止血。这块碎片就是那条白色丝绸围巾的唯一残余，它吸收了很多血，所以变成了现在的棕色。我就是在那种情况下返航的，开着一架单座战斗机，往返飞了1 100公里。一共花了4小时47分钟。有时候，我是头朝下飞行的；有时候，飞机几乎要熄火了。那是一个不可能的奇迹，不是因为我在战斗中击落了多少架敌机，而是这趟飞行本身。

然而，零式战斗机却可以完成这样的飞行。从拉包尔到瓜达尔卡纳尔岛，我们飞行了560公里，激烈的空战持续不断，然后返回基地。这趟飞行旅程来回一共1 100公里，通常需要在空中待6个小时。在那时，美国飞机的航程有限，他们只能从瓜达尔卡纳尔岛的亨德森机场飞到布干维尔岛的布因，所以根本不敢相信我们居然做到了！一些军事历史学家仍然认为，日军袭击澳大利亚达尔文港的飞机是从航空母舰上起飞的，而不是以地面为基地的零式战斗机。

对于早期阶段的美国飞行员，我显然不能给出太高评价。在中日战争时期，日军的战斗训练非常严格，我们的飞机甚至击败了陈纳德不可一世的飞虎队。我后来在美国的时候，经常和美国的王牌飞行员聊天。他们说："三郎，开始的时候，你和你手下的飞行员看起来很享受击落我们的飞机的感觉。战争结束时，我们也一样很享受。那感觉就像射火鸡一样，我从来没有这么开心过！我很能理解你的感受。"一开始，零式战斗机的横空出世，让美国感到非常震惊。"击败零式战斗机！"他们不断生产新的、更强大的战斗机。后来，日本受制于国内工业实力，无法生产出哪怕一架新飞机。零式战斗机有十几个更新部件都供应不足。

坦率地说，就算是在1945年，如果驾驶零式战斗机翱翔天际的人是我，一定会前去会会他们的野马战斗机或格鲁曼地狱猫战斗机，并把它们打个落花流水。零式战斗机需要和飞行员完美结合，才能激发出真正的战斗力。日本发起这场战争时，日本飞行员的水平相当高。但不到一年的时间，飞行员的平均水准就开始急剧下降。大量有经验的飞行员战死沙场，我们就像是缺了齿的梳子。飞机的技术水平也开始落后，对飞行员的训练也落下了。战争末期，美国飞行员的技术远在我们之上。

编队空战时，飞行员之间几乎需要拥有佛教徒的大爱精神。然而，日本海军的真实情况完全不是这么一回事。一个部队的100名飞行员中，有80～85名都是军士飞行员。比如我就是从海员干起，通过刻苦训练才成为飞行员的；剩下15人都是军官。在基地，包括击落过20或30架敌机的王牌飞行员在内，只要你是军士飞行员，你的等级就比刚从学校毕业的正式飞行员低。如果他们的肩章上有一道杠或两颗星，他们就是"尊敬的中队长或高贵的军官"。我们只能住在通风良好的多人寝室，他们却能得到国家特别准备的单人房，就好像住酒店一样。他们都是刚从本土来的年轻孩子，虽然是"尊敬的海军小队长"，却如雏鸟般从未见识过真正的战斗。如果投入战斗，他们和他们的零式战斗机都将有去无回。但他们来了，喝着从战争中缴获的黑啤酒，而我们连一杯全是防腐剂的啤酒也喝不到！我气得想要大喊："你们这些肮脏的猪猡！"伙食也天差地别，老王牌飞行员的食物，似乎更适合用来喂马。而那些什么事都没有做过的家伙却享受着酒店级别的饭菜，他们甚至还配有勤务兵。你能相信吗？

我讲一个拉包尔的例子吧。当时我们每个人的伙食标准都下降了，大家都吃得很不好。但即使在那时，空军中还是有待遇上的差别。我是高级飞行员，所以我要负责安抚所有飞行员的怨气，并处理他们生理及心理上的问题。那些军官去哪儿了？他们在四五公里外的拉包尔城里，对自己手下宝贵的飞行员的处境一无所知。也没有一个军士飞行员认识自己"尊敬的"领导，也不知道他们在哪里享受着体面的生活，吃着怎样珍贵的食物。我知道真相，只因为我是高级飞行员，负责他们和其他飞行员的联络。

在机场，我们的准备室和军官的准备室是分开的。所以我们要上哪儿去“请教”？军官飞行员和飞行编队中第 2 和第 3 架飞机里的军士飞行员何时才能增进彼此的了解？他们怎样才能培养起空战时所需的默契？我们甚至从来没在一起喝过茶。他们早晨从大老远的地方赶过来，从不和我们混在一起，就算在准备起飞时，也不怎么和我们说话。人无法饿着肚子作战，所以在执行时长达四五个小时的任务时，我们会随身带着午饭，也就是所谓的空中盒饭。就算是在离基地数百公里远的高空中，就算每位飞行员都在为国家命运拼死一战，军官飞行员和军士飞行员的伙食居然还是不一样——你简直不能相信！我总忍不住地想：“我能依靠你来掩护我吗？”真是讽刺！这就是所谓的帝国军队。

关于如何搜寻并识别敌机，或如何运用策略击落敌机，我从未从那些军校毕业生身上学到过一星半点的知识。相反，我们从身边的同事身上汲取经验，新军士飞行员向老军士飞行员学习，老军士飞行员向准尉们学习，准尉自己则从最低级的技术军官身上学习。我们像兄弟一样，照顾彼此。那些从海军学校毕业的军官却什么本事也没有，但却是我们官方意义上的领导。国家可能对此一无所知。有多少宝贵的飞行员是因为那些人愚蠢和错误的判断而白白送命的！这才令人毛骨悚然！

在拉包尔，我经常在起飞前鼓励大家：“你们知道自己打的是什么样的战争吗？”有人回答：“一场对抗美国的战争和一场对抗英国的战争。”“笨蛋！战场上只有一个敌人，但我们还得面对另外一个敌人，那个敌人就在这里，就在我们中间。那就是江田岛市来的军校毕业生，那些来自海军学校的军官！和平时期，我们因为等级差异而一直受到他们欺压。但现在很幸运，虽然太平洋战争是一场可怕的灾难，但它也是一个千载难逢的机会，我们可以证明到底是谁更强！到底是在战场上一路摸爬滚打过来的军士飞行员，还是他们？我们不知道自己能否打赢这场战争，但如果输了，我们就会继续被人瞧不起。上苍给了我们证明自己力量和技巧的机会，我们绝对不能输给他们！”我这样说。

甚至在海军空军的大本营霞浦市飞行学校，等级差别也非常明显。那里的军士飞行员全都是痛击过敌方机群的老兵！虽然不想去那儿开教练机，但他们却不得不去教那些“尊敬的海军中队长”。日本有句古话：“即使是老师的影子也不能踩。”为表示尊重，你最好向后退三步。但在海军飞行学校，他们的态度又是怎样？因为他们是“尊敬的海军中尉”，他们可以对你大喊：“嘿,你！我的飞行技术怎么样？”他们不是在开玩笑。军士飞行员就会回答：“你干得漂亮极了，尊敬的中队长。”你只能这样说，而不能指导他们。但当教自己的小兄弟，也就是新军士飞行员时，我们就会非常非常严格。无论有多困难，我们恨不得将自己所有的本领都传授给他们。

我在拉包尔的空军中队指挥官是海军少佐笹井醇一。笹井先生是唯一的例外。从飞行学校毕业后，他和另外3个人来到我们部队。我的指挥官对我下令：“你是一名高级飞行员。把这四个人训练成成熟的飞行员。他们自称是军官，其实什么都不会。不要犹豫，好好教育他们！让他们变成优秀的飞行员。”我遵命行事，然后非常认真地训练笹井。我与笹井成了拉包尔非常著名的搭档，在钳形运动和攻击行动中都表现得非常出色。当我感觉不好时，笹井不会出动。当笹井或许因为过量饮酒而不舒服，我也不会起飞。我们并肩作战了很长一段时间。他在前面奋勇杀敌时，我负责掩护。受伤后，我坚持不返回日本。笹井催促我回去，我仍然拒绝。但后来，我的眼球滋生大批蛆虫，我的视力受到了影响。我最终同意回国接受治疗，但要求回国的命令必须由我的指挥官直接下达。我只是一名普通的海军军士，但他们却为我安排了一架四引擎水上飞机，经塞班岛送我回国！笹井亲自来到拉包尔的码头送我离开。他泪流满面，将他腰带上的虎形银质带扣取下来送我。那枚带扣是他的海军大佐父亲送给他的礼物。他父亲曾这样对他说：“战争很残酷。不管怎样都要回来，哪怕只有一只手或一条腿，像这只老虎一样。”中国古话有云：虎行千里终归还。笹井对我说：“请一定回到这里。我会一个人在这里好好干，直到你回来。”然而，在我生日那天，笹井不幸战死沙场。

我接受了手术治疗，在没有麻醉的情况下切开眼球。我被安排进一个职能治疗部门学习按摩，因为盲人没法从事其他行业。我的右眼彻底失明，左眼视力也非常弱。从此，我从现役名单上被除名，列在了后备名单上。在那里，我知悉拉包尔的空军中队回到了日本丰桥市，进行改组重建。一天晚上，我逃离医院，当了逃兵。通常情况下，逃兵逃跑时是为了保命，而我却是想办法回到战场！

我的继任者看了我一眼，说道：“你是一个病人，看上去就像一个绿色的南瓜。”我请求他让我归队。“你用一只眼睛能看得见吗？”“是的。”我说。“好吧，如果他能用一只眼睛看，他的视力比大多数年轻飞行员好。”他从海军省取得让我归队的特别许可。但一名独眼飞行员会遇到很多不便，我被禁止上战场，并被分配到横须贺驾驶教练机。别人告诉我，以我现在的条件根本无法上前线。但最终我说服了他们，我必须证明自己。

我第一次回归战场是在 1944 年的 6 月 24 日。历史证明，那是截至当时最伟大的一场空战。敌对双方分别派出了 200 架战斗机。我已经很久没有上过战场，更糟糕的是，现在我只有一只眼睛！在那场空战中，我们在硫磺岛上空持续了 1 小时 20 分钟。那是一个多云的天气，敌方出动了航母。眨眼工夫，满天都是飞机的踪影。

一开始，我稍许落后，处于云层之下。我击落了两架飞机，发现自己落单了。后来我发现眼前是一支队形完美的机群，我如释重负，加速加入其编队。

该死！那不是零式飞机。它们是格鲁曼飞机！我从 4 500 米高空向海面俯冲，拼命想逃。我对逃跑秘诀的熟知程度跟我懂得如何击落敌人一样，可怜的敌人从七八百米外开始向我射击。在我快要被击中时，我会瞬间将飞机滑到一边，避开子弹。新的飞机会对我发动攻击，一架接一架。我浑身冒汗，一直让飞机下降，直到高度表显示为 0 米。

敌机从四面八方向我涌来。我眼前的海水在他们的子弹扫射下翻起白色的水花。有一种飞行方式叫做“滑行”，即你假装自己是在直线飞行，但其实是悄悄朝一侧溜走。“只要再坚持一会儿，他们的飞行时间就到了，必须返回航空母舰。”我被追了 14 ～ 15 分钟，喉咙又干又渴，双手像爪子一样，紧紧抓着操纵杆，但我没有受伤。我向硫磺岛上的防空机枪手请求掩护，于是一阵密集的火力为我驱逐了身后的追踪者。那天，我一人击落了 5 架敌机，成了“独眼王牌飞行员”。

很快，我们接到执行一个自杀式任务的命令。连续的空战让硫磺岛上方的 200 架飞机被打得只剩下 9 架零式战斗机，此外还有 8 架鱼雷轰炸机。到战役的最后，我们被敌方海军的炮弹击中。事实上，我们是日本海军中第一批组织起来，奉命对敌方舰队发动自杀式攻击的人。我们接到命令，即使受到攻击，轰炸机也不许投弹，战斗机则不准参与空战，但一旦发现敌方军舰，我们就要携带炸弹，进行直接冲撞。

1944 年 7 月 4 日，我们从硫磺岛起飞。指挥官是一名海军中队长，也就是海军学校的毕业生。我被任命为第二飞行队的指挥官。

武藤金义，外号“空中的宫本武藏”，负责领导第三飞行队。日本海军竟选择如此杰出的飞行员，来指挥一场自杀式袭击！

从中日战争开始，武藤就是我的好友。我打电话问他："他们说'上'，我们怎么办？"他答道："你说怎么办？那是已经决定了的。我们必须'上'。"我表示同意："反正我们也活不长了。你说的没错，我们上吧。"我从未想过"帝国万岁"，我们只想为国家带来胜利，而国家又是什么呢？是我父母、兄弟和姐妹的家园。我们能眼睁睁地看着我们的国家被外敌侵略吗？这就是我脑子里想的。我们是"无辜"的。

我的引擎过热了。通常情况下，我会马上降落。但现在，我什么也不能做。我驾驶战机朝东南方向 160° 飞去，我已经准备好随时赴死，但仍不禁向后看。硫磺岛一点一点消失在地平线，但高高的折钵山仍留在我的视野中。"我的国家还在那里，"我想。30 分钟后，它彻底消失了。我告诉自己："是时候了。"

我们的飞行高度大概是 3 600 米。我看了一眼手表，意识到大概再飞 20 分钟，美国的舰队就在 60 英里外等着我们。鱼雷轰炸机有导航器，它们开始朝海面俯冲，准备发动攻击。我很好奇，不知道敌方的雷达是否已经发现我们。我们没有精确的雷达。我抬起头，看到头顶约 1 000 米的地方有一片高耸的积雨云。正当我祈祷，希望云里什么也没有时，我突然瞥见了一束光。"1，2，3，4，5，……"我数到 15 时，它们从我们的上空掠过。"活该，你们这些混蛋！"他们知道我们的方位，但把高度弄错了。独眼的我是第一个发现那些飞机的人，我打算对它们发动进攻。我发出飞行讯号，并和我队伍里所有的飞机都进行了确认，它们开始跟在我后面。紧接着，武藤的飞行编队前突然出现了 30 架飞机，从下往上飞来。现在我们无论如何都无法"避免空战"了！我们的轰炸机立刻成为敌方攻击的目标，但我们毫无还手之力，因为它们只装载着鱼雷。每一架轰炸机都遭到敌方两三架飞机的围攻，它们当场爆炸，碎片落在海面，形成一个个直径 25 ~ 30 米的圈，看上去就像雪茄冒出的烟圈。

我们遭遇到敌方一个环形飞行编队的攻击，它们朝我们猛冲过来。在一波反击中，我击中了一架敌机，它开始旋转，随后被我击落。我恢复飞行，往上看到滋贺平三的飞机引擎盖被吹掉了。一架零式战斗机裸露着引擎飞行，这场景既罕见又奇怪。"不要脱队。"我向他发送信号，检查他是否无恙。"好的。"他用信号回答。不到 2 分钟，所有飞机都飞走了。黑夜渐渐降临，我眼前出现一片巨大的积雨云，滚滚上升到 1.1 万米高空。它的下方是一场剧烈的暴风雨。美国的舰队就藏在那片区域中的某个地方。灯光全部熄灭，我们只剩 3 架飞机，该怎么办？最终我们都决定冲向敌人。我们下降到海面，在漆黑的倾盆大雨中寻找敌方舰队。15 分钟后，我们仍无法确定敌舰的位置。我们继续搜寻，直到汽油耗光，最后的结果必然是白送命。我会承担责任，我想。

我们反转航向飞行，前方是广阔的公海，没有任何指引。我们是一支单程攻击部队，所以没有规划任何航线，也从未考虑过汽油消耗的问题。事已至此，我本能地用眼睛观察海面，现在我唯一能依靠的就是自己这么多年积累的经验。海面就像一张巨大的绉纱，我们的飞行高度是 1 700 ~ 1 800 米。我看到一片云，虽然它的形状改变了，但我觉得之前应该见过它。我计算了自己和它的距离。天色很快完全暗下来，我们没有理由再高速飞行。在我两侧飞行的战斗机引擎都冒着紫烟，飞行员的脸上映着紫光。一个小时过去了，两个小时也过去了。

硫磺岛只是大海中的一个点。我飞机上的 5 个油量表都空了，僚机的油量也应该早就空了。我想："今天就是我的死期，就在此时，就在此地。"突然，我母亲出现在我的飞机引擎盖前面。她说："这边，这边。"在瓜达尔卡纳尔岛上空受伤的那一次，我也曾在晕过去之后被母亲的声音唤醒。现在，她又出现了。在航空学校以第一名的成绩毕业时，我得到了一块银表作为奖励。我把刊登这件事的新闻报道剪下来，作为送给父母的第一份礼物。回到九州佐贺县，我的母亲又惊又喜。村子里品行最低劣的男孩学成归来，并从天皇那里赢得一块手表。那个终日无所事事，只知道到处惹是生非的小流氓三郎！1933 年，未成年的我为了参加海军征兵，甚至偷了父母的印章。

我已准备好赴死。我以为，时间一到，我将和两名同伴一起葬身大海。如果我没有计算错，我们应该正在靠近硫磺岛。在驾驶员座舱，哪怕是在漆黑的夜晚也能看到一点星光，而那片星光会被大海反射。如果看不到反射的星光，而视野里又出现一个黑点的话，像我这样的专业人士就知道那里肯定有一座小岛。我盯着手表看时间，意识到我们的引擎很快就会彻底停止。"现身吧！"我冲着海面大喊。根据我的计算，现在是时候了。我越过机翼的前缘，在海面上疯狂寻找着。然后，我看到了一个外形像蝌蚪的黑点，很容易错过。这不可能！不可能这么顺利！我掐了自己一下，发现很痛，所以我知道不是在做梦。那个黑点就在那里，就在机翼下面。"那是硫磺岛！"

我们开始迫降。周围几乎是一片漆黑，3 架飞机回来了。地面上的人以为那是从塞班岛飞来企图发动夜袭的美国战机，所以他们将基地的灯光全部熄灭。我们必须马上降落，但 2 名僚机驾驶员没有进行过晚上作业。我们太忙了，从来没有进行过晚间起飞和降落的训练。我们需要地面灯光来标记降落地点，但此刻下方一片漆黑，什么都没有。我很担心，因为我们没有足够的燃油进行二次降落。我只能辨认出折钵山南海岸线的轮廓，后来美军就是从那里登陆的。那里的海洋生物在海浪拍击时会发出磷光，那就是我们想要去的地方。我让我们的飞机与海滩成直角飞去。那一刻，前方突然出现光亮，一名地面机组成员点亮了一个装着废油的空罐子。通常它不足以指引迫降，但我豁出去了，所以我们开始降落。“咻……咚……”我们回来了，虽然所有人都以为我们死了。兵舍的木桌上竟然已经摆好了我们的灵位，但我们活了下来，并且准备再次战斗。

最后，我从战争中幸存下来，并且后来再也不打算继续留在军队。我不想再和战斗机相伴，毕竟我只有一只眼睛。我受够了！在日本，重要的是你从哪所学校毕业，而不是你干得怎么样。如今的情况依然是这样。现在，我的业余爱好是打高尔夫球。我打出过 3 次一杆进洞，而我的目标是打出 5 次一杆进洞，这样我就能在死前再次成为王牌。

第 6 章 | “来自东方的恶魔”

活体解剖的真相

口述者：军医　汤浅谦

他承认，自己战后曾在中国服刑，1956 年被释放后返回日本。现在，他在东京荻洼附近生活，并就职于当地一家诊所。

我父亲曾在东京下町实习。1941 年 3 月，我也成为一名医生。那年秋天，通过考试的我成了一名临时军医。事实上，参加那场考试的所有人都通过了，因为打仗不能没有军医。1941 年 12 月，我进入北海道旭川市的第 26 联队，并在 2 个月内被提拔为陆军中尉。可以说，我们是一群享有特权的精英，似乎我们和其他人不一样。

很快我被分派到中国山西省南部的一所市立医院工作。1942 年 1 月 1 日，我到达那里。3 月中旬，山西依然很冷。午饭之后，院长西村中尉将 7 ～ 8 名军医、1 名会计人员、1 名药剂师、1 名牙医及医院的军官召集到一起。他将病房管理者和几位妇人清除出场，然后说：“我们要进行一次手术，1 点钟再集合。”我毛骨悚然，当然这不是因为天气。在来中国前，我就听闻他们会进行活体解剖。

医院大楼毗邻一处庭院和一座被征用的中学大楼。我们的病人、近 100 名医院雇员、10 位护士、50 ～ 60 位技术人员及一些士官就住在里面。我是一个对上级言听计从的人，或者说我“唯命是从”。第一次集合的场景我记得非常清楚。当时我借口手头有要事处理，到得有些晚。通常情况下，现场会有很多中国苦力，但那一天一个都没有。尽管在场的人都故作无知，但其实大家都心知肚明。

门外有一个哨兵守卫。我打开门的那一刻，他向我敬礼。之后，我看见军医大佐小竹先生和院长西村便立正敬礼，他们也平静地向我回礼。接着，我走到直属上司平野先生身边。我注意到院长身边有 2 个中国人。其中一人身材强壮，脸颊宽大，30 岁左右。他一动不动地站在那里，脸色平静，毫无畏惧。当时我就在想，他一定是个共产党员。站在他身边的是一个 40 岁左右的农夫，衣衫褴褛，像是被人从田野里直接抓来的，神情似乎很绝望。3 个医护人员手握步枪站在那里，此外现场还有 15 ~ 16 名医生。

你或许会以为当时的场面非常恐怖，但实际情况并非如此。它和其他例行手术无异，但对我而言很陌生。我以为杀死这些人一定是有原因的，但当我问平野先生时，他只是回答："我们要杀光八路军。"我假装明白了他的意思。来自日本红十字会的护士也全都面带微笑。

院长说："开始。"一位医护人员将较年轻的那个男人推到前面，后者平静地躺下。我以为他已经听天由命，但事实绝非如此。一般情况下，中国人不会像他一样对我们怒目而视。他作好了赴死的准备，并坚信中国终将胜利，残暴、不公的日本必将受到惩罚。他虽然没说，但一切似乎不言而喻。这些我从未见过。

我被分配到另一组。一位医护人员命令另一个中国人到前面去，但后者奋力挣脱，并大喊："不！不！"那位手持步枪的医护人员不如农夫动作敏捷，而我则是一个新人，刚刚奉命加入。作为一名军人，我非常在意尊严。院长正注视着我们。我从未认真想过，如果这个人死了，他的家人该怎么办？我想到的只是，衣着得体的我和穿着破烂的农夫争执起来会有多丢脸。我想表现一下，就用手推了他一把，说："往前走！"他似乎蔫了，或许是因为我大声呵斥他。我为自己感到骄傲。但坐在手术台上的他仍不肯躺下，大叫："哎呀！哎呀！"他仿佛知道，一旦自己躺下便会被立即杀掉。一个护士用中文安抚他："睡吧，睡吧。""睡吧，睡吧。给药。"她继续说。压迫者的中文都带着这样的口音，好像是说："你肯定能听懂我说的话。"他躺下后，那个护士甚至比我还要自豪，咯咯地笑起来。恶魔的脸并不可怕，可怕的是它面带笑容。

我问负责给他进行腰髓麻醉的医生：“如果这个人不肯给注射部位消毒怎么办？”他答道：“你在说什么？我们要杀了他。”过了一会儿，一个护士捶他的腿问疼不疼，他回答：“不疼。”但当他们试图让他吸入三氯甲烷时，他开始挣扎。我们在场的所有人一起把他按住。

首先，两个医生负责切除阑尾手术。另一个男人有阑尾炎，阑尾肿胀且已经变硬。但这个人的阑尾没有问题，所以很难定位。医生们做了一个切口，但又需要割开另一处，直至找到他的阑尾。我记得这些。

接着，一个医生截掉了他的一条胳膊。当一个人胳膊中嵌有弹片时，你就需要知道如何进行截肢。你必须用一个止血带，止住一股又一股鲜血。之后，两个医生练习缝合肠道。如果士兵的肠胃被子弹刺穿，这类手术就是必需的。接下来是割开咽部。如果士兵咽喉受伤，血液会聚集到那儿，阻塞气管，这时你要割开喉咙。在此，我们用一个特殊的钩形工具切入气管，钩开血块，而后取出，留下一根管子，血液便会涌出。全程需要近 2 小时。你需要一次全都记住。

最终，所有医务部的医生都离开了，护士也随后离开。只有院长、医护人员和我们这些本医院的人留了下来。我参与解剖，瘦小而年老的人已经死去，但另一个坚毅的男人嘴里还发出“嘿，嘿，嘿”的喘息声，十分强烈。于是我们打算把他扔进身后的洞里。院长用注射器往他的心脏里注射空气，而另一个医生和我试图用绳子把他勒死，但他还是没有死。最终，一个老士官说：“尊敬的医生，如果你给他一剂麻药他就会死去。”后来我们把他扔进了洞里。这是我参与的第一次活体解剖手术。

日本侵占的中国领土仅仅是一些点和线的集合。如果一个人得了阑尾炎，你不能把他送到医院。他的阑尾需要在前线摘除，但那里外科医生数量不足。即使是眼科或儿科医生也不得不学会这个手术，由于他们不知道怎么做，所以就要练习。对于不在中国的日本医生来说，第一要务是治疗疾病，但在中国的我们则不然。战争爆发时，军官可以给他们的士兵下达命令：“军医可以照顾伤员，冲啊！”我们是军队战斗力的一部分。让士兵知道受伤后有军医为他们医治，显然能鼓舞他们冲锋陷阵。

第二次活体解剖手术，我们练习缝合大肠，为的是处理战争中被子弹穿透的腹部。我记得当时牙医也在场，他们说：“哦，我拿到了他的牙齿！”泌尿科医生则练习摘除睾丸。院长说：“我会亲自指导你们练习这项技术。”

他把肠切开了，但在缝合时，有电话找他，于是他就走开了。观摩手术的一位医生发现了错误："缝反了！"我们都笑了。院长回来时，我们还在窃笑，但是当他问道："怎么了？发生了什么事？"我们却没有告诉他。我记得是这样。

从军医院到第一陆军总部，从师团到旅团，都要求进行这样的实习训练。起初，只要春秋两季进行两次练习即可。但我们的医生什么手术都不会做，甚至连手术器械都不会用。我觉得，经验丰富的老医生应该经常做一些培训手术，一年大概可以做 6 次。我带头从医院获得许可。我认为必须提高军医的技术，为了胜利，我愿意做任何事。731 部队的负责人石井四郎医生几次来到我们医院授课。我想："如果战胜美国的唯一途径是细菌战，那么我准备好了。我愿意做任何事。""这就是战争。"

除训练之外，我也会治疗病人。有时是治疗伤员，但有一半时间是治疗肺结核病人。传染病、疟疾、伤寒、痢疾和肝病十分常见。我真的很喜欢我的工作。去县城时，我会大摇大摆地，像那些日本军官那样晃动胳膊。眼见着人们因为害怕我而对我卑躬屈膝，我感觉自己在为国效忠。每个人都会对这样一个长官行礼。所有写信给我的女孩都会称呼我为"尊敬的军医先生"。如果有人稍有反抗之意，我们都可以直接把他发配前线。这一点在医院非常简单。我们一点都不担心被杀。我们有很多清酒，其他物资也是应有尽有，我觉得我们统治了整个国家。清晨点名时，士兵会向我行礼。我只要说"调整队形"，他们便会照做，来来回回移动，直到我喊停。我会这么做都是因为自负。

1942 年底，瓜达尔卡纳尔岛战役期间，我们意识到一切不会那么顺利。大约 40 名医生被召集到太原开会。我们得知自己将会被分配到太原监狱，也就是后来我被关押的地方。在那次会议上，两个司法体系的人带来了两名被蒙上眼睛的中国人。前者要求，如果一切准备就绪，就由医生来主持会议。获得同意后，他们突然向两名中国人的腹部开枪，每名中国人大概挨了四五颗子弹。然后，我们负责移除子弹。但我们能在他们仍然活着的情况下移除子弹吗？这是他们评判手术成功与否的标准。当他们问我："想要做这个吗？"我回答："不，我一直都在做这个。"但每个人都慢慢参与进来，做些帮忙止血之类的工作。但最终，那两个人都死了。

同时，我们开展了医学训练。1944 年，我们意识到自己将输掉这场战争。

那些士兵太瘦了，几乎无法写字。我就是在这时开始负责教学，我觉得实践是唯一的教学方法。因此，我去宪兵队要了一个囚犯，用以练习腿部截肢手术。我得到的那个囚犯身上没有受折磨的痕迹，以至于我当时非常惊讶：“这个人真是太干净了。”

还有一次，宪兵队送了两名中国囚犯给我们。那时候受训的日本军医并不多，所以我们可以在同一个囚犯身上对所需手术进行试验。但我们无法将另一个囚犯送回去，所以院长直接砍掉了这个囚犯的头，因为他想试一试自己的军刀有多锋利。

一家生产肾上腺皮质激素的日本制药公司希望我们为他们提供一些大脑皮质。于是，我们从囚犯的大脑上切下皮质组织，并把它寄了过去。我们寄了一瓶后，这家公司又开口要10瓶。那是一条“专用路线”，每个人都牵涉其中。

可我们最后忘掉了这些事，忘掉了自己的所作所为！战败后，我曾想过自己是否应该回日本。山西是国民党控制的区域，那里有6 000名日本人，其中一半是军人。我们对中国军队的印象十分深刻。我是一名医生，所以我为留下的人建了一所医院。我甚至想，自己应该留下来，把这里当成是巴西之类的地方。我对国共内战一无所知。如果当时身处八路军控制区域，我也一定会毫不犹豫地跟八路军走。

中国的内战打响了，时间持续了3年。其间，一些人返回日本，但我不能丢下我的病人。另外，作为一名医生，我感觉自己可以在任何地方活下来。但最终，我和其他三四千人沦为了战犯。后来我被暂时释放，并在一家市立医院工作。

终于，他们还是冲着我来了。我和其他160人被判为重罪犯，被关进山西太原的监狱。我花了4年时间，才全部回忆起自己的所作所为，并坦白罪行。1956年被释放后，我才返回日本。

当我返回东京时，所有与我一起在山西医院工作过的医生和护士都到品川车站来迎接我。护士们对我说：“医生，你受苦了。我们为你感到难过。”一个男人说，“汤浅医生，希望你已竭力为天皇的政策辩护，并抨击共产主义的错误。”这就是他们说的话！我告诉他们：“你们不记得了吗？我是和你们一起做了那些事情。你们也做了。”那个男人似乎颤抖起来。有史以来第一次，他突然想起自己是一名杀人犯！

这很恐怖。杀人很残暴，而忘记自己杀过人，更无可饶恕。那是世界上能想象的最可怕的事情！

3 年半的时间里，我大概给 10 个人做过手术，参与的培训手术共 6 次，包括移除大脑和睾丸。在中国的绝大多数日本医生都做过这些事，无论他们在军队还是医院，但所有人都保持沉默！他们为什么要遗忘？所有人都做了这些事。“我们所做的都是些好事”——他们就是用这种话来自欺欺人的。直到现在，他们仍然三缄其口。回忆起事情的真相令人难以承受——这就是他们保持沉默的原因。一切“都是因为战争”，这就是他们心安理得的借口。

“死在战场上是荒谬的”

口述者：低级士兵　铃木六林男

他讲话时带有轻微的大阪口音。他回忆：“我在中国写了很多诗。每当部队进行重大调动，宪兵队都会没收我们的笔记本和纸。所以，我不得不将自己的诗记在脑子里。上船后，再将它们写下来。俳句简洁，记忆起来非常方便：

风中，
极度痛苦的红河在流动。

我在华中地区差不多待了 2 年，而长江，是一切的中心。

我躺下仰望天空。
思想开了小差。
那是银河。

那时，我写了很多关于开小差的诗，但我从未擅离职守过。因为我意志太薄弱了。”

现在，作为一名知名诗人，铃木六林男带领着自己的小圈子，专注于十七字俳句的写作。他是大阪艺术大学的教授。

作为一名直接来自日本本土的最低级士兵，我加入了华中地区战区大阪第 37 大队。那是 1939 年，我被分到了一个重机枪小队。每挺机枪至少 50 公斤重，所以在运输的时候，它们会被拆成零散部件，由马驮着。部队抵达战场后，4 名士兵就会负责组装机枪，并随时搬运。但战时其实只有 2 个人负责操纵机枪。小队中的每个人都分配了一个编号，其中编号为 1、2、3、4 的负责机枪，从 5 号开始的士兵都负责弹药。其中，2 号士兵负责射击。因为重机枪体积非常庞大，2 号士兵可以藏身机枪后。2 号士兵原本应该用手来开枪，但他通常会俯下身，用钢盔的顶部去按开火机关。负责装载弹药的 1 号士兵整个侧面会暴露在敌人眼皮子下，因此该编号的士兵死亡率相当惊人。

无论你是哪个国家的人，只要士兵们说到“压制敌人火力”，他们的意思就是要搞定敌军的重机枪。一名士兵手里只有一杆步枪，一次只能射出一颗子弹。但是如果使用重机枪的话，只需按下一个按钮，一次就能发射出 30 发子弹，可以打光一整条弹药带。当你发射了 90 发子弹之后，就必须换一个地方，否则敌人一定会发现你。移动的时候必须站起身来，所以你将直接暴露在敌人面前。哪怕你像闪电一样沿“之”字形跑动，也很可能被当场击毙。

如果惹到上级，你就会被扔到重机枪小队。不仅人如此，连拉重机枪的马也是。在普通马厩，马的脸是冲着畜栏外的；而在军队里，它们的屁股朝外。喜欢后腿踢蹬的马，尾巴上会被绑上一块红布；喜欢咬人的马，马镫上会绑上一块蓝布；喜欢用前腿踩人的马，胸前会绑上一块红布。我们的马身上绑了三种布，它的名字叫横策。那家伙狡猾得要死。在营地，它喜欢用蹄子刨地，精力充沛。但在外面，刚走一公里左右的路程，它就会把脑袋垂到地面，假装生病。由于军队征用马匹是要付租金的，而征兵却只需要一纸红色通知书，所以负责管事的人往往会说：“可能马生病了，你们自己来背机枪吧。”于是，我们便不得不将所有东西背到自己背上，所以说士兵和动物之间真是不存在什么爱。

我不是人们期待的那种“具有奉献精神的士兵”。事实上，我和另外两个人甚至被调到了一个常规的步兵部队。我们被赶出了重机枪小队！那两个人中，其中一个来自早稻田大学，他很快就当了逃兵，最后只剩下山田和我。我肯定山田背后一定有什么故事，因为他总是忧郁而悲伤。三个人当中，我是唯一从战争中幸存下来的。我的“灵魂构成”存在巨大的缺陷！老兵们教了我一些诀窍：如何混进医院；如何从训练营中骗取外出闲游的假期；如何拣最轻的活干。我从一个训练营调到了另一个训练营。军队有专门向你灌输“大和魂”的军营。虽然一些想要在军队建功立业的士兵们也在那里训练，但大多数接受训练的人并不想返回自己原先的部队。三周后，如果你还没有领会“大和魂”，他们就会将你发配到前线，所以我们彼此相劝，以便待得久一点。

军队有一个专门的联络员，负责在部队之间传递信息。如果你担任联络员，上级会将目的地告诉你，你离开之前会询问是否需要回复。答案通常是不需要。你只需要把消息传过去，然后直接回来。有时候，你可以搭顺风车，军队大概每周都会有一辆卡车离开。在中国，四处望去都是开阔地。即使你很幸运地坐上了卡车，也没有任何掩护和守卫。你唯一的防御，就是你手里的武器。

如果你在乡下行军中掉队了，那么你很可能被抓。每个人都很害怕发生这种情况，所以我们全都精疲力竭。连接村与村之间的道路常常是一条直线，根本没有十字路口的说法。我想，假如有人想跳出来抓我，他们随时都可以做到，哪怕是在高粱地外面。所以我经常是一个人慢慢走，不慌不忙。既来之则安之，我只在事情发生时才会忧心。我还常常幻想，自己是一个人行走在这片大陆上，周围空无一人。

战场是个古怪的地方。如果你掉队了，除非你能想办法报告自己的方位，否则大部队不会来找你，或至少不会来找像我这样的低级士兵。只要你所属部队的指挥部在这个区域，而且你可以证明自己属于哪个部队，那么该区域的所有部队都会由你任吃任住，随便多久，只要你想。但是，如果你的部队被调到别的区域，这招就行不通了。他们只会说：“你的部队不在华中地区了，快滚！”你必须每个月回自己的部队报到一次。如果有人盘问你出了什么事，你只需要说，“情况真的很糟糕”或“我迷路了”。如果你不想参战，这就是唯一办法。在中国大陆上闲逛的途中，我学到了很多。

在很早的时候，我就感染上了疟疾。多亏一名相识的医生帮忙，我才被安排住进医院的疟疾病房。但我最终不得不回到前线，而我别无选择，只能投入战斗。我的编制在第 9 小队，具体而言，就是第 37 大队第 3 中队最末一个小队的第 3 小分队第 3 分队。我们未必是战场上最出色的士兵，但我们的伤亡率很低，所以我们打仗的水平应该很不错。一般而言，中国战场的日军伤亡率，每伤 6 个人，就会阵亡 1 个人。一个小队大概有 180 人，所以如果其中 30 人阵亡，你就可以说这个小队被“歼灭”了，因为它的战斗力已经下降至零。

在我留医期间，我所属的小队几乎全军覆没。我询问归来的幸存者：“指挥官怎么样了？”“死了。”实际上，无论我问谁，答案都是“死了”。在中国前线这两年，我所属部队在我脱队期间被全体歼灭的情况，发生过两次。

我遇见过各种各样的人。每支部队都有不喜欢当兵的人，你一眼就能认出这种人。懒惰的士兵被送到各种地方进行“训练”，当他们完成“训练”，我们总是会得到消息。他们看上去就像是刚从监狱里放出来的流氓。当某名懒兵从长江另外一边“出来了”，消息很快就会传开。所以我常常会前往扁柏部队处，看看究竟是谁被释放了。等这名士兵归队时，我们会与他见面，并为他举办“刑满释放派对”。无论在哪里，负责运输其他部队过河的摆渡军队都叫“扁柏部队”。

某一天下午 3 点，我们在一家中国人开的酒吧里喝清酒。那些酒吧室内又窄又长，就像养鳗场一样。我同伴的部队在一座大城市里，那里的士兵处于军队内部行政法规的管理之下，就和日本本土一样。外出的士兵必须在晚上 8 点前回到军营。那天我们喝着酒，突然间意识到他错过了军队的点名，很可能会被当成逃兵。于是，我们急匆匆赶到他的驻地，但通往他兵营的后门已经上锁。甚至前门也已经关闭了，一名哨兵站在外面，手持步枪，刺刀锃亮。这时，我们看到一辆带着军医蓝旗标志的汽车开了过来。我们应该拦下它吗？如果车上坐的是刚从军医学校毕业的职业军人，他们会开枪打死我们。最终，我们决定赌一赌运气。很幸运，车上只有一名司机，他是一名一等兵，刚送完自己的上司进城。我们请求他带我们通过哨岗，并以一箱啤酒作为回报。轿车开向大门。哨兵们打开路障，欢迎医生归来。所有哨兵都站成一排。司机踩下油门，从他们身旁开了过去。

有时候，我们会听说某个士兵被抓了，或者某个人当了逃兵。有时候，我们也会发生内斗。每个人都因为某种极度的狂热而筋疲力尽。有的人会恃强凌弱，弱势者有时会用手榴弹进行自卫。他们将手榴弹握在手里，拉开拉环，吓得人们四散逃开。我们每个人都手握杀人工具，但若真有人死于谋杀，案件其实没人管。等战争发生后，死于谋杀者将会被登记为战斗阵亡或失踪。

军队是由各色各样的人组成的，有些人可以友好相处，有些不能。其中有很多喜欢背后暗算他人的卑鄙小人。然而真诚的人会相互吸引，脾气随和的人也会聚在一起，这就是物以类聚。

上海这座城市并没有那么糟糕。前往上海的士兵会得到一张特别通行证，那是一块类似小木牌的东西，放在背心口袋里。凭这块小木牌，你可以在晚上 9 点的宵禁后返回。在我所属部队的哨兵站岗时，我曾问过他们要那种通行证。有时候，我会独自跑到上海去喝酒，直到凌晨两三点才回。上海是中国国民党军队的基地，所以你不能随便走动或说话。日本驻上海的海军特别陆战队士兵巡逻时，也是两人一组，手持步枪。甚至在白天，上海也有狙击手。我借了一把手枪，打开保险栓，藏在身上。上海的大街热闹非凡，到处挤满了人。但如果你掉转脚步，走到旁边的一个小巷子里，映入你眼帘的很可能是五六具尸体。

我经常喝到酩酊大醉才回去。一般情况下，我会带一瓶威士忌送给哨兵。喝醉时，你会把哨兵当作自己人，然后直接走向他，说道，“嘿，我回来了”，接着就把酒递给他。有一次，我被拖到了警卫队长那里。他一直训斥我，质问我那么晚出去干什么？为何独自行动？我应该受到军法处置云云！“是你允许我出去的。”我一直重复。最后，他只能说：“放这个混蛋进去。”但他留下了那瓶威士忌。

像我这样的士兵并不清楚自己为什么要打这场战争，我们成了某种战争的消耗品。对神风特攻队的飞行员而言，只有一条飞行路线对他们开放。而在大陆，至少行动完全自由。一切取决于一个人的性格。我想，只要我能活下来就够了。我想回家，但不敢为了这个目的而在战场上拼死拼活。我没勇气加入反军队的活动，但在那块荒凉的大陆上，我失去了参加这场战争的目的，变得迷茫。我越来越觉得，无论是和八路军还是国民党作战，甚至和其他日本军队火拼，死在那里都是非常荒谬的。有时候，我甚至感觉自己随时会丧命。明天是如此的遥不可及。在那种情绪下，我在一张寄回给日本朋友的军队明信片一角，写下了一首俳句：

当我闭上双眼，
我能看到山谷中，
流淌着血腥的红色。

但那引起了审查员的注意。在一次随机信件检查中，我被抓了出来。他们威胁要把我交给宪兵队。他们说，如果我把“血腥的红色”改成“纯洁的血”，检查员就会放过我。除了同意，我还能怎么样。几年后，我在即将出版的诗集中收录了那首俳句，并把它改了回来。

在那种地方待久了，你会成为一名虚无主义者。我想，虚无主义的本质实际上就是一种永久的人道主义。我仍然无法把自己和国家那种宏大的存在联系起来。我无法从宏观的角度去看待战争，我感觉自己可以描写战斗，但是无法描写战争。如果你谈起“大东亚共荣圈”之类的概念时，我会觉得非常宏大。比我身体还大的圈，我实在理解不了。从珍珠港事件爆发的第二天开始，一切都变得严格起来。经常有人对我说：“我们要把你送给宪兵队处置！”如果他们真的那样做，我一定会被宪兵折磨得半死的。军队里有的军官动不动就会拔出自己的军刀，大喊：“我要亲手砍下他的头！”他们一般都是军校毕业的指挥官，二十四五岁，全身上下都是大和魂。被分到那样的部队会是一个大麻烦。由于我常常不待在自己的部队，所以我总能逮到机会开溜。

1942 年 3 月，我们知道自己即将奔赴南方。当时天空在飘雪，我们依然穿着夏天的军服。我们坐船离开吴淞港。船上，军队给我们分发了菲律宾地图，所以那时候我才知道自己的目的地。他们还给我们发了两三张油印纸，上面标题写着“泛太平洋行动计划”。我们一整个师团由一支护航队护送前行，给我们的传单上还写着：“当你的船遭到鱼雷袭击，请不要恐慌！船要好几个小时才会沉。”他们就是那样说的！但当我深入船舱找一名老同学时，我却发现一堆重达 50 公斤的炮弹，它们就像巨大的金枪鱼一样堆在那里，只是引信全部移除了。我问一名海员，如果我们被鱼雷击中，船要多久才会沉没。“可能 20 分钟，”他回答，“但由于我们的船上装着炮弹，所以时间可能更短。”军队再次对我们撒谎了。而更糟糕的是，我是我们大队中仅有的 3 个上过潜艇警戒训练课的人之一！

踏上菲律宾，敌军直接暴露在我们面前。在巴丹半岛，我的部队属于“后备部队”。“后备部队”可能说起来轻巧，但这就和日本象棋一样。在象棋中，你吃掉敌方的棋子后，可以将它当成己方的棋子，放回棋盘的重要位置。所以，军队把我们直接派到了战争最紧张激烈的地方，直面敌军的重机枪。我们在奔赴前线途中已筋疲力尽。他们说：“原地解散！”你可能会在地上躺上五六分钟才能缓过气来。黑夜里，人的视力不太好，但还可以闻到可怕的恶臭。后来我发现，自己躺在了一匹死马的肚子上。那匹马可能是日军炮队留下的。那天晚上，我们后来又短暂地休息了一次。然而，一旦你坐下来了，再次站起身是一件非常痛苦的事情。于是我尝试站着睡觉。我靠住某个东西，它很柔软，但闻上去很臭。夜色太黑，我看不清它是什么东西。后来，我发现那是一个用尸体堆成的胸墙。美国人将菲律宾人的尸体像沙袋那样叠起来，尸体的脑袋冲着我们。胸墙的另一侧是一个射击台。美国人和菲律宾人组成了联军攻击我们，但筑墙用的却全是菲律宾人的尸体。

我们的主力部队和敌人近距离交火，并将敌军压制回去。由于巴丹是一个半岛，我们全军都在朝大海前进。但最后，我们停滞下来，因为悬崖上方有碉堡，而且他们还有捷克式轻机枪。“哒！哒！哒！”那些利用空气冷却枪管机关枪连续射出巨大的子弹，就像旋转的热毛巾，而我们就是它们射击的目标。行军被迫停下来，那是 1942 年 4 月 5 日，麦克阿瑟仍在科雷吉多尔岛。

我的七人小组不知道应该怎么行动。冲到悬崖的最底部也许是最好的选择，因为那里是“死角”，在机关枪的扫射范围之外。冲锋的过程中，我中弹了。冲在我前面的人也没能冲到崖底就死去了。每个小队 180 名士兵配有一名医生。为了贿赂医生，我一向对他十分友好，也经常送特级清酒给他。所以，在我中弹时，医生就在我身边。但正当他要对我进行治疗时，指挥官下令了：“医生，冲到前面去！”前面也有人中弹倒地，他必须前进。现在，我的身体里仍然有 30 块子弹碎片。其中 2 块和我的小指手骨一样大，嵌在我的骨头里。

随着我们的主力部队向前碾压，一支隐藏在丛林中的敌军部队突然出现在我们面前——主力部队没能清扫整个战场。我曾认为人性本善，但现在我们被同胞遗弃在战场上。一支由六七十个美国人和菲律宾人组成的部队和我们面面相觑，离我们只有大概 20 米远。我们必须马上决定是否开枪。我和轻机枪手滨野是仅有的 2 个反对开枪的人，我不得不飞快地对别人说话。我告诉他们，我们或许能够打死对方五六个人，但对方可是有六七十个白人和黑人士兵，我们肯定会被射成马蜂窝的。他们紧盯着我们的方向，但动作小心谨慎，从我们身边走过。我们赌了一次运气，而且赌赢了。我们没有开枪，他们也没有开枪。而且他们没有告诉任何人，他们在悬崖下发现了几个日本士兵。他们或许已经知道，战争形势已经对他们不利。也许当时他们觉得，既然已经输了，为什么还要死拼？我猜，如果在战场上待得足够久，你很快就能判断敌人是否打算开枪。无论如何，这就是我的哲学：只要我不再打仗，我就会回家。我一直坚信这一点。另外，我已经中枪了！1942 年 6 月，我被送回了家。一个国家只有对自己的力量极其自信时，才能走出去。放下动机问题不说，在我年轻的时候，我的精神力量是伴随着日本国力变化的。那个时代有一股强大的潮流，我被裹挟其中，没有任何同意或拒绝的机会。如果你问我，我是否应该承担某种战争责任，是的，我相信我有。我们入侵了别人的国家，在别人的家园横插一脚，而我们根本没有得到入园许可。

嗜血“砍头”匠

口述者：宪兵队情报人员　鹈野晋太郎

他把这次采访安排得像一次秘密会面。他的辨识标志是在外套口袋里放一块红色的手帕。他选了一处人潮涌动的地点碰面，即三越百货公司前的青铜狮子旁，然后又选了一家安静的咖啡厅作为我们的谈话场所。他苍白细长的手指总是不停地抖动，紧握又松开，频繁地模仿使用日本武士刀时的姿势和动作。

当时，由于日本政策禁止大型日本公司与中国进行商业往来，因此以战犯的身份从中国归来后，他曾凭借自己的汉语能力在一家小贸易公司谋取了一个职位。“我由衷地相信，是中国共产党饶了我一命。就这一点而言，他们与美国人和盟军大不相同，后两者绞死了 1 068 名俘虏。”

我出生在中国天津的日本租界。父亲从日俄战场上归来后无法在日本谋生，于是前往韩国，之后又辗转到了天津。在天津，日本享有治外法权特权。父亲是一名木材经销商，还拥有一家西装店。在神户的时候，他曾在一家高档男装裁缝店当过学徒。那时，清朝逊帝溥仪处于日本人的“保护”之下时，他手下的人总从我父亲店里强行索取朝服、正装和便衣。最终，我父亲对这种行为感到非常愤怒，还扬言要离开。“满洲国皇帝”身边的每一个人都对皇帝经常光顾的地点进行敲诈勒索。总之，如果情况一直这样下去，父亲肯定一分钱都赚不到。最后，日本总领事和一些中将给了我父亲一笔钱，所以他才决定回来继续为皇帝做衣服。有时，溥仪会在冬天来到日本小学的溜冰场。还记得有一次，我就在他的旁边滑冰。

从断奶的时候开始，我就由一名中国奶妈照顾生活起居。我有自己的专属奶妈，弟弟妹妹也是如此。奶妈一直照顾我，直到参军入伍之前。我离开家的时候，她痛哭流涕地问我："你为什么要去当兵？在中国，只有穷人才会去当兵。"

入伍之后，我加入了广岛市福山县第45联队。在军队里，只要通过指定的考试，就不需要上大学。刚开始，课本很难理解，不过一旦学会如何记忆，学习就变得轻而易举。课本的内容基本上是关于在何种情况下下达何种命令，以及在特定情况下如何调遣军队。

按照惯例，只要表面上做得不错，即手势丰富、精神饱满、任务执行得完美无瑕，他们就会对你大加赞扬。演习时，子弹不会朝你飞来，但副指挥官给你的表现打分。所以表现得头脑越简单，成绩就会越高。虽然在准备后备军官考试时，老兵们会在熄灯后有意刁难我，但最终我还是通过了考试。我做到了！

作为一名下士，我在中国执行了几个月的野外作战行动后被送回日本，进入久留米市第一预备军官学校学习。我能够从那里顺利毕业，多亏了相扑、柔道、刺刀搏杀、剑术、马术和体操等课程，这些分数全部都计入毕业成绩中。之后，我被分配到中国某步兵联队指挥部的宪兵队。

事实上，宪兵队完全不涉及任何情报搜集或平定行动的训练。不过当我前去部队报到时，上级就直接告诉我需要我负责情报工作。在中国，所有情况都属于特殊情况。我必须根据自己的判断来履行职责。日军有许多方法搜集敌人情报，其中之一便是刺探。一名军士或军官将随同一支最少兵力的部队出动，尽可能地靠近敌军位置，然后利用双筒望远镜观察他们的位置、组织架构和作战条件等细节。有时，还可以利用指挥部先进的无线电接收机来截获发自重庆的电报。

不过，审讯囚犯是搜集情报的主要手段。如果不去逼问，那么他们是绝对不会主动供认的。有时即便受到生命威胁，他们仍然不会开口。即使对他们严刑拷问，效果仍旧不太理想——有的人会开口，但多数人仍闭口不言。

因此，刑讯是不可避免的审讯手段。随之而来的便是杀人和埋尸。把他们埋了，就不会有人发现杀人的罪行。

我为联队、大队及中队指挥官工作。一旦战役形势发生不利于我方的逆转，他们就会变得紧张易怒。是否进攻取决于这些官员，所以后者对情报的依赖性很高。如何为他们搜集情报就成了我的难题。

但是情报搜集人员必须做出一些成绩来。我们会将自己得到的情报与更高级别指挥部的情报作对比。如果我们的情报看上去更可靠，就会按自己的情报行事。

对我们这样的人而言，为日军的出兵和进攻计划搜集重要情报是非常困难的事情。为此我们几乎连觉都不能睡。一般由副官起草计划并向联队指挥官提出建议。必须要有充分的理由调动士兵。这就是我们的作用，必须为决策过程作贡献，而且通常会用刑讯手段来获取情报。为此我召集了一批能干并且懂中文的士兵和军士，对他们进行培训。我也相信，这就是我的使命。我抱定这种信念并按此行事，确信自己所做的是“正义之事”。因为所有人都是按照长官的指令行事，这是为了国家的利益而行动，是在为祖先的英灵尽孝。在战场上，我们从未看重中国人的生命。当你一路高歌猛进时，失败的一方看上去真的很卑劣。因此我们认定，大和民族是更高级的种族。

情报人员也会利用间谍搜集信息并为其支付报酬。合适的诱饵是成功的关键。通常间谍都是由流氓来担任。对头脑灵活的流氓而言，钞票一文不值，他们真正想要的是鸦片。在大城市或一些大的村庄里，总是有很多流浪者。我们找到他们并对其进行培训、恐吓和诱惑。“如果你不合作，我们就会杀了你；如果你按照我们说的去做，那你肯定需要建一个仓库来装你的金银财宝。”然后，我们会向他展示我们的鸦片。“我会做的！”他们见过鸦片之后通常会马上这样回答。我们每天都会收缴到大量毒品。如果是现在，你可以用它们买下整整一个车队！通常由师团指挥部的人发放鸦片。我们表现得越好，得到的鸦片就越多。同样，那些间谍和汉奸得到的鸦片越多，带回来的情报就越有价值。

一旦得到了重要情报，我就会马上去找联队指挥官并告诉他：“长官，我希望你在这条情报上盖章。”“你确定消息可靠吗？”他通常会这样问。我回答：“是的。”然后我们就找来一名通信兵，由他负责向师团或军团发送密码电报。我自己说这样的话或许有些奇怪，但我确实是一名公认的优秀情报人员。我们不会真的通过双筒望远镜观察敌人的一举一动，但可以用鸦片得到大量情报。当然不可避免的是，有些情报是假的，有些是真的。区分情报的真假也是我的专长。情报人员的作用比人们想象的重要得多。

我审问过很多人，不过其中有2个人令我记忆犹新。其中一人名叫陈靖，是一名童子军。1943年末，他在一次大规模战役中沦为战俘。当时陈靖只有十六七岁，看上去特别天真无邪，所以日军没有杀死他，把他带了回来。陈靖很快就学会了几首日语歌曲，一些军官还让他在联队军械库里负责修理武器。每个人都很信任他。

每年联队会收到二三十支手枪。但那年，收缴到的手枪都失踪了。最后我们发现，竟然是陈靖偷了那些枪并把它们偷偷送给了中国游击队。这件事之所以事发东窗，是因为在一次激战中，我们从游击队员的尸体上发现了这些日本手枪，手枪上的编号和联队枪械库里新交付的一批武器一致。那次审讯由我负责。审讯中最残忍的方式，是用一根绳索把俘虏的手绑到背后，然后用那根绳索把他们挂在墙上，这样一来他们所有的重量都压在自己的肩膀上。这比鞭笞和窒息更管用。一旦用了这种方法，那么90%的人都会开口。但陈靖没有。他知道自己难逃一死，因此态度很坚决。之后我向联队指挥官报告了这件事。

指挥官让我来决定该怎样处理陈靖。当陈靖踏出我的房间走向刑场时，他对我大喊："我会向你报仇的！我是为了自己的祖国而死！"

通常敌军士兵没什么情报价值，只有级别高的军官才知道一些重要的事。第二个人叫皮书亭，是一名上尉，他本身就是一名情报人员。他长相温和，似乎我们说什么他都会照做，但他的反抗态度却很坚决。部队有一间专门为顽固分子修建的囚室，我把那里使用的拷问手段称为"粪便技术"。一般在监禁期间，囚犯的粪便会被移出牢房，但那个囚室里的情况不同。在那里，囚犯全身都会沾满自己的大便，迟早会因发疯而死。我们偶尔会冲里面大喊："你到底说还是不说？""决不！"皮书亭吼道。

在军队里，每名军官和军士都有一柄佩剑，即昭和军刀。除此之外，还有很多人会从家里带来质量更好的军刀，并且一直想试试那些刀的锋利程度。我总是从部下的老兵那里收到类似请求。一名中士非常想得到一个砍头的机会，我便把皮书亭交给他。那时皮书亭已经无法行走，被人从囚室里拖到了大概700米外的一个山坡上行刑。

我大概砍过 40 个人的头，但现在已经记不清每一次砍头的细节了。这话可能听起来有些极端，但如果超过两周我都没有砍一次头，那么我就会觉得浑身不舒服。我必须打起精神。于是，我会来到监狱，带走一个看上去已经活不久的人。通常我都在联队指挥部旁的河岸或路边行刑。首先我会命令那名囚犯自己挖一个坑，把他砍头后再埋进去。

我的日常用刀是昭和军刀，它是一把新刀，叫做贞光，另一把军刀叫做祐定。祐定的历史可以追溯到 16 世纪，它还是父亲送给我的礼物。祐定注定是一把上等战刀，即便不懂任何刀法，它的异常锋利的刀刃也会弥补技术缺陷。它的外表并不华丽，但一看就能断定它是那种在战争年代很受武士欢迎的刀，而且是杀人的最佳利器。用贞光则没办法一刀就把头砍掉，一般脖子会被砍断，但头不会掉下来。用祐定就顺利许多，头颅可以被轻易地砍下。一把好刀无须费力，只要轻轻一动就能砍下一颗头。

但即便如此，有时我还是会搞砸。通常俘虏们的身体已经因拷问而变得异常虚弱。他们的意识是半清醒的，身体也会不自主地摇晃，并且下意识地移动。因此有时我会砍中他们的肩膀。还有一次，有个人的肺脏就像气球一样弹出来掉到地面上，这画面令我无比震惊。不过接下来我就立刻全力向他的脖子砍去。因为动脉被切断，血立刻就喷溅出来。身体马上就会倒下，不过毕竟人的脖子不是水龙头，血很快就停止喷射。每次看到这种场面，我都会体验到一种狂喜。但现在的我已经没有那么残忍了。

你或许会问，为什么我们要这样杀人。因为那是件很容易的事情，自然而然就发生了。例如，有一次，我收到师团总部的责问 ：“你之前总是自吹自擂，鹈野，但你负责的区域并不安全。你作何解释？”我只能据实回答。之后，我会决心处理一些小事。通常会派出预备队将村长和其他俘虏带过来，然后拷问他们。不过他们声称自己毫不知情。听到这样的话我会抑制不住心中的狂怒，想要杀鸡儆猴。我命令他们其中的 9 人排成一排，然后全部砍掉他们的头。其实我知道，只要砍 2 个人，昭和刀就会变形，于是我用了父亲的刀。如我所愿，那把古董刀完美地完成了任务。因为那时，中国的游击队给日方的军队造成了巨大损失，就算杀光他们也无法弥补！我杀死的游击队队员都是军人，还包括一名村长。

亲手杀死 9 个人的那天，我非常平静。晚上，我前往一家客栈喝酒。杀人之后我命令其他俘虏来埋掉那些尸体。我和同事经常在战俘营旁的开阔地里杀人，不过我们会命令那些囚犯不要观看，但从某种意义上来看，如果他们看到了那种血腥的场面，才对我们有利。如此一来他们就会清楚，如果自己不听话，就会性命不保。

联队里还有一支骑兵中队。那时，骑兵中队里有一批刚从日本本土过来的菜鸟士兵，军衔只有一颗星。负责训练他们的人询问，是否可以给他们看一段教育视频。我们就让他们看了行刑的场面。这些新来的士兵根本不敢看，还用手捂住眼睛。毕竟他们刚从日本过来，没有接受过任何训练。“嚓嚓”，我手起刀落，军服上甚至没有沾到一滴血。砍头也是有技巧的，军刀也不是任由你把玩的小刀。如果你拥有一把很锋利的军刀，千万不要把它从背上的刀鞘里直接拔出来，因为那样会直接削开刀鞘。总之，砍头对我而言，几乎不需要怎么花费力气。砍之前也不要向后摆得太高，那样砍完人之后很容易收刀。

绝大多数军官都会主动做这些事，稍有迟疑就会损害他们的威严。人们经常会说：“这些人只是看上去残忍而已，其实也不过如此。”谁都不希望自己被别人在暗地里称为“懦夫”。在战争中期，做这种事其实没那么糟糕，但在众目睽睽之下砍头，还是会有一些压力。俘虏最多的时候人数达到过150名；但一般情况下，我们大概只会关押80名俘虏。他们大多数是在前线被俘的。其实按照规定，俘虏应该被送到总部关押，连级战俘应送往中队，营级俘虏则前往联队。每当我们抓获大概80名俘虏的时候，都会打电话给师团，询问是否要把他们一起送过去。而我杀的那些俘虏，就是师团没有点名要求送过去的。

临近战争结束之时，联队一直驻扎在黄河线，但后来受命前往满洲，因为那里的驻防队伍被发配到其他前线去作战，满洲已经被掏空了。在我们部队有一个伟大的传统，“如果与苏联作战，那么我们就要挫败他们的计划”，这就是我们内心深处的想法！像我这样的军官根本不相信日本会战败。我们的一举一动都为大和魂所支配。对于那时的我来说，美国人就是无耻的混蛋，我非常憎恨他们。即便通过广播获知海军战败的消息，我们仍然不相信大和民族的部队会遭遇惨败，即使当时的客观情况是我们的军备已无法与敌人相提并论。我也从未料到天皇居然会承认日本战败，而且一直坚信他会顾及我们这些普通士兵的命运。然而，他就那样轻易地举起了双手，宣布日本退出这场战争。

无线电信号很差，我们从广播里听到的仅仅是日本帝国投降宣言的只言片语，之后我们通过一份速记件了解了战败宣言的全部内容。那时已经听说了美国一枚力量空前巨大的炸弹被投放到日本本土，但我仍相信，日本沿岸的战势依然激烈。总之将来有一天，我们还能再夺回失去的尊严！天皇投降后，所有人都聚集到练兵场。那里，还有两面军旗在迎风飘扬，仿佛在诉说所有人的不甘与落寞。我被任命为旗手，并负责将其烧毁。军号响起时，我泪流满面地烧毁了两面军旗。旗标顶部的菊花纹章是铜质的，无法被烧毁，所以我们用炸弹把它炸得粉碎。我还把军刀绑在一起，放在帝国标志旁一同引爆。

1945 年 8 月 19 日，我还天真地以为战胜者会以非常绅士的方式处置战败者,但苏联军队的到来,让我们手足无措,只能被迫撤退。根据国际法规定，战争结束时，无论是战胜方还是战败方，参战国家的被俘人员均会被释放并遣返回国。然而，我们却被迫服刑 5 年。当得知自己将被移交给中方时，我满心认为他们没有掌握任何可以指控我的证据。但谁都没想到，他们居然有人证来指认，因此我只好承认了自己大部分的罪行。不过我绝不能承认自己曾在一天之内杀害了 9 个人，只能承认 1 天内杀过 6 个人。审讯持续了整整一个星期。之后我被关进了一间牢房。每天我都提心吊胆，担心明天自己会不会被处以死刑？每每想到此处，我都彻夜难眠，睡梦中常常听到母亲的呼唤。

但是，中国共产党给我的惩罚只是 13 年的有期徒刑。宣判之后，幸存的中国家庭质问法官并且大声哭诉。而最后的结果为，我只要服刑 8 年就可以出狱。假如我们今天的会面是发生在战争时代，那么我见到你的第一刻就一定会注意到你的脖子。每当走进联队指挥官办公室的时候，我都会大声说：“鹈野小队长报到!”而联队指挥官或许正坐在桌子旁看地图。望着他的脖子，我会马上忘记自己是一名小队长，而他是我的上司，一名大佐。多么粗壮的颈部啊，我不禁感叹道，然后马上回过神来。

曾经的我，可谓是一个嗜血的魔头。每次见到别人，我都会打量他们的脖子并猜测：这个脖子容易砍还是不容易砍?

事实上，我不曾真正回首过那段岁月，但那正是我一步步成为杀人犯的时光。

现在我为犯下的罪行深深地忏悔。

731部队的活体实验

口述者：731部队实验医生　筱冢良雄

731部队，又称“石井部队”，是日本陆军重要的细菌战研究和实验组织。其创始人和主要负责人是日本陆军中将石井四郎。1935年，731部队成立于哈尔滨郊外的平房村，日本官方对外宣称它是一支“水净化部队”，但其设备和工作内容都被列为军队的最高机密。直到1945年，其实验室建筑群在苏联部队抵达前夕被拆毁。一直以来，731部队专门从事细菌的培养和试验，并将它们制成战争武器。这便牵涉到骇人听闻的人体试验。据说实验室里的俘虏就像动物一样，遭受着无病之疾的折磨。731部队为了研究最致命、最高效的菌株和感染媒介而获取相关数据，故意将那些俘虏暴露在黑死病、鼠疫、流行性出血热、伤寒和梅毒的环境中。

无论是现在，还是美国占领日本时期，日本官方从未正式承认这支部队及其研究项目的存在。但在1982年，一名日本卫生和福利部门的官员曾于国会上承认，石井收到了一笔退休金。731部队进行细菌实验的受害者总人数，从未存在确切的数字。不过，人数很可能有成百上千，甚至成千上万。

受害者大多数是中国人，但有研究称受害者还包括许多盟军战俘，即美国人、英国人、澳大利亚人以及关押在奉天的新西兰人。据相关人士透露，731部队研发的细菌武器计划应用于中国战场；另外至少有一人称，日本还计划用那些细菌武器对付塞班岛上的美国军队。

731部队的工作范围和性质被美国的战后政策干扰而更加错综复杂。美国以换取合作为条件，故意令包括石井四郎本人在内的重要日本医生和官员逃回日本，逃脱了作为战犯被起诉的命运。作为回报，美国得到了细菌战技术和防御知识，另外还有731部队从人体试验中获取的资料和实验记录。据说这些资料对美国战后细菌战研究作出了直接贡献。而那些逃脱法律制裁的日本人中，有许多人继续在相关领域积极工作，更有人通过医学院的阶梯，一跃成为日本顶尖大学和研究机构的教授，还有一名冷冻专家曾担任日本南极探险和研究的主要顾问。

筱冢良雄多次回绝了我们发出的约谈请求，并一直重复说，“和更高级的人士谈吧，或者找我的上级”。不过，他最终同意在其住所附近，千叶市房总半岛的火车站与我们见面。附近田野里的水稻被金黄的谷粒压得直不起腰。

我们谈话的地点在路边一家旅店餐厅。此时正值淡季，这家餐厅寂静得有些诡异。谈话时，一旦涉及他从前经历，筱冢良雄就变得异常谨慎并且斟字酌句，仿佛是被迫说出那些话。只有在重复重点的问题，或者涉及之前他根据自己经历所撰写的文章时，我们才打破沉默，要求他进一步讲述自己的经历。

说实话，我不想回忆很久之前做的那些事，但又感觉必须把它们说出来。战争很肮脏，因而绝不应该再发生第二次。我的所作所为使我成为一名战犯，而非任何理论原因。

中学二年级刚刚读到一半时，我便辍学前往中国。我是家里六兄弟中的老大。父亲曾是一名警察，身材矮小，也做过农民和兼职工人。虽然父母并不赞同我前往中国，但我仍想方设法让他们在我的申请书上盖了家庭印章。从此，我成为日军中一名穿制服的平民职员。在东京陆军医学院传染病防疫研究实验室接受了 1 个多月的培训后，于 1939 年 5 月离开日本，赶赴中国。其实，我从未想过自己去那里要做什么。接受培训的那个月里，我们培养了用于细菌研究的微生物，晚上则学习与中国相关的知识。大概有 30 多人一起参加了培训，大家成了朋友，一切看上去欢快喧闹。我们即将成为石井部队的初级员工。因为和石井司令是同乡，均来自千叶县，16 岁的我便直接从更资深的同事中被选中，成为石井部队中最年轻的职员之一。

我们乘坐轮船从下关港市前往釜山，之后大概又花了 4 天时间，乘火车从釜山出发，于 1939 年 5 月 12 日抵达哈尔滨。刚刚下车，我就闻到了一股难闻的马粪味，因为那里到处都是马车。当时的哈尔滨是国际大都市，有很多沙皇时期留下的俄式建筑。我们乘坐公共汽车，经过一个小时的颠簸，经军用道路抵达石井司令的 731 部队。沿途我们经过了纪念日俄战争中阵亡的日本士兵纪念碑，还有一片延绵到远方的红色的高粱地。

那时，731 部队的驻地看上去还只是一片庞大的混凝土建筑群，长达数百米，静静矗立在一片旷野中间。混凝土建筑的围墙裸露着，不过只有一个入口。主建筑是一栋空心四方块造型的楼房，有 3 层高，除了顶层以外，另外两层都没有窗户。围墙内还有两栋两层楼高的建筑，那就是进行人体试验的场所，而那些用于人体试验的俘虏被称为“特殊组”。生产杆菌之类的设备也在那个地方。

我们抵达之后，军队就在围墙外面修建了住所和兵营。我们这些青年士兵搬进去之后，就和军士一起住在那里，其他员工则每天从哈尔滨坐公共汽车过来工作。731 部队大概有 10 辆公共汽车专门用作通勤车辆。少佐以上的军官配有轿车和司机，他们几个人会坐一辆轿车来工作。当然，如果级别足够高也可以自己开车过来。731 部队的车辆很多，而且还在不断地补充。那里甚至还有一个飞机场。

我们每天 6 点钟准时起床进行军事训练，上午大部分的时间都在听细菌学讲座，根本没有时间想其他的事情。在那里，我们学到的第一种知识就是《军事机密保护法》。其实它的内容非常简单：“勿看、勿言、勿听。”宪兵队警告我们，哪怕透露在这里的一件小事，他们都将根据这部法律的某些条款进行惩罚。据说，这支部队对战争来说极其重要，其工作内容是最高级别的机密。

之后我们了解到的法律就是军事刑法。如果我们逃跑，就会被视作战场逃兵，将死在行刑队的枪口之下。731 部队直接部署了宪兵队。当这支部队成立之时，日军就以军事机密保护法的名义，将居住在那里的所有中国人都逐出家园，只允许在一个“受保护的村庄”里活动。实际上，他们是被囚禁在那里从事苦力劳动。

当时，所有日本人都具有强大的反间谍意识，所以对于那里的一切，我并不感到意外。部队的军官也对我们进行了反共产主义教育。我猜共产党就是日本陆军最害怕的敌人。而且被关在石井部队的囚犯，大多数都是中国共产党员或者共产党员的同情者。部队的士兵们告诉我们，一切关于共产党的事情都是“邪恶的”，他们是“赤色分子，赤色分子”。大概在那里待了两周之后，有一个晚上，我突然听到了铁链声、军靴声和军刀碰撞混杂在一起的刺耳声。

第一次让我感到震惊的是一群实验用的兔子。直到现在我还记忆犹新。

它们接受了药物注射之后痛苦地痉挛着，注射的药物包括氰化物以及硝酸和士的宁。上级要求我们一直盯着这些兔子看，不许移开视线。要是换成今天的孩子，他们肯定做不到。观察动物的死亡过程只是第一步。渐渐地，我们对此不再有任何其他想法，即便在人体试验时，看着躺在我们面前的活人挣扎也不会产生丝毫不适。

在那里，我继续研究老鼠之类的小动物。我们的一切行动都遵照上级的指令，比如培养细菌、对动物进行试验、研究试验结果、精确得出能够杀死小动物的菌株等级等活动。我们每一次都会记录参加实验动物的具体种类及重量，并且记录它们在接受何种剂量的注射后会在多长时间内死亡等数据。一旦动物死去，我们会马上将其解剖。心脏、肝脏、肾脏，所有的内脏都会被取出并做成细菌培养基，测试细菌等级并将相关数据记入表格。我们计算的数据是"发病率等级"。培养出一名这方面的专业人才需要花费整整两年时间。

一群细菌学家专门指导我们的学业。他们大多数都是资深教授，来自名牌大学，比如石井就毕业于京都帝国大学。所有军医都深入研习了细菌学。而我们在毫不知情的情况下，被当作部队的士官甚至军官来培养。

每次关东军的高级军官前来视察，我们都会站成一排，仿佛自己已经是一名士兵那样站得笔直。这就像中了催眠术一样，我们在毫不知情的情况下被分配到那个项目中。两年之后，虽然还未达到服兵役的年龄，我们中的许多人都自愿从军。后来，我也走上了同样的道路。即使我们没有任何教育背景，但我们感觉自己正在成长为一名精英。部队甚至宣称会送我们上大学，虽然在这 30 个人中，只有 2 个人可以得到这个机会。

总之，我们真的与 731 部队的命运连在一起。被分配到细菌部队的我们，一旦完成训练，就会自动成为"化学武器操作者"，并开始获得以奖金形式发放的"化学津贴"。因此在那段时期，我赚到了相当于一名大学毕业生的薪水。现在，虽然我们成为细菌部队的正式成员，但仍然是技术性的平民职员。我们全部努力工作，尝试制造更加致命的细菌。当然，如果在工作中稍有不慎，自己也会被感染。如果不小心擦伤一点皮肤，就很可能会断送性命。在那里的第一年，就有两个人死于非命。而那些处理受感染动物之类的高危工作，一般由青年军里的男孩子负责，我们的上级只负责收集数据和作决策。军队里等级森严，除非想办法晋升，否则你必须做这些工作。

在部队，需要持有特殊通行证才能在那两栋建筑物里进出。我过了很长一段时间才获得这样的资格。但即便如此，我们这种级别的人也很少会去那里。一旦真的踏进那里，你会被吓得魂飞魄散。即便是那些已经丧失人性的人，也无法承受那里的恐怖景象。（说到这里，筱冢良雄停顿了很长一段时间，一言不发地坐在那里。）

问：你去的是什么地方？

答：我走进了围墙内的那两栋建筑里。进到里面需要穿过一扇铁门，还有人专门负责记录每个人的出入时间。墙上还贴着拥有通行资格者的相片。我从未独自进去过，通常都是和上级一起去，做他的助手。在那里，我第一次听到“马路大”这个词。那是军医的专用词。刚开始，我以为它是指日文里的“圆木”。但在德语里，这个词语有医学实验的含义。“多少圆木被砍倒了？”外行肯定听不懂这句话的意思，但我们总是会回答有多少被砍倒，或多少掉了下来。事实上，直到开始出入那两栋建筑的时候，我们才这样说。这个词语，仅限于内部人士之间交流时才会使用。（说到这里，他再次陷入了沉默。）

问：在文章里，你曾提到过注射细菌。你亲手做过这样的事情吗？

答：我并未亲手做过类似的事情。我们尝试令感染过程自然发生。在鼠疫病菌试验中，需要用跳蚤做媒介。我们用了跳蚤。

因为如果直接将细菌注射到动物体内，是无法从实验中得到任何收获的。培养跳蚤，正是我们当初培训时的工作内容。我们用干净的油罐饲养跳蚤，千万不能用生锈的容器。我们将去壳的小麦放进罐子里，大约15厘米深，然后将一只老鼠关在小篮子里放到罐子中，那个篮子和我的拳头差不多大，老鼠在里面无法移动。然后调高湿度，把温度也调到高于老鼠的体温，就这样大概要用一个月的时间观察。无论何时，只要老鼠死了，我们就用新的替换。换老鼠也是我们的工作。有时候，死老鼠的身体上面会附着很多跳蚤，我们就先用吹风机吹掉它们。这一切都在黑暗中进行。而我们浑身上下只穿一件白大褂，手掌和胳膊都裸露在空气中。当跳蚤的数量达到一定的等级时，我们会把小麦倒出来，并在黑暗中借着一盏红色灯泡的光，将跳蚤收集到一个量筒内。跳蚤总是会跑到黑暗的地方去，这是它们的天性。在细菌战中，你只需要将一只注射了鼠疫杆菌的老鼠放到跳蚤中间，跳蚤就会自动依附到老鼠身上，然后日军会将这些老鼠空投到敌军的阵地。老鼠死去后，跳蚤就会四处扩散，但它们并不会寄生在尸体上。上级告诉我们，替换死老鼠的速度要快，因为感染了细菌的跳蚤很可能会跑到我们的身上，但我们不可能做到万无一失。就这样，我们被卷入了细菌战，虽然名义上那只是我们的“实习”工作。

鼠疫病菌首先要感染老鼠，然后才能够感染人体。所以我们也有一个“动物组”，专门负责繁殖老鼠等实验用的动物。它们都是一些普通的老鼠，并非专门用于实验的小白鼠，而是那种体型庞大的黑色耗子。在这种试验中必须用野生品种的老鼠充当跳蚤的寄主。对细菌战而言，实验室的小白鼠太过显眼。

由于我们在工作中接触了细菌，所以回去之前，都会用消毒液洗澡。我们脱掉制服，整个人浸到水里。清洗之后，我们身上都是消毒液的臭味。出于安全方面的考虑，上级命令我们离开部队时，身体不允许带有任何消毒液的气味。所以在回到兵营前，我们还会洗第二次澡，试图把那些异味洗掉，但那股气味已经附着在我们身上，很难消除了。渐渐地，离开部队都变得越来越困难。在工作岗位上我们时常忙得焦头烂额。太平洋战争期间，我们连星期日都不放假，何况那里也没有花钱的地方，所以我们把钱全都存了起来。我每个朋友大概都有 1 000 日元的存款。当时这笔钱拿来买一栋房子都有盈余。

问：你在文中提及曾在一名中国人身上进行试验，他感染鼠疫了吗？

答：是的，他感染了，而且是在一种类自然的过程中感染的。跳蚤可能被放到了绑在他身上的一个盒子里，我不确定。这可以有很多种办法。

问：过了多久那个人才染上黑死病？

答：据说潜伏期通常为一周。

问：他很年轻吗？

答：是的，这些中国人全都很年轻。大多数是男人，也有几个女人。

问：你与其中大多数人的死都有关吗？

答：嗯，让我想想。并不是那么多，虽然我每天能看到他们。事实上，我只负责过一个人的工作。只有那一个人。

问：你是如何看待那些人的？你不会产生任何的怜悯之情吗？

答：其实，一点也没有。我们已经变成那种麻木的人了，而我也变成了一个完全没有同情心的人。毕竟，我们都被一种狭隘的民族主义思想洗脑，对所谓的“大和民族”的优越性坚信不疑。那是一种种族主义观念。如果没有种族优越感，我们就不可能完成自己的工作。现在的人是无法理解这一点的，所以我对“教育”的力量感到恐惧。在之后的人生中，我们只能在人性中挣扎。那是一个极度痛苦的过程。日本战败后，有的人因此而自杀。

问：你和那些人争吵过吗？我知道你能讲中文。

答：确实争吵过，他们咒骂我们是“日本鬼子”。走进实验室的时候，我们只能无视这些咒骂。如果你问“在内心深处你恨他们吗？”我会说，是的，我的确恨他们，但只能选择忽视。换言之，他们不过是一种有价值的实验动物。我们礼貌地对待他们，也会给他们非常好的食物，比我们自己的食物要好得多。说起菜单，我们的确有一份专门给中国人制定的菜单。那里还有一名专门为中国人做饭的厨师。军队总是给中国人提供丰富的食物。只有提供了充足的营养，他们才能成为有价值的实验材料。当你走进他们的厨房，就会发现那里闻起来特别香甜。没有任何异味，只有食物的香味扑鼻而来。真实情况就是如此。

问：关在那里的人，知道会发生什么事吗？

答：是的，他们都知道。

问：你会让受试者活到咽气前最后一刻，并尝试提取鼠疫杆菌吗？

答：是的，这就是实验的目的。除非迅速对他们的身体进行解剖，否则外来细菌会入侵到受试者体内。

问：你是在他们还活着的时候进行这项工作吗？

答：（他又停顿了很长时间。）嗯，是的，在他将死未死的时候进行解剖。如果拖延太久，实验的效果会减弱……

问：你一般从哪些地方提取杆菌，从身体的哪个部位？

答：所有内脏。目的是判断身体的哪个部位最容易受到疾病的干扰。你看，从细菌战的角度来讲，最佳的选择是感染肺部的肺炎性鼠疫，因为这种类型的鼠疫致死速度非常快。正常情况下，如果被那种虱子咬一口，疾病会侵入淋巴系统，皮肤表面就会形成疱疹和脓疱。这就是黑死病，这就是所谓的感染过程。

问：那么，你移除肺脏的目的是用它来培养扩散疾病的杆菌吗？

答：是的，我们用它来培养之前提到过的杆菌。我的确就在那个地方干这种事情。

问：你有朋友感染了鼠疫吗？

答：有的。731部队没有医院，只有一个医务室。如果有人感染了鼠疫，就只能到哈尔滨就医，但如果一名鼠疫病人出现在日军医疗系统中，将会是非常严重的事件。痢疾或斑疹伤寒或许不会引起太大轰动，但仍需要采取措施预防感染。所以，他们不会将病人送进普通军医院。任何人在生病后都会被安排住进一栋特别建筑中。我猜他们会对病人进行治疗，因为病人也是军队的人，但我也不敢肯定。如果有人受到鼠疫的感染，那么就注定会死，不论他是不是军队的成员，下场都没有区别。

问：他们因感染而去世后，也会被用于培养细菌吗？

答：是的，是的，他们也一样。我们都是实验材料。我们死后军衔会连升两级。军队会举行全员参加的葬礼，之后将他们的骨灰送回日本。部队指挥官将亲致悼词，还会为离我们而去的部队成员流下泪水，表达“你的英魂将复仇”等。

问：筱冢先生，你的朋友去世时，你正在现场。你的感受是什么？

答：很久以后，我才知道事情的真相。我的朋友死后，我自愿成为现役军人，离开了那支部队。或许正是因为他们让我目睹朋友的死亡，促使我作出了这个决定。我也不知道自己的感受。那时我想，“我没法再忍受这些了。这是不可能的！我不相信。”他居然会被用作细菌培养的试验材料？真令人难以置信。就算是我本人，也从未想过我们这些人会是如此下场。我很震惊，但不敢和别人谈论此事。如果我敢开口，一定会因为《军事机密法》而受到严惩。

1943年，年满20岁的我离开了731部队。在军队里，在中苏边境完成新兵训练后，我被分配到旅团指挥部，再度成为一名医疗服务人员。医疗部门的负责人也来自731部队，他认识我。之后，我在满洲里的中国医院和研究机构里工作。我认为，正是由于那个原因，我才被允许学习汉语。

作为一名士兵，我与细菌战没有任何关联。我也从未拿起过枪支踏上战场，从未经历过空袭，没有参加过那种血淋淋的战斗。我只是待在指挥部里，那里不存在任何实质上的危险。我总是想走出那个地方，但从未成功。

战争最后时期，绝大多数能够逃回日本的人都与我的经历相仿。731部队中，我的上级柄泽十三夫和川岛清被苏联抓捕并指控为战犯。在中国，有5人被指控为战犯，我就是其中之一。我对此知道得并不多，不过能逃回日本的人，肯定是利用自己的研究成果与美国人进行交易。他们提供了研究资料和试验细节，从而脱离了被指控为战犯的命运。这就是我所知道的。

1955 年，我回到了日本，当时石井司令正经营着一家旅馆，过着平静的生活。一名老朋友提醒我，如果礼节性地拜访一下石井司令，对我一定会很有好处。但我不打算这样做。后来，听说他因为喉癌去世。

731 部队的大多数人都假装对自己的所作所为一无所知。事实上，有很多人原本就来自于顶尖的高校。战后，他们直接来到类似的地点继续工作，还在日本医学界取得了相当崇高的地位。传染病研究所，即国家卫生研究院前身，与 731 部队有着莫大的关系。石井部队的领导人甚至建立过一个老兵协会，称作精魂会。

我也尝试过邀请 731 部队的其他成员讲述自己战时的经历，但未能如愿。在电话里，一名被指控为战犯的少佐的妻子说："我丈夫现在病得很重，我们已经受了很多苦，剩下的时间也不多了。请不要打扰我们。如果他答应谈话，就会勾起很多痛苦的回忆。另外一些真正应该对此负责的人却逃脱了罪责。"她在电话那头哭泣呜咽，最终拒绝为我传达采访的请求。

在接到那个电话的两年之后，我从第三方报道得知，那位少佐，仍是一名积极的慢跑者。

第三部分 日本本土

JAPAN AT WAR

因据守漫长的中国战线，以及满足太平洋战区庞大的作战需求，对日本的军备和战时生产力的要求达到了可怕的程度。日本全体国民被送上日夜不息的生产线，就连小学生都不放过。从战场与殖民地掳来的各国俘虏、民工更是在日本人的殴打、鞭抽下劳作至死。与此同时，那些横行中国的战争恶棍却凭着这些物资大发横财。

“一亿一心”——日本从1940年开始使用的口号。

“胜利之前，欲望止步”——1942年，在大东亚战争爆发一周年纪念之际，日本政府为了募集官方口号举办了一场全国性比赛，这是一名五年级女生提交的参赛作品并最终获奖。

“斗志昂扬”——这个词源自712年的《古事记》，1943年3月10日被选为阵亡将士纪念日的官方口号。

对日本来说，侵华战争意味着据守与苏联接壤、漫长的满洲边境，同时要满足太平洋战区庞大的作战和补给需求，还要将原材料经海路运回日本本土——这个艰巨的任务对军备和战时生产力的要求达到了可怕的程度。尽管从 19 世纪末开始，日本的工业化进程令人印象深刻，但日本是个自然资源匮乏的国家，缺少发展重工业不可或缺的矿产资源和原材料，比如煤、铁、铜、锰、锡、橡胶以及最关键的石油。因此，为了满足自然资源的需求，日本在 20 世纪 30 年代首次踏上征服之路，它全然不顾太平洋两岸的经济态势以及工业思想家的逻辑（尽管煤和铁的产量只有美国的十三分之一），狂妄地发动大东亚战争，其结果可想而知。

战争期间，美国的军工生产远远超过日本，这一点众所周知。几个数字便可说明这种差距：1941 年，日本共制造 5 088 架飞机，而在战争尚未开始之时，美国飞机的年产量就高达 19 433 架。1941 ~ 1944 年，日本总共制造了 58 822 架飞机，而美国的产量为 261 826 架。但数量差距并非关键。日本制造的飞机质量不断下降，而美国战机的品质却在稳步上升。1944 年，日本生产的轻武器弹药只有美国的 6.5%，坦克的产量只有美国的 4.7%。

日本天皇宣布发动大东亚战争后，战争成为全体国民日常生活的基本特征。如果国家的全部资源（特别是人力资源）是维持这场战争的必需品，那就意味着每一个日本人都要在生产、资源节约以及提供热情支持方面发挥作用。

珍珠港事件爆发时，日本的每家每户都早已加入了新成立的社区组织（即邻组），听命于内务省及警察力量。每个邻组由 5 ~ 10 个家庭组成，这些非正式性组织遍布全国，其主要职责是促进邻里间相互监视，并拥有劝诫他人的权力，这种劝诫包括提醒黑色的防空袭窗帘不慎漏光，没有购买分配的政府债券或在捐献金戒指支持国家战争时缺乏热情等。各个邻组还直接参与配给物品的分发工作，这一点可能有助于解释为何邻组可以一直存续到战争结束，而许多其他组织却早已解散的事实。

每所学校都成为全国动员方案中的积木块，就连更名为“国民学校”的小学也被分派了重要任务，即培养“天皇的孩子”，令他们心甘情愿为国家利益“献出自己”。在学校之外，新近合并的“大日本青年会”到 1943 年 6 月之前已拥有 1 400 万名会员，他们被严密地组织结合到一起，大部分都是青年人，从三年级学生到 25 岁的工人不一而足。

各种妇女协会的成员从侵华战争开始时便定期为赶赴前线的士兵们欢呼送行，她们兴奋的面孔提醒着同村同镇参军入伍的男人，他们的女人和孩子在背后支持着他们。1942 年 2 月，这些妇女协会被纳入到统一的组织，即拥有 2 000 万名会员的“大日本妇人会”。在全国各地的村庄里，不同组织的地方性活动都受到“帝国在乡军人会”的监督。一直以来，作为退伍军人组织的基干力量，“帝国在乡军人会”一直在为军队提供后勤支持。

日本在东南亚的军事活动仅仅满足了军队的需要，并未给日本民众带来大额意外财富。掠夺的物资全部投入到军工生产中，很快，各种消费品从商店里消失了。1942 年初，食品、衣物以及其他各种生活必需品严重短缺，很快政府便进行物价管控，之后便实施了更加严格的配给制。日本国内的重要产业在珍珠港事件爆发前便已被政府直接控制，而财阀得益于政府的保护更加肆无忌惮。满足军事需要成为业界公认的优先等级。为满足军方无休止的需求，扎根于社会思想中的生产与资本集中趋势持续加速，一些小中型企业被淘汰出重要生产领域，比如石油生产、石油加工、钢铁、造船、飞机制造、化工生产和轻金属制造等。从事生产和电力分配的企业也经历了惨烈的整合阶段，处于政府的直接管控之下。

许多小型零售商铺和商店很快被迫关闭，因为这些店铺的老板再也没有足够的商品来销售，也无法弄到生产食品或商品所需要的关键性原料。虽然这些小型商店可能已经经营数代之久，但受形势所逼，别无选择。彼时，许多以这种方式谋生的日本人发现自己只能到军工厂工作。根据加强全民动员的相关法规规定，这些“工业战士”失去了更换工作的自由，而工厂和工厂的老板们必须严格遵守各种规章制度，以履行“增产”的目标。极具讽刺意味的是，对这个早已声称人口过剩是其关键性问题之一的国家来说（当时这种说法经常被提及，并充当海外扩张的理由），动员数百万人奔赴东南亚战场，而后又为了本土防御，造成农场和工厂中更加严重的劳动力短缺。

最后，军队和平民不得不采取非常措施。为解决被送往前线的技术工人数量不足的问题，政府首先从各个学校挖来毕业生，然后又从失业者中寻找工人，最后将目光锁定到移居日本的朝鲜人。另外，还有数十万名朝鲜人、来自台湾及大陆的中国人被投入到采矿和建造工作的繁重劳动中，并导致无数人因此丧生。其中，有些劳工是在自己贫瘠的家乡被日本军队抓来的。但更多的人是被招募至此，他们当初得到的承诺是，到达日本之后便能获得较高的报酬以及良好的工作条件，但最终这些劳工发现自己形同囚犯，只能在皮鞭的抽打中从事苦力劳作，直到战争结束。

年轻的妇女以及学生是日本庞大且尚未投入使用的劳动力资源。将未婚妇女召入军工生产的工作也逐渐启动，但已婚妇女则从未被正式征入军工生产之中。据说当时这种政策是为了提高日本婴儿的出生率（口号为“多生多养”）。而招聘已婚妇女以提高劳动力数量的想法受到了政府官员们的阻挠，首相东条英机将军就是强烈的反对者之一。最终越来越多的学生成为劳动力，接替了应征入伍的工人。这些年轻的工人技术不甚熟练，而且营养不良、身体孱弱，但仍然很快“被投入”工作中，甚至还从事夜班，这种工作模式被正式称为“平等教育”。战争结束前，约有 340 万名学生被动员从事各种战时工作。

动员也意味着日本政府采取了广泛努力，以确保各种媒体满怀热情地宣扬其战时目标。事实上，日本很少通过这种手段来详细阐述其远大目标，因为这并非是广大民众应该关注的事情；后者的责任只是服从并执行命令，这一点也被随时随地加以强调。报纸、杂志、小说、绘画、广播、电影以及其他娱乐方式都被纳入战时动员的范畴。严格的审查和自我审查（这也许更加令人窒息）制度已广泛实施。许多报纸上都充斥着“胜利消息”，这是对“军神”和“帝国军队天下无敌”进行的报道，这种军事长篇演说是为了激起民众对“英美鬼子”的仇恨，也符合“加剧对敌人的仇恨”“勤俭节约”这类口号的激励之词。

包括漫画家、画家、小说家和其他艺术家在内的各种艺术人士也被动员起来为战时宣传效力。已成名的画家们纷纷举办以“圣战”和“大东亚战争”

为主题的画展，展品为描绘日本初期所获胜利的宣传画。新拍摄的电影也令日本民众在银幕前体验到祖国获得的军事胜利。《夏威夷之战》和《马来亚1942》再现了日本战机对珍珠港美军舰队发起俯冲轰炸的场景。电影画面如此真实，观众们仿佛身临其境，真切地感受到飞行员们取得胜利时的激动和兴奋之情。新闻纪录片也以日本在“新南方帝国”的具体景象打动观众；伴随着瓦格纳的音乐旋律，日本伞兵部队在西里伯斯岛降落，这些镜头令人难以忘怀。侵华战争期间，日本的小说家们被召集起来，赶赴前线收集素材以撰写颂扬战争的最新作品。杂志和报纸的印刷用纸、拍摄电影的胶片，甚至画家调色板里的颜料都处在政府的管控之下，当局可以任意将这些物资扣留，立即查封某家报社或中止某部电影的拍摄以使其尽量刻画日本的战争，但面对初期胜利的诱惑，许多作家和艺术家的屈从并不需要这些外部压力。

日本逐渐变成了一个口号之国：“视奢侈为敌”；（彼时所谓的奢侈品可能仅仅指一块肥皂或一盒火柴）“多造飞机，支援前线”；“拒绝自我，报效国家”；“以死效国”。日本还举办全国性比赛以创造新口号，这更加剧了民众对日本军方的忠诚度。最常见的是“自我献身”类的口号，比如“……直到战争胜利”。

随着战争的越发激烈，每个人都成为口号世界的一部分，并且刻画现实的内容越来越少，而受到监控的公开信息与民众私下看法之间的差距却越来越大。人们通常用被认可的方式交谈：“恭喜您丈夫赶赴前线”“非常感谢，他很高兴能为国效力”。每一名日本人都有一副公众脸谱，在公开场合，他们便会把它佩戴起来。

随着战争初期的胜利渐行渐远，狭隘的爱国主义蔓延全国，并逐渐激起一种情感主义。唯心论取代了现实主义，象征主义替代了胜利：人们践踏着画在人行道上的星条旗，妇女协会的成员用竹矛猛刺代表罗斯福和丘吉尔的玩偶，以此来操练“本土防御”。对战争方向或战事进程产生质疑的自由主义者们则无法表达自己真实的想法——所有口号和法规的背后站立着庞大的国家警察力量。在“大东亚新秩序”中，帝国至上以外的任何想法都属于“危险思想”。“美国和英国无法获得胜利，因为他们存有个人主义和自由主义的信念。”如果敌人是自由主义者，那么所有的自由主义者都有可能成为敌人。总之，对这场战争缺乏热情的所有异见者都将受到惩罚，即便是对战时动员最小的干扰也会遭到逮捕和惩处。电影院里，如果天皇出现在纪录片中，要是某个观众没有摘下帽子，他就有可能被捕。在日记中写下几个关键性词语也是一种冒险行为。

尽管似乎所有人都表现得团结一致，但不满情绪并未在日本消失。大多数人只是苦于无法表示异议，因而放弃了以其他方式发挥影响的一切希望。剩下的仅仅是忍耐、挣扎并竭力与他人保持一致。可是，政府管控仍然出现问题。尽管它一贯宣扬同等的负担和阵亡，但黑市开始在村镇和城市逐渐兴起。那些与军方高层人士或政府高官过从甚密的人能搞到他们想要的一切。清沢洌是外交事务方面的一位著名作家，他在1943年4月30日的日记中写道："以下说法在城市里非常流行：'在星星（陆军）、锚（海军）、黑市和关系构成的世界里，只有蠢货才排队。'"

民众日常生活遭到的破坏没有任何补偿，只剩下团结一致的幻象。最终，当日本的力量完全依赖于民众的忍耐时，后者表现出了非凡的韧性以及几乎令人难以置信的毅力。但面对敌人强大的武力，民众甚至无力保护自己，更别提把战火烧至美国这类无稽之谈了。作为个体，他们既无法保卫所在城市的天空，也无法与敌方进行和平谈判。本土是日本军方领导人可以肆意行使权力并控制到最后一刻的唯一战区，总之，这些人充分利用了自己的职位。没有反抗、没有爆发，民众只能默默地服从、忍受，直到最后一刻。

第7章 | 战时生活

面包坊的倒闭

口述者：蛋糕师　荒川裕代

1940年4月1日，东京以及另外5个大城市开始实施大米配给制。太平洋战争爆发的两个月后，即1942年2月，味噌和酱油开始凭票供应。此后不久，鱼、鸡蛋、豆腐和其他粮食，几乎所有主要的食物都被列入限制供应的名单中。随着各类资源短缺愈加严重，黑市逐渐兴旺起来。

她是个典型的“江户之子”，意即土生土长的东京人，交谈时语音清晰、语速奇快。她提到了当年制作的长崎蛋糕，这种海绵蛋糕是葡萄牙卡斯提尔面包的仿制品，日本人第一次见识到它时还是在16世纪。这种蛋糕又长又薄，制作时不会起酥，是日本人最喜爱的糕点之一。

我们在东京深川区的门前仲町有一个店铺。我们在那里制作长崎蛋糕，并把它们送往电影院、戏院以及驶往大岛的各艘客轮上的小商店。我们以每块4钱2厘的价格批发给小商贩，他们再以10钱左右的价格卖给顾客。仅仅通过那些小商店，我们每个月就能销售1 000块蛋糕，特别是夏天生意很好。我们有大约100个客户，那时候的浅草区还有许多电影院。除了蛋糕之外，我们还卖烤鱿鱼、奶油花生和油炸青豆。这些食物以散装的方式从别处批发，我们将其单独包装后再销售出去。

我丈夫是店里的主厨，负责制作长崎蛋糕。每天凌晨 3 点，他就准时开始做蛋糕。将一罐鸡蛋、一罐糖和一罐面粉投入机器中，“当啷、当啷、当啷！”就是机器搅拌时发出的声音。我敢肯定，我们的邻居认为这是剧烈的噪声。蛋糕烘焙好之后，我便和另一个伙计把一块块蛋糕单独包好，再将它们放入一个能容纳 30 块蛋糕的盒子中。中午前，蛋糕盒已堆得高高的。送货员把这些蛋糕送往各个剧场，总有许多人待在那里看电影。等送货员回来后，我就开始数钱并记录账目。我经常累到趴在那些账簿上呼呼大睡。

沿街还有许多其他店铺：一个鱼档、一个天妇罗店、几个蔬菜摊和干货铺、一个杂货店、一个纸制品店、一个幛子店和一个扇子店。在我们店铺对面有个卖肉饼的摊子，生意特别忙的时候，我们就隔着街喊那个老板订点肉饼当晚饭。如果没有爆发战争的话，我们的生意会一直这样好下去。我们赚了许多钱。战争初期，我经常带着女儿信子去汤河原或盐原的温泉休假一个月，有时也会去大矶的海边，甚至邻居的几个小丫头也会和我们同去。

战事愈加激烈，我们的许多客户都被征入军队或是招进工厂。那时成立了一个面包师协会，大家都相信，如果我们通力合作，就会很容易地弄到糖和面粉这些材料。不过协会很快便提出，小面包坊使用的材料较少，最好的办法是与大面包铺合并。我们储备的糖倒是很充裕，所以能继续独立经营，但有些店铺却难以维系。

我们的生意是食品销售，所以当时并未因为各类资源短缺而受罪。不知怎么回事，其他人总会给我们带来些东西，比如蔬菜，或者拿来玩具和书籍送给信子。就连许多东西在城里消失不见时，我们的生活也没有受到太大的影响。不过只要看见有人在排队，人们就会加入其中，即便不知道卖的是什么东西。当时流传着一个笑话：你站到队列中，结果发现自己正等着进入葬礼现场。

有一天忽然下起雨来，我担心小雨会变成暴雨，于是从二楼朝外张望。这时，我看到一支长长的队伍一直延伸至街道尽头，排队的人都撑着雨伞。我以为是火神庙出了什么事，可当我走下楼梯时却发现队伍排在我们的店铺门前。他们排队就是为了购买长崎蛋糕。我丈夫烘焙蛋糕时香气弥漫四周，大概就是从那时起，人们开始陆陆续续地排队。于是，我们就以 10 钱的价格把蛋糕直接卖给他们。

我一直拒绝加入那些国防妇人会。因为一旦加入这些组织，就要一直在外面奔波，根本没时间在店里干活。对我来说，参加町内妇人会就已足够。加入其他团体的都是知识分子家庭里的“夫人”，她们带着女佣一起参加活动。在我加入的町内会里，我们穿着白色的围裙，戴着写有协会名称的绶带，挥着旗子送别赶赴前线的士兵。这些事情并不是同时发生的，不过很快就会发现，“住在那所房子里的男人不见了”或“他被带去从事生产了”。许多店铺和生意都关门了，或者由妇女继续经营。

邻组负责人必须出自10个家庭组成的邻组，所以我也当过一段时间的负责人。一旦成了邻组的负责人，其他人就会随时随地来找你；无论是何种场合，所有活动都要出席。如果有谁被召入军队，那就必须去他家中道贺，还要带去一些送别的赠金。这种事几乎每天都发生，所以我忙得不可开交，根本没时间做自己的事。之所以前去祝贺是因为他们获得了为国效力的资格，千万不能说“这太可怕了，我真为你感到遗憾，照顾好自己，平安归来”这样的话。但我敢肯定，他们的家人会这样说，“请务必回到我们身边”或“别送命啊”。任何家庭，如果孩子或丈夫没能活着回来，那么这个家就毁了。

战争开始一年半内，战况还算顺利，我弟弟经常带着信子东奔西走参加各种胜利游行。说实话，我真的没时间参加那些活动。但没过多久，门前仲町各条街道的各个拐角好像都站满了人，还请我们为士兵的“千人针”腰带缝上一针。他们期盼这种东西能阻止子弹击中自己的亲人。现在想起这些，我还会不寒而栗。不过当时真的很难拒绝这样的请求。我曾打听过其中一个人，他何时出征？“暂时还不会，但我们觉得他随时都会被征召入伍，所以我们要提前作好准备。”慢慢地，许多阵亡者的消息开始传回来，每个人都生活在亲人会被紧急征召的恐惧中。

我们町内有四五个人同时被征召入伍，我们就聚在一起举办了一场联合涤罪仪式。我弟弟也要入伍，我们便前往神社作祈祷。在那里，信子的舅舅发表了一通出色的讲话，这些话听上去极其庄严，简直让人无法相信这是从他嘴里说出的。“值此樱花盛开之际，我对国家的征召致以谢意，我发誓，我会为你们所有人、为这个国家尽己所能。”那时他还在鹤见的三菱重工业株式会社工作。通过丈夫表弟的关系，他在那里找到了一份工作，还时刻祈祷自己不会被军队征召，因为他已是三菱重工的员工。丈夫的表弟是一名预备役中尉，每次收到征召令之后，他总会在第二天就返回。他一共被征召了

3 次，但每次都回来了。他在飞机上工作，反正他们这些大人物总有办法。

军人（甚至不需要太高的军衔，只要穿件披风或挎着佩刀就可以）有时候会从旁边的蔬菜摊直接拿走东西不付钱。那个摊主告诉我，这些军人把东西装进袋子里拿走，他根本不敢向军人要钱。警察也是这样，对此我们无能为力，因为他们时刻监视着你的一举一动。当我们还在烘焙长崎蛋糕时，每隔两三天，警察就会从这里走过。“哦，你们在烤蛋糕吧，味道真香。”不孝敬一点东西，就无法把他打发走。那名警察戴着一顶做工精细、帽檐高耸、帅气漂亮的警帽。

有一段时间，我们得到了一批“上海鸡蛋”，其实就是蛋粉。把蛋粉掺上水，再放入搅拌机内与面粉混合，但它们无法像真正的鸡蛋那样产生泡沫，最终蛋糕的口感也不好，一点都不膨松。但最后连蛋粉也没有了，我们只好改做三明治，更重要的是，剩下的糖也不多了。我们买来 10 条面包，把它们尽可能地切成薄片，再填上鲸肉火腿，三明治就做成了。其实那时候城里已买不到真正的猪肉火腿。不过好在我们认识一个在水产品研究室工作的人，那里的官员有不限量供应的黄油，于是我们从那里弄到了黄油。

很快面包就从我们这些普通人的视线里消失了，鲸肉火腿也没有了。我们只好放弃三明治生意，转而尝试做“切片面包”。那时候丈夫已被召入工厂工作，不过他可以在晚上教我如何制作切片面包。由于这是军方的订单，所以我们得到了充足的物资。先揉面，再把豆沙掺进去，把面团做成象鼻子的形状，烘焙之后切片，再把成品交给一位批发商。

附近留下的男人已寥寥无几，只剩下隔壁纸制品店的老爷爷、自行车店的老大叔以及鱼档的一位老人。大多数店铺都已歇业，只有商品到来的时候才会开门营业，例如干鳕鱼到货时，就要去鱼档排队购买。不过大家相互帮助，我认为那时候人与人之间的关系非常好。

最终，我们被迫把烘焙机交给军方，因为它是特制品，但没有得到任何经济补偿。在此之前，我们还捐献了手表、金牙和一切有价值的物品。像我们这些愚忠的民众，政府要求捐献什么，我们就老老实实地执行，而那些横行中国的右翼恶棍却拿着这些东西大发横财。

最后我们决定离开东京，因为家当已所剩无几，空袭也将愈演愈烈。

每次我去学校接信子时，都会听到逼近的飞机发出的轰鸣，我便迅速躲入沿着路边挖掘的壕沟。过了一会儿轰鸣声远去，我再爬出壕沟，继续向学校走去。我们被疏散之后前往的地区有许多军事设施和工厂。士兵们经常来到农民的住处搭起炉灶煮饭。大人物们则住在寺庙里，小兵就跟农民待在一起。那时候，农民们的住房很宽敞，能容留四五个士兵过夜。我们身边有不少军人，所以我并不是很害怕，当时的想法是："要是出了什么事，士兵肯定会保护我们的。"

1945 年 3 月 9 日，我们那座位于门前仲町的住房在空袭中被烧毁。我还听说，鱼档的老人在那场空袭中丧生。尽管房子没了，但我们还是从废墟中挖出了几个饭碗和一些仍能使用的生活用品。另外，我们还挖出一个搅拌盆，它大得像个澡盆。后来我们把盆带了回去，用它来洗澡。所有人都陷入食物短缺的困境。我曾经用和服换了些大米。

附近有一条德国牧羊犬，特别友善，也很听话。可每当发出空袭警报时，甚至在警报响起之前，它就会撕心裂肺地吼叫。这是一种悲伤、凄凉得令人难以置信的吼叫。它的主人很有钱，住的房子非常漂亮，家中的儿子是一名牙医。他们把狗藏在木地板下，可它还是不停地叫。后来军方下令把它杀掉，称它干扰了军队的通讯设施。最终，主人只好把它毒死。

我们再也没有回去门前仲町制作长崎蛋糕。不过我们还算幸运，全家没有一个人在战争中丧生。

一位农村新娘的生活重担

口述者：独力支撑家庭的年轻新娘　田中东纪

绿油油的稻田散发出夏天的气息。宽敞的房屋里，一具硕大的风扇全速运转，用力搅动着空气。这所房屋位于一条陡峭道路末端的小寺庙旁，看上去就像伫立在山丘的边缘。房屋几乎被石块和混凝土砌成的一座池塘所环绕，池塘里养着幼鲤，这是她去世的丈夫的宠物。

"谈到这个问题，我猜您肯定会说每个人都曾经在战争期间经历过一段艰难的日子。如果把我丈夫的弟弟也算在内，仅仅上畠的这个小村庄就有 6 个人在战争中丧生。那时候，村里只有 33 户人家。"她的两个兄弟也在战斗中死亡，而她的父亲则死于空袭。

这位74岁的老妇腰板笔直，走起路来充满活力，操一口当地方言。加州大学圣地亚哥分校的两名美国学生正跟这一家人共度为期3周的“家庭寄宿”。

1933年底结婚时，我只有20岁。那时候的婚姻并不涉及真正的爱情，完全是家庭间的联姻。次年1月20日，我丈夫被召入现役，4月份前往中国。他离开时甚至不知道我已怀上了我们的儿子。

那时候，新娘的地位很糟糕。我嫁过来时，他们家还有许多孩子。我那时就想，自己嫁给他可真是够蠢的！丈夫的家里有9个孩子，6个男孩，他是老大。他的3个妹妹分别只有10岁、3岁和1岁。之前我就听说他们家的孩子很多，可不知道究竟有多少个。很快，我也生下了自己的孩子。家里由婆婆掌管着所有的钱财。有时候，我还要回娘家向父亲要钱，但这也远远不够。冬天，我编织用于捆扎炭包的草绳，也做炭包；夏天我就养蚕。做这一切只是为了多赚点钱，要不然怎么养活那么多的孩子？

我们几乎从来都不花钱购买任何食物，吃的都是自家种的东西。有时候，鱼贩会来到这里，我们也会买一些鱼。不过我们没有鞋子。冬天，当地上积满厚厚的白雪时，我们就穿上稻草编织的草鞋。我们经常挖蕨菜和其他野菜，也在自家的田地里种植蔬菜。我们只能细心照顾好自己。那时候，村里连电都没有。

我的公公去世了，第二年丈夫的爷爷也撒手人寰；所以家中只剩下婆婆和我照料一大群孩子和祭坛。不管怎样，我们必须想办法赚钱。我经常在稻田里干活，跟现在这种宽阔的农田不同，那时候的稻田面积很小，东一块西一块散布在各处。家里还有一头牛。现在回想起来，我真的不敢相信自己是怎样熬过来的。我连晚上也经常干活，一直忙到天色渐晓。早晨，家里留一个人准备早饭，其他人必须去田里干活。我的丈夫在军队里，很少给我写信，所以我也根本不知道他在哪里。

那时我还要从事国防妇人会的工作。欢送士兵们离开，迎接他们回来，这些繁琐的仪式都要去参加。另外，我们还必须自愿为军队捐款。村里没入伍的男人在一座山丘上烧制木炭，我们会去那里帮他们把木炭背下山。我们还要设法慰问士兵，就是收集一些小东西、购买罐头给他们寄去，制作“慰问包”、书写“慰问信”。我们都是老派的妇女，字写得很难看。在楼上干活时，我会写上一两行慰问语，其实一封信会耗费许多时间。去欢送村里的入伍者时，我还必须请求婆婆的批准，因为农活实在太多，不过“去”或“不去”，我都没有任何选择。无论做什么事情，我都要事先征求她的许可，毫无自由可言。结婚的第十年，我怀上了第二个孩子，那段时间丈夫回家住了一年左右。但他离开时，女儿还在我的肚子里，所以他毫不知情。之后他返回金泽接新兵的时候，我带着出生30天的女儿去见他。火车挤得要命，而且没有任何食物。那时候就连一个苹果也很难弄到。寒风中，我把孩子背在身上。他已当上士官，还为我们安排了过夜的住处。他告诉我他因为聪明，所以在军队里得到了上级的提拔。除此之外，我不记得我们还谈过些什么。那时候衣服也实行配给制，每个人只能按照配给券定量购买。我丈夫从一些来自长野的单身士兵那里为我弄到了一些配给券。现在想到这些我都会泪流满面，这实在令人尴尬不已。丈夫给我买了两条粉红色的衬裙，我把它们盖在宝宝身上，他还买了个玩具。后来我们在金泽火车站分手，他去了东南亚，而我只能在返程途中默默地哭泣。

他在中国北方的时候还会写信给我，可去了东南亚之后，有两年的时间音讯全无。我必须坚强起来，如果被生活打败，就彻底没有希望了。在那段时间里，因为家里没有男人，其他人都会轻视你。他们会说，你只是一个女人而已。但我从未让这种事情发生在我身上。我必须生活下去，不能被其他人轻视。不过，你永远不知道那些人对你作何感想。“那户人家出了什么事？”他们会这样问，“户主这么长的时间都没有来信，这些女人大概以为他还活着吧，不过我敢肯定他已经死了。”人们就在我们背后这样议论，迟早你会听到这些话。“我不能被他们打败。”这就是我当时的想法，“我必须更加努力，绝不能被这些话打垮。”

我们面临着很多的困难，但最难的是保持全家团聚。那时候，每户人家的房子都搭着可以让积雪滑下的屋顶，上面铺着用芦苇铺成的厚厚的茅草。我家的屋顶覆盖了12间房屋（近24码）。收集足够的茅草是个繁重的工作，也是最令我担心的问题之一。如果想住得好一些，必须准备大批的芦苇；对一个女人来说，这项工作相当艰巨。首先，你要把芦苇剪断，把它们晒干，然后再捆扎起来。之后要把这些芦苇堆在山上，晚些时候再把它们背下山，搬上屋顶，把它们铺好。这一切必须在秋季完成。

如果家里有一个没去前线的男人，那事情就好办了。可那段时间里，几乎每一家都没有男人，他们全都不在。其实有几户人家还有老人留下，可他们帮不上什么忙。家里能干活的人只有婆婆和我，而我的父亲住在深山里。有一年，我请他来帮我们。他一直劳作到天黑，我仍记得他在夜色中转身回家的情景。

我有两个兄弟，一个在陆军服役，是一名飞行员，另一个加入了海军特攻队。海军允许他回家和父母及兄弟姐妹们道别。他知道自己很快就会以身赴死，进入一艘潜艇后撞向敌人。那时他还没有结婚。我赶回娘家与他见面，我知道如果自己能待到他离开的时候会更好些，可丈夫家里还有好多事情，所以见他一面之后只能匆匆返回。第二天一早我又像平常一样开始忙碌起来。

那时候，这里还没有公交车，私家车更是难觅踪迹，只有一辆运送木炭的卡车往返于稻美町。我最后一次看见弟弟时，他正动身归队。我甚至没办法为他送行，因为那时我还在山上忙着收集茅草，只能默默地看着他离开，可他并不知道。我那可怜的弟弟，我对他充满了同情。这种场景太可怕了，我独自站在那里任由泪水顺着脸颊奔涌而下。我能做的只是停下手里的活儿，看着他离去。他穿着水兵制服，坐在卡车的木炭堆上，就这样离开了这一片大山。

战争还在继续，我们参加了预备役协会举办的军事演练。一些男人为我们削制了竹矛，扎起稻草人充当靶子。我们的头上扎着头带，胸前披着国防妇人会的绶带，顶着炽热的阳光，在学校的操场上操练竹矛。赤日炎炎，有些人体力不支晕倒了。所有人都竭尽全力。当然，如果你敢公然发表反对这场战争的言论，那你就是个“叛徒”。无论面对什么任务，都必须回答“是，是”。但想起丈夫在前线遇到的困难，便顿觉自己做的这些似乎也算不上什么了。

“黄色是失恋的颜色”

口述者：和服缝制商　小筱绫子

太平洋战争刚刚爆发，日本国民的服装配给便受到严格控制。1942年2月1日，商工省宣布对服装实施凭票供应制，城市居民每人每年限定为100点，乡村居民为80点。一件衬衫需要8点，一双袜子为2点，一件男士大衣则要50点。起初有些人还能得到额外的点数以购买毛巾这类指定物品。但随着战争不断发展，分配给国民们的点数日渐减少，商品的“成本”大幅提升，而且大多数商品从商店里直接消失了。

“65 年来，我一直从事服装生意。”作为一名顶尖的时装设计师，她正忙着为自己即将在伦敦举办的时装秀进行最后的准备。大阪的工作室内，电话铃声不时响起，她的助手来回奔走。她的 3 个女儿也是国际著名的服装设计师以及女商人，甚至比母亲更出名。

我们是和服缝制商。在我开始制作西式服装时，穿这种衣服的女性真的很少见。大多数客户都是店员，例如来自大丸、高岛屋和白木屋百货商店的女营业员。事实上，这些人中只有最时尚的姑娘才会考虑穿西式服装，大部分人都穿和服，有时候也穿百货公司发给她们的制服。不过我仍穿着和服，因为实在太忙，根本没时间为自己缝制一件西式服装。

战争爆发后，就没人再来服装店了。就算做了一件衣服，也没人来穿。我记得那时候裙子已经不再流行，所以妇女们穿的是一种被称为“雪裤”的裤裙，和现在的裤装很像。布料裁成和服的样式之后很难制成臃肿的雪裤，因为制作和服布料的样式很窄，必须再添一块料子才行。当然，打样是最难的。于是我即兴发挥，采用暗褶，一共设计出 3 种雪裤。其中的一种与裤子类似，腰部配上松紧带，因为考虑到有些人系腰带有些困难。我还去各个学校免费为学生改服装，我有许多时间，反正店里也不忙。妇女会的成员也会把自己的衣服带来，我就指导她们如何将这些衣服改成雪裤。我经常帮她们修改衣服，那段时间里我轻轻松松地改了一百多件。有些人很聪明，只要看看我的动作就能学会，但有些人学得很慢，无论我演示多少次，她们总是无法抓到窍门。

战争期间，一切的事物都是国防色，就是军队特有的色彩：军装的颜色。现在，要是我向经历过战时岁月的妇女们推荐卡其布，她们肯定会厌恶不已。她们会说，这让她们想起当年的情形，而这恰恰是她们不愿回想的。不过当年，这是最保险的颜色，适用于任何时刻、任何地点。满大街都是国防色。战争结束后，这种颜色被遗忘了很长一段时间，最近又有卷土重来的趋势。我想这大概是一种复古潮流吧。

相关禁令规定，一切美的东西都被禁止，就连和服上的单行金绣线也不允许出现。和服的衣袖只能缩短，套在和服外的羽织也必须裁短。据说这样穿起来显得更加英武。

整个战争期间，我的店铺一直开门营业。那么漂亮的和服被我拆掉制作成雪裤，真的很可惜。我还曾经用旧面料做了些西式服装，不过这些衣服没太多人穿。尽管一切物品都要配给并采取凭票供应的制度，但我们的生意仍然很不错。从和歌山县的淡轮到大阪府中心的堺市，一共有 132 家店铺接受服装配给券。当两辆卡车将配给的面料送来时，其中一辆运的布料就是我的店铺订的，另一辆卡车则分配给另外 131 家店铺。我们拥有很多配给券。

我们得到的面料各种各样，有白布、富士绢、绉绸，甚至还有大花布。我不知道军方为何一直留着大花布，也许他们想制作窗帘。我们甚至还分到了手工织的土布。粗丝布 1 点，棉布 1 点，人造丝布 5 点。每人都有一本配给簿,里面是 1 点到 5 点不等的配给券。买东西时,先交配给券,然后再付钱。运送面料的卡车来过之后，人们一大早就排起长队。上午 10 点开门营业时，他们已在外面排了两个多小时。而我只以官方规定的价格出售布料，并把布料剪成标准的 3 码长度。白布的价格为一码 3 钱。有些人需要买两份，如果有一个大家庭，那只能这样做，哪怕只是为家人缝制短裤。通常情况下，我都会请他们再次排队，但有时候我什么都不说，直接给他们两份。第二天，他们还会特地过来感谢我："昨天实在太谢谢您了！"他们还会将一些藏在婴儿车内的大米或另一些东西带来给我以示感谢。所以我从来都不缺大米，还经常有新鲜的大米、洋葱、蘑菇等。至于黑市生意我从不插手，也不搞欺诈。对此顾客特别满意。

所有东西都需要配给，包括香烟和鱼。大概 10 户人家一起分一条小小的鲭鱼。岸和田是一处滩头捕鱼区，渔民们经常在岸边下网，傍晚时会给我们送来一些鱼，因为他们想要换一些白布。像捕鱼这种工作很容易把衣服弄脏，他们需要布料制作衬衫这类衣物。我们手里有许多白布，就以适当的价格卖给他们。其实他们送来的鱼我们根本吃不完，于是就把多余的分给邻居们。家里的亲戚住得都很远，所以和邻居分享是最好的办法。现在还有许多人告诉我，他们在那段时期过得很艰苦，根本弄不到足够的食物，但我在整个战争期间从未担心过这种问题。我的日子比大多数人过得好一些。

我丈夫也与其他人一样应征入伍，1944 年 2 月病死在海外。我家房门前挂着一块刻有"忠勇之家"字样的标牌。正因为如此，就算我幻想再嫁，那也是毫无用处的爱情。我一直都很低调谨慎，而且要随时提防宪兵。我从未做过什么错事，但觉得我的合作伙伴有点害怕宪兵。总之，我不会考虑再婚的事情。

在那段战时岁月里，我们的一举一动都受到各种约束。我们不得不担心国家、周边的人们在想什么，生活受到了彻底的压制。

战争结束后没过两三年，各种新款服饰突然间再次出现。到处都是热烈的大花图案、苏格兰格子呢和各种亮丽的色彩。我的世界终于到来了！我可以尽情发挥了！那时候很流行红色和黄色。而我喜欢黄色，各种黄色，比如柠檬黄、蜜瓜黄、芥末黄。人们说："黄色是失恋的颜色。"不过我不在乎，我就是喜欢。

第 8 章 | 战争劳工

制造气球炸弹

口述者：女子学院学生　田中哲子

自吉米·杜立特于 1942 年 4 月对日本城市发起首次空袭之后，一种“新式武器”，即携带着炸弹的气球，被构思并研发出来以对北美大陆发起攻击。气球的直径约为 10 米，由纸或胶布制成，里面灌满氢气，然后将一颗 15 公斤的杀伤弹和两颗 2.2 公斤的燃烧弹挂在气球下。从本州中部和北部数个发射点中选取一个将气球放出，借助于高度控制系统和压舱的沙袋，气球会升至规定高度，在急流的裹挟下，跨越太平洋，向东飘飞 8 000 多公里。1944 年 11 月至 1945 年 4 月间，9 300 多个气球炸弹被释放出去，而且真的有一些到达了美国和加拿大的西北部。

战争期间，她是一名参与制作纸气球的学生。现在的她是一名志愿者，与另外一些志同道合的人一起帮助战争结束时滞留在中国、目前仍在寻找国内亲属的日本妇女。

我的祖先是为山口地区封建领主效力的武士，家中一面墙壁上有一排陈列着长矛的架子。奶奶经常对我说：“你必须表现出武士家庭之女的气派来。”无论在学校或是其他地方，我总会想着她的话。当我开始对身边的世界有意识的时候，日本已处在战争之中。我的父亲是一名教师，就是那些向学生宣扬军国主义的老师中的一员，当然我也毫不例外地受到了军国主义教育。这种教育的基础立足于“对天皇尽忠的爱国主义”和“为国家奉献自我”的原则。任何人都不应该考虑自己的利益，总之我们都应为天皇效力，哪怕献出自己的生命也在所不惜。

太平洋战争爆发的那一年，我刚进入山口高等女子学校。在学校上了几堂课后，我成为一名芭蕾舞演员的梦想便结束了。12 月 8 日，收音机里播放了一条新闻。我听完之后，一种紧张感油然而生。这太令人震惊了！日本对美国宣战了！美国可是个大国！不过我并不害怕，当时唯一的想法便是，毫无疑问日本会获胜，但必将是一场激烈、艰难的斗争。

入学的第一年，学校里还会安排老师授课，但是英语课被取消了，因为这是敌人的语言。在音乐课上，可以学习德国和意大利的曲子，但是明令禁止学习美国和英国的乐曲。后来，学校里几乎所有的课程都中断了，学生教育的主要内容是义务劳动。因为男人们被不断送上前线，学生们便被派去帮助他们的家庭种植水稻、除草、收割水稻、种植小麦。我经常帮他们从山上将木炭背下山。事实上此前我从未干过农活。虽然这是一种非常艰苦的体力劳动，但那时我没有将之视作困难。有一次第 42 步兵联队驻扎在山口县，我们就去军营替士兵们缝补军装、钉上纽扣。没有人会因此而抱怨，因为我们是以天皇为中心的神圣国家的一分子，整个日本民族都要为这场战争贡献力量。

1944 年，一名陆军军官从九州小仓兵工厂来到学校，他说我们将要制造一种“秘密武器”，而这种武器会对战争割据产生至关重要的影响。然而他当时没有明确地告诉我们将要去制造气球炸弹，只是提到这种武器将飞至美国。由此，我们的使命感油然而生！

1944 年 8 月，学校开办了一个工厂。校园里布满支架，架子上摆着大小如一张榻榻米的干燥板，两端配有手柄。我们在木板上薄薄地刷上一层用魔芋制成的糨糊，然后再铺上两张日本纸，把气泡挤出。待纸张干燥以后，再均匀地刷上一层更厚的糨糊。这种糨糊呈淡蓝色，就像天空的色彩。这一程序要重复 5 次才算大功告成。那时，我们真的相信自己在从事一项秘密工作，所以我从不与他人谈论此事，在家里也不会提起。可衣服上沾满了糨糊，这是无法掩盖的事实，所以家人肯定已经猜到些什么。

学校的两个篮球场也变成干燥场。球场旁有一棵巨大的银杏树，打球的时候，这里就变成美妙的休息地点。作为篮球俱乐部的成员，我以前经常躺在树下小憩。现在，这棵大树被砍掉了，因为它挡住了阳光。

我们的工作进度取决于太阳的配合。下雨时，我们要把这些东西搬入体育馆。秋天雨季到来后，我们就什么也做不了。无论那些军官怎样用生产指标来提醒我们，都没办法把浆糊弄干，而且湿乎乎的浆糊总是散发出难闻的气味。最后，我们只好把各间教室里的课桌椅子清空，搬来一个大火炉和一堆木炭在教室里生火，所有的窗户和过道都排满了干燥板。有几次我们差点因一氧化碳中毒而丧命。

山口县另一所学校，中村女子学校的学生也在进行同样的工作。很快我们就听说她们要去兵工厂干活。那为什么我们不能去？那是 1944 年 12 月，战争态势对日本极为不利。我们清楚，如果待在学校，产量就会一直低迷，甚至下降。所以，我们向校长递交了请愿书。之前住在学校附近的一名女生还特地跑回家取了一把剃刀，让我们割破手指写下请愿书："请允许我们去吧，我们要为国效力。"

当时我们还不知道，校长一直在抵制将学生派往小仓的命令，因为兵工厂成为空袭目标的可能性极大。但最终，传达给校方的命令无论如何都无法推脱，1945 年 2 月 2 日，我们出发前往兵工厂。我还记得那天是我 16 岁的生日。150 名学生列队出发，那些身体太过虚弱的同学则留在学校。我们一个个神采飞扬地前行，头上扎着白色的头带，上面写着"学徒特工队"。但我们毕竟是孩子，路人以为这是学校组织的一场远足活动。那时我就想自己可能再也不会回来，所以在离开前，我剪下一缕头发，用纸将其与指甲包裹起来，连同遗书放在家里，上面还压了一本书。

到达之后，我被工厂的规模惊得目瞪口呆。机器的轰鸣声震耳欲聋，到处都是用蒸汽爆破机进行干燥的金属干燥板。工人带我们来到对气球进行组装和测试的地点，那里摆着一个硕大的气球，直径可能有 10 米。这一幕令我们激动不已。这就是我们一直在制造的东西！这激发起我们努力工作的决心。一个直径 10 米的气球需要大约 600 张榻榻米大小的纸张。

当晚，我们搬进了分配的宿舍，那里没有任何取暖设备，只有出发时校方让我们携带的毛毯，工厂只提供了蓝色的棉睡垫。第一天早上，我们被《杜鹃圆舞曲》的乐声唤醒。那时才 4 点 30 分！吃完早饭我们便动身去上班。从宿舍到工厂步行需要 50 分钟。我们扎着头巾，脚上穿着二趾袜和木屐，穿着裤裙，唱着军歌，排成 4 列朝着工厂前进。每个人都有一顶棉制空袭帽，还像士兵那样在胸前斜绑着一个应急包。为了避免成为空袭目标，我们没有穿任何白色衣物。

到达工厂前方空地之后，就开始举行晨会。一名年轻的军官（他是军校毕业生，可能是一名大尉）会发表一通训诫，例如“我们会用这些武器打败美国。努力工作吧，完成你们的定额任务！”之后，我们一同大声背诵军人敕谕。现在我只能记得“军人当以尽忠尽节为本分”这一句，但以前我能背诵全文。

早上 6 点，我们会接替上夜班的工人，她们是中村女子中学校的女生。从干燥板上流下的浆糊总是把地面弄得一片泥泞，上方的蒸汽凝结成水滴不停地落在我们身上。每人负责两块干燥板。因为纸张很快就会变干，所以我们必须像螃蟹那样在干燥板之间来回穿梭。如果纸张过干就会开裂，无法通过质检，这是不可原谅的疏忽。为了提高效率，我们光着脚在黏糊糊的地面上跑来跑去。

我已经不记得是否吃过午饭了。一个细心的同学留下一本日记，她在日记中曾写道，我们太饿了，所以在吃早饭的同时也把中饭吃了，而且这样也可以节约时间。通常我们都是连续工作 12 个小时，除了去厕所，中途没有任何休息。厕所在厂房外，很脏，也没有电，由于灯火管制，夜里也没有电灯，所以我们只能尽量不去上厕所。

上夜班时，工厂会在午夜特别给我们配发两个饭团。我们对此感到十分高兴，就站在那里把饭团吃掉，这时机器也会暂时停顿。除此之外，我们还会拿到两片白色的药丸。有人说这是营养丸，也有人认为它是兴奋剂。不过，只有上夜班时才能得到这种药丸。后来听说这是九州帝国大学试制的药片，以便让飞行员保持清醒，而我们就是用来测试药效的实验品。不过可以肯定的是，吃了这种药片之后，我们的确不再打瞌睡了。每当无法完成工作定额的时候，我们就只能强忍疲劳继续干下去。我也不记得当时的定额是多少，只记得为了完成任务，我不停地奔跑。渐渐地，那些体质较弱的女生落在了后面。

从工厂回到宿舍之后，我们会把食物吞食一空。它们是一如既往的少，吃完之后我们就跑步去洗澡，因为室外实在太冷了。工厂里有蒸汽，所以很温暖，但厂房外却是一片天寒地冻。而且穿着湿漉漉的衣服返回宿舍时，阵阵寒风冷彻骨髓。那里的浴室很大，我总是最先到达，而这通常意味着能得到足够的热水。

我所在的小组大约有10个人。但现在我已记不清她们都是谁，唯一有印象的是我身边的一个姑娘。通常我们都非常疲惫，吃的食物是红薯，但有时这些红薯老得发黑，混在米饭中发出一股奇怪的味道。有时候，工厂发给我们的食物是一碗米饭和一杯味噌汤，没有蔬菜，什么都没有。这些食物根本就不足以维持我们被迫从事的工作。通常周日进行换班。星期日这一整天，我们都睡得像死人一样。其实那天也是洗衣日。我们的裤裙总是被浆糊弄得硬邦邦的。洗衣房只有屋顶，没有墙壁，我们完全暴露在室外的空气中，天气非常冷，洗衣服的水同样冰冷刺骨。有时候家人也会来探望，但他们见到的只是我们熟睡的面孔。我家里还有4个弟妹，当妈妈告诉我她无法来看望我时，我虽然很伤感但也理解。其实父母很挂念我，一直想给我送点食物。后来一位邻居来工厂的时候，妈妈就请她给我捎了一点甜豆饼。我收到食物的时候实在太高兴了，泪水禁不住地往下流。那几块甜豆饼的滋味直到现在我还记得清清楚楚。

工作时我们竭尽全力、一个个干劲十足，但收到家里寄来的信件或包裹时，总是泣不成声。起初，我们还会分享家里送来的一切，但渐渐地，就算自己认为应该跟同学们分享，你也不会这样做了。房间的两侧摆放着衣柜，下班之后姑娘们就把头埋入柜中开始吃东西，互相之间没有任何交流。其他人对你来说已经不再重要。

那里没有任何报纸可读，也没有收音机可听，甚至连帝国大本营的新闻公告都看不到。我们只是不停地粘贴纸张，然后将制作的气球炸弹从千叶或宫城县释放，看着它们升入急流中，飘过太平洋，到达北美大陆的西海岸。季风在3月平息之后，释放气球就变得非常困难，因此小仓兵工厂的工作在2月底就停顿了。在那里我只待了两个月。那时，工厂里的材料已耗尽，没有纸张，就连制作浆糊的魔芋也用完了。

战争结束后，我们觉得自己所做的一切、所有的努力、遭受的痛苦完全白费了。一种空虚感彻底将我打倒。而我真的不愿回想那段在小仓度过的日子，那里的一切都不值得回忆。

30年后，当我父母的房屋翻新的时候，当年我用来摆放遗书的那本书意外地出现了。我母亲拿着它找到我，脸上带着震惊的表情："我们刚刚发现了这个。”我非常难堪，就把它扔掉了。遗书中写的是：“我即将赶赴小仓兵工厂为国效力了……”我还请求父母“原谅自己早早以身赴死”。这份遗书被发现令我尴尬不已，但它也让我想起当初的自己曾做过的那些愚蠢的事。直到 40 年后我们才获知当年制造的气球炸弹确实有一些到达了美国。它们引发了几起森林火灾，还造成一些人员伤亡，受害者中包括几名儿童。1945 年 5 月，一颗气球炸弹在俄勒冈州爆炸，正在野餐的 5 个孩子和一名妇女被炸死。听到这个消息时，我惊呆了。是我制造了这些武器！在此之前，我只是觉得自己的青春韶华被攫夺，错过了学习的机会，还认为自己是战争的受害者。

我们当中有些人聚在一起，认为应该想办法向受害者的亲人道歉。于是，我开始和当年的同学们联系，但遇到了强大的阻力，因为她们并不认为自己是加害者。战争期间，美国人对日本疯狂投掷炸弹，还在广岛和长崎投放了原子弹。有人说，如果你想谈论加害者的话，应该找当初那些领导我们的人。对此我深感失望。在气球炸弹制造厂工作过的女校友遍布全日本，而她们的经历经常被美化——这些年轻的姑娘为了国家尽了最大的努力，为制造秘密武器而努力工作。其中的许多人都不愿回想这究竟意味着什么。

毒打、毒打、还是毒打

口述者：朝鲜劳工　安重烈

日本的战时工作严重缺乏人力，因此朝鲜就成为重要的劳动力来源。根据 1939 年《国民征用令》相关规定所提供的权力，日本官员在朝鲜搜罗到大批工人。据报道，战争期间有 67 万～100 万朝鲜人被送至日本，在各地从事煤矿、建筑和其他艰巨的工作。数目不详的朝鲜妇女也被送至日本以及帝国的其他地区，其中许多人被迫沦为慰安妇，从中国东北到东印度的各个岛屿，她们在简陋的妓院里为日军士兵和日方行政管理人员提供性服务。

70 岁的安重烈看上去很虚弱，但他的声音仍然洪亮有力。由于在战争期间遭受到持续的创伤，他患上了严重的听力障碍，而他为之效力的日本政府，曾在 1910 年吞并了他的祖国朝鲜。

朝鲜就是一个殖民地，民众毫无人权可言。我们就像奴隶一样，空有一张嘴，但无法也不能表达心中的想法。虽然有头脑和身躯，但不能思考，也不能做自己想做的事情。我来自忠清北道，位于现在大韩民国的中部。作为日本政府统驭下的农民，我们的生活条件很糟糕，糟糕到根本无法想象，和现在的乞丐差不多。我所在的村庄有80户人家，其中只有3个孩子上了小学。学费是每个月60钱，像我们这种穷人根本无力承担。上了3年学之后，我只好辍学。直到13岁时，我才进入一年级。

后来，我去了京城，也就是现在的首尔，在一个纺纱厂找到了工作。管理工厂的是日本人，进厂前必须通过考试。他们一般不会雇用普通人，但从我家乡出来的人都是出色的工人，而且早已名声在外。早晨7点进入工厂，一直忙碌直到晚上7点，每天可以赚到17钱。日本人（甚至是妇女）戴着白色的帽子在厂房内来回巡视，每天能赚2元。那时一个鸡蛋的价格是1钱。这就是说，我工作一整天，忙得浑身油污，只能赚到17个鸡蛋。

1940年，日本建国2 600年。我记得那时候还唱了一首纪念歌曲。然而很快战争形势恶化，日本开始招募朝鲜人充当志愿兵，这还是第一次发生这种事。我是家里的长子。我不禁担心，要是自己死了，整个家庭以后怎么办。我本想辞去厂里的工作返回家中，可日本人不允许我离开。我只好让父母发来电报谎称他们中有一个人去世，工厂才允许我离开。那时我才17岁。回到老家，我就找了一份开采黄金的工作，用凿子和锤子挖进山中。那时候，在很多人眼中，干挖金矿的工作就等于赴死。谁都不知道矿井何时会发生坍塌，但是每天能赚60钱。

1941年，大东亚战争爆发，政府更关心的是铁和煤，而非黄金，所以金矿被迫关闭，我又失去了工作。如果在农村游手好闲，就会被拉去服劳役，还会被送到日本。有时警察会直接冲进田里把正在种植水稻的男人抓走。现在，那些警察知道我从金矿回来，所以特地过来通知我将被送到日本。果不其然，很快我和其他几个人就被押到了州首府，在那里，州长发表了一通长篇大论："我希望你们去日本，为天皇陛下工作。奉献你们的生命吧。"

就这样，我们来到了日本。那是1942年。600名朝鲜青年在下关登上一列火车，为防止我们逃走，车窗全部被封死。火车一路向北驶往青森。在火车上，就算小便也不能去厕所。日本人会说："去车尾解决。"我们只好站在行驶中的火车尾上解决内急，日本人则攥紧我们的腰带。

在北海道登船赶往函馆前，我们被关到青森的一座“客栈”中。这里的一切设备都像是给罪犯准备的，刚刚踏进门，铁丝网便进入封闭状态，根本无法逃跑。之后一些行为举止与当今黑帮成员无异的人来接我们，并将我们带到一处修建中的海军机场，分配给一个名叫“平野组”的建筑公司。日本人从未告诉过我们那里的地址，从来没有，而我们只是“某机场修建队”。

当初州长的告别讲话很隆重，可来到这里后我们发现情况完全不同。每天我们都遭到很残暴的殴打，日本人还会朝我们喊：“Bango！”那里大多数的朝鲜人根本听不懂日语，因为他们从未上过学，更不知道这个词语的意思是“报数”。见我们毫无反应，日本人便毫不留情地开始毒打。而我上过几天学，所以稍稍明白一些话。

第二天，我们的行李就被收走了。日本人说：“我们先把行李存起来。你们要在这里工作3年，到时再还给你们。”我们到达机场时已是4月，但那里的气候依旧寒冷，凛冽的北风一个劲儿地从千岛群岛吹来。我们只能穿着一条短裤，因为日本人不允许我们多穿，他们还理直气壮地说：“要是让你们穿好衣服，你们肯定会逃跑。”寒风中，我们被冻得瑟瑟发抖。我们接到的第一个工作是填平地面，因此需要挖掘山丘来填补凹陷，挖了足够的泥土之后就要大堆大堆地将其搬运到指定地点。接下来就是铺设火山灰和石块，然后浇上沥青。完成这个紧急任务之后，我们手上的皮全都被磨破。当时美国人的飞机已在日本上空盘旋，日本飞机也要做好起飞的准备。需要一年工期的工作必须在3个月内完成。我告诉你，我们在那里就是奴隶。如果对工人人道，则根本无法如此迅速地完成任务。工头的腰带上都会挎着佩刀和手枪来作我们的监工和领导。就算是一些微不足道的事情，都会令他们拔出佩刀，狂暴地挥舞着恐吓我们。我们自然都很害怕。而其他“工作人员”配有鞭子，不停地抽打我们。我无法告诉你那有多痛。

我们经常没有鞋子穿。每天他们会发3双草鞋，工作的时候你把一双穿在脚上，另外两双系在腰间。等到晚上收工时，这些草鞋就全没了，因为都被磨光了。我们在那里拼命地来回奔跑，伴随着日本人的殴打、鞭抽，不停地推运泥土和石块。北海道的风力强劲，清晨雾色蒙蒙，尘土就在身边盘旋，我们的脸总是黑乎乎的。每天往返于营房和工地的途中，我们扛着铁锹，被迫高声唱着军歌，如果歌声不够响亮就会遭到殴打。日本人吼道：“你们想逃跑，是不是？”

返回营房时，日本人会搜身来检查我们是否偷了什么东西。事实上我们只穿着短裤，即便罪犯也不会受到如此恶劣的待遇。吃晚饭时他们强迫我们唱歌：“每一滴水源自天地，每一粒米赐自神灵。”之后我们还必须对所得到的食物表达谢意：“我要开动了！”日本人会用碗舀出一碗米饭扣在一个盘子里，再放一块咸菜。没有汤，也没其他东西。我们的食物就是这些东西，而且还要卖力劳动。就连亲密的朋友也无法认出对方的脸，因为每个人都很消瘦。

洗澡时，日本人会高呼：“换人！”你就要赶紧爬进去。等轮到自己时，你必须蹲下，准备按照命令跳出去。如果动作稍慢些，就会遭到毒打。没人知道自己想干什么，反正只要照做就行了。晚上睡觉时，我们会放下草席，头对头摊开被褥，只留下足以让一名穿着厚重的工作靴、拎着一柄木剑的监工通行的通道。如果我们相互交谈，就会遭到木剑的击打，“你们在嘀咕什么？混蛋！”

许多承受不住繁重劳作的人死去了，因为食物太少、没有衣物，只是不停地干活。如果没有强烈的求生欲，根本无法在那里生存下去。我们这个营房里住着一百三四十人，一年之内就有 30 多个人死亡。早上，我们经常看到某人躺在那里不停地呻吟着：“疼！疼！”等晚上我们回来时，他已经死了很久。北海道的森林随处可见，日本人会挖个浅浅的坑把尸体扔进去，甚至不会发一封电报通知死者的家人。

信件？他们会发一封“样板信”，命令我们每隔半年照葫芦画瓢写上一封给家里人。信里会说：“我吃得很好，肚子里满是大米。日本人信守承诺，按时付给我们工钱。世界上没有比这里更好的地方了。我感到非常高兴。”这完全是胡说八道，但我们只能这样写。然后日本人把信塞入信封，但我不确定他们是否把这些信寄出去。如果你敢在信中稍稍流露出一丝怨言，他们就会把你打个半死。

我有两次差点被日本人打死。因为我上过学，懂一点地理知识，知道北海道的地形，总是思忖着逃跑的计划。另外，我还是劳工中的一个小头目，只跟那些和我抱有同样感受的人交谈，在私下里经常探讨该如何逃走以及向哪里逃的问题。那天晚上，我们决定要尝试一次，并定下了逃跑的日子。第二天，日本人发现了我们的计划，还给我们的一个“朋友”安排了较为轻松的工作。没想到我们那么信任他，可他却出卖了大家。

日本人把我关在大门内的空地处，以便让每个工人都看到。他们不给我食物，殴打甚至用木剑刺我。没人阻止他们，甚至没有一个人尝试这样做。我被日本人打得半死，奄奄一息。日本人见我一动不动，就在我身上盖了张草席，又向草席上浇水。

结果大家都以为我死了。后来有人告诉我："没想到第二天早上你又开始喘气了。"这真的太可怕了。

还有一次，同样的事情，不，是更加糟糕的事情发生在我身上。当时，我们正在挖掘火山灰，然后被告知很快会登上一辆卡车离开，要是我们的行李中有短裤或长裤的话，他们就去帮忙取来。我有一条挖金矿时穿的长裤，于是请他们帮忙拿过来。但我不记得裤子的口袋里还有 10 元朝鲜币。当晚，例行搜身检查时，一名监工发现了这些钱，"这是什么？你藏着钱打算用来逃跑！你这个混蛋！"日本人把我拖出去狠狠地打，结果我的两只耳朵肿得像拳头那么大。他们没有带我去看医生，也没有给我药物。"像你这样的混蛋死了活该！一个朝鲜人？两个朝鲜人？还不如一条狗！"这就是工头们的原话。我就是在那时失去了听力。

我们在机场的工地上用小车推土，如果日本人让一个体弱者跟一个身强体健者搭档，小车就会翻覆，那么这两个人都会遭到毒打。而且有时候后面的小推车会与前面的车撞在一起，将某个劳工夹在中间，如果他的腿断了，就会被日本人杀掉。"我们可不打算白白地养你三四个月。"每次我们从工地回来时，伤者都已消失不见。我们知道，他们都被杀死了。

工钱？他们根本就没给过。离开朝鲜时他们还信誓旦旦地说我们每天能得到 1.5 元的薪水。可到了日本之后我们连一天的工钱都没见到过。日本人会给我们一份香烟配给，就是一包"美野里"牌散装烟草。可想吸烟的时候却发现根本没有火。只有监工们下达"吸烟"的命令时，大家才能冲向他们递来的一块炽热的煤炭，点燃烟管。一百多人全靠这一小块煤炭才能吸烟，如果动作不够快、不够敏捷，就别想抽上烟。

我终于在 1943 年逃脱了日本人的魔爪。我们的住所是一座建筑营房，壁板厚得像水泥墙，厕所的底部还有尖刺，以此来防止劳工逃跑。实际上，以前的确有些劳工跳入粪坑试图从粪便里游出去。我也一直在寻找其他逃生的办法，只是苦于没有工具。但是每次去厕所（我去那里只是为了这个目的），我都在寻找合适的地方，以便能挖开一条逃生通道。

那天晚上终于被我找到了。我开始不停地挖掘，终于挖出一个能让自己穿过的洞穴。这一切都要在当晚就完成。我有一个共患难的工友，我想带着他一同逃离苦海，便回去叫醒了他。而他也有朋友，就这样，最后共有 20 名劳工逃了出去。当时是凌晨 1 点或 2 点的时候，监工们已酣然入睡。他们这一整天都在毒打工人，早已筋疲力尽。我们溜进他们的房间，从衣服到怀表，把能偷走的东西都偷走了。我们知道，如果一同逃亡，很可能被抓住，那就再也无法活着离开，所以逃出营地后，我们就各自散开了。

白天，我睡在山里；夜间继续逃亡之旅。其间吃的大多数食物是土豆。那时，10 月土豆收获季节刚过，我想法从储存点弄到了些，生火把它们烤熟。有时我也会吃南瓜。北海道的南瓜味道真的不错。我一直沿着铁路线逃亡，跋涉了整整 7 天，坚信这条铁路最终会把我带至函馆，而且我也觉得日本人会顺着公路搜捕。之后我变卖了偷来的手表，弄到了一些钱。我真的很幸运，居然在铁轨上捡到了一张车票，而且还是去大阪的车票！肯定是某一个乘客在火车里上厕所时不慎遗落的。这张车票救了我，我的运气真的很好。

后来我到了大阪梅田车站。因为外表看上去完全像是一名工人，身上还背着出逃时携带的衣服卷，立即就有个男人朝我走来，并询问我愿不愿意找个活儿干。就这样，我在樱岛日立造船厂得到了一份工作。后来我发现自己跟许多美国战俘在一起工作，他们的衣服背后都写着号码。我们制造船舶使用的管道和配件，将沙子塞入管道，再将其加热，然后将其弯曲形成需要的形状。那些美军战俘真的很可怜，我很同情他们，不过他们从不认为美国会输掉这场战争。我还问了他们对日本的看法，得到的回答只是：“日本人很坏，食物太少，工作太多。”他们还说：“我们的军队（美军）会来救我们的。”

我递给一名战俘一根香烟，他连声说道：“谢谢，谢谢！”如果我被监工发现，就会遭到殴打。在这里，我结识了一个朋友，他也是朝鲜人。我们经常告诉那些美国人：“（我们）不是日本人。（我们是）朝鲜人，朝鲜人。”见他们似懂非懂，我便画了一张地图向他们指明朝鲜的位置。他们这些美国人似乎明白了，于是我们相互握手。

大阪终于遭受到空袭。我想要是待在城内，很可能会被飞机炸死，于是离开造船厂前往群马，我叔叔在那里从事某种转包生意。他给我找了份工作。一天晚上，高崎市遭遇空袭，直到那时我才知道空袭多么可怕。半夜我逃入一座寺庙，在那迎来战争的结束。那场空袭发生在 1945 年 8 月 14 日夜间。

日本战败了，听到这条消息我非常高兴，甚至欢呼雀跃，并认为“自己终于可以回家了”！第二年我来到下关，打算乘船回国，但在那里遇到了一个熟人，他已经回去过一次，可现在又回到了日本。他告诉我：“别回朝鲜去，那里比这儿更糟糕。李承晚又上台了，一切都被美国人掌控。我们先是遭到日本的殖民统治，如今那里又成了美国的殖民地。”因此我决定留在日本。我认为“自己反对美国控制大韩民国”。直到今天，我依然无法回到韩国。我认为朝鲜的命运应该由朝鲜人自己来掌握。美国人和苏联人，都应该离开朝鲜！这就是我的真实想法。

安先生离开房间，去汽车站接从幼儿园放学回来的孙女的那段时间里，他的妻子江连世津（他在战后结识的一名日本女人）在整个访谈期间一直安静地坐在旁边，现在才开始低声说话，但她的话语中有一种惊人的力量。

“直到今天，我的丈夫也没有被允许返回韩国，他是‘在日本朝鲜人总联合会’的348名执行委员之一，没有办法回家，除非朝鲜半岛能够统一。为此他奉献了一生。虽然其意识形态倾向于北方，可他的家乡却在南方。

“每当我们发生争吵，出现意见分歧时，我就觉得他把我看作一个日本婊子，这也是我讨厌他的原因。无论我在弹球盘店里多么忙碌，他总是说‘这是为了我们的组织’，却从来不说‘是为了我们的家庭’。我每天都要忙到凌晨2点，早晨6点前又要起床。我只能努力挣钱来承兑他签出的支票，有时候甚至要提前半年到一年来支付。弹球机的调整和设置都要我亲力亲为。35年来，我从未休息过一天。我想要的只是美美地睡上一觉，哪怕只是一次。我们也没攒下多少钱，因为他总是把我们赚的钱全部拿去挥霍。就因为我是日本人，所以他报复，有时候我会产生这样的想法。

“户籍上我仍是日本人，可我已和丈夫共同生活了近40年。他对我影响很深，现在我认为自己也是朝鲜人。而且我很想与他回到祖国，我必须也希望拉着他的手为他引路。丈夫总是重复说自己最多还能再活两三年，我便鼓励他，‘你妈妈还在那里呢’。如果他真的死在日本，我会把他的骨灰收集起来并把它们带回他的祖国。”

毒气工厂

口述者：毒气制造工人　中岛吉见

大久野岛是濑户内海的一个小岛，隶属于广岛县。1927年，日本陆军选中该岛并在这里建起一座生产各类毒气的工厂。确保岛上的安全很容易，因为海水将它与附近的城镇隔离开，因此能够有效地防止意外事故的发生。先前居住在岛上的几户人家被疏散，以便为工厂腾出地方。大久野岛上的工厂是日本唯一可以进行大规模生产毒气的地方。1937年爆发侵华战争后，化学武器的需求量急剧增加，工厂生产的毒气也被运至其他军工厂，以便将其装入炮弹中。1938～1940年，大久野岛上的生产设施迅速扩充，从业人员多达6 000人。岛屿周围的保密工作极其严格。实际上，这座岛屿已于1938年从日本的地图上消失，只留下一片大海的空白，直到1947年，这座岛屿才再次出现在地图中。

现年82岁的中岛吉见瘦得像皮包骨，他躺在忠海医院一间狭小病房的床上，病房里还有另外3名病人，这里是日本为毒气受害者提供治疗的唯一医院。像他一样住院治疗的患者有20余人，大多数人都是去门诊就医。由于从事多年毒气生产工作，他患有慢性支气管炎。与中岛先生的第一次会谈，多次因他一阵阵的咳嗽而中止。

第二天，他的状况非常“不错”。在会谈中，以刺耳的嗓音表述自己的经历似乎耗尽了他全部的体力。事实上很难听清楚他在说些什么，但显而易见，他很想表达自己的想法。提及生产流程时，可以断定他非常熟悉，但他没有精力对一个局外人作出详尽的解释。他的妻子坐在一旁，在他需要的时候默默地递上一张张面巾纸。

刚开始从事那份工作时，我真的特别高兴。而被雇用的时候，我对这份工作没有任何了解，也不清楚毒气到底意味着什么。当时因为经济不景气，这里根本找不到什么活干，而这份工作只要帝国陆军继续存在，就一直能做下去。所以，我去了大久野岛。

那里的工厂制造光气、芥子气、催泪性毒气和窒息性毒气等。最后一种毒气，就算吸入很少的量也会送命。我们非常清楚自己用硫酸、盐酸和食盐这些原料制造的是什么东西。那里有一间用玻璃封闭的房间，被称作“制造室”。我们就是在那与各种气体打交道。我的主要工作是制造二氧二乙硫醚，也就是芥子气。这种毒气作用持久，不易挥发。工作时，工人必须穿上全套防护服，我们称之为“章鱼服”。夏季穿这种衣服很难受。

换气系统确保制造室中的空气清洁，但毒气的毒性很强，风扇被腐蚀，导致换气系统经常发生故障。它停止工作时，房间里便充满毒气。就算戴着防毒面具，仍会吸入一些。即便戴着橡胶手套，穿着全套防护服，毒气还是会穿过裂缝或衣服的接缝渗透到皮肤。

换气系统开始工作时，风扇会发出剧烈的声响，将厂房里的空气排出。每当气压下降、云层低垂时，工厂排出的气体就会笼罩着岛屿久久不散。下雨时，这些废气便会落到地面。芥子气生产厂后方的松树都渐渐枯死了。

1937 ~ 1944 年，我都在岛上工作，在 A-2 制造室度过了近 7 年的时间。这里一共有二十几个人负责制造芥子气，从来都没有休息时间，没有周六或周日。我们每天都要工作 12 个小时，有时连晚上都不能休息。只有得到医生的批准时，我们才能休息一天。事实上这并非出自医生本意，而是根据上级的命令来执行的。工厂负责人是一名大佐，这里也有宪兵驻扎，他们甚至和我们一起洗澡。总而言之，这是一座秘密工厂。

A-4 厂房生产的毒气会被送至真空蒸馏楼，倒入罐内。这座高大的蒸馏楼伫立在小岛的另一端，由燃烧器加热，依靠电泵启动。当 3 具燃烧器共同工作时，罐内的温度会急剧升高，毒气开始泛起微小的气泡。罐内必须达到真空状态，因为就算出现最轻微的泄漏，所有的工作都将付诸东流。这时上级就会找我：“真空罐出故障了，中岛君，请检查一下。”这样我就必须走进制造室进行检查，在疑似泄漏的地方涂抹上煤焦油，以便找出泄漏点。这种检查我做过很多次。

通常完成检查工作之后，我的双手和双腿都会泛起水泡，在薄薄的皮肤下，水凝结起来。如果把水泡刺破，疼痛会持续很长时间。去医务室治疗时，医生会给我撒一些爽身粉，但这没有任何疗效。皮肤干燥破裂后，就开始有脓血渗出。但最痛苦的是毒气引发的咳嗽。最严重的时候，胸部会出现剧烈的疼痛。突然间无法呼吸这种情况在工人身上很常见，我就试过四五次。如果抓住枕头坐起来并把它紧紧按在胸前拉伸，我就可以非常勉强地喘过气来。

借助这种方法，我慢慢地呼吸。那时候我还很年轻，这大概就是我能活下来的原因。而且我很尽职，即便发生这种情况，第二天还是会去上班。

每天上班时，我会先骑着自行车到火车站，下了火车再乘船去岛上。小小的忠海港口停着五六艘运送工人的船只。我不知道岛上到底有多少工人，大概五千多人吧。8点左右开始工作，我们都听着广播做体操，然后便开始按照当日的计划工作：存放物资或从事生产。从事生产就是真空蒸馏的过程！工作地点是一个硕大的罐子，比人还高，外面环绕着一根螺旋管，里面非常闷热。我总是戴着防毒面具，穿着防护服。存放物资是最简单的工作，因为可以在室外进行。当然也可能被分配到从废液中分离毒气的工作，而那些废液看上去就像黏稠的污泥。用4层玻璃对废液进行过滤，分离出的毒气被倒入一个50公斤容量的桶里，然后检查人员用试纸查验，判断毒气是否合格。

夏季温度超过30摄氏度后，装载“黄1-B型”毒气的容器会不时发生破裂，因此必须有10个人在这种情况发生之前就把积聚的气体放出。据说，这种毒气将被送到中国。虽然我不确定传言的真实性，但它显然会被运至某个地方投入使用。而这些制造毒气的人，皮肤都会泛起水泡并逐渐出现溃烂的迹象，所以我清楚，一旦这种毒气被投入使用会发生哪些可怕的事情。最大的水泡直径为5～6厘米，而稍微小一点的，大小犹如用手指在胳膊上按一下之后留下的指印。

尽管我签过一份保密规定，发誓不向任何人透露实情，但家人却清楚我在干什么。因为我的皮肤总是粗糙不堪，有时候还会渗出血迹，内脏也受到损伤，而且脸色发暗，几乎呈黑色。虽然工作时戴着防毒面具，可是这毫无用处……

每次登上火车，即便车厢挤满人，只要我走近，人们就会自动让开，宁愿空出自己的座位。他们肯定以为我是个麻风病患者，却不知道我在毒气厂工作。我的睾丸真的很疼，就像遍布全身的疼痛那样难以忍受。

我们穿着防护服、戴着防毒面具，连续工作两个小时之后便去洗澡。澡堂真的非常棒，又大又深。我们在工厂食堂用餐，那里的食物很充裕，毕竟这是一座兵工厂。

有时候我们会去三岛附近的神社拜谒。那时我的身体已经受到了毒气的侵害，连走路都非常困难。我的身体虚弱无力，还不停地咳嗽，脸色发黑，之后皮肤开始剥落，全身上下都这样。直到现在我的身体还有一些疤痕，就像胳膊下面的这一处。(他拉开浴衣，向我展示了一块黑色的疤痕，大小犹如一枚硬币，摸上去硬邦邦的。) 我的后背也是这样，布满了这些黑色、僵硬的伤疤。

陆军高级将领林铣十郎来工厂视察时，我和另外两名工人脱掉衬衫，给他展示了我们受到毒气侵害的身体。战后，那两位工友死于咯血。与我一同工作过的朋友们都死了。为了能顺利地呼吸，有些人甚至在喉咙上开了个孔。如果加上奖金，每个月我能赚 200 元，这比学校校长的工资都高。生产芥子气时，我就能拿到“毒气奖”，夜班也能得到补助。我还可以用配给券在工厂的商店里购买许多东西，比如糖果和清酒，但那不是真正的清酒，而是一种合成品。那时城里没有糖果出售。所以每一次拿到工资，我都会花得所剩无几。

后来我还去中国前线当了一年兵。1943 年，我又前往一支坦克部队里接受训练。但他们立即告诉我：“回家去吧，你的身体已经受到毒气侵害，不适合上战场。”而这支部队最终去了硫磺岛，几乎所有人都在那里丧生。现在，想起那些人我就泪流不止，然后便会咳嗽。

1944 年，我再次被召入军队，这次是去广岛当炮兵，后来又去了千叶的武器学校。最后，战争终于结束了。我们列队聆听广播，就是天皇的“玉音放送”[1]。听完之后我晕了过去，两名战友背着我离开操场。说实话，日本战败真令我痛不欲生。我们没日没夜地工作，就是为了赢得胜利，这是我们工作的动力。现在，那些工作都付诸东流，一切都毫无意义。

每当我咳嗽时，便会想起这些可怕的往事。

从医院附近的一个港口乘船到大久野岛需要 15 分钟。现在，这座岛屿已经成为度假胜地，网球场、自行车道、棕榈树和一座朴实无华的 4 层楼房——“国民宿舍”点缀其间。许多路牌指明了钓鱼地和露营地的方向，但没有指出残留的毒气储存仓库或电力站的所在地。这里还有一座毒气资料馆，刚刚对外开放，但目前还没有游客，就连工作人员都没有。资料馆内的一个玻璃橱里，展示着中岛吉见

①“玉音放送”是指日本天皇首次向日本普通公众广播。天皇的录音被称为“玉音”，“放送”是日语“广播”的意思，出自“二战”中日本天皇的《终战诏书》。

的一本邮政储蓄簿。储蓄簿的表面已呈褐色，里面记录着他购买的战时债券以及允许他提取现金的额度。一同展出的还有一套毒气生产工人的制服和另外几套破碎的生产设备。

第9章 | 记录战争

亲历南京大屠杀

口述者：摄影师　浅井达三

“每次去靖国神社的纪念馆，我都能看到自己拍摄的人物和事件，此时脑中便会响起一种声音说道：‘他是我拍的，他也是我拍的，好多人都是我拍的。’对我而言，这实属不易。整场战争历时9年，在那期间，我去过每一条战线。对我来说，摄影机和胶片就是步枪和子弹。但我拍摄的那些影片全都被麦克阿瑟收缴。后来，美国将其归还给我们，目前这些胶片存放在国立电影中心或其他某些地方。但政府从不让我们观看其中的内容。日本的官员说，他们没有钱来播放这些影片，谁都清楚那是官僚作风的废话。那都是关于人性的影片，他们没有权利向公众隐瞒。”

他那一头长长的白发散落在肩头，身形又高又瘦，周身散发出艺术家的光环。他经常举起一架虚拟的摄影机，双手移动或变换角度，以此来描述故事。

侵华战争爆发时，我正在为米高梅撰写报道日本的新闻，但赫斯特报系的《每日新闻》才是公司的主要客户。那时我们忙得要命，每周都要发出一两篇报道，从政府倒台到火车失事，全部都是介绍日本国内情况的新闻。然而因为我们是为一家外国新闻机构工作，所以没能获准跟随军队去中国。

1937年7月7日卢沟桥事变爆发后，共同通讯社、朝日新闻、读卖新闻和其他所有通讯社开始对发生在中国北方的战事进行全国范围的报道。我们只能从其他新闻机构弄来胶片拷贝，再将其寄到公司设在美国的办公室。

1937年8月，战事转至上海，新闻从业人员疯狂地对这场战争加以报道。共同通信社是一个新组建的新闻机构，因此几乎没有老资格的从业人员，只有一些带着摄影机的普通摄影师在上海。该机构问我是否愿意加入他们的行列，我抓住了这个机会。在上海，我待了整整6年。

我经常四处奔波，直到现在我仍然认为这令人难以置信。轰炸重庆时，我跟随轰炸机飞行了10次。汪精卫逃离重庆时，我还采访过他，后来他在日本占领区成立"政府"并担任主席。我甚至采访了那支我本应按照征兵通知服役的部队，就是来自东京的"嘉纳部队"。他们在上海登陆，刚刚经历了一场激烈的战斗，我就去他们的指挥部采访。两天后，部队长嘉纳阵亡。这条消息令我非常震惊。

很快，大批特约通讯员都赶到了上海，包括记者、摄影师和新闻电影拍摄者在内。我只好每周前往东京寄回至少两三卷胶片，因为上海的战事已经呈现胶着状态。4个月来，战线没有发生任何变化。士兵们一连数日甚至数周都无法前进。通常情况下，等待去前线战壕接防的士兵会告诉你诸如"我喜欢吃寿司"这一类的事情，也会偶尔谈起他们的家庭。这就是他们所关心的全部。有时候他们也会问："我们能打赢这场战争吗？"他们还经常请我过去，让我陪他们小坐片刻。在目前的情况下，他们不知道接下来会发生什么事。

上海已沦为一片混凝土丛林，到处都是又长又矮的住房。如果钻入房屋之间的巷子，就会被子弹击中，所以士兵打通了各座房屋的内壁，以便向前推进。我带着摄影机跟随他们一同前进。有一次，我钻进一条巷子，在街道穿行，以便拍摄日军士兵从对面有利位置冲来的镜头。突然，敌军从10英尺外朝我开枪，子弹击中了身旁的墙壁。就在这时，我拍摄的海军陆战队士兵们穿过墙壁冲了过来，他们架起一挺重机枪开火，"咚、咚、咚、咚、咚！"子弹射入头顶上方的墙壁时，我才意识到敌人就在上面，正朝陆战队员还击。摄影机立即瞄向我军士兵。我记录了非常精彩的镜头，因为这是从中国军队这一方拍摄的，而且镜头非常真实。我当时的位置实际是在中国军队那一侧。之后我冷静下来仔细回想了这件事，在交战现场我脑中一片空白，只想着拍摄照片，这就是我那样做的唯一原因。

我跟随著名的“西住”战车部队前行，这支部队是“电影明星”，因为作战勇猛，部队长西住阵亡后被奉为“军神”。我经常跟他们的士兵一同冲在最前方。通常，在坦克的履带下挖一个散兵坑睡在里面，这样一来，即便对方的迫击炮弹袭来，也不会受伤。如果在前线待的时间够长，就能学会应对各种状况的办法。赶赴前线的一些摄影新人由于第一次跟踪拍摄部队战况，许多人都被打死。他们确实不知道该如何保护自己。

经历过一场战斗后，我返回了上海。途中路过一所战地医院，它位于长江一条支流的河口处。我们驱车经过时，看见一名负伤的士兵穿着医院的白色病号服蹲在地上，那姿势就像罗丹的“沉思者”。此时已是夜晚，而我刚刚从可怕的战场归来，眼前的宁静深深打动了我，因此我希望把这幅场景拍摄下来。走近时，我看见一艘驱逐舰正驶离港口，那名伤兵转头看着它离去，驱逐舰留下的尾迹舔舐着他身旁的河岸。我拍下了这个镜头，伤兵望着河对岸，驱逐舰位于远处。然后我又拍摄了晃动的河水，再一次把镜头转向那名士兵的面孔。之后我把近100英尺的胶片寄回日本。你当然可以为这幅画面配上一段反战的字幕！画面上正好反映出了这种意境。我并未询问那名士兵的真实感受，只是拍摄，然后便离开。公司电影部的负责人赞扬道：“浅井君，你寄来了我所见过的最出色的镜头！其他人送来的只是关于战争场面。这并不意味着我不想使用你的电影，我只是不知道该怎么办。”听说，他们最终在新闻片里用了一小段，但我还是对此记忆犹新。

日本国内民众急于获知前线的消息。他们排着长队走入只播映新闻纪录片的影院，虽然这是一场战争，但是纪录片里充满了“万岁，万岁”的呼声，这已经成为一种情感宣泄的方式。我不拍摄这种影片，但是并不否认其价值。例如，在苏州作战期间，先头部队的士兵们率先冲进去并且占领了那座城市，之后，后续部队来到城门处发出欢呼。也许对于一张静止的照片来说，这种画面可能会很不错，但是我不会在自己的影片中展示这些情景。我想提供的只是摄影机镜头前的客观事实，这就是我所理解的“新闻”。这是我的一个坏习惯！

有一次，我跟随部队从上海赶赴南京，还携带着重约30公斤的摄影机。那些日子还不错。我携带的是“贝尔&霍威尔公司”的便携式摄影机，它真的很棒，当时在日本还没有同类型的产品。摄影机的主发条发生故障后，我自己进行了修理。我们通常使用富士胶片。而我只拍摄自己想拍的电影，甚至亲自写下解说字幕，经常自行决定胶片的剪切和排序。

但你知道，当战斗异常猛烈时，根本无法从战壕探出头去。有一次，我跨过一条溪流，弯着腰穿过几条战壕，从一道胸墙的边缘朝外张望。但是我看到的只是一片布满日军士兵尸体的地面。“冲锋”的命令下达后，士兵跃出战壕，随即被敌人的火力撂倒。甚至他们的尸体也无法抢回。士兵一旦接到“前进”的命令，就必须向前冲。而我是一名摄影师，有说“不”的权利，并且可以待在后方。我真的无法让自己的摄影机扫过那片场景，那里都是日本士兵的尸体！后来，我拍摄了士兵们跨过溪流上的桥梁的场面，但真的无法将镜头直接对准那些同胞的尸体。就算拍摄了，也无法将这些画面公开。你同意我的说法吗？

同样，我也没有拍摄中国人的尸体，尽管战场上也倒着数百具。南京大屠杀发生时，我刚好在南京，但没有出去拍摄，因此并未看到有人被杀害，但后面我看到了满地的死尸，非常多。我没有拍摄，即使拍了也不能播映。

太平洋战争爆发前我被召回东京，成为海军记者团的一员。早在 10 月我就知道战争已然临近。到 11 月时，身处上海的摄影师们已被派往南方。他们给我看了一些有趣的纸币，这些钱都属于陆军即将要登陆的国家，而那些国家都位于东南亚。

所有人都对奇袭珍珠港的消息激动不已！从好莱坞返回的资深摄影师上田勇却不那么乐观。“听着，浅井君，”他告诉我，“美国绝不会一直挨打，他们肯定会做些什么的。”而军人们不了解美国，可我在米高梅公司工作，所以有些自己的想法。我认为这一次自己很可能无法活着回来了。那时我 27 岁，还未结婚，因为我不想让任何人成为寡妇。我带着摄影机四处奔走，新加坡、苏门答腊、新几内亚都有我的足迹，甚至还两次遇到过高松宫宣仁亲王。

摄影师对战局非常了解，我们知道日本正在逐渐输掉这场战争。中途岛战役之后，情况变得糟糕起来。战役开始之前，我还在苏门答腊。有人曾告诉我，“当局正在调动飞机”，于是我设法挤上一架飞机离开了那里。肯定要发生什么大事。我们飞回本土，随后又一路向北，赶往苏联堪察加半岛附近的幌筵岛，并跟随一次侦察任务，飞过阿留申群岛的阿图岛和基斯卡岛。我出发时，进攻中途岛的战机正在太平洋中部采取行动；返回后，每个人都垂头丧气，情绪低落。大本营的参谋人员不停地说：“太可怕了，这简直就是一场灾难！”

事实上，参谋人员很少亲临前线。通常情况下，他们只是表情坚毅地坐在那里，在东京的大本营内运筹帷幄。如果他们去的话，那就表明真的出大事了，对陆军来说尤其如此。据说这次他们在某处登陆了数千名士兵，却无法从后方为其运送补给物资。于是，上级下达了“从当地征用粮食”的命令。当地居民只能勉强养活自己，现在数千名日本人将把他们手上的粮食抢走，这完全是一种不切实际的策略！那些参谋人员就没作过一次正确的决定。

我在拉包尔逗留了一年半，后来被分配到第705航空队，还参加过几次轰炸任务。飞赴新几内亚时，我亲眼看到身边的飞机被击中，不过并未拍摄被击落的我方战机。只有一次，编队里的一架战机起火燃烧，拖着一团火焰朝下方坠去。我拍摄了这段画面，胶片大约100英尺，之后我用红色的胶带把它裹好，表明这是保密级别的影像，然后将它单独寄出。后来别人告诉我，这段胶片被转送到了军需省的航空办公室，那里的工作人员用它来研究我方战机的起火原因。

在我拍摄的影片中，印象最深刻的是海军大将山本五十六生命最后时刻的镜头。当时他正赶往拉包尔，那是他第一次去那里，也是最后一次。直到东京宣布消息之后，我们的队部才知道他的座机已被击落。我不能把自己拍摄的影片交给一架普普通通的飞机带回日本，这是联合舰队司令官最后的影像，万一丢失了怎么办？因此我决定亲自拿着它，但摄影师禁止离开机场，也不许多说些什么。我只能抱着自己拍摄的胶片坐在那里等待。两周后，基地司令官告诉我：“来吧，浅井，我们给你安排一架飞机。”就这样，我直接飞回了东京。

后来公司推出了一部纪录片，名字叫作《山本五十六的国葬》。葬礼的画面出现之前，先播放了我拍摄的那段海军大将生前的最后镜头。我一共拍摄了大约400英尺35毫米胶片，时长大概为4分钟，内容为：山本大将乘车到达机场，而机场司令官正等在那里迎接，然后是山本五十六钻出汽车走向欢迎仪式的现场。那里，攻击部队正在等候。之后攻击部队的飞机起飞，山本大将挥着帽子为他们的出发而欢呼。事实上，我还与他共进了早餐，当时就坐在离他几米远的地方。但他再也没有回来，就像大批飞离拉包尔的飞行员那样永远地离开了。

“洗脑”宣传

口述者：战地记者　秦正流

东京市中心，我们在记者俱乐部九楼一间嘈杂的房间会面。他穿着一身深蓝色细条纹的“权力套装”。战后，他担任过《朝日新闻》派驻莫斯科的记者、朝日新闻大阪本社主编及董事会成员。

《朝日新闻》是日本最著名的报纸之一，战争期间曾派出600余名记者赶赴各战区，其中伤亡60人。战时《朝日新闻》的发行量为200万份。

1936年，进入朝日新闻社工作令我欣喜若狂，那是我第二次报考该社。我是读着这份报纸长大的，非常喜欢其社论的基调。1928年第一次选举前，报社以“成年男性普选权”提醒选民：“千万别被政府当局欺骗！”不过我父亲仍因拥有投票权而深感自豪。之后不久，当局便开始了抓捕左翼学者和政治人物的行动。我从《朝日新闻》的民主基调中获知，某些可怕的事情正在发生，所以也特别紧张。1931年发生了满洲事变，我们这群学生就在学校里制作出一份4页简报，模仿《朝日新闻》主张的“不扩张”方针四处散发。在大阪外国语学院，我再次从《朝日新闻》得到启发，认为自己有义务反对日本国内不断加剧的法西斯主义。作为一名初出茅庐的记者，我被分配到神户的滩区通信部工作，1937年1月又被召入现役，从此加入联队并在满洲接受基本训练。随后返回日本，进入干部候补生学校，后来又去了中国前线，直到1939年才离开。后来前往金泽为新兵作培训，最终于1940年8月退出现役，并重新回到朝日新闻社工作。

重回新闻社后，我突然发现《朝日新闻》完全支持这场战争，这令我深感震惊。昔日同事变成了极端国家主义者。与我担任骑兵中尉的从军经历相比，报纸的基调充满了浓厚的沙文主义与军国主义，他们对天皇权威的观点就是明证。在军队里，士兵从未以任何复杂方式认真思考过君主制对国家的意义，但报纸中却充斥着对坚持君主制国体异常强硬的态度。新闻社还举办了系列活动，包括捐赠军用飞机、征集诗词歌赋并组织爱国游行。当然，我不能说当时自己对这场战争持有何种重要观点，但也绝不会为此摇旗呐喊。

从前线归来之后，在朝日新闻社的下关通信局中我仍然可以自由地写些东西，实际上文章审查制度是在太平洋战争爆发后才开始实施的。随着战争的持续，报纸发行量大幅增长，而各家报社也就战争独家报道的优先权展开了激烈竞争。卖报人不停地喊着："号外！号外！"号外意即"不会被再次出版的额外消息"，这表明刊登在号外上的消息不会出现在常规日报中。早在满洲事变时，这种做法便已出现，很快新闻报道的竞争变得越发激烈。朝日新闻社拥有飞机，因此可以飞赴南方进行新闻采编。如何迅速报道前线消息对新闻社来说至关重要，相关技术随着战事的发酵而逐渐发展。

所有报社都会在被占领地区出版当地的报纸，并将这些地区划分为不同的区域。朝日新闻社在爪哇出版了《爪哇新闻》，读卖新闻社在缅甸出版《缅甸新闻》，日日新闻社和共同通信社同样如此。这种做法的用意为引领民众进入新的疆土，从这种意义上说，各报社与国家及军队的目的相一致。

在战争全力推进之际，当局对朝日新闻社的抱怨最少，我们自然成为其他报社的表率。而且朝日新闻社拥有检查处，首先会对文章进行内部审核，之后再送往军方，以确保不会违反相关规定。请注意，设立该机构的目的并非为了编辑修改，而是希望在报社惹恼内务省之前就解决问题。这与自我检查是同样的道理，在太平洋战争爆发后便立即设立了这样的制度。事实上，所有报社都设有同样的机构。

1943 年，我被派往仰光支局，在南方为朝日新闻社工作直到战争结束。我可能比那些直接分配到陆军和海军的记者更加自由，因为他们实际上属于参军入伍，尽管他们仍从报社领取工资。仰光支局的食物很不错，所以其他报社的记者经常跑到这里大快朵颐。那里还有围棋、麻将和将棋，以及一辆汽车。其他报社的记者也许有配给的军车，但我们的车是属于自己的。至于其他方面，倒没有太大的差异。我们也穿着卡其布长裤，当时在日本，人人都穿着卡其布的衣服。

我们也会与当地人接触，但并不能达到彼此信任的程度。当然，也有些很友善的当地人。一名教授日语的当地人诚实地告诉我们："坦率地讲，日本军队解放了我们，可现在他们正对我们做一些可怕的事情。"当然，我并未报道他的话。

人们经常说，海军的视野比陆军更广阔；在陆军内部，骑兵的视野又比普通步兵广阔。当然，航空队比上述两者更强大。我负责报道的第 5 飞行师团便是实例。空战部队的胜败取决于高度、速度和火力，与日本一贯强调的“武士道”精神没有任何关联，如果速度不够快，那就无法摆脱或追赶对手。日军航空队之所以输掉，正是由于缺乏这几个至关重要的因素。虽然日军航空队很努力并抗战到底，但不具备所需的条件难免会失败。我曾在文章中写下这一点，却遭到报社东亚部主任的痛斥：“秦，你的文章是怎么回事？你总是谈及高度、速度和火力这些数据，可真正的战斗力是武器加战斗意志，如果这其中的每个因素无限强大，一定能获得胜利。”但如果只描述强大的意志力与必胜的精神，前线士兵们就会说：“秦先生，你不该写这种蠢话。”的确，他们在前线亲眼目睹了战争，可以预见所有人都将死去。

第5飞行师团强烈反对1944年日本为入侵印度而发起的英帕尔作战。师团长田副登亲自赶往新加坡，向第3航空军司令官提出反对意见，认为英帕尔作战的决定太过鲁莽，能否成功仍待观望。因此第3航空军向帝国参谋本部报告，称这场作战会很“艰难”。但大本营下令，无论如何都要执行命令，按计划作战。我也听说了此事，但并未进行报道。如果把这些内容发表，军方肯定不会再向我透露任何事情了。据说航空队对此次作战也持强烈怀疑态度，但这些话在报道中“不得引用”。我是一名年轻的战地记者，可以把这些话告诉东亚部主任，但绝对不能报道。

1944年初期，前线的小队长和中队长的信心就已经开始动摇，认为自己无法赢得这场战争，尽管他们并未明确发表日本会输掉战争的言论。不仅尉官们持有这种悲观的态度，就连联队长、参谋人员以及航空军的各个师团长也是如此。他们信任记者，所以对我们言无不尽，但这些话绝不可以出现在报纸上，所以我们只能写那种仿佛日本定会大获全胜的文章。之后我听说这些话传到天皇那里，他询问了身边的工作人员，虽然也像航空军司令官那样表达了对英帕尔作战的担心，但他仍然维持了先前的决定。一旦上级作出决定，下级只得服从，不得持有异议，因此该地区的航空力量倾巢而出，而年轻的飞行员们接二连三地阵亡。

现在看到当初写的文章，我对自己的措辞产生了羞愧感。文章中日军战机被描述为“陆地雄鹰”或“猛鹰”。战机如果被击落，就会被描述为“所有战机都自爆了”。现在，我仍对这些话感到尴尬不已。

战争时期，每个人都拥有大和精神，但大和精神无法创造出额外的空速。作战行动开始前，大队长、中队长们齐聚于充当餐厅的帐篷中。第二天，那里变得空无一人，他们永远不会再回来了。人们一直经历着这种生离死别的日子。但大多数人看上去并不十分难过，也许这就是那个时代的教育成果。这些年轻人投入战斗时，遭遇到敌人的“喷火”式和P-51战斗机。日方战机几乎立即被击落，其中有些飞行员命丧当场，还有些降落在边境对面的山区，也有些机组人员步行返回。事实上，各飞行单位的实力经常达不到编制的一半。

而我是失败过程的旁观者。你会发现，离前线越近，对胜利强烈而又坚定的信念就越淡薄；相反，离前线越远，狂妄的自信便越强烈。报纸也是如此，那些待在办公室里的人最为傲慢。可能这样评论不太合适，但非常客观。那时我们在仰光，而有些报道陆军战况的记者来自东京总部的政治编辑部，他们对胜利怀有坚定的信心。事实上这些人在战争中没有任何贡献，只在东京的陆军省采访报道，而我在前线冒着生命危险工作，这是我们之间唯一的区别。可当敌机来袭只能躲入防空洞隐蔽时，他们总是最先冲进去的人。有时一些同事会聚在一起争论战争如何结束，而他们便用难以置信的目光看着我们：“战争会如何结束？当然是我们彻底获得胜利！这毫无疑问！”后方的那些家伙，包括新闻记者在内，全部都是狂妄自大的人。

我并未把自己的生命看得太重要。之前我曾写了几篇被称为“跟机行动”的文章，表面上看是与轰炸机一起飞行的记者所写，但事实上师团长不允许记者跟随轰炸机一起行动，因为太过危险。当飞机动身飞向阿萨姆时，它们还都是些漂亮的新飞机，可惜机舱中的飞行员并未活着回来。其中有一名日荣新闻电影公司的记者与他们一同坠机。因为师团长的禁令，我幸免于难。尽管情况很危险，但我仍然希望能够亲赴战场，而且我从未想过也许自己会送命。另外，并非只有我持有这种想法，许多记者都想去，而这种敬业精神是新闻界对战争应负的责任之一。战地记者为创造某种氛围作出了贡献，因此人们不假思索且义无反顾地投入战斗之中。日复一日，战地记者重复着类似的故事，几乎每天我都在写这类文章。

记者们（无论在海外或是在国内）开始相信，推动和进行战争是他们的义务，并认为日本正将亚洲从西方列强手中“解放”出来，逐渐跻身帝国主义者的行列。日本和德国一无所有，不是吗？亚洲的有色人种一直受到欧洲列强和美国的剥削，所以这是一场“解放大东亚”的伟大战争。

战地记者用这种观点麻醉自己，而且这些观点通常具有很大的吸引力。

如果你不赞同，就无法生存下去。那时，全日本都是如此。

1944 年夏季，我遵从军方要求回到日本，并发表了一系列演说。当时所有工厂里半数以上的工人都是妇女，所以我也很难对她们说："请制造出质量更好的飞机吧。"谁都知道这是不可能的事。那时候燃料已经进入紧缺状态，小学生们被派去挖掘松树根，以便从中提炼燃料。而我只能告诉她们，年轻的飞行员们正在战场上英勇奋战，他们需要更好的飞机。只要我提到一些稍稍不利于日本或有些令人不快的事情，全场听众就像被泼了盆冷水。可是当听到一个振奋人心的故事时，每个人都激动无比。其间我讲述了一名年轻飞行员击落一架 B-24 的故事，现场的观众全部都兴奋起来。看来，说者与听者都不愿听到令人不快的事情。

报纸上的文章同样如此。柏林、罗马、斯德哥尔摩、里斯本和布宜诺斯艾利斯都驻有日本记者，而他们拥有一定的写作自由，这些人会说："在日本充斥着'万岁，万岁'的欢呼声，但从外部着眼全局，战况显然截然不同。"柏林是德国的首都，所以我理解那些记者的苦衷，但派驻里斯本和斯德哥尔摩的记者们则应该写些不同的东西，即便它们可能不受欢迎。归根结底，每名记者都希望自己提交的文章能发表并取悦日本民众。

我在仰光时，位于地球另一端的英国记者举行了罢工，抗议军方对其报道实施审查。在日本，新闻工作者之间的竞争也同样异常激烈，但竞争的焦点不在于报道的质量及准确性，而是如何能够最有效地激励民众。出于这种压力与竞争，有些记者写的东西完全是一派谎言。

最典型的例子便是"爆弹三勇士"。1932 年，3 名工兵携带着拉燃的爆破筒冲向敌人的铁丝网障碍，最终在爆炸中英勇阵亡。而事实是，他们本打算撤回来却没来得及逃跑。但军方仍把他们奉为"军神"，即勇于为国捐躯的士兵。所有报纸都对这则故事大肆渲染，还拍摄了许多电影。这是彻头彻尾的谎言，但在当时，所有的记者都写了许多大大小小的谎言。即便那些对谎言大加鄙夷的记者也并未写下真实的报道。

作为一名记者，尽管我对那一时期持有怀疑态度，但我不仅没有撰写任何抨击战争的文章，反而写了许多鼓吹军国主义的东西。作为一名日本记者，有时候我还跟踪采访"孤儿列车"，这是一种用于短途旅行的火车，专门为那些亲人死于战场并被供奉于靖国神社的家庭提供交通便利。这些火车通常从佐贺、山口和其他城市驶向东京。对此我作出了赞美性的描述，然而华丽的语句中却充满伪善。这些文章中记述了孩子对父亲的亡灵所说的话 :“爸爸，我周身充满了力量，正在努力学习。”写下这些文章时，我以为自己对这些孩子充满了同情。但现在回想起来，我发现那种感觉并不真切。一名资深记者曾指点过我 :“你去采访一位在战争中失去丈夫的妻子，她很可能会号啕大哭。但如果文章中出现‘丈夫为国捐躯了，我深感自豪’这种语句，那么读者显然清楚这是谎话。所以你应该这样写 :‘尽管她失声痛哭，但她却说……’”我学会了这个窍门，并将此作为自己的写作风格。

战争结束时，我还在新加坡。听完天皇的“玉音放送”后，一名同事说，日本应该继续战斗。另一名在西贡的记者告诉我 :“秦，这里正在进行一场大范围自杀活动。就像印加帝国那样，以后会有人说 :‘很久以前，大日本帝国傲立于此。’可现在日本已经灭亡，所以，让我们把这个名字记入历史吧。”许多同事都被这种方式洗脑。

来自帝国大本营的报道

口述者 : 军事记者　河内卯一郎

他是一名报纸兼电视台记者，今天的他以《深夜 11 点》节目的制片人而名声大噪，这个节目在日本的地位相当于美国的《今夜秀》。

“战争结束时，我是一名派驻帝国大本营的军事记者。所有正式军事新闻只能由我们发出。当时并肩作战的那些同事，现在剩下的可能不到 10 个。我们认为我们那批记者是被挑选出来的精英——有几个来自全国性报纸机构，例如我所在的《读卖新闻》，大多数人则来自地方性报纸。共同通讯社也派驻了代表，但广播机构只派人来播送正式公告。这些报道军方消息的记者，后来大多数成为所在报社的董事会成员，但我没有飞黄腾达。”

战争结束以来，已过去很长一段时间。随着时光流逝，记忆似乎越来越淡薄，就连当年的艰辛似乎也成为快乐的时光。即便是在 50 年后的今天，在银座街头行走时，我会突然看见某个地方并想道 :“遭遇空袭时，我就是贴着墙壁躲在这里的。”

在大阪，我作为一名记者的职业生涯开始了。每当有战殁者的公告送达时，我就要带上一份地址列表钻进一辆汽车，赶往其家属的住处。我整日坐车奔波，赶去采访阵亡者家属。本来以为他们会知道些什么，但通常情况下他们什么都不清楚。他们只是一直哀嚎哭泣，这很可怕。通常他们的门前会挂着一块小木牌，上面刻着“忠勇之家”的字样。还有些人家的门前挂着 3 块木牌，而我们去那里就意味着他们家中的第 4 名成员刚刚阵亡。

太平洋战争爆发前，伤亡报告还没有堆积如山，所以我们总会赶到战殁者家中试图发掘故事。我们经常会得到阵亡士兵的照片，并请其中一名家庭成员谈谈他的往事。无论那些家属如何痛哭，我们提交的文章里总是充斥着“他们侃侃而谈，没有流泪”这种套话。为了获得战殁者的相片，各个报社展开激烈的竞争。那时候相片还不像现在这样普遍，如果没有单人相片，我们甚至会从小学毕业照里把他的面孔“抠”出来。有时候，还会从家属手里借来他们儿子仅有的一张照片，结果却在报纸印刷厂里弄丢了。之后你只能回去向那些家属道歉，这是件很难办的事情。尽管这不算大新闻，但配上阵亡者照片的文章总是会刊登在报纸上。我们这些刚刚入职的新人干的就是这些活。

在报社的“城市部”工作时，我们讲述了许多故事来描绘值得称颂的美德。这种文章被称为“美谈”。每当报纸打算刊登 10 篇系列文章时，参与其中的记者们就会聚在一起，商讨各自应用的主题和风格。“我会使用‘普通母亲’的呼声”，“我用‘艰难而英勇的母亲’这种类型”。就这样，我们为这个系列确立了主题。

我接到的任务可能是描写“来自城市的小伙子，尽管身体虚弱，但仍在前线英勇奋战”。故事可以这样开始：一名士兵所在的部队遭到敌人的炮击，面临着被包围、被打败的危险。在敌人雨点般落下的火力中，这位士兵是唯一的幸存者，他破坏了自己的步枪，这样敌人就无法使用它。最后，他英勇地战死沙场了。我们从前线获知故事的轮廓，便去看望他的母亲，想知道她是怎样的人。当然，步枪算不上什么重要的武器，就算被敌人缴获，也不会泄露日本的大秘密，但在那个时代的氛围下，这仍属于为人津津乐道的美谈。

当然还有许多模式可供参考，也可以按照自己喜欢的方式撰写故事。一位哭泣的母亲为其死去的儿子伤心不已，她不停地哭泣，最后脸肿了，声音也哽咽了。这时，死去的儿子出现在她面前，恳求道：“妈妈，别哭了。你哭得这么伤心，这只会令我心痛。”然后，她停止哭泣。这就是我们写的故事，而且要保证不能每次都重复同样的内容，所以必须与其他的故事有所区分。

我还记得一位寡居的母亲和她唯一的儿子。那个小伙子从部队回家探亲，铁路线正好从他家附近经过。每次听到火车的轰鸣，他便想起回家的情形，这令他失声痛哭。这也是我们的故事大纲。然后，我们将其展开，直至故事的高潮。重点是，尽管这个小伙子在战斗中表现出色，但他再也没能回家。因此我们要表述的是，他并未做出特别英勇的举动，只是尽到了一名士兵的职责。我们的重点在于：他的母亲并不是一个特别英勇的妈妈，而是个普通、平凡、孤独的母亲。

有次报道靖国神社时，我注意到一家人来这里供奉一位刚刚阵亡的士兵。弟弟抱着一大捆水稻秸秆，显然是刚刚从丰收的地里收割的。我问他为何要抱着这捆稻秆，他回答：“这是我大哥种植的。”环顾四周，总有些东西能吸引你的注意力。当然，这其中也有一些虚构的故事。

去采访方面军军令部是一项很棒的工作！那些日子里，我们没有自由出境的权利，但可以在各地来来去去。因此总是大开眼界。有一次，我甚至有幸登上了一艘德国辅助巡洋舰“米夏埃尔”号。那是 1942 年，那一年，我的儿子京太郎出生了。现在他也是读卖新闻社的记者。当年，这艘军舰携带着德国的武器和其他物资来到日本，用于交换他们需要的物品。战后我听说，舰上还带着火箭设计蓝图，包括用于袭击英国的 V 系列武器，另外还有其他新式武器和雷达的设计资料，这都是日本与德国之间定期往来的组成部分。当时，这属于绝密信息。

在白天，这艘军舰的外观与一艘不定期货轮无异，但它的航速很快，配有 4 门大口径火炮、一架侦察机以及像 U 艇上使用的鱼雷发射管，而排水量只有 4 200 吨，但船员却多达 400 人，舰上还有世界各国的旗帜。船员会发起突然袭击，俘获盟国的商船，卸下货物、带走船员，把这些俘虏送上一个无人居住的小岛后，便带着战利品匆匆驶离。

关于这艘辅助巡洋舰最有趣的故事是，他们离开基尔港后，俘获了美国、英国和加拿大的商船，并将对方船上的物资洗劫一空。你能想到的各种食物他们都有！周一是“美国食品日”，周二是“英国食品日”。我不认为这些船员曾杀过什么人。我在新加坡登上这艘商船并停留了大概两个月。白天，这艘船会隐蔽在内海一座偏僻的小岛旁，到了晚上，就出海“捕猎”。这令人胆战心惊，我觉得这艘船肯定会被敌人发现，然后被击沉。

我并非以记者身份登船的，而是一名“PK”，即一名负责军事报道的军官，而不是一名普通的日本记者。关于这段经历，我甚至从未发表过一篇文章。事实上我写过一些，但在神户登岸后，“米夏埃尔”号在横滨港被炸沉，文章也丢失了。那艘船爆炸的原因至今不明[①]。战地记者的文章经常见诸报端，于是记者这种职业变得非常流行。我记得当时自己就像明星一样受人敬仰。后来，读卖新闻社将我派至帝国大本营。在获得批准前，宪兵队会对记者的身份加以审核。军方还给我们配发了专为我们设计的制服。也许只是想控制我们，我不清楚，但军方提供的那种褐色制服确实很难看。当然，他们无须担心记者会在制服上抢军人的风头。衣领一直扣到顶部，紧得能让人窒息。不过，我必须承认，这种制服便于工作，因为不需要时刻向旁人解释自己的身份。何况我们没有任何可用于炫耀的军衔，更没有得到任何勋章。

帝国大本营发布公告时会举行特别仪式。换作当下，他们会使用文字处理机，但在那时，他们会先对广播电台宣读公告，然后再向各家报社宣读，而且几乎要对文本中的每个单词或词组加以解释。我们会通过电话将公告转发给报社总部，但这远远不够。为确保准确性，我们会派一名信使将文本送至报社。一个字的错误就可能意味着巨大的麻烦，毕竟这是“天皇诏书”，务必要确保每个词组准确无误。各个报社的信使骑着摩托车待在楼外，而记者在二楼的记者室内将文本整理好。弄完之后，我们就把稿件放入一个信封，下楼交给信使，他便驾驶着摩托车赶往总部。总部的排版人员会根据稿件对比电话通知排列活字，同时纠正其中的错误。或许在你们的眼中这是在浪费时间，但在当时，这事关生死。

前线的参谋本部军官经常回来向陆相汇报，同时军方也要求我们与这些人会面，以便把听到的消息写下来，就像我们亲临前线那样生动。“特派记者从河内前线的某部队发回报道”成为我在文章中的署名。通过这种方式，我“去过”许多充满异国情调的地方！不过有时事情会变得相互矛盾。昨天我还在阿留申群岛的阿图岛，今天我可能又出现在马里亚纳群岛。如果仔细留意记录，会发现我一直在东奔西走，但实际上我从未踏出东京半步。当我撰写的报道出现在《读卖新闻》上时，署名就是“读卖新闻社特派记者河内”，如果刊登在《朝日新闻》或其他报纸上，就写“陆军特派记者河内”。军方

① “米夏埃尔”号是被美国潜艇 SS-175 发射的鱼雷所击沉。

的新闻官员们知道，如果跟我这样的记者多聊一会儿，他们的故事第二天就会出现在报纸的首页，这样一来，他们与其所在的部队及其指挥官便能得到更多的媒体宣传，而其他人却只能出现在一两行字之中被简要提及。

记得有一次，白石大佐问我想不想去南方走一趟。我本能地理解了他的意思，立即答应下来。我的妻子早已被疏散到大阪附近的乡下，当时几乎不可能搞到火车票去看她。这不是钱的问题，对我们来说车票很便宜，买不到车票完全是运输管制的原因。之后我得到了一张特别通行证，上面有代表陆军的红色条纹，还盖着徽章，这张通行证可以充当车票，几乎能去任何地方。于是，我去了“南方”，在大阪与我妻子待了四五天。不知道内情的人还以为我去了南太平洋。之后便进行正常程序，我写了一系列关于当地状况的文章，内容不是对我方胜利的戏剧性描述，而是谈及日本人与当地人的关系。都是些很不错的报道。

人们往往认为，每篇新闻报道都要经过政治审查，因此记者对战况不可能作出任何客观的批评。但事实上，这取决于由谁来撰写报道，如果作者背景深厚，许多内容都能通过审查。因此必须学一些技巧。而我知道如何在深夜撰写报道，这个时间，记者团办公室里仍在工作的人寥寥无几。我会打电话给负责新闻审查事务的大佐，向他介绍故事的轮廓，有时他会告诉我他的印章就在抽屉里，让我自己盖章，把报道发出去。当然，他很信任我，知道我并不会太离谱。

事后看来，帝国大本营发布的公告大多是一派谎言。但这并不意味着他们从一开始就试图撒谎，只是因为经常得不到足够的信息。为了发布正式公告，首先要在公告上加盖御玺，这是一道正式程序，也是大本营代表“帝国”的原因。当时，天皇犯错是件不可思议的事情，他就是“神”。他的说法绝对不能曲解并将其解释为错误的言论。一件事情一旦被公之于众，他们就必须对此加以证实，一个谎言会导致另一个谎言出现。最后，整件事成为弥天大谎。

但情况并非总是如此。例如，大本营曾经宣布，计划在冲绳登陆的美国舰队已在台湾海峡附近的战斗中被歼灭，这条消息引起了社会轰动。这的确是个令人狂喜的时刻，人人都以为特攻队扭转了态势，并将美国人消灭殆尽。新闻办公室的一名大佐带着一大瓶清酒冲入新闻发布室，“鱼雷来喽！”他晃着酒瓶喊道，仿佛正从飞机上发射鱼雷那样，“我们期待已久的时刻已经到来！”海陆两军首次在海上发起了协调一致的袭击，并最终取得了胜利。办公室的人一个个眉飞色舞，“这是神风，神风”。那位大佐跳上楼梯，呼吁大家为胜利干杯。所有清酒都被喝光后，他马上命令下级军官们再拿些来。他的喜悦是发自内心的。

第二天，我们听说了不同的战况。这是陆军战机首次发起对敌舰艇的攻击，但飞行员完全不清楚预定目标的大小，只是盲目地冲入高射炮的弹幕中，而迎接他们的却是敌人异常猛烈的防空火力，这是他们此前从未预料到的状况。飞行员试图从高射炮下方冲入，以突破敌人的火力墙。近距离观察，每艘军舰看上去都庞大无比。一切都发生得太快了。对于这种方式的攻击，飞行员几乎没接受过任何训练。每当一架飞机投下炸弹，引发的爆炸便立即腾起一股火柱，这时飞行员便认为自己已经命中敌舰。只要敌舰腾起烟雾，无论是否为致命伤，或者只是表皮受损，飞行员仍会报告“敌舰被击沉”。大多数飞行员认为自己消灭了目标，于是发出了“美国舰队已被歼灭”的报告。之后这些原始报告被送至大本营，盖上御玺后就会签发出去。实际上，战况很快就被理清，美军只有一两艘护卫舰被击中，而那些位于外围防御圈的舰艇依然能依靠自身的动力行驶。但官方公告已然无法收回，相关人员只能竭尽所能将错误掩盖起来。而且帝国大本营也并非故意撒谎，只是过于焦急，因为人人都期盼好消息的到来。这令他们急切地接受了这种预期，支离破碎的消息也被各家报社立即抓住，于是，大肆鼓吹战况的报道出台了。

有时，这种报道甚至会引起军事战略部署的改变。美军入侵菲律宾时，已决定实施防御作战的山下奉文将军获悉美国舰队被全歼的消息，他深感振奋，便决定将部队调至莱特岛。日本在那里的惨败可能就源于这一草率的决定。从某种意义上说，如果帝国大本营故意撒谎还更好办一些，因为他们欺骗民众的目的就是为了向民众宣扬最后的阵亡。但事实是（我认为这更加糟糕），他们真的不了解、也不知道自己负责的这场战事的真实情况。

我曾前往航空基地采访神风特攻队。起初，他们只是代表着勇气。而我描述了他们面无惧色、毅然起飞的情形。我还记得一群年轻的神风队员离开进攻基地前，在千叶县的松户市过了一晚。他们知道自己即将赶赴前线，但其家人却不知道他们将作为特攻队员离开。军方告知记者，在与那些家属们交谈时要谨慎，以免家属在这群小伙子动身出发前获知真相，所以我们尽情放松，度过了一段快乐的时光，喝了许多酒，还一同放声高歌。第二天他们出发了，倾斜着机翼向南飞去。就在这时，我回头望去，在人群中看见一位母亲和一位父亲握着念珠祈祷着。其实他们什么都知道，虽然没人说出真相，但他们知道一切。读卖新闻的摄影师根本不敢拍摄握着念珠默默祈祷的这对父母。倾斜着机翼离去的飞机真是一幅令人心碎的场景，比挥手道别更加伤感，尤其是这支神风特攻队。他们飞向台湾或菲律宾，然后从那里扑向敌人。因为之前经常报道这种事情，此类故事也已听得太多，所以我认为自己对此已经习以为常。

有一次，我把报道的焦点放在他们如何度过生命中最后几个小时上。这些年轻人知道自己将以身赴死，但情绪并未失控，甚至没有喝得大醉或吵闹不休。他们那么年轻、纯真，但心里肯定也很害怕，因此必须给自己灌输牺牲的概念，以便对其他想法视而不见。由于下雨，任务被推迟，他们甚至不知道该如何度过生命中多出来的一天。他们必须立即飞入空中，不能有丝毫逗留，任何犹豫都会使这一切土崩瓦解。在下雨的时候，这些年轻人不再书写可怕的诗句，我甚至无法跟他们交谈，因为他们此时的情绪非常恶劣。我还记得当时自己认为他们不应该写那些可怕的东西。然而现在回想起来，那也没什么大不了的，不是吗？毕竟他们写的东西不是留给后人或评论家的文学作品，只是为了留下一点东西。我曾经建议他们留下自己的手印作为替代，但这些年轻人告诉我，他们不是相扑选手，无法想象用墨水将自己的手印印在日本纸上，挂在母校的礼堂内让其他学生瞻仰的情景。而且他们也并不认为自己的手印会给人们留下深刻的印象，而是希望留下某种炫目的遗物，想让自己死得轰轰烈烈。

那时我和他们住在一起。有时我们也一起在公共浴池中泡澡，第二天即将赴死的一名小伙子帮我擦背。我从未想过这些人当中有谁能够活着回来，但他们都那么年轻，看起来每个人都有女朋友，每个人都有一条纯白色的丝绸围巾并且散发着香水味。甚至有人希望在起飞前修补自己的牙齿，因为他们想以最完美的形象赴死。不过反正都要去死了，那么是否修补牙齿又有何区别呢？

我参加过许多出发仪式。指挥官轮流给每位士兵倒一杯清酒，它被称为“告别酒”，然后与他们同饮。当飞机升入空中后，一杯酒的效力相当于在地面上喝三四杯。那些不胜酒力的飞行员在空中肯定会摇摇晃晃。我不清楚他们是不是故意这样做的，但每次都有这种仪式。

东京遭遇空袭期间，我住在御茶水读卖新闻社的宿舍里。之后东京变成一片焦土，对于死亡，所有人都已渐渐习惯。成千上万人在空袭中丧生，城里到处都是死尸。一个人的死根本算不上什么。而我从未想过自己会送命，也没有认真考虑过局势，但仍然有一种空虚感，一种对前景的焦虑。平民永远不知道战场上发生了什么事。地图上的某个地方被宣布为日本的“生命线”，然后日本被打败了，而那个地方也不再是“生命线”了。我们经常用“决战地”这个词来描述诸如莱特岛这些地方。之后，它会改变，不断地发生变化。作为一名派驻帝国大本营的记者，我一直在报道这些事情，即便对此尴尬不已。报社总部的记者开始将我们称为“决战特派记者”。有时我们甚至还会发出有关空袭的报道，并宣称战斗中日军“损失轻微”，尽管人们亲眼目睹的情况与此截然不同。策划本土决战的最后阶段，陆军准备利用他们在长野山区修建的庞大地下工事继续反抗，而且还打算将天皇转移到那里，甚至一度向我们这些记者通报此事，邀请我们与其同去。

第 10 章 | 思想逆潮

思想犯

口述者：杂志社编辑　畑中繁雄

被捕前，他是《中央公论》杂志的编辑。

在日本，因为涉及“横滨事件”而被逮捕者多达 49 人，有知识分子、作家、记者和出版人，也包括了 5 名与《改造》和《中央公论》杂志有关的人士。他们被指控密谋在日本复兴共产主义。有 4 人死在狱中，另外 2 人在获释后也很快死去。1942 ~ 1945 年，许多人遭到逮捕并被关押在神奈川县的各个警署和横滨监狱中。事实上，那里没有发生一起共产主义事变或行动，但抓捕行动延续了数年。“横滨事件”这一名称基于以下事实：逮捕行为是由内务省特高课的横滨分部协调指挥的。这些调查人员共同执行了针对异议和“危险思想”的强化法律，这些法律的基础是 1925 年的《治安维持法》。

《治安维持法》禁止以变更“国体”（即天皇为国家最高领导）或否定私有财产制度为目的的所有结社或运动。根据这项法律，早在战争爆发前，日本已经有数千名共产党党员、工会组织者以及据称是激进组织的成员遭到逮捕并被判刑。最终，许多人公开放弃自己的观点并获得了释放，但任何一个依照《治安维持法》被判有罪的人都会获刑，其中最短的刑期是 6 个月。被逮捕者经常遭受殴打以及其他形式的酷刑，还有许多人在羁押期间死去。

法律的反复修改使其具备了更加广泛的解释以及更严重的刑罚。1941 年，一场全面修订使《治安维持法》适用于自由主义者、无党派知识分子以及所持宗教信仰与神道教相违背的人。包藏此类“危险思想”即被认定为犯罪。1941 ~ 1943 年底，共计 2 069 人被逮捕，627 人因此类罪行而遭到起诉。

他们来的时候，我就坐在这里，就是这个房间。4 名侦探宣称他们是神奈川的特高警察。也就是说，他们是“思想警察”。两名警察分别坐在我的两侧。我不清楚他们为何会来这里，那是 1944 年 1 月 29 日。其间，我去了一次厕所，一名侦探也跟着我走了进去。在我方便时，他就站在一旁。几名侦探开始搜查我的书籍，甚至还仔细检查了相框的背面，但他们最终也没有说明来此的原因。他们只是给我看了传票，上面写着“涉嫌违反《治安维持法》”。

我觉得他们肯定搞错了，而且从未想过他们会以这种方式来找我。看来军方对我恨之入骨，我还一度以为他们会把我送到前线去当兵。以前确实有过这种先例。《每日新闻》的一名记者曾写过这样的话：“日本用竹矛能打败美国吗？我们必须制造更多的飞机。”结果，这名记者因这一“罪行”被捕，这起案件被称为“竹矛事件”。之后，东条英机首相大发雷霆，下令将他召入军队。当时这名记者已年近四十，几乎已达到第二预备队征召标准的年龄上限，但他还是被派往某联队，最后是海军救了他，让他担任“南方特派记者”。

思想警察把我这里的《中央公论》合订本堆在一起，甚至包括我去杂志社工作前便已出版的期号，然后把它们包起来，就这样带走了三四个大包裹。妻子后来告诉我，他们三四天后又来了，像上次一样翻了个底朝天。他们带着我登上通勤列车到达横滨，再坐出租车来到保土谷警署。那几名思想警察问我：“你不会做什么蠢事，对吧？”因此没给我戴手铐。他们把我带进一间小小的拘留室，让我在那里等待受审。

之后，我被拖入一间“审讯室”，那个榻榻米房间看上去冷冰冰的，窗户上挂着黑色的窗帘。思想警察的语气和态度立刻转变，从这一刻起，恐怖开始了。他们告诉我，我必须供认从事了哪些共产主义活动。他们问道：“你知道小林多喜二死了吗？”小林多喜二是名小说家，也是一名共产党员，在拘留期间被杀害。他们告诉我，没有任何人会在意警察打死了一名共产党员。把我毒打一顿后，他们命令我在一份供词上按下手印，这份供词宣称我此前一直在参与共产主义活动。随后他们把我丢到拘留室，我被关入一个与世隔绝的地方。

当天除了出版社的人外，还有30多人被捕，其中包括满洲铁道株式会社的一个研究小组。因为人数太多，被捕的人被分散到各个警署受审。与其他人相比，我被捕的时间比较晚。在我之前共有3名《中央公论》杂志社的人被逮捕，其中2人已经死亡。之前被捕的人似乎都遭到了可怕的酷刑。轮到我被捕时，认罪书和书面文件已准备好，我要做的只是承认这一切。而如果我不认罪，他们就会继续折磨我。根据初步审查，他们断定我是“共产党员畑中繁雄”的间谍，并唆使其他人“按照共产党员畑中繁雄的指令”行事。我不想讨论这些，因为那些人已被杀害，而且不可否认他们都是特别优秀的年轻人，但因为遭到可怕的酷刑，他们被迫指认我也是一名共产党员。思想警察认为我“利用《中央公论》上的文章散布共产主义思想”，并“以《中央公论》为共产主义运动的阵地”。

审讯人员问我：“什么是共产主义？共产国际是如何发展的？日本共产党的起源是什么？”他们称这些问题为“寻求理解”。这个过程应该是让被告承认自己的所作所为，但我确实对那些事情一无所知。于是他们就说：“读读这个。”然后给我看写在一张纸上的答案。他们认为《中央公论》和《改造》的编辑们利用杂志将国家引向共产主义方向，而这严重违反了《治安维持法》。他们还污蔑说我参与了支持共产主义的活动，反对天皇制并否定私有财产制度，而这同样违反了法律的某些条款。

总之，我无法否认这些指控，因为这会带来更大的麻烦。我的身体很虚弱，受到的折磨可能比先进来的那些人要少些，但也实在无法承受了。起初，思想警察不许外面的人给我送食物，也不允许任何人来探望。大约4个月后，他们终于批准外界给我送些食物，还可以收到些换洗衣物。一天，思想警察的负责人让我朝窗外看。我看见妻子和父亲朝这栋建筑走来，但他们全然不知我在注视着他们。这也是他们的一种伎俩，利用情感令人产生崩溃之感。神奈川县政府的特高警察是一帮真正的混蛋。

最让人无法忍受的是各种各样的折磨手段。我无法用语言来描述，那里有很多种酷刑。以我为例，我被关在一间6张榻榻米大小的牢房里，就像黑帮电影中经常出现的那种砍手指的房间。你知道吗？面貌凶狠的侦探经常盘腿坐在你旁边，狠狠地打你、踢你，拽你的头发，还把你拎起来摔在地上。

他们还会把一支铅笔夹在你的手指间，然后狠狠地按下去，这种疼痛锥心刺骨。（他突然大声哭泣起来，发出的声音几乎是一种尖叫。）

青山君也是横滨事件的受害者之一，直到最近去世时，他的手指因为遭受这种折磨而一直肿胀。那些人还用竹刀抽打囚犯，将点燃的香烟按在犯人身上。有些被捕的人还被头上脚下地倒吊起来，但我没有受到这种刑罚。那里的食物很糟糕，只有些切碎的面条和几片煮熟的牛蒡茎，所以我们很快就变得营养不良。

警署的牢房根本没有基本的生活设施，也没有任何取暖设备。墙壁上部有一个小洞，可能是通气孔，因为无论天气多冷，它都不会被关闭。冬天不时会有雪花落入牢房，我经常被冻醒，而且身上长满了虱子。我最终被送到另一个地方等候审判，已经是 10 月 17 日或 18 日，而被捕则是在 1 月 29 日，也就是说，我有将近 9 个月没洗澡了。

一名看管我们的普通警察对我的状况深感歉意，他带来一块毛巾和一盆水让我擦拭身体。被羁押期间我们一直没有理发，于是他就带我们出去剪头发。理发师被我们的样子惊呆了，他说必须把我的头发剃光，这样才能把头屑清理干净。

我被关在保土谷警署时，那里的犯人大多是小偷、性变态者和强奸犯。然而就连级别最低的警察也对思想犯抱有一种特殊的仇恨——在战争期间这些人居然为共产党效力！他们恨我们，所以也对我们大加折磨。而其他犯人则认为思想犯比较特殊，还称我为“老师”。一名犯人关切地问道：“老师，这里的日子很难挨吧？”我问他犯了什么罪被关进来，他轻描淡写地回答道：“哦，我是个小偷。”其间他被释放，但很快又被关了进来。有件事说起来可能有些粗俗，就是警察从不会清理牢房里的尿液和粪便。一般吃饭的时候，身边就会有人在小便。这听起来似乎有些不可思议，但饿的时候什么事情都顾不上了，你已经沦落到那种令人羞愧的境地。

警署里只有公共牢房。后来被转到监狱候审时，我松了口气，尽管命运依然悬而未决，但起码住处不会那么脏乱了。在监狱里，很可能会得到一间单人牢房，房间里会有冲水厕所。受审时，狱警会带你从监狱前往法院。在极少数情况下，检察官会主动来监狱调查情况，通常是我们被带去见他。

征兵通知送到家中时，我还在监狱里。我甚至不知道这件事，而妻子对此感到十分震惊，她拿着那张红纸去市役所找到负责征兵事务的人。他问道：

“你丈夫是经济犯还是思想犯？”经济犯是指违反战时经济管制的人，例如非法销售猪肉。我妻子回答：“他是思想犯。”他立即答道：“哦，那你回去吧，就当没这么回事。”通常，思想犯由特高警察监管。征兵通知寄到我家的那天，《中央公论》杂志社的总经理吉川先生也接到了征兵通知。征兵通知上，他与我本应当加入同一支部队，后来吉川先生在冲绳的战斗中阵亡。如果我当时在监狱外，很可能也会在那里丧生。

在监狱里，我受尽折磨、痛苦万分，而且最后只能向特高警察屈服，但如果我被召入军队，那么很可能已经阵亡，也许根本无法活过那场战争。所以说到底，思想警察用他们的方式保护了我这个“不忠的日本人”，这真是莫大的讽刺。

检察官完成了调查后，就正式开始了为公审所作的初步调查。事实上，根本不存在任何“调查”过程，与警署的情况完全一样，只是没有酷刑而已。我要做的只是承认他们事先写下的内容。我曾尝试说明这些口供都是在酷刑之下交代的，他们说道：“是吗？好吧，那我把你交还给警方作进一步的调查。”这句话就足以让我放弃大胆申诉的想法。像这样死在这种地方毫无意义。“也许应该承认他们希望我承认的事情，这样的日本反正是无法赢得战争的。”这就是我那时的想法。

预审法官和检察官完全一样，根本不问任何问题，只是进行审判。那时，我们被关在监狱 3 号楼的二楼。那里的犯人和我一样都是思想犯，而我可以通过声音辨认出他们的身份。我戴着号码牌，前面还写着“tsu”，意即“思想犯”。我的牢房旁边还有两个《中央公论》杂志社的人。狱警从来不叫犯人的名字。出去透气或前往法院的时候，我们能见到其他人，但狱警不许我们相互交谈。如果谁违反了规定，就会遭到毒打。那里的惩罚真的很严苛。违反监规后，狱警会把人塞入一个大水缸中，然后不理不睬。已经有两个人死在这种酷刑之下。有时候，你能听见他们的惨叫声。狱警还会用一根粗粗的绳子抽打犯人，通常犯人只穿着内衣裤。说真的，绳子抽在身上非常疼。

尽管被关在监狱里，但我知道战况已趋于恶化。一天下午，一名年轻的看守打开牢房门，盯着我的眼睛说道：“大事不妙！这真让人无法忍受，日本会‘无条件投降’？”就这样，我知道这场战争终于要结束了。两三天后，一名狱工（从事手工劳动的犯人）告诉我：“日本这样了！”说着，他把双手举过头顶，做了个投降的姿势。我还听见旁边一间牢房传出“万岁！万岁”

的喊声，那里关的是一个拥有日本名字的朝鲜人，而看守听到这话甚至没对他发火。换作过去，这个朝鲜人肯定会被打得半死。突然间，发给我们的食物增加了。而且思想犯还被允许进入混合浴室，得到了与其他犯人会面的机会。就是在那里我见到了细川嘉六，他也是一名记者，于 1942 年 9 月被捕。我们互致问候，并对自己能够活下来感到高兴，但没人说出“日本战败了”这句话。

1945 年 9 月 3 日，我们接受了审判，此时战争已结束。我们被拴在一条铁链上，登上一辆运送犯人的巴士。途中，看见横滨市已被彻底焚毁，我们非常震惊。记得某一天，我们曾听见炸弹的爆炸声并闻到燃烧的气味，但没想到情况竟会是这样。关押我们的监狱也是木质建筑，却完好无损，没有被任何一颗燃烧弹击中。后来我们还开玩笑地说，敌人肯定是故意网开一面，以便留下关押战犯的地方。

这只是一种猜测，但我认为，横滨司法警察和官僚抢在麦克阿瑟到达日本前，于 8 月 26 日烧毁了警方和初步调查的所有记录。40 多年后的今天，当年的犯人一致要求重审这起案件，但一直遭到横滨地方法院和东京高等法院的拒绝。他们搪塞说，各种调查文件已不复存在，无法重新展开调查。肯定是那些警察烧毁了文件，因为这样做对他们有利！这些人还说，他们相信我们不会再做那样的事情！“再做”是什么意思？我们还没有证明自己的清白无辜！

的确，在监狱里我说出了他们逼迫我说的话。因为当时我希望能尽早获释，哪怕提前一天也是好的。那些警察让我说什么我都答应，但事实上我没有犯下任何罪行。所有的一切在开庭前就已决定，直到上庭前我才第一次见到我的律师。之后，我被判处 2 年劳役和 3 年缓刑，这就是他们对我作出的正式判决，但我直接进入缓刑阶段。其他人也得到了同样的判决，只有《改造》杂志社的主编被判 2 年劳役和 6 年缓刑，但我不知道原因。

后来，我们为自己受到的酷刑提出起诉。然而大多数施刑者都予以否认并逃脱了诉讼，只有 3 名折磨我们的警察在战后被判处 2 ~ 3 年劳役。然而在入狱前，借着《旧金山和约》签署的机会，他们被赦免了。《中央公论》和《改造》杂志于 1944 年 7 月 19 日彻底停刊。经历了 59 年的风风雨雨，第 682 期《中央公论》成为杂志社的最后一期。据称，杂志社属于“自愿”解散，然而就连社名也不允许沿用下去。战争结束后，我们卷土重来，我再次成为杂志社的主编。

但你知道，我没有反对过战争，那些供词是被警察们逼着承认的。我只是不愿做军方命令我做的那些事。虽然我尽可能多地给前共产党人和其他人士以机会，但他们并没有撰写过共产主义宣传。如果他们真的写了，我会把它删掉。但在警察眼中，给他们机会就是犯罪。我极其厌恶日本军人，鉴于所受的教育，我认为他们是人类中的异类。这些日本军人会在某些特殊场合穿上军装，但他们的思维幼稚而又愚蠢。那真是一个不幸的时代，我真希望那样的时代从未存在过。但正因为日本战败了，我们才能这样说。这也是一种悖论。如果日本打赢了那场战争，我们的结局可能会更加悲惨——也许我们应该感谢美国。

当局捏造了一切

口述者：医生　木贺子美

埼玉医院的餐厅里混杂着药品和食物的气味，因为她的丈夫已经住院3年，这些日子中，她大多数时间都在餐厅度过。“我哥哥和田喜多郎被捕时，我正在跟这个男人交往，后来他成了我的丈夫。我去看守所探望哥哥的那些日子里，他一直陪伴着我并不断地鼓励我，他告诉我，不必对此感到羞愧。”

她语调低沉，似乎要深入到内心深处将昔日的记忆逐渐带出。她非常谨慎地选择过往的经历并进行描述。

“前年，我母亲去世了，96岁。现在，我接过了她的任务。在这起案件中，国家捏造了一切，我希望他们能够面对现实作出纠正。还有一些人和我哥哥一起在横滨事件中受到指控，我们正积极同政府交涉以便使他的案件得到重审。就在几天前，法院驳回了我们的诉求。获胜的前景暗淡不已，但我们不会放弃。我希望能恢复他的名誉。”

和田家族的几代人都在京都县的一个乡村里当医生。我的一个哥哥本应成为一名杰出的医生，但他们最终都没有从事这个行业。我告诉父亲自己想当医生，他似乎很欣赏这个想法，但他去世时，我才上四年级。尽管他在遗嘱中指出，子美应该成为一名医生，可等我长大后，家里的每个人都激烈地反对。特别是大我 10 岁的大哥，他认为女人应该接受新娘子的训练，然后就嫁人。那时候的封建思想依然很浓厚。我威胁说，如果他们不同意，我就自杀。最后，家里人妥协了，才同意我去读药理学。

另一个哥哥喜多郎在庆应义塾大学进修法国文学，毕业后进入了《中央公论》杂志社工作。我跟他特别要好。喜多郎温柔又善良，尽管比我大 5 岁，但我们经常在一起聊天。实际上，我们共度的时光非常有限。因为我们住在乡下，所以进入中学后，他就离开了家，只有放暑假归来时，我们才能在一起待上几个月。我还记得他学习俄语时发出各种有趣的声音。我想，你可以称他为“文学青年”。

因为战争的爆发，我提前从帝国医学和药理学女校毕业。那是 1942 年 9 月，比正常的毕业时间提前了 6 个月。之后我留校，成为一名讲师并从事研究工作。那时我们兄妹 3 人都在东京。喜多郎和我经常打电话联系，他总是把身上本就不多的钱用来买书。有一天我打电话给他，其他人告诉我喜多郎今天休息。于是，我又打去他的住处。那里的人又告诉我他不在家。那是 1942 年 9 月的一天。

我很快发现，大哥和叔叔也在找他。喜多郎无缘无故地消失了，不过我们仍想尽办法到处找他，最后发现他已被带到横滨的一间警署。我们 3 个赶到那里去找他时，情况非常糟糕。那些警察骂道：“我们绝不会让你们探望一个叛徒的。”他们还用污言秽语辱骂我们，简直把我们当成了卖国贼。最后我们只好返回，最终无法见到喜多郎一面。那次去的地方是特高课，所以我推断，喜多郎肯定是犯了“思想罪”。除此之外，我们一无所知。

随后他被转至东京世田谷区的一座拘留所，最终我收到一份获准探望的通知。而大哥一点都不同情他，还怀疑这个弟弟确实犯了思想罪，并为此而责怪他。我想，喜多郎只有我能够依靠了。他们允许每个月去探望一次，所以我每个月都去看他，还把他需要换洗的衣服带回来，有时我会发现他的内裤上沾有血迹。

周末禁止探视，所以我只能恳求教授批准我在工作日离开。学校有 3 名讲师，虽然我不能确定他们会积极地站在我这一边，但我想他们都对此感到理解。

赶到那里探视时，会面对一个小小的窗户，上面安装着铁条。在我这一侧放着一张椅子，我会坐在那里等待看守把他带来。每次见到喜多郎，我都觉得他比上次更瘦，脸色更加苍白。他不停地向我这个妹妹道歉，还在我的面前流下眼泪，不住地说“对不起，对不起”。我也伤心欲绝，不知道该对他说些什么。他穿着囚服，就连谈话时也戴着手铐。在整段探视期间，看守一直站在他旁边。我们谈到了各自的健康状况，之后我告诉他妈妈的情况，并请他照顾好自己。我们还能谈些什么呢？他可能想告诉我（他本来是想告诉我的）自己是如何被捕的以及为何会被捕。我本想问他，却又无法开口。毕竟探视时间只有 10 分钟。

喜多郎在候审期间，我可以为他送些食物。他说自己非常饿，饿得几乎无法忍受。拘留所前有两个盒饭店，是指定的食物供应点，店员可以把食物送进去。其中一家名叫“浅野家”，他们似乎对思想犯高看一眼。这有些奇怪，于是我跟老板娘攀谈起来。她告诉我，那些思想犯会遭到可怕的折磨。当有人真心诚意地站在你这一边时，只凭那种气氛就能感觉得到。你明白我的意思。在这个处处遭受白眼的世界里，善良悄然到来，仿如雪中送炭。而拘留所里的那些看守，我该如何描述他们呢？傲慢自大？他们简直不把我当人对待。只有与这位老板娘交谈时，我才能平静下来。

村政府寄来了喜多郎的征兵通知书。我的大哥和叔叔，再加上我，3 个人再次来到检察官的办公室，请他们释放喜多郎，因为他已被召入军队。但他们又一次指责我们：“我们怎么可能释放他这种叛徒呢？”他们大发淫威，把我们赶了出去。这样一来，村里获知了喜多郎被捕的消息，所有人都知道了。村民原本等着他回来应召入伍，准备挂起国旗为他举办欢送仪式，但他最终没有出现。村政府收到了喜多郎被捕的消息，也得知了其中的原因。妈妈告诉我，村民们开始在夜间往我家的雨帘丢石块。在此之前，他们一直对我们很热情，总是将最好的一面展现出来。村民会说：“和田医生救过我的命，他是一名优秀的医生。”一夜之间，一切都变了。我们一家都成了叛徒，而我妈妈独自住在那里，无处可去。

我的运气总是很糟糕。在我们村子里，打算修建一座特攻队使用的机场。我正好在那时回到家。沿着村里的道路行走时，没有一个人理我，他们总是将目光移向别处。一时间谣言四起，大家纷纷指责我是名间谍，回来就是为了拍摄机场的照片。他们还散布谣言，说我拍完照片后就用电台发了封电报。村民一直重复着这些谣言，仿佛这一切都是真的。

喜多郎与其他受到指控的人被分隔开，单独受审。为了参加这场审判，妈妈特地赶来东京。我们 4 个人坐在法庭后方的旁听席上，离得非常远，喜多郎的声音勉强传到我们耳中，事实上我们听不太清他到底说了些什么。我们甚至不清楚他为何受审，也不知道他以何种罪名被指控。审判席上，喜多郎悲伤、孤独的背影深深地蚀刻在我的脑海中。他看上去是那么渺小、那么遥远。我唯一听清楚的是他确认了自己的名字。

40 多年后，直到最近，那场审判的指控才被披露出来。而这么多年来，我们对此却一无所知。这些针对我哥哥的控罪公诸于世后，一切都显得荒唐可笑。他们怎么能够把一个仅仅因为参加了读书会的人送入监狱？可事实就是这样。喜多郎从未亲口告诉过我。后来从另外一些参加读书会的人那里，我才听说了此事的原委。看来，是当局捏造了一切。就算你只是下班后过去喝杯咖啡，他们也会把此事变成“与某人会面”。喜多郎被列为“不断在读书会出现”的人员，为此被判处两年有期徒刑。其实他不是共产党员，可能只是对左派抱有同情而已。喜多郎被送入监狱后，我就无法再去探视了，所以审判后我再也没见过他。

次年 2 月 7 日，那是一个寒冷的早晨，我听见有人喊道：“电报！电报！”展开电报，上面赫然写道：“喜多郎死亡。”我无法描述自己当时的感受，也不知道他的死因，也许是生病，也许是他自杀了。

我立即丢下一切朝监狱跑去。看守人员带我进去：“这边走。”我看到喜多郎躺在水泥地上，身上覆盖着一张草席。一名看守拉开草席：“请确认一下。”他就那样赤裸裸地躺在地上，就像一只猫或一条狗的尸体。我永远无法忘记那种感觉。真的特别心痛！我一个人待在那里望着，他的脸被打肿了，双眼微睁。我蹲下去试图合上他的双眼，但无论如何都无法做到。

我不记得后来又做了些什么。

我将喜多郎视为一名“战殁者”。虽然他没有去前线打仗，但他确实被折磨而死。我相信他实际上是被谋杀的。多年来我一直在探寻他的死因，真的很想弄清楚他为何会死去。一名监狱看守告诉我：“那天早上，和田先生没有出来。之后我就发现他死在牢房里。当天的天气非常冷，也许他是被冻死的。”

他没做错过什么，却成了罪犯并死在监狱。如果他能够活下来，就可以用笔为自己作出辩白。喜多郎的痛苦，是那种死在狱中者却无法洗刷罪名的痛苦！我的心永远与他同在。

现在，我仍会不时回到京都的老家，哥哥的墓地在那里，妈妈的墓地也在那里。家中的老宅仍在旧地，尽管已无人居住。那里总是激起我复杂的情感。这并非契诃夫的《樱桃园》，但曾经兴旺的家族现在已败落。老家并不能让我感到快乐，那里只有痛苦不堪的记忆。

第 11 章 | 战火纷飞的童年

战争游戏

口述者：小学生　佐藤秀夫

当美军空袭对日本城市造成了日益严重的威胁时，与许多中小学生一样，他被疏散到农村。这些孩子或单独或与家人一起被疏散，准确的数字不得而知，但截至 1945 年 4 月，约有 45 万名三年级以上的孩子从 20 座城市被集体疏散至农村。

他现在是日本政府国立国语研究所的学者，目前的研究课题是：战后日本被占领期间，美国驻日盟军最高军令部对教育改革的构想和实施。他自豪地宣称："我去过美国 6 次，到过 26 个州。"

我出生于 1934 年，是家里 5 个兄弟姐妹中最年幼的一个。那时候，我父亲曾两次被第一银行派往中国。1927 年他从东京帝国大学毕业后，就一直在第一银行工作，尽管他一直想去欧洲但总是事与愿违。还记得他曾带回来一些英国巧克力，那时我并不知道世界上还有什么东西比这更加美味，印刷精美的包装盒也令我大开眼界。后来我还得到一把开信刀，它的形状就像一把中国大刀。这把刀可以从刀鞘中拔出来，直到现在我还保存着。当时，这种金属制品还是很稀罕的东西。摆弄玩具小火车时，我会把轨道连接成一条直线，在一端放上一摞书，然后将铁轨与这摞书的顶端搭成一个斜角，让小火车顺着轨道滑下去。这时候，几个哥哥便会告诉我："我们玩火车的时候，它们是靠电机驱动的。”可电机已损坏，而且也找不到配件来维修。

我们住在东京的郊区。太平洋战争爆发时，我还在上二年级。现在我已不太确定自己是否从广播里听到了宣战的特别公告（因为后来我曾多次听过这份公告的录音），但仍然记得当天非常冷。那天晨会上，校长兴奋地发表了讲话，他说日本已投入到一场伟大的战争中。他用的是词语“终于”，而且在讲话中还提到了“檀香山”。当时我还想，“这可真是个奇怪的名字！”

学校的男教师逐渐都被召入军队，因此女教师越来越多。即将入伍的男教师会在晨会上向我们道别，他们的胸前披着一条白色绶带，上面有一轮鲜红的旭日，然而当时战争似乎离我们还很遥远。读三年级和四年级的时候，老师是名年轻小伙，但口吃很严重。我那时候特别顽皮。课间休息时，我经常跳上老师的讲台，学着他的样子说话。这很滑稽，可我自己最终也变成了口吃。我觉得在和平时期，这样一个口吃的人根本不可能当老师。

四年级时，我遇到了经验丰富的松川老师，他很会讲故事，因而深受学生的欢迎。那时他40岁左右，尽管并非我们班的老师，但有时候他会给大家讲授伦理课。我还清楚记得他讲过“收获祭”（11月23日）的故事。他说，天皇陛下是一位“活神”，需要作重要决定时，他便退入皇宫，在黑暗中与天照大神和其他神灵交谈。松川老师的故事生动有趣、令人信服。我们这些孩子坐在那里，眼中充满好奇，而且对这些故事深信不疑。你知道“谎言说得栩栩如生”这种说法吗？他很擅长吸引孩子的注意力。上作文课时，他会告诉我们，想到什么就写什么，应该准确地表述内心的想法。他并未向我们灌输什么极端思想，也从不体罚学生。尽管极度推崇军国主义和民族主义，但他会使用“新教育”的技巧来传授这些思想，这是他在20世纪20年代大正时代的自由教育中掌握的。孩子们都把他说过的每一句话钉在自己的房间里。

有一些毕业生成了少年飞行兵，他们在完成训练后动身赶赴前线前回到母校拜访。事实上，这是为了招募更多的志愿飞行员。通常他们会表演一场低空飞行，而这种活动总是安排在午饭前，那正是我最饿的时候。学生们聚集在操场上，有时候，我们感觉无论等多久，他们都不会出现，但最终我们还是听见了飞机的轰鸣声。飞机从头顶飞过，倾斜着机翼行礼，然后晃动机翼飞离。有一次，飞行表演刚刚结束，我们便分到了柔软的橡皮球。那时候，根本没有橡胶可用来制造这些微不足道的小玩意，我玩的皮球就是几个哥哥传下来的，但仍被奉若至宝。当皮球瘪掉或漏气时，就将一个旧注射器插入皮球上肚脐状的充气孔，重新充气。但我们得到的是崭新的橡皮球，至少有一些是飞越学校上空的飞机中一架用降落伞空投下来的。1942 年，日本进军东南亚，夺取当地橡胶种植园的所有权。之后，这种活动便立即开始。但仔细回想，那里的橡胶可能不会这么快就变成我们手中的皮球。我猜，他们这样做就是为了把这些孩子吸引到战时动员中。不论事实的真相究竟是什么，我只记得轮到我过去领取皮球时那种欣喜若狂的心情。

1943 年，四年级结束后，我开始频繁听到“疏散”这个词。而我们要举家搬迁，就连我这样的小孩子也感到了不安。一天，开来了三四辆大卡车，我们便开始装载家当。母亲被告知，她必须把东西塞入分发的几个箱子中。就这样，我们匆匆离开了东京，赶往茨城县的下妻镇。当年 3 月，在学校里的最后一天，我向同学们道别。大家都说：“佐藤要被疏散了。”当时，50 名同学中，只有 3 人离开，而这令我感到格外孤独。后来，其他同学都被疏散到了长野。

在茨城，最烦恼的事情莫过于被疏散的孩子经常受到欺凌。我经常被那里的孩子欺负，整个五年级就在被欺凌中度过。在那里我们没有任何亲属，完全是陌生人，没有一点关系可以弄到额外的食物。我的午饭是大麦以及其他大米替代品，坐在旁边的孩子则是“银米”，即洁白闪亮的大米。他们都来自农民家庭。不过，我的饭盒是铝制品，而他们用的是木饭盒。至少这令我产生了一种优越感，说明我们处在不同的文化层次上。而且我穿的衣服也和他们不同。我的服装是庆应义塾风格，深蓝色、双排扣、白色的衣领，效仿庆应义塾大学附小的校服，并配以短裤和高筒袜。在寒冷的冬季，我穿着短裤，下面配着长袜，皮鞋上还有金属搭袢。这些服装都是哥哥们留下来的旧衣服，但在茨城小学，大多数学生穿着普普通通的和服，就算有人穿着西式服装，那些货色也很粗陋。

但这并非是我最美好的记忆。有一次上国语课时，身后的一个男孩猛推了我一把。但我已经记不清了，也许不是在上课而是课间休息的时候。然后我转过身去告诉他：“这种行为简直是蛮勇。”他问我：“蛮勇是什么意思？”我就把“蛮勇”的字写给他看，并解释这个词的意思是“匹夫之勇，野蛮人的勇气”。从这之后，他再也不来欺负我了。我有 4 个哥哥姐姐，爸爸也有许多藏书，在被疏散前我就读过赫尔曼·黑塞的小说，所以作为一个小孩子来讲，我认识许多的字。

也许优越感是我受到排挤的原因，或许也可能是因为受到欺负，我才把他们看作乡巴佬。不管怎样，他们经常打我。年纪大的学生总是躲在后面，派那些外表弱小的人来挑衅。如果我还击，或者看上去即将占据上风，便会有另外两三个人冲出来加入战斗，把我痛打一顿。快到暑假的一天，他们在我回家的途中把我堵住，对方有五六个人。这一次，我没有退缩，准备“奋战到死”，我朝他们当中块头最大的家伙冲去。如果以瘦弱程度来排名的话，我在班上列第三，所以在体力上落了下风，而且我的个头较小，嘴巴只到他的肚子。大家都穿着薄薄的夏装，而他已把衬衫脱掉。我撞上他时，就狠狠地咬了一口。他立即打我的头，但我想反正要死在这里了，就不顾一切地继续咬下去。突然，我感到嘴里有种温热的东西，那是对手的血液，于是我咬得更加用力。就在这时，他哭了起来，而我从一开始就在哭泣。尽管如此，我仍然一直不松口，直到他不再击打我的头部。最后我松开了牙齿，我想自己咬下了他的一块肉，他的母亲肯定会来我家告状。然而经过这一次之后，我名声大噪：“他咬人时真可怕。”

随着时间的推移，从东京疏散到这里的人越来越多。因为受欺凌者数量大幅增加，我受到的欺负便逐渐减少。慢慢地，疏散到这里的孩子聚到了一起。课间休息时，我们经常在一起攀谈。我在学校里了解到东京各处的许多事情，此外还了解到一件事：讨好、谄媚上级对某些人来说不失为一种绝佳选择。有一个男孩学习茨城方言快得出奇，很快就成为班上首席恶霸的得力奴才，并积极参与到对他人的凌辱中。在这种转变中，他展现的那种异乎寻常的技能令我深感震惊。你知道吗？日本战败的几年后，我惊奇地发现我们两人都成了东京大学的学生，但他早已不记得我。施虐者很快会把那些事情遗忘，可被凌辱者永远不会忘记。

在茨城，有些老师简直就是体罚专家。每个学生都怕他们，因为体罚学生的原因似乎是为了获得快感。不过，学生在挨打方面也很有本事。面对老师的殴打，你必须坦然接受。如果把脸避开，他们就会宣称你在反抗。本来只会挨一记耳光，反抗了则要多挨几下，你只能咬紧牙关默默承受。耳光落在脸颊上，不过其力度仍有所控制。被叫到老师的办公室时，必须要喊：“六年级 3 班学生佐藤秀夫来见山田老师，我可以进去吗？”老师会回答道：“进来！”这与军队一样。如果在上学或放学的途中遇到老师，学生必须立正敬礼。

最令人痛恨的事情是学生之间相互打耳光的习惯，这同样与军队的做派很像。这些习俗在 1944 ~ 1945 年融入生活之中。当时，所有事情都是集体完成的。如果小组里的一名成员忘记了某些重要的事情，或者没做作业，那么小组里的每个人都要承担一定的责任。犯了错误的学生会在礼堂列队，面对面排成两行。然后，老师便命令开始抽对面同学的耳光。虽然我很厌恶这种做法，但同学们都知道该怎么做：盯着对方的双眼，然后抽他的耳光。如果不用力，那么这两个人都会遭到老师的殴打，所以只能装作用尽全力的样子。但在听到耳光声的那一瞬间，手掌会立即停住。如果把握好时机，情况就不会太糟糕。

因为我学习成绩还不错，所以经常被老师任命为分队长。当上分队长后，受到的欺负自然而然少了许多，但相应的义务也随之而来，不仅要发号施令，还要承担升国旗的任务。伴随着国歌声，我与另一名同学一起升旗。我们必须通力合作。如果配合得不好，就会出现国旗升至旗杆顶端时而国歌尚未结束的尴尬场面。如果在场的老师是个难缠的人，我们就会被他殴打。所以升旗时必须集中注意力，以确保国歌最后一个音符结束时，旗帜刚好升至顶端。现在，我时常和孩子去学校参加校运会，看到他们依然保留着升旗仪式我感到失望，事实上这种做法是在 1931 年或 1932 年才开始的。但现在的孩子干得很糟糕，似乎从未做到“同步”，对此我深感欣慰。

我们的教室里挂着一幅硕大的“大东亚共荣圈地图”。每逢爆发重大战役或日本军队取得了辉煌战果，我们就将小小的国旗贴在被日本占领的地方。从小时候起，我就对地理非常迷恋，因而对亚洲地图了如指掌，像“马来半岛”和“北婆罗洲”这些地名都有隐藏的含义。那时候，我可以随手把这些地方画出来。

我记得最后一场重大“胜利”是 1945 年 1 月或 2 月的台湾海峡作战。那时，报纸上大肆吹嘘莱特湾海战的战况，诸如多少艘敌舰在几分钟内便被击沉、多少艘战舰随后沉没、多少艘遭到重创等报道。我对这些“事实”一清二楚，但后来却被证明这些报道纯属一派谎言。我画过所有战役的画面，包括各种战机和军舰，直到现在仍能够出色地画一幅零式战机的素描。我记得当时的报纸上也刊登了大型战列舰的照片。元旦那天，报上登出了“大和”号的照片，这艘军舰看上去特别漂亮。当时战列舰的上层建筑堆积在一起，看上去有些笨拙，主炮也是成对布设，而这艘战列舰的每个炮塔上装有 3 门主炮。我记得前往神社参加新年仪式时，我们还谈到了这些军舰，“你看到那些军舰了吗？真棒！是最先进的！”报纸上并未登出这些军舰的名称，所以我们并不清楚它们被称为“大和”号和“武藏”号，但这些照片确实激起了我们的斗志。

1945 年日本战败，那时我是一名六年级学生。学校里已不再有那么多的班级，而学生的主要任务是在校园的角落挖掘防坦克壕。“挖坑。”他们告诉六年级学生。年长些的孩子早已离开学校。从 1945 年 4 月起，他们每天都被组织起来去军工厂干活，而我们则用了几天的时间挖掘了一条“章鱼洞”。对一名小学生来说，这是一项艰巨的任务。挖掘一个散兵坑需要 3 天时间，其深度可以容纳一名老师，即坑部边缘盖过他的头部。我们分成一个个小组，每个小组负责完成分配的任务。

为军马割草是五六年级学生的另一项任务。如今的下妻是一座城市，但在当年只是座小镇，位于关东平原，而且附近没有真正的山脉，只有筑波山伫立在远处。所以我们只能分成一个个小组，前往平原地区割草。出发前，老师们一再叮嘱：“只能在树下割草，否则美国人的飞机会朝你们丢炸弹。”事实上，我们很容易就会被发现，因为 1945 年 5 ～ 7 月的大热天里，大家都穿着白色的短袖衬衫，却也并未将老师的告诫放在心上。割草之后我们就负责喂养军马。通常只有一段固定的时间可用于割草任务，大约两节课的时间，隔日一次。树下的青草很矮小，在那里割草效率极低。由于国家急需木材，所以许多地方的树木已被砍伐一空，而那里的青草长势良好。因此，我们会派一名同学站岗，他负责对空瞭望，其他人会负责完成他的任务。我们经常竖起耳朵，留意飞机的轰鸣声。当美国人的飞机从空中飞过并开始盘旋时，会发出一种高亢的音调“嗡……”这时负责瞭望的同学便喊道：“它们转弯了！”然后那些飞机会调转方向，朝着我们飞来，通常为格鲁曼 F4F，或是机翼弯曲的“海盗”式，都是些舰载机。

飞机开始下降，并且俯冲速度非常快。就连小孩子都本能地知道它们的打击目标是谁。我们大声喊叫着，“它们来了！”并四处奔逃，试图躲进树林中。如果离树林太远，首先要背对着飞机猛跑，然后再转过身来面对它奔跑。子弹会沿着直线射出，所以最好让身体位于两行弹流之间。

当然也可以趴倒在地，抬起头来观看空中的飞机。如果留意它的方向，也许能在最后时刻躲开袭击。飞机从低空而来，两个机翼上各有一门机炮，它们径直冲过来，速度非常快，但还是需要一些时间。如果它们的目标是你，你会立即发觉。然后便看见火光的闪烁，射击声接踵而至。因此，必须要学会判断火光的角度，如果在45度角闪烁，那是最危险的情况。这时你会本能地闭上双眼。通常大家将这种方式称为“扫射”，但敌军使用的不是机枪，而是20毫米口径的机关炮，射出的每发炮弹都会爆炸。与电影里的场景不同，当你看到喷发出的阵阵烟雾时，整片稻田里的泥土都在四散飞溅，从底部蹿出火花，接着便是爆炸声，“轰轰轰轰！”

发现它们射歪了之后，最好站起身来猛跑。飞机的飞行高度很低，有时飞行员甚至会打开座舱盖探出身子，那些戴着飞行眼镜的美军飞行员会从空中望着我们。我甚至会朝他们挥手，这种事情我做过不下10次。从学校回家的途中，我们也经常遭到扫射，这时我们便会跳入稻田的沟渠中。在这种情况下，没人会责备我们弄脏了衣服。据我所知，没有哪个同学被这种扫射击中，但我曾亲眼目睹一头牛被炸成碎片。

孩子们很容易适应战争的残酷，这几乎成为一项运动。因为无论怎样，孩子们都会进行一些顽皮的游戏，而战争也成为游戏的延伸。通常，他们还会以此来测试自己的勇气。听见飞机转向的声音，你可以尝试一下看看自己能毫无畏惧地走多远，有多勇敢。

1944年秋季，军队在学校附近修建了一座机场。就连母亲也要去那里参加自愿劳动，为飞机挖掘掩体。而我们也被派去挑运覆盖在掩体上的泥土。男孩子知道所有飞机的名称，并能流利地说出机场上各种飞机的型号。但如果这种情况被发现，军队的人就会大声喊叫，警告我们不要东张西望。老师也教导我们，在机场见到的情况就连家里人也不能告诉，否则就违反了国家安全法规。

从1945年3月起，我们每天都要经历空袭警报以及真真切切的空袭。总之到了最后，两者之间已无任何区别。空袭通常会在日出后一小时之内到来。初期警报响起后，学校附近那座机场上的飞机便会接二连三地起飞。飞机在我们上方列队完毕，然后飞离。起初我们都以为他们要去拦截敌机，但后来听见大人说，他们不过是逃到栃木县躲避而已。空袭警报解除后，我们就会再次听见轰鸣声，那些飞机又回来了。因此，我们逐渐产生了一种强烈的失落感：日本军队不会保护我们，他们只为自己着想。

在东京疏散初期，我真的以为军队会为平民提供保护。然而当我近距离观察时，我发现他们污秽不堪，身上满是虱子，纪律也很松懈。在学校里，我见到许多垂头丧气、头发斑白的士兵，他们看上去更像我如今的模样，而非一名士兵应有的样子。他们经常聚在操场的角落处吸烟，无所事事。就这样，我第一次认识到成人的世界。

我刚刚进入六年级时，这里便遭到一场可怕的空袭，学校旁边的机场被彻底摧毁。几周后，在参加另一场义务劳动时我们从那里经过，机场已沦为一片废墟，只有几座碉堡和掩体幸免于难，但我们曾被告知禁止注视的银色飞机已损失殆尽。

尽管如此，在整个战争期间，天皇依然保持着特殊地位，在民众心目中的形象从未动摇。亲眼目睹了军队的惨状后，我对他们产生了反感，但从未把这种想法延伸到天皇大元帅身上。每当我看见天皇骑着白马的照片时，总会情不自禁地赞叹："真威风啊！"我们甚至不允许踩踏登有天皇照片的报纸，同样也不可以用这样的报纸包裹午饭，因为汤汁可能会漏到天皇的脸上。

在六年级的学生眼中，战败并非多么严重的事情。而且这还意味着再也不会遭到飞机的扫射，这种想法令我如释重负。在此之前，美国一直是一个魔鬼般邪恶的国家。我确实是这样认为的。我喜欢画画，所以经常画罗斯福、丘吉尔和其他人的漫画，都是模仿报纸的报道。老师告诉我们，美国人都是怪物，是一种卑微的生物，还向我们介绍了台湾和关岛的玉碎战。据说那里的日本伤兵被美国人捆在一起，用推土机活埋了，之后美国人还在他们的墓地上建造起机场，B-29 就是从那些机场起飞的。我无法想象这样残酷的事实。当然，学生对美国的了解大多来自老师，但我认为，最令人印象深刻的是战争画作，例如藤田嗣治的作品，都是一些大篇幅跨页的彩色图片，经常刊登在报纸和杂志上，读者是儿童。在藤田的绘画中，美军的残忍行径立即让人联想到可怕的战争。于是，我们对战争的恐惧便转化为对美军士兵的恐惧。由于我们也遭受过扫射，所以一种真正的恐惧感便油然而生。

我在战争期间长大，它始终围绕在身边。但它也很有趣，男孩子们都喜欢战争。战争可以成为玩耍的材料。除了纸牌游戏外，我们所有的游戏都与战争有关。有一次，我们在学校里玩耍，就是全速从铁丝网下穿过，但那天我失手了，被严重划伤。直到今天，我身上仍留有疤痕。只要年龄相差无几的男孩子们凑到一起，便会自动分成两组以进行相互对抗的游戏。有一种游戏被称为"驱逐舰 - 鱼雷"，其中鱼雷可以打败战列舰，驱逐舰可以打败鱼雷，轻巡洋舰战胜驱逐舰，重巡洋舰又可以战胜轻巡洋舰。如果扮演鱼雷的人被驱逐舰击中，他就会被带入你的阵营，然后对方设法来救他。我喜欢玩战争游戏。

战争结束时，我们只是转过身去，甚至对此并未多加注意，只是这一切来得很突然。而我并未经历过真正的内心冲突。六年级结束时，我们涂掉了课本中美国占领者认为受到冒犯的内容。那时候，能拥有课本是一件幸运的事。打开课本前，我们都会朝它们鞠躬。可是那时，我们却要撕掉某些页面并用墨水涂抹掉大段的内容。但我从未像某些人说的那样感到屈辱不已，我只是听从了老师下达的命令而已。

在成长过程中，即使相同的战时经历也会呈现出不同的色彩和形状。我和哥哥就是这样。佐藤诚三郎与我有着完全相同的经历，他只比我稍大些，却成为中曾根首相的“智囊团”成员。在 20 世纪 80 年代初期，中曾根首相将日本形容为“不沉的航空母舰”。我的哥哥从来不谈及他的战时经历，从未提及。

第 12 章 | 艺术与娱乐

“我喜欢美国电影”

口述者：电影人　广泽荣

如今的他是一位著名编剧。在黑泽明的电影《七武士》中，他担任第三副导演。在 1974 年的《望乡》中，他编写的剧本真实地再现了 20 世纪初期日本妓女在东南亚的故事，此片为他在日本赢得了广泛赞誉。

他经常翻阅一个小小的笔记本，里面记载着他自童年时代起看过的每一部电影，在何处观看以及他当时的反应。“1942 年，日本的 3 350 家电影院被分成两组，即红组和白组，并据此作出相应的电影片目分配。有时也会放一些德国电影，因为德国是日本的盟友，但无论你去哪里，总是在上映同样的电影。”

我曾对我的孩子讲述过战争。自童年时代起，战争就一直伴随着我，它就像四季变换那样自然而然地发生，并成为生命的一部分。如果没有战争，我无法想象自己会怎样。这句话的意思就是：太平洋战争给我的生活造成了决定性影响。1924 年，我出生于小田原，并在这座小镇长大，父亲是一名书店老板。由于自己过往的经历，我必须对“日本”“天皇”乃至“战争”这些概念加以审视。从那时候起，我就一直在描写战争。有些剧本被拍成了电影，有些则被人遗忘，但无论怎样，第二次世界大战为我打开了作家生涯的大门。

1931年，我刚刚上小学，就爆发了满洲事变。这是日本军队策划的阴谋，一场持续15年的战争就此开始。我还记得当时有3名年轻士兵在家中过夜，一名上等兵佩戴着红色的肩章，上面绣着3颗星，另外两人是一等兵，肩章上只有2颗星。那时他们正在举行军事演习。我对此兴奋不已，还对这些士兵充满钦佩之情。进门之后他们巧妙地将几支步枪架起来，在门旁构成了一个三脚架。我怯生生地凑近那些三八式步枪，看到了枪身上的菊花徽章。一名士兵告诉我："它表明这是天皇赐予我们的武器。"

士兵的身上带有一种独特的气味，那是一种混合了汗水和皮革的味道。他们脱掉军装上衣时，卡其布汗衫出现了汗水干燥之后形成的白色痕迹。我惊讶地盯着这片痕迹，从他们晒黑的面孔以及微笑时露出的白色牙齿得到了解释："从拂晓开始，我们就一直在行军。"第二天早上，天还没亮，这3名士兵便"咔嚓"一声立正，向父亲和我敬礼，并大声说道："谢谢你们的关照！"随即快步离开。透过拂晓的晨雾，我听到了部队动身出发的声音。

从孩童时代起，我就喜欢电影。《爆弹三勇士》这类电影浮现出的英雄主义深深吸引了我。这个故事源自1932年的上海事变[①]，3名日军工兵带着拉燃的爆破筒冲向中国军队的铁丝网，最后在爆炸中英勇阵亡。这部电影令童年时代的我受到了剧烈的心理冲击。演员扮演的士兵穿着烫得笔挺的浅色军装，在摆出戏剧性的姿势时便出现一道道皱褶。那些电影都是默片，放映时常伴以日本乐器的合奏。现在看来这似乎很奇怪，但三弦琴、十三弦筝和鼓在剧院里合奏的乐声似乎与电影画面相得益彰。

我特别喜欢美国电影《傲世军魂》，我第一次看到是在1936年。这部由加里·库珀主演的动作片描绘了处在英国殖民统治下的印度风貌，主角是一名骑兵军官。电影到达高潮之时，他杀开一条血路冲过敌营，重蹈敌人堆放弹药的高塔后将其点燃，并在爆炸中英勇阵亡。这一主题与《爆弹三勇士》那些电影有异曲同工之妙。在小田原的海滩边第一次观看这部电影的情形已经深深地刻在我的脑海中。夏季的夜晚，那里经常会搭起帐篷，挂上一块白布充当银幕，观众坐在银幕的两面。尽管电影画面只被投射到一面，但从白布的两面都能观看。那天晚上我犯了个错误，坐在了另一面，结果发现字幕都是反的，但这是一部动作片，不看字幕也能理解内容。当晚，军队里的一

① 日本称"一·二八事变"为上海事变或第一次上海事变，国人称"淞沪抗战"。在1932年中国上海发生，是中日两国于1931年"九一八事变"后的军事冲突，时间长达一个多月。

些大人物也来看电影，一名中将大声称赞："多好的电影啊！就像《爆弹三勇士》那么精彩！"

从那时起，我就成了加里·库珀的影迷。我看过他的《火爆三兄弟》《拂晓侦察》和《摩洛哥》。尽管他在《摩洛哥》中穿着军装，但那并非战争电影，而是一部言情片。在《战地春梦》中，我不明白库珀为何要扯掉肩章、脱去军装后逃离，也不清楚这部电影在日本上映前已被审查员删减过。不过，为国捐躯、为爱献身的人物都成为我心目中的英雄形象，他们总是令我无比振奋。

后来，新闻纪录片开始出现，内容都是关于中国的战事，而且还是有声电影。"呼，呼，呼"步枪子弹高亢的呼啸声和机枪"哒哒哒哒"的射击声充斥着银幕。那些曾在我家住过、周身散发着汗水和皮革味道的士兵出现在银幕上。就算是虚构的作品也要与现实相匹配，现在，士兵与普通民众之间的距离被拉近了。

士兵的真实形象出现在1938年的《五个侦察兵》和1939年的《土地与士兵》中。普遍认为，《五个侦察兵》很有教育意义，所以学生被组织起来观看这部电影。影片中有这样一个场景：一名被派出去侦察的士兵并未按时返回，所有人都为他牵肠挂肚。拂晓时，他终于出现。为此，一些战友唱起了《君之代》，以此来表达心中的情感，而电影也在合唱声中结束。现在，文部省也希望我们的孩子在学校里唱这首歌。当然，我小时候也要在各种仪式上唱这首歌。而那时，这首歌曲出现在一部电影中着实令我惊讶不已，士兵自发地唱起这首歌，似乎是庆祝战友的归来。在我看来，他们之间的情谊和密切的关系似乎很真实，但不知何故，这首歌听上去却很虚幻。

《土地与士兵》也给我留下了深刻的印象。电影中的士兵一直在艰难跋涉，而我突然意识到，曾在我家暂住的那些士兵说过的话都是真的。这是一部描写行军场景的电影，士兵一路赶往徐州。假如我成为一名士兵，也要像他们那样长途跋涉，这种想法令我感到震惊。恰好就在这段时间里，中学对学生的军事训练变得更加严格，我们也要像真正的士兵那样长途行军，也经历了同样的艰难。突然之间，一种窒息感油然而生——我讨厌战争，因为它已经越来越近了。

那时，在正片前通常会播放日本新闻，这表明国家新闻管制已经开始。然而开场画面非常壮观：一只日本金鹰展开双翼环抱全球，然后"脱帽!"的大字便出现在银幕上，之后便是"皇室新闻"。这时必须脱掉帽子，规规矩矩地看着银幕。在一些小剧场里，人们常常躺在榻榻米上等着电影开始，但银幕上出现这种命令时，观众们会迅速爬起身来，试图找到合适的位置，因此现场一片混乱。随后，“天皇陛下巡幸关西地区”的字样出现在银幕上，这是日本的第一部新闻片，出现在 1940 年 6 月 11 日。天皇的梅赛德斯奔驰驶出皇宫的二重桥门，车门两侧站立着卫兵。轿车一路疾驰来到东京火车站，皇室专车很快就驶离了车站。整个新闻片的内容就是这样，没有什么实质性的故事，但解说员使用了专用于皇室人员的拗口话语，接下来便是“战争新闻”。

1941 年，风闻环球、派拉蒙、20 世纪福克斯、哥伦比亚和米高梅电影公司计划在完成已进口电影的放映后关闭设在日本的办事处。这些电影包括《史密斯先生到华盛顿》和《爱迪生的一生》，这些都是极其出色的影片。想到再也无法观看美国电影，我就变得非常沮丧。《格列佛游记》和约翰·福特的《古庙战茄声》这两部电影则被留在 1942 年新年播映。那时我非常期待《古庙战茄声》，但由于 12 月 8 日的事件，我最终无法欣赏这部影片。

1941 年 10 月 26 日，我观看了《史密斯先生到华盛顿》，当时美国和日本已处在战争边缘。这部电影给我留下了深刻印象，因为它真实地捕捉了人类的情感，而且人们也乐于看到史密斯这样的小伙子如愿以偿。虽然电影中的人物和现实中的观众生活在同一个世界，但在美国，年轻人的意志会受到广泛重视，比如詹姆斯·斯图尔特在参议院发表讲话时，就不会有人打断他。这就是“民主”，是一种被称为“社会公义”的东西。那时我还不懂这些词语的含义，但它们肯定是好东西。

1941 年 11 月 2 日那天是周日，我想这可能是观看美国电影的最后机会。我向妈妈要了两个饭团，登上小田急电铁的第一班列车赶往新宿。在那里，我从一家影院出来之后又跑进另一家影院，连续观看了《荡寇志》《鬼魂西行》《秃鹰》和《关山飞渡》等几部影片。坐在电影院黑暗的观众席中，我嚼着饭团、喝着水壶里的水，津津有味地观看。最后一部电影是《关山飞渡》，虽然我已经看过两次，但仍然尽量坚持到最后一刻。其间我不停地看着手表，以确保自己能来得及赶往车站，搭乘小田急电铁的最后一班列车回家。终于到了离开的时刻。起身离座后，我站在门口又一次次转过头去，看到银幕上的马车正冲向远方，这才朝着火车站匆匆跑去。

这些美国和英国电影确实构筑了我的心理品质。例如，在金·维多执导的《卫城记》中，罗伯特·多纳特饰演的年轻医生来到威尔士的一个矿镇，发现了引发“黑肺病”的原因，于是他不顾一切地将真相披露出来。看过这部电影之后，我便阅读了阿契鲍尔德·克罗宁的原著，正因为这本书，我第一次了解到“人道主义”的内涵。

我仍然记得日本对美国和英国宣战的那一天，那时我还是一名中学生，正乘坐火车从小田原赶往横滨。那是个寒冷的冬日清晨。在藤泽站上车的朋友田尻告诉我，当天的新闻称日本军队在一个被称为“西太平洋”的地方进入了“战争状态”。那是 1941 年 12 月 8 日。此前我已经知道日本与英美的关系已趋于恶化，但没想到会开战。英美两国都是伟大的国家，我对它们充满敬意。“可以对这样的国家开战吗？我们有可能打赢吗？胜利意味着什么？在洛杉矶升起日之丸？可即便如此，接下来又会发生什么事？”我无法想象。这些就是一个 17 岁男孩当时的想法。

原本我想成为一名艺术家或者一名设计师，但一切都变了，这种工作在战争时期已不复存在。整个国家陷入了忠君和爱国主义的疯狂情绪中，还有一些同学参加了军事院校的入学考试，也有人渡过大海去了满洲。我不知道自己该怎么做，那时的我一片茫然。

“从学校毕业后，我就会被送上前线，不久之后肯定会阵亡。在此之前，一定有某些事情是我想做的，可究竟是什么事呢？”乘火车上学的途中，我反复思索着这些问题。突然，一个男人喊了起来：“喂，你怎么不站起来？”一个方脸、戴着一顶棕色战斗帽的男人俯身望着我。每天早上他都在二宫站上车并喊叫道：“值此决战时刻，年轻人必须站起来，学生们必须站起来！”他命令所有学生都站起来让座。然后，就对那些身穿国民服的人说道：“你们都是行业士兵，请坐吧，非常感谢你们为国家付出的努力。”他非常蛮横，拦在我面前喊道：“你这个学生，傻笑什么？想让我把你揍得屁滚尿流吗？”我默默地站了起来，同时觉得莫名其妙，这个家伙有什么权力命令我？

我原本认为是战争令人失常，甚至使某些人发疯。但父亲告诉我：“1923 年的关东大地震是无可避免的天灾，但被称为‘战争’的事情却是人为造成的，所以肯定有办法来阻止。因此，战争比东京大地震可怕得多，因为它是可以避免的人祸。”父亲是一名商人，他留给我的遗产是向往“自由”的精神，这可能源自大正民主时代，而且与学校的教育完全不同。

因为引入了电影条例，日本电影业在战前便处于低迷的状态中。电影的内容总会受到政府的控制。对人性的分析或娱乐观众已成为次要问题，其主要目的便是为国家赋予的“命题”服务。

在剧本阶段，电影就会受到审核，摄制完成之后要再次接受审查。通常由政府高官或宪兵队的资深军官担任审查人员。总之，无论这些人是怎么想的，只要是他们说出来的话都是命令。“加入这个！剪掉那个！要这样拍！”就连喜剧片也必须加入支持战争的口号，例如“为支持战争而勤俭节约”。就这样，电影变得支离破碎。军人和政府官员犹如神灵一般高高在上，现在他们又规定，艺伎和侍酒女不得出现在银幕中。最后，就连男女同行的镜头也要被剪掉。这些愚蠢的规定被强制执行。后来，电影里也不再有演职人员名单，因为必须节约胶片，其中只能出现公司的名称和标题，就连正片也很短，其长度也有相关规定，大约为 80 分钟。

但从另一方面看，与英美开战的初期，在纪录片和电影中也出现了各种新场景以及扩展的画面，比如，降落伞绽放在热带地区的天空，在阿留申群岛的疾风下，猎猎作响的军旗。而且，这些镜头往往确认了报纸上刊登的消息，仿佛在说：“你看，就是这样！”由于民众无法获得其他方面的信息，新闻纪录片就有了真正的价值，它让你相信自己看见的东西。如果把国旗交给印度尼西亚的孩子们，并让他们挥舞旗帜，同时将画面拍摄下来，之后通过旁白指出“这就是我们的‘大东亚共荣圈’”，那么观众们自然会相信所见到的场面。但电影对前线士兵的描述禁止揭露生活的消极面，它只能表现积极的一面。然而，如果只盯着积极的一面，就会发现毫无剧情可言。但在这些限制条件下拍摄的战争电影，除了描述士兵们的英勇无敌之外，还能期待看到什么内容？例如，1944 年拍摄的电影《雷击队出动》中，藤田进饰演的航空队军官故意吸引敌人的火力，为其部队发起主动进攻而创造机会。如果说他们看上去就像特攻队的先驱，那仅仅是因为神风特攻队刚刚组建时，其真实实力远远超越了虚构的情节。然而，日本电影很快便偏离了轨道，并落后于现实。

就在被征入现役的几个月前，我的梦想实现了。1944 年 5 月，我被东宝电影公司聘用为助理导演，而征召定于当年 9 月，所以剩下的时间不多了。很快，我前去参加《间谍海玫瑰》一片的摄制，这部电影讲述了一名中日混血女间谍的故事，由轰夕起子主演。主角受命于美国军方，乘“海玫瑰”号潜艇来到日本。尽管她作出了许多可怕的事情，但在电影结尾处，她被一辆汽车撞倒后幡然悔悟。临终前，她终于意识到自己的错误，便向审问者交出了密码，因为她已经“开始理解‘大东亚共荣圈’的真谛”。一名热心的宪兵队员让她深受感动。你听说过如此愚蠢的剧情吗？理解了“共荣圈”的意义，然后死去？这种事情根本无法写入剧本中，情节太复杂了。而且电影中还出现了宪兵队，负责搜捕美国布下的间谍网。军警成为主角没有任何问题，但一个带着任务的间谍来到这里，她怎么会如此轻易地发生转变？我写不出这种不着边际的情节，就算有人命令我这样做也不可能。

然而所有电影都在传达这样的宗旨。电影拍摄目的远比其剧情更加重要，并且这一目的必须明确阐述。《间谍海玫瑰》的拍摄目的正是“强调坚不可摧的国防，以唤醒民众严防间谍活动”。借助于电影的手段，他们完成了不可能做到的事情。日本电影业顺从地接受了这些改变，其灵魂则被窃取并扭曲。换句话说，电影行业的核心价值输给了官僚体系。

电影拍摄期间，军警官员经常到公司来检查拍摄进度。这些人的年龄与我相差无几，但一个个趾高气扬，都戴着袖章，上面写着“宪兵”，还挎着佩刀，刀鞘擦得锃亮，在腰部叮当作响，看上去无比神气。军警对待影棚内的布景就像是自己的东西一样随便。而布景中的大多数椅子只是道具，我曾告诉他们不能坐在上面。但他们只是狠狠地盯着我，其中有个人还说：“你竟敢告诉宪兵该怎么做！”显然，这些人渴望的是与我完全不同的东西。

在拍摄这部电影时，我观看了查理·卓别林的《大独裁者》，它的拷贝影片是在菲律宾被没收的，之后被送回日本。一个炎热的午后，我们聚在公司的私人放映室里播放了这部电影，屋内挤满了人。这部电影没有字幕，是卓别林的第一部有声电影，结尾处他还在不停地说话。屋内一个懂英语的人低声翻译，他身边的人仔细聆听着。我也听到了他的翻译，并想：“卓别林敢于批评法西斯主义和希特勒，真了不起。他的确做了些伟大的事情，而且坦率地表达了内心的真实想法，可我在这里又做了些什么？”我想这就是卓别林电影深具感召力的原因之一。

我也看过《乱世佳人》，同样是从菲律宾没收的。仅仅是电影的音响效果便让我如痴如醉。就连幕间休息时，塔拉的主题音乐也一直在播放，而这需要大量的胶片，再看看我们的电影，为了节约胶片，就连导演的名字都无法加入其中。《乱世佳人》让我体会到了奢华、挥霍的魅力，特别是亚特兰大被焚毁的那一幕。然而卓别林的话对我的影响更大，他告诉所有人：“汉娜，黎明不远了！”这句话深深地打动了我。

1944 年 9 月 5 日，征兵通知到来时，我刚刚从神户返回，之前一直在那里拍摄《间谍海玫瑰》的外景。当我向剧组人员道别时，整部电影的拍摄几近结束。剧组人员在一面丝质太阳旗上写下了问候和鼓励的话语，就连平日与我没有任何交集的人也是如此。比如山田五十铃，我与她只是泛泛之交，但后者也在“恭喜投身战争”这句口号下写上了她的名字。

我希望在离开前写一个剧本，作为存在并且希望成为电影人的证明。冒着夏季的炎热，我拼命地写着。但奉命报到的期限笼罩在心头，在这种情况下，根本无法写出一个完美的剧本。因此，必须放松身心，妥善安排自己的想法。但是后来，我在院子的角落里把写的东西都烧掉了。

报到之后我被分配到一个炮兵单位服役，工作是在沙滩上挖掘散兵坑，因为我们打算从这里冲出去，在敌人坦克的两侧安装炸药。而我本该成为一颗人体炸弹，作为天皇的孩子以身赴死。

8 月 15 日，我的想法像一部残片那样破碎了，这简直就像一场白日梦那样不切实际。它真的已经持续了 15 年？不，这不是梦。这完全是因为天皇的“玉音”，那天是我第一次听到天皇的声音。他的讲话中夹杂着晦涩的字句，但清晰地传达出战争结束的旨意。我忽然觉得头晕，但又对自己不再是天皇的子嗣而暗自高兴，甚至有种如释重负的感觉。突然，我想到又可以观看美国电影了，而且还可以毫发无损地活下去。时至今日，我手中唯一能证明自己曾是一名士兵的文件只有这本军用笔记本。

我们都拍过战争电影，我也一样，虽然只是一名场记员。而且我们都担心会因自己的战时活动而受到惩处。尽管有些担心，但我们还是立即投入到新电影的拍摄中。虽然我们都曾高举双手投降，但电影还要继续拍摄下去。8 月 20 日，我回到电影公司时，拍摄人员已经开工了。我不知道这意味着什么，也不清楚战争究竟意味着什么。公司董事会成员森岩雄竖起一块牌子，上面用英文写着一句口号：“新人、新剧本、新手法。”他们与军方关系密切并密切合作过。现在，这几句简单的话就把过去的一切抹掉了！而我也不清楚他们是否能够如愿以偿。

日本战败是件好事，可我不明白，为何现在美国军人要如此傲慢地对电影的拍摄加以监督。美国人也会对各个细节指手画脚：“不许佩刀，不许出现封建主义。”战争期间，我们要应对官僚们，而现在又发生了同样的情况。他们与《史密斯先生到华盛顿》一片中美国人的形象完全不同！为何眼前的这些美国人会如此傲慢？

尽管如此，我仍然相信这是属于我们的时代。从大火中幸存下来的电影院也许没有座位，都“只有站票”，但现在终于可以自由地表达内心的感受。剧本创作完全基于曾被战争遏制的自由思想。我已经强烈地感受到这一点。我认为那场战争是一切的起点。

如果有人问我：“在战争期间你是什么人？”我会回答：“我既是一名加害者，也是一名受害者。”因为我协助拍摄了《间谍海玫瑰》，为战时宣传发挥了巨大的作用，并且帮助军方宣传极端思想。此外，我也是一名士兵，但并未做过任何错事，因为我是被派到千叶的海滩上。假如我被派往中国前线，那我可能会被迫作出一些违背道德的事。

红磨坊的明星

口述者：舞蹈学校校长　须贝敏子

她是日本“五条流”传统舞蹈学校的创始人。无论是站着还是坐着，她的姿态都堪称典范。她似乎永远穿着一件肩膀上绣着蝴蝶的蓝白色和服。她跟她丈夫住在一起，后者是札幌市数座影院的老板，而札幌市是北海道这座北部岛屿的首府。“战争时期，今天的札幌市市长还是东京帝国大学的学生，那时他是我的一个超级粉丝。我丈夫也是。”

明日待子是我的艺名，意思是“等待明天”。我的养父是新宿红磨坊的创办人。当我还是个小姑娘时，他就认为我适合舞台。昭和时代开始于 1926 年，它的最初几年依然是“Moga”和“Mobo”的时代，即“时髦姑娘”与“时髦小伙”的时代。“摩登女郎！”各种最新潮流不断涌入东京，我们经历了一个辉煌时期。

红磨坊有 3 层楼高，顶部伫立着一架转叶式红色风车。那时候，除了三越百货等几家百货公司外，没有太多高楼大厦。所以，你在夜间眺望时就能清晰地看见红磨坊，它是东京的标志性建筑。1931 年它开业时，我们还无法像今天这样刊登广告，于是我的养父母来到棒球场，呼唤自己的艺名：“新宿红磨坊的高轮先生，请立刻返回您的剧场。”他们去公共浴室时也会告诉其他人："红磨坊表演的节目真的很有趣。"消息一传十，十传百。我养母在一家高级夜总会工作，那是很多作家的常聚之所。起初，养母全力支持我养父。尽管养父的知识背景是歌剧和古典音乐，但他认为自己在喜剧方面发现了一个做大做强的机会。为此，养母甚至典当了自己最好的一些和服。

我初次登台是在 1933 年，那时红磨坊已经起步，而且发展得非常好。客人们常排着长队入场。养父设置了歌曲、短剧、舞蹈的混合节目，轻松娱乐。这里上演的节目必须包罗万象，因为观众大多是知识分子。早稻田大学就在附近，庆应义塾大学的学生和受过良好教育的上班族也常来这里。红磨坊的许多粉丝是作家，是真正的文人墨客。此外，很多饱学的老师也常在观众中为我们欢呼。

每天早上，全体工作人员必须集合并阅读当天的报纸。每天的节目会根据报纸上的新闻临时编撰，这正是我们深受学生欢迎的原因。这些节目通常辛辣地讽刺了社会丑陋现象。1934 年，我们上演了一个讲述政府大臣腐败和右翼恐怖主义的节目。《猫与税收》则是一部滑稽戏，讲述的是政府官员收受贿赂、一名内务大臣爱猫的妻子以及猫的故事。为了让我们可以外出学习，我养父甚至不介意停演一天。他总能带来一些新颖、原创、有趣的剧目。通常而言，我们每日的节目包括一场综艺秀、两出现代剧和一出经典剧。晚上我们还提供打折门票，可以让你欣赏到半数节目。当一架木琴弹出几个轻柔的音符，打折就开始了。此时，学生便蜂拥而入。极具讽刺意味的是，综艺秀总是被安排在打折时间内。

《分钟秀》是我们的一个特色节目，这种短剧可以采用各种主题。在一场表演中，"希特勒"出现了。他伸直手臂敬礼，径直走到舞台中央，"咔嚓"一声，并拢靴跟，摆出立正姿势。他穿着威严的军装，脸上带着凝重的表情。观众们满怀期待，现场鸦雀无声。突然，他高喊一声："嗨尔，希特勒！"然后，迅速钻入身后的幕布中消失了。舞台上的灯光随之熄灭，全场爆发出一阵欢笑。这只是个文字游戏，用"进去"代替"万岁"[①]，但很有效果。

我们的常规节目之一是"红磨坊哲学"，这是个猜谜游戏和文字噱头。我经常扮演校长，穿着哲学教授的服饰在台上昂首阔步，讲授当日的课程。这个节目非常轰动，其内容被学生传遍东京。要是你不了解"红磨坊哲学"，那你只能隐瞒自己学生的身份。如今，文字幽默在日本如此盛行，我认为就

①"Haire"和"Heil"发音相似，但前者是"进去"的意思，后者是"万岁"的意思。

是从当初的红磨坊兴起的。音乐和布景都是原创，而三弦琴、日本鼓与西洋乐器合奏，并穿插木琴声，则是混合音乐的鼻祖。

尽管一切都很顺利，但我们对即将发生的事情多少有些预感。剧本审查越来越严，我们已无法在演出中自由运用临时性桥段了。我们必须在剧场中间给一名警察留下专座。如果他宣布“停演”，我们就只能落下帷幕，停止当天的演出。他还会埋怨：“你刚才说的,跟审查通过的剧本不一样。”我记得，剧组里的演员和作家从审查者那里回来后，纷纷抱怨节目越来越沉闷。有时，半部剧本被砍掉，他们嘟哝着“好东西都被删掉了”。有时，警察会让我们演下去，但更多的时候，他们不允许我们继续下去。警察不在时，我们都认为“今天可以畅所欲言，好好演一场”。我们真这样做了。演员与观众之间有一定程度的默契，他们知道我们在对抗什么。

剧本和演出渐渐沾染上更多的战时色彩。但我不记得我们演过“该死的敌人”或“杀掉他们”这类节目。我最喜欢的一出戏叫《少年团》。主角是一名京都织布工的儿子。他父亲去了前线，而在家乡再也没有其他事情可干。他被当地小流氓欺负，并被嘲笑：“你爸爸再也不会回来了。”他看起来很沮丧。这出戏的布景是一座寺庙庭院，银杏叶飘然落下。戏中还有一个年轻姑娘深爱着他，但于事无补。一天，他收到父亲的来信，信中说：“你爸爸斗志昂扬地从事着自己的任务，他是第一个突破敌人防线的士兵。”他把这封信读给每一个人听，那些顽皮的孩子对他刮目相看。他们说：“太郎，今天由你来指挥少年团。”随后，他领着孩子们扛着竹矛绕舞台一周。这是一出深受欢迎的小品。我扮演那个男孩。

服饰是个问题。服装又紧又短，可我们演出时，却不得不穿上衬裤。你不能暴露太多大腿，抬腿也要有所控制。群舞时，比如跳康康舞，你很想把腿踢高到头部，但不被允许。“只能到膝盖”，这是规定。

志贺直哉老师是一位伟大的作家，他通常被描述为“最具尊严的男人”。他经常来看我们的演出。志贺直哉曾告诉我们：“你们的演出能激发我的创作力！”我们的表演不是太性感，而且毫无色情，但他常到后台告诉我们，我们的表演很活泼。那时，“为国克己”的精神无处不在，我想我就是这样做的。我用舞台表演慰藉观众，每个人都能从中汲取力量，并将获得的力量奉献给日本。

有时，我们会去“劳军”。前线太危险，政府不建议我们去那里，但批准我们去满洲。我们是夏天去的。红磨坊的粉丝大多是学生，他们放暑假，我们就比较空闲。于是，剧场歇业，全体人员赶赴满洲。我们去了 100 多人，包括乐师、男女演员、置景工，简直就是一次大规模远征。我们的观众是日本士兵和定居在那里的日本移民。每次演出都座无虚席，因为他们那儿严重缺乏此类娱乐。而我们也兴奋不已，我觉得我们从事的是一项很有价值的事业。我们从观众的反应中似乎可以意识到自己存在的价值。

我总是期待收到粉丝的来信，但一封也没有。很久之后我才获知，我养母把那些信件锁在办公室了。后来，她给我看过一些。信中许多人对我赞不绝口，有些人想请我喝茶，还有些人说他们会在某个地方等我。我这才明白养母为何不给我看这些信。后来我才意识到，在合同上签字就意味着我接受公司的规定，从而将外来信件的处理权交给了公司。这是红磨坊的规定，非常严格。外出旅行时，我们必须合拢双膝入座。我从来没跟哪个男人出去喝过茶。当然，我认识剧组里的男人，他们在公司里都是后台的"大哥哥"，可他们并不算真正意义上的"男人"。

演员们也开始接到征兵令，先是我们的书法老师，然后是一名剧作家。我们送别了公司的很多男人，后来连售票员也被征入军队。赶赴前线之前，他们站在舞台中央，接受着观众们的掌声。剧团里的一名经常跑龙套的演员告诉我，只有这一次，他觉得自己像个大明星。他们中的许多人再也没有回来。

应征入伍的学生，在动身离开的前夜通常会最后一次来看我们的演出。有时，站在舞台上的我听见剧场内有人喊："明日待子万岁！"那时的我非常天真。我喜欢舞台，也知道他们喜欢看见我站在那里。就连发生空袭时，人们也会来这里，就像蚂蚁聚集到蜜糖周围。他们戴着钢盔或棉制"防空帽"赶来。空袭警报响起，观众们像幼蛛那样四散奔逃，躲入附近的防空洞或逃到新宿火车站的高架铁轨下，而我们则躲进后台的地下室。警报解除后，我们重新上演被打断的节目。演出之余，我们会演练"水桶接力"，进行灭火演习。

所有大剧院不是关门歇业就是像歌舞伎座剧场那样被烧毁。尽管我们的剧场很小，但歌舞伎座剧场的演员们不得不来这里表演。我们在东京一直待到 1945 年 5 月 25 日。①

即便在那天，我还是设法赶往新宿。当时的火车已无法驶入东京市中心，所以我不得不在两国站下车，那里经常举办相扑比赛。我一路穿过九段，街

① 1925 年 5 月 25 日夜间，东京遭遇大规模空袭。

上空空荡荡。由于夜间的大火，脚下的沥青依然滚烫。我经过靖国神社，一切都被烧毁了，市谷/四谷、新宿御苑。最后，我终于看见了第一剧场，它仍伫立在那里，所以我想，红磨坊也会安然无恙。当然，因为当时禁用洋名，所以红磨坊已更名为"作文馆"。它就位于第一剧场旁边。可当我转过街角，却发现它不见了，只剩下混凝土支撑下伫立着的部分墙面。后面的木质建筑已被彻底焚毁。我不寒而栗，浑身虚脱。我刚过完20岁生日。一名道具工出现在我面前："明日待子小姐，我很抱歉，请原谅我。我们想把大火扑灭，但做不到。"他伤心欲绝。他告诉我，整个东京都已被烧毁。

战后，我拍了几部电影，在京都演了几出戏剧。但结婚之后，我就彻底退出了舞台。这个世界变化太大，脱衣舞变得如此受欢迎！我可以继续演下去，但没有人会关注。现在的演艺界只要裸体就足够了。所以退出这个圈子，我一点也不后悔。现在回想起来，我真的很高兴。我深爱那几年的演出，因为我给战争带去了一丝光明。

"我们拒绝绘制战争画"

口述者：画家　丸木位里和丸木俊

在遍布竹子、银杏和枫树的树林遮蔽下，一座整洁的花园将艺术家悠闲的日式农舍与丸木美术馆分隔开来。农舍里，几只色彩斑斓的日本鸡自在地鸣叫着。丸木美术馆是一座现代风格的两层楼混凝土瓷砖建筑，用于存放和展示丸木位里和丸木俊的作品。这两位著名的艺术家被誉为"原爆画家"。

丸木位里出生于1901年，他的妻子丸木俊出生于1912年。原子弹爆炸后第三天，他们便赶到广岛，因为丸木位里的家人住在那里。他们看到的场景以及那些实际存在但无法用视觉感知的恐惧，促使他们开始绘制《原爆图》。他们都是著名艺术家，他们的合作，将他的日本水墨画风格与她的西洋油画及肖像画知识背景结合在一起，催生了一系列巨大的多面板画作。为便于运输，这些画作甚至没有安装结实的画框或永久性衬板。

多年以来，他们将注意力放在人类的残酷行径上，其作品不仅仅局限于广岛和长崎的原爆，还涉及其他可怕的事件，例如南京大屠杀、奥斯维辛集中营和水俣湾汞中毒事件。

丸木位里：画家们被迫绘制支持战争的画作。除非你绘制战争画，否则就得不到食物。

丸木俊：他们不给我们任何美术用品。而那些绘制战争画的人则可以得到钱、颜料和画笔，得到他们需要的一切。

丸木位里：并不是说你不肯画，他们就把你抓起来，把你投入监狱。我们不想画这类作品，也反对这场战争，但我们没被关进拘留所，也没有被送进监狱。我想只是由于我们的反抗没有那么激烈，因为警察把很多人都关了起来。

丸木俊：我们一次次寻找借口，尽力躲着他们。

丸木位里：我们这个画家群被称为美术文化协会。协会会长是福泽一郎，他是个了不起的人。今天，如果我们在背后说天皇的坏话，他会很生气。但当时，他却被关了起来，在监狱里待了好几年。

丸木俊：美术文化协会里的大多数人都不画战争画。福泽先生被逮捕后，在拘留所里关了一年多。他可能再也无法抵抗了，最后不得不画了一幅《英国人和美国人的湮灭》的巨作。我确信他是知道艺术是什么的人。

丸木位里：美术评论家竹内秀三进了监狱，还有很多不太出名的人也被关了起来。那个时代就是这样。

丸木俊：美术学校的学生刚毕业即被召入军队与军方合作。他们根本来不及反对这场战争。他们从学生生活直接跨入军旅生涯，而学校教育也与军队密切相连。被告知画某些东西时，他们来不及细想便动工了。那些军人来找我们，也要求我们绘制战争画。遭到拒绝后，他们说：“你们真是怪人。”

被关进监狱的人常遭到殴打，受到可怕的虐待。无法承受时，他们就不得不绘制《英国人和美国人的湮灭》这类作品。如果他们站出来说：“对不起，我对自己所做的事情感到抱歉。”我觉得这就足够了。战争期间，你对此无能为力。可他们当中没有一个人这样说，没有谁表露过歉意。他们以最大的热诚表明所做的事是错误的，但他们无法避免。现在，他们为此感到尴尬。要是他们能这样说，那该有多好。如此一来，他们就可以继续绘制作品。

丸木位里：很多人在变，这让我深感困扰。

丸木俊：我们没有反抗，至少不足以被抓进监狱。我们没有公开反抗。我们住在一个被称为“画室村”的地方。有人去美国赚了大钱，他回国后就为艺术家们修建了这个村落。我们住在3号“万神殿”，那里很潮湿，我们想挖个防空壕，但坑里积满了水。最后，我们决定，如果遭遇空袭，我们就掀起榻榻米躲在下面。

有家可归的画家开始离开东京。没过多久，跑到这里来住的人中，已没有真正的画家。4户人家合用一个水龙头，而水龙头安装在我们家对面，所有人都跑来接水。有些人绘战争画，有些人没有，形形色色的人都有。但我们从没为此发生争执。我记得一位雕塑家塑造了一尊飞行员雕像，我并不觉得这是件坏事。实际上，我根本没有多想。我们中的大多数人都很穷，所以我们能理解对方的感受。这就是我们从不争吵的原因。就算你不绘战争画，你也会为那些绘制此类画作的人感到高兴，因为这对他们有好处。我发现这很有趣，你不会想“他们的理念是错误的”，只会为他们可以填饱肚子而高兴。

我们这里的一个女人跟一名警察交上了朋友。他们很快就同居了，住在我们旁边。那个警察肯定很聪明，或者是别人经常送东西给他，因为他们的生活条件很好。我们能听到他们到水龙头那里洗白米的声音。

我去过苏联，我想那是1941年。后来我举办了一场苏联素描展。我们曾把画作放在一辆手推车上，从“万神殿”出发，一路穿越本乡区，沿陡峭的山坡而下，赶往上野。实际上是大车把我们推下山的，因为我们站在车前。许多人放弃了展出自己画作的想法，但我们顽强地坚持下来了。一些陌生人问我们：“你们推着大车要去哪里？”我们答道：“去搞画展。”他们继而问：“在哪里？”我们喊道：“在清流舍。”有时，他们甚至会去参观。

我们举办了很多次这样的画展，直到空袭最猛烈时才作罢。所有人都逃离了东京的说法并不正确。参观我们画展的人来自各地，人们一直待到最后一刻。战火越烧越近，逼近你所在的地方，但你无法舍弃一切而离开。最后，我们搬到埼玉县的浦和，并在那里种植红薯。红薯丰收后，我们还邀请美术文化协会的人来跟我们分享。当农民可真够忙的，我们没时间创作太多的作品。

丸木位里：可我们还是画了，画家就是这样。

丸木俊：画家们总想画东西。如果他们命令你画，大多数画家可能都会答应，哪怕是战争画。这种选择表明了你在战争中是否会合作。例如，藤田嗣治最终为他们绘画，但他是一位极其出色的画家，他那幅《塞班岛臣民尽忠图》几乎可以认为是一幅反战作品。真相通过他的画作浮出水面，而《玉碎阿图岛》同样如此。战争的苦难在他的画作中呼之欲出。有时，我甚至怀疑他的那些画作是否真的在为战争大唱颂歌。

丸木位里：藤田嗣治！那就是他全部的想法！

丸木俊：他可能是个纯粹的国家主义者！

丸木位里：他将全部精力用于绘制战争画，然后离开日本去了美国，后来又去了法国。

丸木俊：他在战后成为轰动一时的人物。我们谴责他是“战争画家中的头号战犯”。当时我们就是这么说的。

丸木位里：当然，我们是反战的。战争期间，我那些朋友都被征召入伍，但我没有投身战争。

丸木俊：他处在征兵年龄的上限，45 岁。

丸木位里：我一直认为，征兵通知随时可能到来。爱甲是我们的一个朋友，他比我年轻，是个非常勇敢的男人，但他对别人很温和。红色征兵令送到后，我们为他举办了一次送行聚会。我们对他说：“你是个优秀的画家，所有人都知道。到了军队里，你得告诉他们‘我是个出色的画家’。”我们对他说，他会被派去给部队指挥官绘制肖像。对画家来说，军队里有很多事情可做，就连那些技艺不太好的画家也能获得军官待遇，只要他们懂得吹嘘自己就行。但爱甲不会说那些话，他去了前线，后来病倒了，最后死在某个战地医院里。

丸木俊：你还记得那个挎着佩刀跑来找我们的人吗？他说要是我们绘制战争画，生活条件就会得到改善。他的佩刀叮当作响。他说：“别犹豫了，也别再拖延，画点战争画吧。”后来，他去了美术文化协会办公室。当时获得这种“鼓励”，不画战争画真的很困难。

丸木位里：现在回想起来，一切似乎都是谎言。战争期间得不到食物，对真正的农民来说可能问题不大，但我们这些人真的束手无策。一切都消失了，真有人饿死了。我在广岛附近的农村长大，在河沟里捕鱼的技术不错，我看一眼就能判断河里有没有鱼。我们被疏散到浦和，那里有几条小河，但河里没有鱼，连鱼都消失了。

丸木俊：我吃蜗牛。找到蜗牛后，我再把它们吃掉。我发现它们沿着篱笆爬行，于是把它们捉住并带回家。当时我还有一些木炭，所以就生一盆炭火，放上一块隔板烤蜗牛。它们因为太热而爬开，我就捉住它们并放回去，烤熟后再把它们吃掉。

我们没有盐，盐的配给已经中断。我们不认识从东京疏散过来的任何人，找不到一个愿意分大米的人。那些带着和服的人日子要好过些，因为他们可以拿一件和服跟当地的农民交换些大米。可我什么都没有，没有任何可用于交换的东西。

丸木位里：就算你会绘画，那些画也卖不了钱。

丸木俊：我不知道有谁用画交换过大米。我从来没试过。不过，我被邀请为著名作家丹羽文雄所写的短文绘制插图。我要陪他去南太平洋，听说生活条件很不错。他们告诉我，你若把这些东西寄回日本，它们将会被印刷。他们的要求直截了当，但我心里想："这下麻烦了，我该如何拒绝呢？"我找了个当医生的亲戚，请他为我开具身体状况不适合赶赴海外的证明。他答应了，于是我因"肺部感染"未能成行。如果你对军方的"请求"（命令）不作出积极的回应，你就会落个"不爱国"的罪名，也就成了"叛徒"。

战争结束时，人们听到天皇的"玉音放送"，一个个失声痛哭。我没有落泪，我只是想："战争结束了，不会再有空袭了。"尽管如此，我并不觉得特别高兴。我没有死里逃生的经历，所以我没有那种想法。

丸木位里：问我吗？我倒是很高兴！

丸木俊：那是因为你是男人。

丸木位里：我在那场战争中存活了下来。如果被送上前线，我肯定会没命的。

丸木俊：如果是那样，你会死，毫无疑问。

丸木位里：我捡了条命，这就是我的想法。

第四部分 败仗

JAPAN AT WAR

战争走向失败已不可避免，帝国大本营执意要“战至最后一兵一卒”，美其名曰“玉碎冲锋”。无论是士兵还是国民，日本全体陷入绝境，饥饿、疲惫、手无寸铁。在盟军逼近本土之际，日军的宣传机器为全体国民准备的东西，却是对死亡和苦难加以美化，为遭受的摧残感到自豪。

海行兮，愿为水中浮尸；
山行兮，愿为草下腐尸。
大君身边死，义无反顾！

——《海行兮》(这首诗出自大伴家持编撰的古老诗集《万叶集》，被赶赴前线的士兵用作临别赠言。1943年后，电台在播送战报前经常会先播放这首歌曲。在那些战役中，日军士兵应“光荣玉碎，而不是耻辱地投降”。)

1942 年夏季至 1945 年夏季，日军不断遭遇战术、战役和战略上的失败，这在历史上几乎绝无仅有。1942 年 6 月，在经历了太平洋战争前 6 个月的辉煌胜利后，大日本帝国海军首次在中途岛遭遇惨败。很少有哪场战役如此彻底地暴露出一个国家所处的脆弱状况。尽管水面舰艇的实力依然强大，但 4 艘航母和大批无可替代的飞行员的损失迫使日本海军转入防御。从此以后，战争主动权迅速转入美国海军手中。1942 年 8 月，盟军展开了对瓜达尔卡纳尔岛（下简称瓜岛）的反攻。8 月 8 日的萨沃岛海战，尽管日军以一场压倒性胜利打垮了一支美军巡洋舰编队，并在夜间频繁轰炸守卫脆弱的空军基地——亨德森机场，但他们仍旧无法为岛上的日军提供有效的增援或补给，也没有足够的力量发起空中或地面进攻，以赶走岛上的美军。

在 1942 年剩下的大多数时间里，瓜岛周围的海战呈胶着状态。但换句话说，这也是美国工业实力彻底打破双方力量均衡前仅有的 6 个月间隔。6 个月后，美国的新式战机，新锐部队，由航空母舰、护航航空母舰、战列舰、巡洋舰、驱逐舰，以及成群的潜艇和数百艘海上支援船组成的舰队陆续出现在太平洋上。1943 年夏季和秋季，美国人继续赶往与新乔治亚岛和布干维尔岛相连的所罗门群岛，逼近了日本人设在拉包尔的主要基地。在新几内亚，美国和澳大利亚军队很快展开更强攻势，并从 1943 年夏季起，开始切断并歼灭岛上的日军。无论在陆地、海上、水下还是空中，盟军都掌握着战略主动权；他们具备足够的战术优势，去攻击日本所谓的“防御圈”。盟军总能快速集结重兵，随时以势不可挡的力量对选中的目标发起打击。

广阔的太平洋上，日本所谓的“防御圈”和“前线”在很大程度上都被证明是幻想，因为美军的潜艇总是能轻易逼近日本本土的海岸线展开自由猎杀。日本帝国海军在海上日渐衰败，只能被迫在夜幕的掩护下进行快速航行，而且日本也已无力支援其过度延伸的守军。在此情况下，盟军发起了逐一歼灭日军守岛部队的行动。自始至终，双方实际投入战斗的兵力都不算多，但双方补给线的长度却是前所未有。在这场后勤补给战中，日本的战争机器被证明不过是徒有其表。没有物资、弹药、食物、药品、援兵以及情报，根本无法长期维持一支现代军队，哪怕是其虚假的战力。日本的军事能力骤然崩溃，在有利条件下签署和约的前景也随之瓦解，而日本最初力争“赢得战争”似乎就是得到一份有利的和约。

从“胜利”到失败，战争的过程转变得如此迅速，如此势不可挡，以至于日本帝国大本营似乎从未认真考虑过如何应对已发生变化的战略态势。在后勤补给短缺的情况下发动战争以获取资源，赢得的胜利已远远超出他们最为乐观的预期。

随之而来的是，日军高估了自己保护、支援驻守在新征服领土上的守军的能力。东南亚新占领土与日本本土之间的海上通道被美国控制，其灾难性后果可以从以下几个数字中看出：1942 年，被占领的油田上出产的石油，40% 运回日本；1943 年，这个数字下降到 15%；1944 年仅为 5%；而到 1945 年，这个数字成了 0。从另一个角度来看，日本的原油产量在 1940 年已达到 2 400 万桶（进口 2 200 万桶，自产 200 万桶）；1941 年，由于盟国的封锁，这个数字下降到 500 万桶左右（进口 310 万桶）；1943 年，他们获得的石油数量达到了战时的巅峰，但也只有 1 160 万桶（进口 980 万桶，自产 180 万桶），尚不及 1941 年前的一半。日本国内的石油产量在战争期间呈下降态势，1945 年上半年仅有 80.9 万桶。日本人竭尽全力生产合成和替代燃料，甚至剥下树皮制造松根油，但依然无法生产出确保战机飞行所需的燃料。

根据日本的战略决策，士兵和飞机被分散在各个被征服的地区。因此，当美国决定突破日本自诩坚不可摧的太平洋防线时，各处的日本守军均遭到孤立。尽管意识到这一点，但帝国大本营却想不出任何办法来挽救。实际上，日本的战略选择相互矛盾，帝国大本营进退维谷。撤离过度延伸的前哨阵地，从理论上说可行，但在盟军眼皮下实施却非常困难。尽管也有些成功的例子：1943 年 2 月，一些日军部队逃离了瓜岛；而在阿留申群岛、阿图岛的守军全军覆没后，基斯卡岛上的部队也顺利疏散。但这种疏散实际上很难做到，而且撤离一处阵地只会暴露其他阵地，从而招致攻击。唯一的办法似乎就是原地据守，战至最后一兵一卒。

事实上，至少还有另一个策略可供帝国大本营采用：接受失败，签订一份条款不太有利的和约。如果日本在 1943 年或 1944 年初投降，无论多么痛苦，肯定能挽救数百万人的生命，日本应该尽早认清战争的实际情况，因为他们几乎无法改变战争走向。另外，对正准备进攻“欧洲堡垒”的西方盟国而言，1944 年初在太平洋地区实现和平依然深具吸引力，只要这种和平看上去是无条件的。一个“巴多格里奥的选择”[①] 本可以替代当时已能预见到的屠戮。日本在这场战争中失败了，随着马金岛和塔拉瓦岛的丢失，美军就此打开了进入太平洋中部的通道。然而，12 月 27 日，东条英机首相告诉议会：“真正的战争现在开始了。”

获得再补给的可靠来源被切断，对入侵作好准备的小股驻岛守军陷入无路可逃的境地。狭小的塔拉瓦环礁上的守军即将全军覆没，而部署在新几内亚、菲律宾和缅甸的大批日军同样如此。他们发现自己被盟军逼入荒凉的山区和丛林密布的荒野，盟军士兵和日本人一样，对这种战斗环境深恶痛绝。但形成鲜明对比的是，盟军普遍能获得充足的补给和有力的支援。大批日本军队的军用物资供应被切断，许多士兵被饿死，他们发现根本无法像在农业繁荣的中国那样以战养战。相对于这里的条件，日本的经济条件相对发达，其士兵大多来自城市、县镇和乡村，现在却被困在最原始的环境中。为了应对这样一场可怕的灾难，日本的领导者引入了“玉碎冲锋”的概念。士兵们奉命战至最后一人，他们经常努力在最后的进攻中与敌人同归于尽，而不是举手投降。

这种“最后的进攻”臭名昭著，被盟军称为“万岁冲锋”。然而，对于饥饿、疲惫、甚至没有子弹的士兵而言，所谓的“冲向”敌人，实际上是爬行向前或者步履蹒跚；然后，他们或是被炮火炸成碎片，或是被机枪火力撂倒。铤而走险地求生，直到死于美国人的火焰喷射器或炸药包，或是在适当的时候引爆手榴弹自杀身亡，这样的“战斗至死”通常意味着至高无上的“光荣”。国内广播和报纸的报道，讲述的只是士兵们的英勇战死和忠于职守的荣耀。阿图岛寥寥无几的残部发起的自杀式冲锋和塔拉瓦岛守军的全军覆没，均被描述为大日本精神的辉煌胜利。他们认为，是“守军奋战至最后一人，

① 即由军方主导的投降，就像 1943 年巴多格里奥元帅领导下的意大利所做的那样。

壮烈殉国”。对死亡和苦难加以美化，为遭受的摧残感到自豪，这就是日军的宣传机器在敌人无情逼近本土时，为全体国民准备的东西。

日军士兵几乎没有逃生的希望，他们受困于严禁投降的军事体制，正如1941年1月15日的《战阵训》中指出的那样：“知耻者强。应常想乡党家门之颜面，愈加奋勉以不辜负其期待。勿受生擒为俘虏之辱，勿死而留下罪祸之污名。”就是这种视投降为耻辱的思想，导致处于绝望军事态势中的指挥官们，依然毫不考虑以投降来挽救部下性命。因而在各处，帝国大本营为国家设置的这一方针一再重复上演。在这个总体战争和大举征兵的时代，整个国家都被动员起来报效天皇，每个士兵都被要求按照武士阶层以往遵从的准则行事，玉碎战“合乎逻辑”。然而，在日本的历史上，普通士兵为他们战败的领主献出生命实际上很罕见。作为中国和东南亚战场的胜利者，许多日本士兵通过自身的经历，清楚地知道沦为俘虏意味着什么；他们还听说过一些可怕的故事，知道在南太平洋的早期战役中，少数试图投降的日本兵遭到盟军怎样的对待。全体守军、各个师团，甚至是整个战区都被迫献出自己的生命，帮助他们的战友自杀，劝告或命令当地的日本百姓共赴死亡。在这场战争中，败仗接二连三，结局几乎无法逆转，这种做法几乎成了日军实施自杀的惯例。塔拉瓦岛非常典型，4 700名守军中，只有100人成了俘虏。

“自杀”不仅成为一种逃避失败或绝望的战术，也成了一种国家战略。战争期间，个别日本军人采用自杀战术的情形时有发生，盟军士兵也偶尔为之。驾驶着受损飞机撞向敌舰或敌机，而非坠机身亡；或是对敌人阵地发起最后冲锋，这些行为在战争期间屡见不鲜，双方的战时宣传都对此大加颂扬。然而，将自杀性进攻定为官方策略的，就只有战争末期的日本。这种做法始于日本守卫菲律宾时的“神风特攻队”，该队由帝国海军组建。在战机的护送下，神风特攻队飞向他们的目标——队员们奉命驾驶满载炸弹的飞机直接撞向敌舰。这种自杀式进攻首次出现在1944年10月25日，也就是莱特湾战役期间，并且获得了一些成功。参加这种攻击的陆军和海军飞机在日本被称作“特攻”，盟军通常称之为“神风队员”。从当日起到1945年1月底，在菲律宾群岛，日本人付出了378架神风机和102架神风护航机的代价，共击沉22艘美国军舰，其中包括2艘护航航母和3艘驱逐舰；另有110艘军舰受损，其中包括5艘战列舰、8艘舰队航母、16艘轻型和护航航母。相比之下，这段时期里的常规空袭只击沉12艘军舰，击伤25艘。这种“成功”

激励了更多的自杀式进攻。与此同时，敌人如此敬业、如此狂热、如此具有献身精神，以至于愿意驾驶着他的飞机、船只或潜艇与你同归于尽，这种看法令盟军士兵不寒而栗。而对那些在冲绳岛战役中面对更为疯狂的自杀式攻击的盟军士兵而言，心理恐惧则更为严重，但日本人也将付出更大的代价。

盟军迅速制订措施，以降低神风队员冲入舰队核心的概率。但在日本帝国大本营看来，这无关紧要，因为就像1274年和1281年摧毁蒙古忽必烈的入侵舰队的台风那样，这股“新神风”已迅速上升到一个神话的高度。这一奇迹即将到来，它将把敌人所有的舰队卷离神圣的日本海岸——这种论调在1945年盛行于大日本帝国所剩无几的疆土。展现出“特攻”精神的将士，他们英勇战死的故事被四处宣扬——这些故事融合了舍身和拯救的观点。1945年8月，帝国大本营准备孤注一掷，拼凑起剩余的海空力量，在盟军攻入日本本土前发起一场绝望的大规模攻势。

正如后面的许多采访表明的那样，普通士兵或水兵（也包括遭到轰炸的国内百姓）对战败有一种莫名的困惑。在回忆起这场战争时，盟军士兵往往觉得经历了殊死奋战，跨越太平洋并且赢得了最终胜利。而日本人对太平洋战争的叙述则与此不同，他们的记忆是：一开始的胜利和喜悦（或是宽慰，甚至是焦虑），最后却骤变为惨败，简直是无形的噩梦。

第 13 章 | 惨败的军队

新几内亚的绿色地狱

口述者：士兵　尾川正二

1943 年 1 月，他和他所在的部队，第 20 师团第 79 联队，从中国调往新几内亚。

“阵亡者的家属见到我时，总是提出这样一个问题，‘您真是从新几内亚回来的尾川君吗？’他们有一种根深蒂固的想法，能活着回来的肯定是个身强体壮、杀人不眨眼的家伙。见到我本人时，他们甚至无法相信我在大学里打过棒球。那时候，我的位置是游击手。”说话时，他的一双大眼睛在镜片后射出飘忽不定的目光。他身材瘦削、矮小，由于后背的疼痛，在绕着房屋行走时的步伐尤其缓慢，这是战争期间背负军用背包落下的后遗症。现在的他是一位研究中世纪日本文学的教授。

新几内亚位于赤道南面，澳大利亚的北面，是一座巨大的岛屿，面积比英国或日本最大的岛屿本州还要大 3 倍。战争初期，日军在新几内亚岛北部海岸的多个地点登陆。1942 年 5 月 5 日～6 日，在珊瑚海海战中，日军试图以海上突击夺取位于东南海岸的莫尔兹比港的行动被挫败。这引发了一场艰苦的战斗，日军与澳军、美军僵持不下，沿着岛屿闷热的海岸，在高耸的“欧文·斯坦利”山脉的各个山脊和山谷，激烈的战斗持续不断。整个战争期间，至少有 14.8

万名日军士兵在新几内亚阵亡。

1943年6月，麦克阿瑟将军的部队发起代号为“车轮”的攻势。尾川正二所在的联队卷入其中时，正位于岛屿东部地区。9月22日，在沿海城市芬什港，澳军击败了一股兵力占据优势的日军，并将他们逐离海岸。随后，日军被迫实施“战斗后撤”战略，穿越山区，其间不断遭到澳军和美军的袭击。尾川正二根据亲身经历写下了《绝境中的人》一书，并且赢得一个重要的文学奖项。

主力部队跨过峡谷后炸毁了吊桥，落在身后的数千人被丢下等死。我们位于队伍最后方，先前曾和我们一同战斗过的士兵倒在小径两侧。这是一幅可怕的场景。天气闷热，尸体很快就腐烂，所以有些尸体已化为骷髅，还有些肿胀发紫。他们寥寥无几的衣着已被那些更加缺衣少穿者剥去，还能穿的靴子也被当场抢走。因此，大多数死者都光着脚。刚死不久的人身上爬满蛆虫，这使他们散发出一种银色的光泽。整座山脉笼罩着一种死亡的恶臭，这就是当时的情景。

还没等我们过桥，我们自己的部队就将桥梁炸毁了！只因为迟到一天，我们就要再多绕行一个月。在芬什港经历多次激战后，到目前为止，我们已走了两个月，几乎能穿过山脉到达海边。这是1944年2月的第10天。在我身后还有几千人，他们已被彻底打散，溃不成军，许多人丧失了理智。我无法相信这样一个事实：尽管已经神志不清，但他们继续朝着同一个方向行进。无论他们的神经有多么错乱，居然没有一个人走错路。路上的死尸成为了路标，他们向我们挥手示意：“路在这里，只要沿着我们的尸体前进，你们就能顺利到达。”赶至吊桥所在的峡谷前，情况的确如此。而现在，我们不得不为自己另找出路。

新几内亚遍布绿色植物，放眼望去，一片翠绿，一年四季都是如此。就算它有其他颜色，也不是你所能忍受的。绿色提供了某些慰藉，但这是一片绿色沙漠。先头部队迅速吃光了一切可吃的东西，后方人员不得不依靠他们肆虐过后所剩无几的食物维生。倒在山间小径旁的士兵越来越多，他们混杂在一起，令人无法分清其所属单位。离开芬什港时，我们已耗尽了有限的体力，现在不得不爬过一道道山脊，翻越一座座山脉。对我们来说，这是一场死亡行军。

在这里，半年多的时间都在下雨。我们的枪支生了锈，钢铁彻底锈蚀，伤口无法愈合。在雨中行军异常艰难。雨水从军帽上落下，混合着汗水流入嘴里。你滑倒在地，必须立刻爬起来；你跌倒在路上，也要赶紧站起来，我们就像是一支行进中的泥娃娃大军。这场行军无休无止，只是跟随着你前面的人的双腿，在泥水中跋涉。

行军途中，你会失去战友。通常情况下，大家一同坐在路边休息一会，然后再次出发。但有时候，你的某个战友会说："我想多歇一会儿。"可如果你坐得太久，就会丧失站起来的力量。我曾对一个战友说："站起来，我们出发吧！"他坐在悬崖边，摘下眼镜擦了擦脸，看上去已精疲力竭。后来，我再也没有见过他。

夜间的丛林情况最糟糕。就算你在背包上系一块白布，它也无法被看见。你必须紧跟前者脚步，轻轻地抵着他的背包，以免掉队。这样做时，你必须集中注意力。有时候你需要加快步伐，有时候又停顿不前。然后你就会喊："快走啊！"这时才发现你抵着的是一棵树。如果试图奔跑，你会被绊倒，你的双脚就像是被某个东西抓住或卡住。你不能大声喊叫，因为敌人也许会听见。每迈出一步之前，你都不知道自己的脚是否会落在坚实的地面上。

与日本不同，这里的山雨有时候下得非常大，像一道瀑布。你必须捂住自己的鼻子，否则会被雨水呛到。山谷里的溪流会在瞬间变成一条大河，如果你刚好在那里洗脸，就会被洪水卷走。人在翻山越岭的途中被淹死不是奇怪的事。翻越海拔 4 000 米高的山脉时，黑黢黢的阴云盘绕在我们四周，我能感觉到上天正对我怒目而视。透过云层，你能看见星星，甚至能看见亮光。这就像身处暴风眼中，突然看见星星在乌云后闪烁。这是一种奇特的体验。

吊桥被炸毁后，宪兵们一度驻守在小径的各处，显然是为了守卫沿途的村庄，并为散兵游勇们指引方向。士兵们经常对他们抱怨不已。一天，我遇到一名宪兵。尽管他只是个军士，但要求我向他敬礼。我强调："虽然没佩戴军衔标志，可我也是个小队副。"他回答道："你必须向宪兵敬礼！"在当下情况，我们甚至不向军官敬礼。他又问道："你一个人？"我告诉他我还有个同伴，就在后面不远处。"你干吗不杀了他？"他问道，"如果总要等这些掉队者，你就无法翻越这些山脉。杀掉他们没什么关系，你们这一两个人根本不算什么。"他看上去比我小两三岁。吊桥被炸毁的半个月后，宪兵们黑色的身影从山脉中消失了。

在军队里，年龄超过 30 岁的人都被认为是老家伙。26 或 27 岁，那是你体力最充沛的时候。但首次服役的年轻士兵不知道该如何调整自我，总是很快就阵亡，尽管他们当中有许多身强体壮的人，包括渔夫和农民。如果你年龄较大，你就知道哪些是你能做的，哪些不能。我所在的队伍被称为联队里的“劳工中队”，是为完成各种艰难任务而组建的特别部队。我们曾用碟形地雷炸毁过敌人的坦克。彼时的我们利用坦克观察盲区，然后逼近对方，将炸药安放在其坦克车身上。我们也曾将敌人的坦克困在陷阱中。有时候，我们也被称作“特别突袭队”。我们这支“劳工中队”伤亡惨重。我们就像是小股工兵队，修建桥梁，摧毁敌人的据点，被视为师团里最宝贵的单位。对此，我们也深感自豪。

参军入伍时，有一件事令我深感惊讶：长期服役的士兵，大多只有小学文化。然而事实上，许多应征入伍的新兵受过良好的教育，不少人的文化程度甚至超过中学。你可以通过他们佩戴的眼镜认出这些义务兵。志愿兵常说：“义务兵能言善辩，但在战斗中没什么用处。”我还是一名伍长时，因为说了句“冒着生命危险身处同一片战场时，志愿兵和义务兵没有任何不同”，结果跟一名小队副打了一架。

我拒绝了成为候补军官的机会。他们告诉我获准提出申请时，我回答说：“我不喜欢军队，要是我喜欢的话，早就报考军校了。”他们当时为我的傲慢无礼把我狠揍一顿。你要知道，我可不想下达让部下送死的命令。我会自己留神，但我不想决定其他人应该怎么做。我最终升为小队副，但这个军衔在新几内亚没什么意义。我们从未获得过补充兵员，因此没有谁的军衔比我更低。我一直是军衔最低者之一。

我后来听说，帝国大本营认为芬什港战役是太平洋战争的一个转折点，他们似乎指望在那里取得胜利从而一举扭转战争态势。其实，我们一开始是轻松地击溃了敌人。澳大利亚的士兵太过软弱，这让我感到惊讶。我们刚一发起进攻，他们的步兵就逃跑了。但第二天，他们的大炮和飞机从四面八方对我们展开炮击和轰炸。直到我们筋疲力尽时，他们的步兵才轻轻松松地赶来清剿我们。此时，我们的战斗力已所剩无几。

战斗规模越大，步兵所能发挥的作用就越小，因为大炮和机枪统治一切。正如你能想象的那样，机枪是步兵战中的明星。五挺机枪一同开火，每分钟能喷射出 600 发子弹。密集的子弹射来，“叭叭叭，哒哒哒！”你恨不能在地上挖出个藏身处，哪怕只有 5 ~ 10 厘米深。根据对方火力的高度，你能判断出敌人对你所处的位置有多少了解。子弹低低地射来，你不能移动。你的后背已经感觉到子弹的炙热，可你无法用手里的单发、手动式三八步枪还击。两侧响起的机枪扫射声，如同一支令人陶醉的交响曲。射击持续了一个小时，我对身边世界的看法彻底发生了改变。我和大自然也一同被改造了。

我开始意识到，澳大利亚的军事实力实际上非常强大。他们不想打步兵战，而是想以机械化力量结束战斗。日本军队却只有步兵，炮兵几乎没有弹药。如果我们射出哪怕是一发炮弹，都会招致对方数百发炮弹的还击。结果，我们居然在战壕里暗自祈祷"我方炮兵千万别朝他们开炮"。我有一种预感，总有一天，战争不再需要人上战场，飞机和大炮可以统领一切。双方士兵相互射击，彼此能看见对方的面孔，这样的战争已然过时。那我们这些步兵在这里干吗？在我看来，这只是增加了受害者的数量。

"敌人？"我一直想知道这究竟是什么意思。我们并不仇恨我们的敌人。我们跟他们作战，似乎只是因为他们冒了出来。有时候我会想，我们双方为何会出现在这里。这更像双方共同策划的一个阴谋，故意在这里打上一仗。而在中国，我方士兵阵亡时，我至少能感觉到他们是被一个真正的对手所杀。在那里，双方的装备大同小异，一个对一个，战斗异常激烈。

在新几内亚，我们不知道是什么在夺取我们的生命。谁杀了那个人？他死于神经错乱？自杀？安乐死？也许他只是无法忍受生的痛苦。我记得这场战争，最主要的是一起自杀和一起安乐死事件。有一次，我迈着沉重的步伐向前跋涉，路边的一名士兵忽然引起了我的注意。他已无法言语，只是指着我的步枪，用弯曲的手指示意我朝他扣动扳机。我的心沉浸在某种冷漠的感伤中，无法实现他的愿望。他已经没有活下去的希望了，可我依然无法朝他开枪。还有一次，我看见某个人亲手枪杀他的弟弟。爱真是残酷，这就是我当时的感受。他弟弟已经精神错乱，尽管身体比哥哥更健壮。兄弟俩分属不同单位，他们在山上的一个草棚偶遇。我遇到他们时，弟弟在疯狂地大笑，哥哥在抽弟弟的耳光，晃动他的身体，但弟弟依然只是不停地笑。最后，哥哥开枪打死了弟弟，而我甚至没有提出异议。最后，我为他俩挖了个坑。

我认识一名军医，他年约 35 岁，自愿开枪射杀那些知道自己已无生还希望的人。我认为这是"神圣的谋杀"。主力部队即将离开时，经常会有些下属请求上级将自己枪杀。如果你被留下，那就完了。还有力气拉开保险栓的人总能把自己炸死，因此每个人都设法为最后一刻留一颗手榴弹，所以那些丢弃步枪的人手里常会留有最后一颗手榴弹。

在新几内亚的三年里，我一直遭遇到这样的恐怖，一切都超出了我的控制。飞机呼啸着从上方掠过，我甚至能闻到它们对鲜血的渴望。无论有多少架飞机飞过，总感觉会有一架停在你身后。有一次，我端起步枪瞄准敌人时，对方射来的子弹竟然卡在我的枪管里。如果这是一场棒球赛，裁判喊出的肯定是“你出局了！”一颗子弹射穿了一名士兵的钢盔，子弹在里面转了一圈，又从同一个弹孔钻出去，在这名士兵的脑袋上留下一圈明显的痕迹。你如何解释这种事？你刚把身子往旁边移了移，刚才趴着的地方便被子弹直接击中。这是幸运？还是意外？然而并非这么单纯。我被迫去了解人类智慧的极限。你认为从逻辑上说对你最好的事情，往往被证明是最糟糕的。我是这样想的：“反正人总有一死，不如死得轰轰烈烈。”我经常主动申请参加特别任务，却一次次平安返回。在一次危险的任务中，我只身幸免，战友却悉数身亡，所以我觉得冥冥中自有天意。

我从未直接杀过他人。我用步枪射击，或许曾击中过某些人，但我从来没有用刺刀杀过人。在中国，参加训练的士兵被上级强迫用战俘练习拼刺刀。有一次，小队长指着毫无反抗能力的战俘命令道：“捅死他！”我一动不动，只是站在那里。小队长被激怒了，但我把头扭过去，没有理会他的命令。结果，我被毒打了一顿。我是唯一没有遵命行事的人。小队长干劲十足地为大家演示了一番，并说道：“你们应该这样捅人。”他猛击这名战俘的头颅，把他推入坑中。“现在，捅死他！”其余士兵都冲上去照做了。我不是说我有什么理由确定这是好事还是坏事，可用刺刀捅死别人这种事，我真的无法接受。

新几内亚人看上去似乎诚实本分。对我们来说，设法获得山区居民们的帮助是唯一的办法。我高兴地发现，他们听懂了我们的话，并未发生曲解。我们可以直接交流。我第一次遇到黑人时，我认为我们之间根本无法沟通，但他们当中的一个人能说点英语。这令我如释重负，我可不怕这些蹩脚英语。我能听懂德语、法语和英语，但我对几个简单的词居然如此管用深感惊异。这些善良的人所做的事情也给我留下了深刻的印象。我瘫倒在地时，当地的一位老人将一种植物根茎与水的混合物放在我身边，另外还有一些盐。当地的村长还亲自赶到2公里外，将我病倒的消息通知其他日本人，尽管他的族人都认为我已经死了。

我觉得当地人与日本人相处得非常好。月圆之夜，他们会围成一圈跳舞。我们当中来自乡下或渔村的士兵偶尔也会加入其中，跟着他们一起跳舞，就像是在日本农村跳舞一样。这些日本人借来了鼓，而且敲打得很不错。当地人似乎对此非常高兴。白人从来不接近他们，只会用手里的枪恐吓他们。他们跟日本人一同生活。有时候我真想知道他们为何要跟一支正在瓦解的军队合作。澳大利亚人会用诸如咸牛肉罐头这些东西赢得当地人的信任，而我们没有任何东西回报他们，所能说的也只是“谢谢”，但他们的友好行为却持续到战争结束。有些村长因为给我们提供了食物，结果在战后遭到处决。盟军指控他们的行为是“敌对行径”。盟军这些人组织成游击队，以此来对付我们。然而，后来我得知某些新几内亚土著被日军杀害了。不管出于何种理由，我都深感愧疚，因为被杀掉的也许正是像救过我的村长那样的人。

身处新几内亚，你之前懂得的语言或知识全然无用。我在京城帝国大学学到的文学知识在这里毫无意义。极端的生存条件会使人类的肠胃遭罪，特别是缺乏蛋白质，几乎能令我们疯狂。我们什么都吃，包括飞虫、腐烂的棕榈树长出的蛆。我们会为这些蛆的分配发生争吵。如果你用棍棒打下一只蜥蜴，你会立即把它塞入嘴里，尽管它的尾巴还在蠕动。但就是在这样的情况下，一名士兵仍然把他最后的米饭留给了我，还有一个我初次遇到的士兵给了我半个从地里挖出来的芋头。

在新几内亚，我们还有其他恐惧。最后那段日子里，我们被告知不要单独出去取水，哪怕是在白天。我们信赖自己认识的人，然而也有传言说，就算是日本兵来到你身边，你也无法知道接下来会发生些什么。为了免遭攻击，我们采取了防范措施。我曾亲眼见过一名士兵的尸体倒在路边，腿上的肉已被割掉。这些见闻令我心惊胆寒。身处新几内亚的日军士兵或许并非都是食人族，但这种情况屡屡发生。有一次，我们沿着山间小径前进时，被四五个其他部队的士兵拦下。他们告诉我们，他们打死了一条大蛇，愿意和我们一同分享蛇肉。他们略带嘲讽的表情令我感到不安。也许是我想多了，但我和我的同伴没有停下，“谢谢你们，以后再说吧”。说罢，我们迅速离去。我知道，如果真是蛇肉，他们绝不会分给我们，他们只是想拉我们一起承担他们的愧疚。此后，我们再也没有提及此事。等我们到达海边后，有其他士兵提醒我们，丛林里有吃人恶魔。或许这只是一种疯狂的恐惧，但我还是能清楚地想象出那种情况。

尽管我沿着这些山脉辛苦跋涉，但毫无前景可言。没有什么明天，也没有什么日后。我想要的只是呼呼大睡，或是伴随着美好的回忆追溯往昔。然而，一名参谋出现了，他把我们15个人召集起来，告诉我们准备发起最后的进攻，并给大家分发最后的口粮。此时，麻木的我还是感觉到生还的希望就此消失了。在这片与世隔绝的天地里，我对即将到来的一切已彻底麻木。我想，如果我强迫自己再往前走几步，也许就能更好地掌握情况。可此刻的我疲惫不堪，不靠手足并用的爬行，连最平缓的山坡都上不去。临近结束时，一切都被称为“玉碎”。直到最后我都没有这样做，但联队的其他人都被用于发动进攻，掩护我们跋山涉水实施战斗后撤。这可以被解释为一种我们并未觉察到的战友情谊。

人性会分为两个极端。由于发高烧，我多次瘫倒在地。有时候，一名碰巧路过的士兵会背着我赶至下一个村庄。有一次，一个我不认识的士兵告诉我，他的背包里有两个饭团。“我已用不上了，”他说道，“你把它拿去吧。”有些人就是这样，面对死亡时变得非常清醒。从某种意义上说，我被深深地感动了，但我不能说，“好吧，我把它拿走”。毕竟，换作谁都会把这两个饭团留到死亡到来的时刻，这样就能说：“现在我将吃上自己的最后一餐。”

有一次，我们从卡利进入山脉时，一名无法行走的士兵把我叫住，请我用他饭盒里的大米替他煮点粥。我去取水，并请另一位战友替他熬粥，因为我的厨艺实在太糟糕。粥熬好时，夜幕已降临在丛林中。我在另一名士兵的指引下取水归来，返回到那名士兵身旁。“你的粥熬好了！”说着，我推了推他的肩膀。可他倒在地上，悄无声息，原来早已死去。我不知道熬制米粥时他究竟在想些什么。也许他认为“那个家伙带着我最后的大米逃走了”。我已尽力而为，但结果依然糟糕。我觉得很难受。为我带路的那名士兵撬开了死者的嘴，朝里面灌了些米粥。他不停地嘟囔着：“太可惜了，太可惜了！”

一天，当地人用担架抬来一名士兵。起初我不知道他是谁，但他的确属于我们这个特别联队。他介绍了自己的情况，这时我们才想起，最后一次见他还是一年多以前，当时我们正准备翻越山脊线。被当地人送回的当天，他作为逃兵被枪毙了。奉命开枪的人对此内疚不已，但接到命令就必须执行。如果他们严格按照军衔安排，这个活应该由我来做。我是值日官，所以从某种程度上说，应该由我来执行枪决，但准尉没有挑选我。我对这一点心存感激，但也对我的朋友吉村感到愧疚，他被派去执行这个任务。“别怨我，永山。”

他用大阪方言连说了两次，然后开枪将逃兵击毙。这起事件发生在战争结束后，当时我们尚未成为俘虏。

我知道有很多人因为这样被处死。例如，你接到一道命令：“去传达口信，不管多么困难，三天内必须回来报到。”你要跋涉的路程就像从大阪到神户那么远，可路上你染上了像定时炸弹的疟疾，瘫倒在地，动弹不得。所以，一周后你回来了，却被指控为逃兵。不仅仅是士兵，许多军官也因擅离职守罪而自裁。他们外出执行侦察任务，却发现自己无法按时赶回，干脆一死了之。死去之前，他们该是怀着怎样一种痛苦的心情？军队就是这样一种地方，只注重结果，不在乎原因和过程。

我们对这片丛林以外的战况一无所知。一天，我们看见敌人的营地里升起两面旗帜，一面是英国国旗，另一面是日本国旗。我们还听见用日语喊出的“万岁！万岁”，此前我们从未见过这种事。接下来的三天没有任何动静。飞机从上空飞过，投下的传单上写道：“亚洲的和平已然到来。”就连联队长也不知道战争已结束。这肯定是 8 月 15 日前后，但我并不知道确切的日期。如果我说我对此感到悲伤或高兴，这肯定是谎话。我无法说清当时的感受，只是觉得，“这么说，战争结束了”。

1943 年元旦，第 79 联队的 4 320 名官兵乘船离开朝鲜釜山。连同被分配来的新兵，共有 7 000 人在我们这个联队里服役，但只有 67 人得以生还。我所在的中队，离开釜山时有 261 人，战争结束后，乘船返回日本、平安到家的只有我一个。我被告知，新几内亚东部的 17 万官兵有 16 万人丧生。战争正式结束后，我们被囚禁在穆舒岛，每天都有十余人死去。那是一座珊瑚岛，所以我们无法挖掘墓地埋葬他们，反正我们也没有力气。盟军不得不加快遣返速度，因为他们无法把我们长期关押在那里。我们的体力已被彻底耗尽，只剩下一具躯壳。甚至在返回日本的途中，船只也不得不数次停下将那些刚死去的人抛入海中。此时，他们离家乡只剩一步之遥。

这都是很久以前的往事，对个人而言，放下这一切也许更好些，但我很想知道阵亡者的家人会有怎样的感受。你无法告诉他们的亲属，他们死得多么光荣。亲属们当然愿意相信，如果不得不战死的话，他们至少尽到了一名士兵的职责，而不是在路边的一条水沟里，由于精神错乱而自杀，或是被自己的战友吃掉。尽管我亲眼目睹了一些人的阵亡，但他们的家属仍会问我：“他是不是一点生还的机会都没有了？”作为战俘被关押时，我甚至想过，某一天，一些日军士兵也许会从丛林里跑出来。但这种情况没有出现。

所有战场都是悲惨的地方，新几内亚更是阴森可怖。战争期间的一个说法是："缅甸是地狱；而新几内亚，没人能活着回来。"战争结束后，过去的中队长片田大尉告诉我，在他所乘坐的船只停泊在朝鲜时，他曾去过我父母的家，想告诉他们关于我的情况。但他在门前踱来踱去，不敢告诉他们我的去向，所以最终也没进去。我想，家里人已经知道，没人能从新几内亚活着回来。

杀死日本兵

口述者：战地医院勤务兵　小川保

"很长一段时间，我一直拒绝申请军人抚恤金，尽管我完全符合条件。我以这种方式来表达自己对过往经历的忏悔。45 年来，我从未对任何人说起过这些事。"他对自己的一口方言（日本北部秋田地区浓重的口音）和整个访谈期间一直喝着清酒表示歉意，我们选择的这家餐厅位于横滨市一栋公司宿舍楼旁。从日产汽车公司退休后，他便和妻子共同管理这栋宿舍楼。

他的脸痛苦地扭曲着，在讲述的时候间或会爆发出难以抑制的哭泣，或是一种悲痛的哀嚎。

我在前线服役近六年，先是在中国，后来去了南太平洋。最后一年最为可怕，简直就是地狱。我在新不列颠岛的一所战地医院担任卫生兵。美军发起进攻时，我所在的单位驻扎在岛屿西部的格洛斯特角。我记得那是 1944 年 12 月 26 日，圣诞节刚刚过去。前一天晚上我们还谈论到，美军会在圣诞夜做些什么。他们刚一登陆，我们就穿过丛林赶往拉包尔，但我们的行动被称为"转进"①，而不是"溃逃"。这话听起来很简单，对吧？可为了这场"转进"，我们疯狂逃窜了 500 公里。

在此之前，我在这场战争中混得不错。我年轻，头脑也简单，所以真心认为当一名日本士兵是我应尽的职责。年幼时，你被问及长大后的理想，回

① 转换进攻方向，对战败了撤退的委婉表达。

答总是千篇一律,“当一名内务大臣”“成为一名将军”或是“当上海军大将”。十几岁时我辍学了，当时觉得反正一到20岁就要参军入伍，现在就去帮父亲的忙好了。我父亲当时在秋田的一个矿上担任管理员。很快我也有了自己的下属，有五六十人吧。很多情况下，我都是在寻花问柳以及做其他年轻男人都会做的事情。对于战争，我考虑得不是太多。当然，我也从未想过自己可能会在战争中送命，我只希望能在赶赴前线前留下后代。实际上，参军后不久，我的长子便出生了。

我是个狠角色，且对付军官很有一套，所以在军队里很少遭到殴打。更妙的是，被派往中国前线时，中队长居然是我亲戚。他确实很关照我，部队继续“讨伐”时，我甚至奉命留在后方，可以说是个该死的幸运儿。我不得不说的确如此，但我也从未晋升过。或许是因为我的态度，因为我就是那种气焰嚣张的一等兵。所以，我领章上的两颗星在很长一段时间里一直没变过，而其他人早就得到了他们的第三颗星。最后，我被赶出所在的部队（他们称之为“重新分配”），来到一个新近组建、被派往南太平洋的作战单位。

部队先在上海集结。此时的日本依然无往而不利，反正我们是这样认为的。即将登船赶赴南太平洋时，我被派去给一名军医担任勤务兵。尽管只有两颗星，但我好歹在军队里混了那么长时间，所以我很干脆地拒绝了。我不想成为任何人的奴仆。但最后我还是去当了勤务兵，事实上我是看在军官能得到较好的食物的分上才同意的。于是，我被派到另一艘船上。我本该登上的那艘运兵船在上海港外沉没，船上的大多数人送了命，我又逃过了一劫，所以说我真的很幸运。

我在新不列颠岛上待了3年，我学到的是：阵亡者中，只有很少一部分死于战斗，死于饥饿和各种疾病的大有人在。奔波在丛林中，他们一个接一个地倒下，因为阿米巴痢疾、疟疾、营养不良。缺胳膊少腿的人只能自己想办法行走，蠕虫和蛆从他们破破烂烂、沾满血迹的军装上落下。患有痢疾的人赤身而行，用树叶遮挡着屁股——他们找不到卫生纸。疟疾患者踉踉跄跄，体温高达39.4摄氏度。这是一场地狱般的行军，我们不时遭到当地人的袭击，他们是敌人的先锋军。

我们一次次在不同的地方建立起战地医院（救助站）。医院的标志是一个叠加在绿色山丘上的红十字，对进入医院的人来说，这应该代表着救助和暂时的休息。我所在的这个救助站由一名军医和五六个像我这样的医护兵组成。我们砍伐树木充当木桩，顶部覆盖上棕榈叶。我们这些医护人员竭力挽救士兵的性命。患上坏疽后无药可治，除非立即实施截肢手术，因此医生动手术时只采取局部麻醉，因为脊椎麻醉太费时间。我们是忠实的医务人员，但在这里我们没法考虑后果。这里没有担架，我们如何能带走那些没有腿的伤兵呢？于是，这些伤员被大批丢下。尚能行走者被分到几天的干粮，然后被告知离开医院，并且要赶紧动身；无法行走者就被留了下来。

我们只有几颗手榴弹，药品寥寥无几。很快，这些东西被用于杀死而不是治疗伤员。我也这样干了。我们只有五六名医护兵，需要照料的伤员多达一两百人。我们能拿这些缺胳膊少腿的人怎么办？背着他们离开？把他们留下，他们会被当地人杀光的，这种事不是没发生过。无奈之下，我们给他们打一针鸦片，然后再往静脉里注射 20 毫升氧化汞溶液，然后只要几秒钟这些人就会死去。他们的眼神告诉我，他们知道我们在干什么。“不要……”一名士兵乞求着。我猜他想让我带他走，可我能怎么做呢？我相信我自己很快也将死去，这只是时间问题而已。

一开始，这种事情很难下手。但随后就习惯了，而且不再伤心落泪。我成了一个“杀人犯”。我“杀”掉了那些毫不抵抗，也无力抵抗的人，他们只是来求医问药，作为战友的我本该为他们提供救治。当然，那些混账军官是不会亲自动手的，他们把这种活交给勤务兵去干。我们按照中队长的命令行事，然后用树叶覆盖住死尸，就这样把他们丢在那里。

由于缺乏食物，逃亡中的士兵们甚没力气把水烧开，而饮用生水又引发痢疾，更多精力因此丧失。此外，步行造成大腿生脓疮。有的人掉了队，有的人渡河时被河水卷走，还有的人被饿死。死尸随处可见。这些死者以某种方式唤来了垂死者，他们经常一起躺在当地人架高的棚屋里，通风而又凉爽。他们分为三种：骨骸集中在棚屋中央；然后是死了两三天的人，他们挤在一起，尸体已肿胀，并开始腐烂；最后是将死之人，待在棚屋的边缘处。白色的蛆虫爬满尸体。数以百万计的蛆虫布成人形，发出芦苇被风吹动的沙沙声响。由于蛆虫蠕动，你会有种死者的眼睛在移动的错觉，就像他还活着那样。

我们在夜间跌跌撞撞地穿越丛林。白天禁止行军，因为一旦被美军飞机发现哪怕一个日本兵，便会遭到无情的追杀。黑暗中，只要听见有蛆虫窸窸窣窣的蠕动声，我们便知道附近有死尸，并彼此相告。

如果获知师团长即将经过我们所在的地区，战地医院就会迅速搭建起来，布置好指示牌，我们还被告知要去寻找伤员。收集起百十名伤兵非常容易，但只要长官一离开，这些战地医院便会消失，无法行走的伤员也会被就地处死。我清楚地记得，自己曾在那里杀掉了一个年仅 16 岁的孩子。当时，一艘遭到轰炸的商船沉没在布干维尔岛近海处，那个孩子游上岸后被征召进当地的守备军。他的一家人都死在船上，只剩他一个人还活着。他患有疟疾，尽管退烧时他的状态看上去还不错。他有一些真正的香烟，藏在一枚高射炮弹的雷管里。他给了我几支，我当时抽的是手卷的姜叶烟。我过去给他注射时，他正在熟睡。上级下达了命令，军医官在一旁监视着我。我得到了他送的香烟，却反过来杀了他。当时，我们正遭到美军的猛烈攻击，我们相信敌人都是“鬼畜”[①]。无疑，我们是被洗脑了。

我自己也得了阿米巴痢疾，不得不脱掉裤子赤身行走。我从一具救生衣里搞到些棉花，用藤蔓把这些棉花串成一串，从后背挂下。腹泻让我吃足了苦头，排泄时只有黏液，因为胃里已经没有任何东西。我无法跟上行军队列，只想睡觉，所以干脆留在后面等死。我记得有一次我坐在海边，感觉好得离奇，宛如身处天堂。珊瑚礁伸向远处，消失在视线外。海浪冲刷着我的身体，我能看见远处岛屿的轮廓，其中一座肯定是布干维尔岛。我仍能清楚地看见那些岛屿的形状。我想知道的是，战争总是以这种方式结束吗？就在这时，中队长的勤务兵偶然发现了我，但我却不认识他。为了把我拖回部队，他不得不把中队长的东西藏在高高的杂草丛里。

见到我后，两三个士兵哭了起来，“小川君回来了！”我也泪流满面，总算是死里逃生。可是，有人偷走了中队长的物品，包括他个人珍藏的大米。于是，中队长在一怒之下，把他的勤务兵打得口鼻蹿血。显然，中队长把这些东西看得比他的部下还要宝贵。多年来我一直恨他。我想我永远不会原谅他，但时间会改变一切。今天，我跟这位中队长相处得就像是亲人。

我们的逃亡持续了一整年。在美国人看来，当地人就像是一面盾牌。他们驾驶着美制卡车，佩戴着日本军刀。岛上的当地人有两种，卡那卡部落和纽戈亚部落。战事对我们有利时，我们的军队使用卡那卡人。不知何故，他们的妇女很喜欢我们这些日本人，可能是因为我们看上去年轻、鲜活。她们对我们发起“进攻”！跟她们发生性关系似乎有些奇怪，可对三年没开过荤的我们来说，母猪也能赛貂蝉了。

① 形容做残忍事情的人。

当地人是敌人，美国人是敌人，就连我们的战友在如此恶劣的条件下也会变成敌人。有时候，夜间的丛林会飘过一股咖啡味。我的鼻子永远不会忘记那股香气。敌人的哨兵携带着某种便携式咖啡壶，这使他们得以享受咖啡。有些人经常在夜间消失不见，这是因为他们都溜入敌营去偷窃食物了。他们带回来的物品各式各样，大多是罐头食品，但不知道里面装的是什么，因为标签上全是英文。唉，饥饿的人什么事都能干得出来。

美国人连夜修建一座简易机场时，我们震惊不已。此前我们从未见过推土机。然后，我们又看见了他们的舰艇、运输船和巡洋舰，密密麻麻的，彻底遮蔽了地平线。“日本要输了！”我第一次产生这种想法。日本战败的消息传来后，唯一为之落泪的是我们的中队长。而听到这个消息时，我笑了。我终于能回日本了！我抑制不住内心的激动——我能活下去了！

现在，我在这里喝着啤酒和清酒。对我来说，那年只是67年人生中的1年而已。有时我回顾往昔，甚至对自己能活下来产生一种成就感。但有时候，这一切又显得毫无意义。我心里想：我应该被判处死刑，因为死在我手里的人不是一个两个。只有战争会允许这种做法——我不得不承受这种折磨，直到死去。现在结束了，可我的战争却将持续到死亡那一刻。我还活着。可是真遗憾，除了哭泣，我什么也做不了。泪水无法洗去我的罪孽，这是报应。我是个无神论者，但如果真有上帝……不！我不相信上帝，我只信我自己。

我不仇恨美国人。我也不恨任何人，除了一个人。我不能大声说出他的名字，他还活着。他受过出色的教育，有判断能力，他所处的地位令他能够在御前会议上作出停止战争的决定。不管其他人怎么看，但在我看来，他无法逃避战争的罪责。

这场访谈的4个月后，即1989年1月7日，裕仁天皇去世。

玉碎塞班岛

口述者：小队副　山内武夫

第一次世界大战后，马里亚纳群岛交由日本托管，塞班岛因此成为许多日本移民的家园，他们同时也是殖民者。塞班岛和附近提尼安岛上的机场，位于美国海军的航线之间，此时的美军正分阶段跨越太平洋中部向前推进。从1943年11月起，强大的航母特混舰队、轰炸机大队和两栖登陆部队协同作战，在吉尔伯特群岛和马绍尔群岛对日军据守的岛屿发起进攻。尽管进攻方在塔拉瓦、马金和夸贾林环礁遭遇到血腥抵抗，但每场战斗都将守军全歼，采取跳岛战术[①]的美军夺取了继续其进攻所需要的重要机场和补给基地。

塞班岛和提尼安岛是太平洋上的战略要点，夺取这些岛屿，就能从比中国近得多的基地出动四引擎轰炸机，对日本本土实施大规模轰炸。日本军方意识到这些岛屿的重要性，东条英机首相宣称，塞班岛是“一座坚不可摧的要塞”。

应征入伍时，山内武夫是一名学习俄语的学生，私下里对社会主义抱有好感。“一旦加入军队，你以往的想法就变得无关紧要。军队会对你的本性加以重塑和改造，他们把每个士兵打造得符合其标准。士兵们按照命令行事，就像是棋子。”1944年5月，就在战役打响前，他被派往塞班岛。

他说话时，指着从美国出版的马里亚纳群岛战役相关图书中挑选出来的照片和地图。“我这个年纪，对自己已没有太多期许。这就使我能更容易地承认，我是个行为违反信念的人。在军队里，我没有公开自己的观点。尽管我有我的原则，可我还是开枪了，而我能活下来仅仅是因为我投降了。”现年68岁的山内武夫是全中队250人中仅有的3名幸存者之一。

1944年5月14日，搭载着第43师团的货轮驶离东京湾的馆山港，5艘军舰提供护航。我们首次被告知即将赶赴塞班岛。货轮上，我们像一群肉鸡那样排列在床架上。每个人都带着自己的背包、步枪以及其他装备。我们弯着腰蜷缩在那里，脚上一直穿着胶底军靴，所以脚上全是汗，湿漉漉的。空气又闷又热，呼吸凝聚而成的水滴落在身上，人们身上散发出的阵阵臭气弥漫其间。几道绳梯和一个狭窄、匆促搭起的楼梯就是唯一的出口。我们觉得这艘船随时会沉没。我们被告知把手表放入橡胶袋里。随后，我们还得到

① 即不采取逐一收复各岛的战法，而是收复一个岛屿后，跳过下一个岛屿，而攻占再下一个岛屿，特别是跳过日军防守比较严密的岛屿。透过跳岛占领，以海空封锁的方式来孤立日军占领的岛屿，迫使其最后不得不屈服，如此大幅提升收复的进度与成效。

了一点点食物，以便在海上求生时食用。5 月 19 日，我们平安到达塞班岛。但我们的后续部队就没那么幸运了，他们在我们之后出发，刚刚离开东京湾便遭到美军潜艇的袭击，7 艘船被击沉了 5 艘。

登上塞班岛，我的第一印象是，他们根本没有为防御作好准备。整个海岸线只有几处挖了战壕，像蚰蜒那样布设在海滩上。我注意到这里没有混凝土炮位。然后，山峰上传来一些声响，我被告知他们在那里构设了重型火炮阵地。登陆点设在加拉班，这是一座组合式港口，我们奉命驻守在 5 公里外的奥莱村。我是一名分队长，指挥着 13 名士兵，他们都是新近应召的新兵，平均年龄二十八九岁，23 岁的我是他们当中最年轻的。对他们来说，每次行军都是个苦差事。有几次，我们正在休息时，美军的侦察飞机就从上空掠过，可我们的武器和装备仍堆放在登陆地上。整个塞班岛约有 3.2 万名日军士兵散布各处。

6 月 11 日，我们在大队部站岗执勤，我是当日的值班小队副。当天早上，我们接到报告说，美军特混舰队正在逼近。上午 9 点，美军侦察机飞过麻僻山。中午，警报声响起，高射炮突然开火射击，“呯！呯！呯！”我抬头望去，大批美军战机出现在我眼前，空袭开始了。尚未享受过生活中任何乐趣的我们，就这么突然被卷入战争。塞班岛上有不少像加拉班和查兰这样的小镇，那里有舒适的房屋、漂亮的女人，可没等我们到达那，战火便降临了。

下午 4 点左右，空袭结束了。整片山丘被烧黑，岛上黑烟四起。十三四架海军战机升空迎战美国人，但在空战中被迅速击落。我亲眼目睹了这些战机的坠落。从这以后，再也没有日军战机飞至塞班岛。次日清晨 4 点 30 分，美国战机再次回到这里。主要的弹药库和一切突出的东西都遭到敌机扫射。我们试图用步枪朝敌机射击，高射炮也已所剩无几。我看见几架敌机在空中爆炸，而我方在地面上的有效防空火力也就此消失。

第三天，我正在吞咽一个大饭团时，听见一个声音喊了起来“美国人的舰队来了”。我抬头望去，海面上黑压压的，全是敌舰。眼前的情景就像一个庞大的城市突然出现在近海处。见到这幅画面，我甚至没有力气站起身来。第一小队、第二小队和机枪小队，共计 200 名士兵被部署在前沿阵地。我所在的第三小队位于海岸线后 300 米处，隶属于大队部，我们是预备队。中午时，美国海军开始了炮击。第一轮齐射沿着海滩炸开。直到今天，炮击引起的剧烈震动和腾起的硝烟在我脑中依然记忆犹新。炮弹的爆炸向上蹿起 60 多米。

大口径火炮！来自敌人的战列舰！所有舰艇上的各类火炮一起齐射！我所在的这片地带被炸得坑坑洼洼，就像月球上的陨石坑。我们只能紧紧地趴在浅浅的战壕里，甚至半埋入土中。泥土多次冲入我的嘴里，什么都看不见。硝烟和纷飞的尘土令人窒息。下一刻，我可能会被炸死！不可思议的是，我所在的这个小队没有一个人丧生。6 月 14 日，敌人的炮击持续了一整天。我们仍在这里，我们还活着！这一整天，我们什么都没吃，甚至连个饭团都没有。

6 月 15 日上午。我想，这天大概又跟前两天一样。可就在这时，我听见有人喊 ："美国兵来了!" 我稍稍把头抬起。他们像一大群蝗虫那样蜂拥而来，一个个浑身湿透，身上的迷彩钢盔看上去呈黑色。涉水上岸时，他们看上去是那么渺小。然后，我看见美军的坦克被日军火力击中了，蹿出疯狂的火焰。

部署在我们前方的日军士兵在第一天便已悉数阵亡。我们的战壕位于一个小斜坡顶部的岩石后，当美国人距离战壕不到 80 米处，我们便朝他们开火射击。后来我发现，就是那 80 米的间隔救了我们。下午 2 点左右，大队部的一名副官命令我发起进攻。他站在我身后，问道 ："你为什么不冲锋？" 我告诉他，我没有接到小队长的命令。"其他人都冲上去了！我命令你冲锋！" 但我没有看见其他分队的人发起冲锋。见我还是没有行动，副官拔出佩刀，摆了个凶狠的姿势，再次厉声下达命令 ："冲锋！" 这下我遇到大麻烦了。终于，我下达了命令 ："我们现在要对敌人的阵地发起进攻！" 我把指令传达给每一个人，然后命令道 ："前进！冲啊！" 很显然，我们会被敌人的火力扫倒。我跃出战壕，跳入前方的一小片岩石中。在我身边的是单身汉后藤，担任机枪手的上等兵冢原在另一侧，除了我们三个，没有其他人。我吓坏了。子弹在我前方的岩石上迸飞。我朝着一个美国兵开枪射击，看上去他似乎就在我上方。我忽然觉得脖子上有种热乎乎的东西。是血！我中弹了，我这样想。但事后发现那只是个轻微的擦伤，可当时的我被吓得呆若木鸡，甚至无法再次开枪射击。

"我们得想办法返回战壕。" 我朝后藤喊道，但他没有作出回应。我想，他有可能已被打死在那里。我刚才看见冢原率先开枪射击，但他也没回答我的话，于是我独自跑回我们的战壕。那名副官已不见踪影。我不知道他为何跑到这里并对我下了这种命令。我在战壕里找到了冢原，他满脸通红，右眼负伤。他的机枪被击中，已然损坏。我问其他人为何不听从我的命令，他们只是一个劲地道歉。

我们在这里一直待到天黑。我安排分队里刚完婚不久的上等兵中岛放哨。中岛留着“考尔曼”式的胡须，这是对美国著名影星罗纳德·考尔曼的模仿。我刚要走到战壕的另一处，他突然喊了起来：“尊敬的分队长！”然后便“哎哟”一声倒在地上。我在他的胳膊上发现一个弹孔，是贯通伤。我告诉他会没事的。但他哭了起来：“我的肚子！”他的腹部看上去并无大碍，但随后我发现他的后背上有一个深及骨头的大洞。

我所在的第136联队沿海岸防线，就在美军正前方。联队的旗帜升了起来。我被小队长找去，得知我们小队直接隶属于大队部，不参加当晚的进攻行动，但联队里的其他单位将发起冲锋，把美国人赶下大海。我们奉命待在自己的战壕里。

我们听见我方士兵们缓缓向前推进，他们试图保持安静。敌人射出照明弹，四下里被照得亮如白昼。黑暗再度降临后，日军士兵再次向前缓缓移动，“沙，沙”。美军就在我们前方100米处，战斗本该立即打响，但什么情况也没发生。于是，我打起了瞌睡。

突然，猛烈的火力齐射将我惊醒，仿佛所有美军部队同时开火了。一道道弧光掠过战壕。曳光弹！它们看上去真美。“哒哒哒哒哒……”美军机枪喷吐出凶猛的火舌，日军机枪则发出“嗒嗒嗒嗒……”的连射声。

我们等在战壕中，发起进攻的日军士兵穿过我们的战壕，向后方逃窜，发出沙沙的声音。大约一个小时后，寂静再次降临。我知道这场夜袭失败了。部下们问我：“分队长，咱们该怎么办？要不要后撤？”我当时想：最好在这里被美国人抓获。要想保命，我就应该被俘。然而，我的部下们正等着我下达命令。见我没有作出回答，他们最终都撤走了。

我计划待在这里。等美军士兵冲入我们的战壕，我就装死，等待机会逃跑。我听说过，就连尸体，美军士兵也会补上几枪。但我不得不碰碰运气。如果错失这次机会，我就再也没机会了。我面朝下趴在战壕里。清晨到来时，我昏昏欲睡，没有任何东西可吃。就在我打着瞌睡时，有人戳了戳我：“你受伤了吗？”是日语！我抬起头来。几双布满血丝的眼睛盯着我。“你在干什么？”一名日本士兵问我，随即又喊道：“快让开！”看来，我挡住了他们穿过战壕逃跑的道路。我别无选择，只能连滚带爬地跟着他们一起后逃。我丢下我的子弹盒（里面仍有100发子弹），扔掉步枪，这样就能更加自如地爬行。我的胳膊肘、膝盖和手都被粗粝的的珊瑚磨破。我们小队的五分队长青山伍长突然出现，挡在我面前。“安藤大队长和五十岚副官在这里，”他宣布道，“他们负了重伤，正准备自裁，我会陪同他们一同自尽。”

我身后的人推推搡搡，不耐烦地嘟囔着：“快点，快走！”我告诉青山：“整个小队都逃跑了，死在这里毫无意义。”他犹豫不决。安藤大队长和五十岚副官说道：“青山，我们全靠你了。”但最终，他还是离开了他们。我们沿着战壕一起向后方逃去，唯恐死期将至。最后，青山说道：“我们抽根烟吧。”此刻，就剩我们两个了。随后，我们遇到了中上，他是我的部下，在我之前逃离。我们三个决定，设法逃入山中。这片地带满是弹坑，就像火山口。我们发现了一座房屋，还有个混凝土蓄水池，池底还有点水。我们痛饮一气。这里还有一棵野果树，我们摘了点酸涩的野果果腹。炮弹不停地在附近炸开。突然，青山叫了起来：“我中弹了！”一块小小的弹片卡在他的腹部。中上已消失不见。最后，在炮弹的落地处，我看见他在地上蠕动着，浑身是血——炮弹直接命中了他。可我甚至没想过去救他，当时我关心的只是与他保持距离。青山大声呻吟着，和我一起朝着山峰跑去。

最终，一名日本兵走了过来，对我说道：“山内分队长，我是守在最前沿的士兵。所有人都阵亡了，只有我还活着。”他开始吹嘘起他英勇作战的故事，我告诉他：“闭嘴！”他要求加入我们。我们三个在山里徘徊了5天，各个地方都有炸弹和炮弹落下。我们相互怒吼，还与遇到的其他人发生争吵。后来，我们遇到了小队的一分队长村田伍长，“村田，你也来了，太好了！”我这样招呼着他。他是京都帝国大学经济系毕业生，比我大一岁，但和我在同一个军训班接受训练。他和我决定待在一起。我们小队里的中山也出现了，这就使我们这支队伍增加到5个人。过了一会，他们开始说起这样的话：“帝国军人不会一直独自行动，我们中队肯定集结在某处，我们去找他们吧。”

6月20日深夜，我们先是听见四分队长大松伍长的说话声，然后看见他从阴暗处出现。他的手掌受了伤，无法用步枪射击，正设法赶往战地医院。所谓的“战地医院”，不过是摆放伤员的一片空地。他告诉我，我们的小队长北滨少尉也在那里。我们还从他嘴里获悉，第136联队在东海岸处，位于踏破潮山的另一面，那是塞班岛上最高的山峰，海拔400米。联队的幸存者集结在那里，我们决定赶去跟他们会合。

我们5人动身出发，去寻找队伍。最后，我们发现他们守在山坡处，白天黑夜都无所事事。一个3 200 ~ 3 500人的联队，现在只剩下400多人。

我们听说我们的中队长在战斗期间精神错乱，发起夜袭前就消失不见了。那天，他一直朝着部下们丢石头，并嚷嚷着："要是你们的钢盔露出战壕，就会被子弹击中！"至此，所有军官都已在战斗中阵亡，目前指挥我们中队的是古井准尉。我们向他报到，"包括山内小队副在内的5名士兵已归队"。他很高兴。我被任命为"联络小队副"，负责与联队部保持联系。

这里有一处干净的水源，是整个岛上仅有的两处水源之一。我们开怀畅饮，直到肚子几乎要被胀爆，但这里没有吃的东西。3天后，我们被美国人的飞机发现了。他们从低空飞至，我们被炸死炸伤100余人。当晚，我们接到"转进"的命令，于是动身出发，赶往另一个安全地点。我们分成两股，整个联队逃入一处山谷中。一名部下替我打开一个牛肉罐头，并答应站第一班岗，于是我躺下睡着了。醒来时，炮弹已在四周落下。一名士兵躲在一根圆木后，吓得浑身发颤。我也死死地抱住那根圆木。

此时担任大队长的高桥少尉就在附近，他下达了后撤的命令。所有人都朝山中跑去，像一群蜘蛛幼虫那样四散奔逃。我和上等兵伏见一起飞奔，他是我的传令兵，但他很快死于炮火的袭击。就在我不知所措之际，我遇到一名曹长和我们中队的一个伍长。我将自己置于那位曹长的指挥下。我们找到一个半封闭的山洞，在洞内躲了两天半，这才从一名路过的士兵那里获知我们中队所在的地方。

我们联队现在只剩下200余人。联队长和他的随从在踏破潮山的山崖上挖了个洞，其他人也各自挖掘了可供藏身的散兵坑。我们的小队长北滨少尉在战地医院包扎了伤口后返回，接掌了中队的指挥权。我被指定为他的联络小队副。于是我就待在散兵坑里，随时准备传送命令。

有时候，我们能嚼到一些搞来的甘蔗。真甜啊！但这里没有饮用水。6月28日～30日，我们一直待在这里。上级随后决定赶往雷达山方向。6月30日夜间，雨下得非常大。我们欣喜地畅饮着雨水。

我们排成单路纵队行进。就在这时，我们遭到一场密集的攻击。太可怕了！我差一点送命。我的近视眼镜被炸飞。黑暗中，我在尸体间绝望地翻寻，终于将眼镜重新找回。我们没想到美国人会在附近，实际上我们已被包围，并撞上了他们的防线。他们集中起一切火力，将我们打得四散溃逃。我们迷失了方向，根本不知道自己身处何方。我们还听见美军士兵用独特的口哨声相互联络，他们几乎就在我们身边。就在我吮吸着树皮上的雨水时，听见有人在说话。我问道：“村田？是你吗？”这真够奇怪的。我再次遇到了京都帝国大学毕业生村田伍长，我们 4 人在一些岩石后躲了 3 天。村田是个知识分子，从不夸耀自己的勇气。我想，也许我可以向他咨询一下设法让自己被俘的事宜。但跟他单独在一起时，我却无法说出口。

7 月 3 日，美军朝我们所在的方向发起猛烈轰击，我们无法留在原地。在我们下方有一条 600 米长的山谷，里面堆满了死尸，尸体都已被烧焦。有的挂在树丫上，有的倒在地上。死尸上爬满蛆虫。要想逃生，就必须穿过这道山谷。战斗中，村田被敌机射出的火箭弹直接命中，当场身亡。那时候已是黄昏。

我们 3 人设法逃到一个名叫“天堂谷”的地方，那里有水。我们把各自的水壶灌满，在这里一直待到 7 月 5 日。美国人再次发起猛攻。约有两三百名日军士兵聚集在这里，都是些跟丢了队伍的散兵。在被袭击中，许多人阵亡，似乎无论我们躲到哪里，总是遭到敌人的攻击。当晚，我们到达了海边的沙滩。我对丛林实在是受够了。所以躺在宽阔的海滩上的时候，我觉得就这样死去也没什么关系。我丢掉手里的步枪，这支步枪是我再次当上分队长后从一名士兵那里借来的。他当时还乞求道：“尊敬的分队长，过后请把它还给我。”但我再也没有见过他。而这支步枪，我没用它开过一枪。

夜间，我们这片沙滩突然遭到火力射击，我们甚至弄不清子弹是从哪里射来的。但幸运的是，我们发现一个覆盖着薄铁板的掩体，上方还堆着沙子，就这样伫立在沙滩上。这座掩体大得足以让我们 3 人钻进去，我们在里面一直躲到 7 月 8 日。

我们看见一些日军士兵排成单路纵队，朝着同一个方向而去。我们问道：“你们要去哪里？”他们回答说：“我们要去加拉班集结，然后发起进攻。”我喊道：“加拉班早就被美国占领了，你们到不了那里。”但他们说，这是命令。藤垣和上田望向我：“分队长，我们该怎么做？也跟着去吗？”我告诉他们：“你们忘了吗，我们就是从那里来的！我们不用再去了。”于是，我们 3 个继续待在掩体里。

我很快便获悉，第 43 师团的师团长斋藤义次中将在 7 日清晨下达命令，要求所有幸存者发起一场“总攻”，其中包括平民。随后，他自杀身亡。更准确地说，他命令一名部下用手枪将他打死。

那些日子里，日本士兵真的接受了他们必须英勇战死的想法。如果被俘，你就永远无颜面对自己的家人。当初，他们是在亲人和邻居“万岁”的欢呼声中动身奔赴战场的。他们现在怎么能回家呢？“总攻”意味着自杀。那些无法行走的人被告知用手榴弹或氰化物自尽。妇女和孩子都有毒药，没有的人选择了跳崖。像我这种从一开始就盘算如何能成为俘虏的人，实属例外。

7月7日清晨，总攻开始了。4 000名日军士兵冲向美军防线，3 000多人被打死。我没有参加这次进攻，这一整天我都在睡觉。发起进攻的前夜，我告诉两名部下，饿死或战死在塞班岛上毫无意义，日本会输掉这场战争，更美好的明天还在等着我们。我从未说出我的共产主义信念，但这两人回答道：“分队长，你做起事来像个军人，说起话来却像个叛徒！”

他们俩一个劲地斥责我，这两人只有小学文化，一个来自农村，另一个来自城市。他们的态度都很坚定。7月9日，美军超越了我们。夜间，我们转移到能以植被为掩护的地方，一些水手和士兵也在这里。7月10日，我们遭到海上火力的打击。这股火力非常猛烈，在我身边的一个人被炸死。我建议我的部下设法游到沉船船头伸出海面的地方，但他们再也不想跟我一起行动了。他们返回丛林去寻找自己的中队。于是，我跟其他人商讨起游到沉船处的想法。当天晚上我们试了一次，但事实证明这是个糟糕的想法，我们无法游过去。海浪太大，实际距离也比看上去远得多。大多数人退了回去，只有一名水手和我留下。突然，美国人的一挺机枪朝我们开火射击。我能听见子弹在海面上跳跃的呼啸声。我们赶紧游了回去。我和那名水手逃至岛屿最北端，在那里找到一个山洞钻了进去。

洞内有一名日军士官（听他说话的口气，我猜他是一名曹长）和几名士兵，还有些抱着孩子的日本妇女，大约有20多人。夜间，洞内漆黑一片。我听见他们的说话声和孩子的哭声。黑暗中，我和那名水手坐在角落处，没有跟其他人攀谈，洞穴上方有一条道路。这片地带，到处都是美国人。那名曹长坚持认为孩子的哭声会惊动美国人：“你们自己把孩子弄死，要么我让我的人来干。”几位母亲扼死了她们的孩子。

现在，美国人开始用大喇叭呼吁日军投降。声音从海上飘来：“日军士兵们，放下你们的武器！你们已顽强奋战过，现在不得不举手投降，我们会维护你们的荣誉。我们这里有水，我们这里有食物。”他们的日语说得有些可疑。他们说，超过规定时间后，他们将重新开火。这是我第一次听到美国人的劝降，但我有点担心，如果我在白天当着这些日军士兵的面举手投降，他们可能会从背后朝我开枪。

13 日深夜，我溜出山洞，躲在峭壁边缘的一棵树下。我打算等到拂晓，美国人再次劝降时出去投降。这里也有几名平民，一个十六七岁的年轻姑娘，一对中年夫妇和一个年龄比我稍大些的男人，我不知道他究竟是平民还是军人。我恳求跟他们待在一起。那个姑娘告诉我，她的家人都死了。她的弟弟被炮弹炸死，父母服毒自尽，她自己也吃了毒药，但毫无效果。她说，肯定是她的父母换掉了那些毒药。我告诉她："你绝不能自杀，你父母想以这种方式让你活下去。"我不能主动提议"咱们投降吧"，因为我不知道那个年轻男子会做什么。

中年妇女给了我一些粥，盛在一个陈旧的铁罐里。我已有几天没吃过米饭了，于是狼吞虎咽起来，可那个年轻男子紧盯着我。于是，我分了点粥给他，他饥不择食地吞咽起来。我想这是个好机会。"我要走了，"我宣布道，"要是你们愿意，就跟我一起走。"我没说我要去哪里，只是站起身来。

美国人离这里不远，我想，只要他们一看见我，我唯一要做的就是立即举起双手。我有个烟盒，自学生时代起就带在身边，是镀银的。我在烟盒里刻了一幅森林女神像，纯属好玩。烟盒的背面，我用俄语写了一句"全世界无产者，联合起来！"我担心的是，尽管美国和苏联是盟国，但他们可能会觉得共产主义是非法的。于是，我把这个烟盒扔掉了。就在我设法穿过丛林时，突然听见一声断喝："站住！"一个美国兵用步枪指着我。我想，"我得救了！"我回头张望，年轻姑娘和那对中年夫妇跟在我身后。

美国人问我："你是士兵吗？"我说是的。一名美军中士命令我坐下，他告诉我，这里到处都是日本兵，"让他们投降，朝他们喊话。"我自己的投降都费尽周折，哪里有勇气招呼其他人出来投降呢？于是我喊道："Oooi！Oooi！（嗨！嗨！）"美军中士问我："Oooi 是什么意思？"我说："意思是'出来'。"他没再催我。我想跟这位中士再说点什么，但首先出现在脑海里的却是俄语。最后，我问道："很快就能实现和平了吧？"他回答说："希望如此。"我无法告诉你我有多么高兴，我终于实现了自己的愿望。我在第二次世界大战中生存下来，从现在起，我将从一个安全的地方观看世界历史的这个转折点！我成功了！我是塞班岛上被俘的第 757 名战俘。

我投降的那天是 7 月 14 日。战斗中的美国兵一个个凶神恶煞，随时准备把我杀掉。但现在，他们就在我眼前，都很放松，坐在吉普车上，喊叫着

"嗨！"相互开着玩笑。就在这时，日本兵从山上朝我们开枪射击，美国人迅速还击。我赶紧趴倒在地。妇女们无动于衷地坐在原处，看上去有些不知所措。

成为一名战俘令人尴尬。尽管我没有这种感觉，但其他战俘都担心他们的家人会受到牵连。随着战俘数量的增加，我们渐渐恢复了过去的军人身份，军衔又回来了。我突然间再次成为山内分队长。我们被带到夏威夷，然后是旧金山的天使岛，最后被送至威斯康星州拉克罗斯附近丘陵上的一座小镇。在我们之前被俘的一些海军军官，已在战俘营内建立起完整的日本军事秩序。在我看来，这里没有人可让我倾心交谈。我想："如果我说出自己的想法，可能会被他们以私刑处死。"渐渐地，我了解到，这种军事秩序仅仅是一种惯例而已。每个人都想让别人听听自己的诉说。

在这里，我可以读书，也可以参加山上的劳动。军官们不用参加体力劳动，但士官必须参加。因此，我们到山上砍伐防火带里的树木。我们带着午饭参加劳动，对我来说，这可能是最愉快的时刻了。在这里，我可以阅读美国的报纸，例如《芝加哥太阳报》和《基督教科学箴言报》。我还可以思考自己想思考的任何问题。我偶尔也会思念父母和家人，但已不再对日本魂牵梦萦。这听起来也许有点奇怪，但我甚至想过，对我来说，成为一名美国人可能也挺好。在我看来，国家已无关紧要。回顾往事，即便在今天，我还是认为那是我曾经历过的最好的时期。

据日本方面的资料统计，塞班岛战役期间，43 682名守军中，41 244阵亡。另外，塞班岛上居住着大约2万名平民，既有日本人（许多来自冲绳），也有朝鲜人和部落居民。他们当中，8 000～10 000人死于战火。约有4 000名日本妇女、儿童和其他非战斗人员被赶至岛屿北角，许多人在那里集体自杀，而不愿落入敌人手中。这是美军第一次见到那么多平民自杀身亡。当看见妇女们跳下悬崖时，就连久经沙场的老兵们也为之震惊。塞班岛战役失败后，东条内阁被迫辞职，取代他的是小矶国昭将军。

第 14 章 | 沉没的舰队

荒海求生记

口述者：巡洋舰通讯长　松永市郎

他毕业于江田岛海军兵学校，父亲当时是一名海军少将。1944 年夏季，他被派到帝国海军 5 170 吨的轻巡洋舰“名取”号，担任舰上的通讯长，军衔为中尉。战争态势早已对日本不利，美国的潜艇、战机和军舰在帝国各条重要的补给线上任意巡弋。

“名取”号轻巡洋舰从菲律宾的宿务岛起锚时，我们认为这是最后一次执行为帕劳群岛运送补给物资的任务，那是 1944 年 8 月的事。从战略评估判断，美国人接下来将会逼近菲律宾。帕劳群岛伫立在他们的前进路线上。商船达不到为我方基地提供再补给物资所需的速度，因此我们在 7 月初开始往返于帕劳。我们甚至撤离了岛上的妇女和儿童。我们并不喜欢充当一艘补给船，但这个任务非常重要，因此我们全力以赴地执行任务。“名取”号上有 600 多人，远远超过平时规定的 435 人。搜索敌潜艇的舰员和操纵高射机枪的人数都已得到加强，我们还搭载着送往帕劳的几十名援兵。

“名取”号应该是一艘作战军舰，舰龄大概已有 23 年，是日本海军的一艘轻巡洋舰，但现在却携带着沉重的货物。因为载货空间非常有限，马尼拉的一名海军将军建议去掉舰上的救生艇，以便腾出更多的空间，但我们的舰长久保田大佐拒绝了这个提议，他说：“这些救生艇是为了保护我们的舰员。”

相反，他不顾鱼雷长的反对，去掉了舰上的储备鱼雷。我们接受的训练就是跟美国人作战，当这些鱼雷被移除时，你的感觉就像是自己被降级到小联盟里。舰长还命令将一些新伐下的木材运上船，并用马尼拉麻绳（而不是钢索）捆在甲板上。

为了穿越吕宋岛与萨马岛之间的圣贝纳迪诺海峡，我们作了三次尝试。有消息说美国海军特混舰队就位于菲律宾东面的海上，每一次尝试，我们都不得不赶紧返回港口。8 月 17 日，我们终于获得突破。我们估计美国潜艇会沿着直达帕劳的航道布设埋伏，因此久保田舰长选择了南面一条 200 多海里的航线。

我们很快发现自己卷入到一场剧烈的狂风中。尽管我们认为敌人并不知道我们在哪里，但军舰仍沿"之"字形前进。刚刚离开风暴区，凌晨 2 点过后，我们看见跟随我们一同出航的三号运输船射出一发蓝色信号弹，这是一艘被征用的货轮。蓝色信号弹的意思是"发现鱼雷轨迹"。执勤军官喊道："右舷更！"值班舰员高声回答："鱼雷轨迹！右舷 120 度！""右满舵，全速前进！"没等舵手作出反应，我们便被一枚飞驰而来的鱼雷击中。

发生剧烈爆炸时，我正在舰桥上，整个舰体震颤起来。一股火柱腾空而起，其高度甚至超过了船桅。舰桥后部开始起火燃烧，所有电力供应立即中断，主发电机肯定已损坏。我们不得不拿着手动泵和手提灯，竭力挽救我们的军舰。但"名取"号的弹药库、舰艏和舰艉都已被水淹没。我命令舰桥上的一个人用传声管联系前方的无线电通讯室。他试了试，但刺鼻的白烟从传声管内飘出，对方没有回应。我推断，值班的四五个人都已经阵亡。

多亏一番快速的抢修，我们恢复了锅炉压力，很快便能以半速前进，但与我们一同航行的船只已驶离这片海域。出港前，舰长们便已达成一致，如果一艘船被击中，另一艘船决不能放缓速度，甚至不能搭救幸存者。大约 50 分钟后，也就是凌晨 3 点 30 分，我们再次遭到一艘潜艇的攻击。我们看见鱼雷拖着白色的尾迹疾驰而来。根本无法采取规避动作，因此它直接命中了舰身中部。但这枚鱼雷没有爆炸！

为保持浮力，我们丢掉两具主锚，每具重达 4 吨。接下来抛弃的是运往帕劳的物资，包括 16 枚机载鱼雷、防空武器和食物，约有 600 吨，这些物资一件件被抛出舰舷。"名取"号渐渐下沉，先是舰艏。我们将主炮的大部分炮弹丢掉，以此来挽救我们的军舰。后来，三号运输船返了回来，并开始靠近，但我们的舰长射出信号弹示意对方离开。它在我们周围绕了两圈后才离去，并发出灯光信号："按计划赶往帕劳。"

瞭望哨再次喊了起来："发现潜望镜！"由于丧失了电力，我们无法用声呐发现敌潜艇，只能靠双眼。我们按照命令，对准敌潜艇所在的位置开炮射击，落下的炮弹激起一股股水柱。太阳终于升起时，我们稍稍松了口气。但清晨5点，军舰的前甲板已被海水淹没。奇怪的是，我们仍保持着6节的航速。6点左右，舰长与轮机舱负责人进行了交谈，随后走下甲板。再度走上舰桥时，他已换了身纯白色的军礼服。他戴着白手套，右手握着军刀，尽管舰桥上有一具磁罗盘，但谁都不能在那里佩戴军刀。

他下令用我们携带的木头制造木筏，并把压缩饼干和淡水搬上救生艇。救生艇被放下，木筏也已漂浮在海面上。操作人员奉命将这些救生船避开我们的军舰。舰长镇定自若，只是抽了两根烟。随后，他命令甲板下的人都上来，这是他们第一次被允许离开自己的战斗岗位。"'名取'号战舰，万岁！"他喊道，"天皇陛下，万岁！"每个人都随之高呼了三次。此时，舰上的军医命令伤员们乘坐汽艇离开。我们的任务是向马尼拉的海军军令部报告情况。舰长下达最后一道命令："所有人弃舰！"说罢，他转身离开，走进自己的舱室，从里面把门锁上。从被第一枚鱼雷击中到现在，已过去了5个小时。

我们跳入海中，以最快的速度游离这艘军舰，以免被卷入海底。"名取"号的舰艏沉了下去，随后又扭向左舷，四具螺旋桨都露在水面上。汽艇被一具螺旋桨缠住，连同艇上的50多人一同被卷入海底。

海面卷起巨大的海浪。我游向第二艘救生艇，并爬了上去。遇到航海长小林荣一后，他命令我给其他人发信号，设法寻找副舰长，后者在指挥链上排名第二。但我们找不到副舰长，于是小林说道："作为指挥链上排名第三的军官，我认为副舰长已阵亡，现在由我来接管指挥权。"我们找到另外两条救生艇和两艘尚存的汽艇，还有几个木筏。许多水兵仍在海里游动。8点左右，三号汽艇突然沉没，许多人尖叫起来。波涛汹涌，海面上的风异常猛烈，我们无法将救生艇靠过去。我朝着他们的方向喊道："抓住木筏或木头！别游泳！你们会把体力耗尽的！""名取"号沉没时，甲板上的木头漂浮在海面上，许多人紧紧地抱住那些木头。

我们面临着被海浪冲击船舷并发生倾覆的风险，当时真不知如何是好。黑暗中，我们甚至不知道海水正涌向哪个方向。我突然间想起，"海锚！"

海锚是一种将浮力与重量相结合的设施。我跳入波涛翻滚的海中去收集木头。随后，我们以救生艇上的金属吊臂为压重物。布设好海锚，我们便在海面上漂流。狂风中，一架日军飞机从上空飞过，投下一个联络罐。罐内的消息告诉我们，两艘驱逐舰正赶来搭救我们。

我们开始打捞军舰沉没后便一直抱着木头或救生圈漂在海面上的人。现在，我在救生艇上担任二把手。我们没有任何工具或设备来表明我们所在的位置。没有发烟罐，没有信号灯，也没有电台。这艘救生艇上的小林中尉认为，我们应该把船划到陆地，而不是在这里等待救援。我们没有太多的淡水和食物，甚至没有指南针，所以艇上的人都反对这个提议。一个渔民的孩子直言不讳地指出，海上的一句老话说，有可能发生问题的渔船应该待在原地。他建议我们留下来等待救援。但小林反驳道："那是指和平时期，现在是战时。"艇上的人知道，这下他们要在没有食物和淡水的情况下划动船桨了。

我们这些海军兵学校的毕业生知道，木质救生艇是不会沉没的。小林中尉（27岁的他比我早一年毕业）的态度非常坚决。他告诉大家："如果我们不能到达陆地，'名取'号上的600人就会被视为失踪。我们将永远无法向那些与军舰一同沉没的战友表达怀念，并为他们祈祷。所以，无论付出怎样的代价，我们都要划到陆地。"原先持反对态度的人终于接受了他的观点，因为他们意识到，自己会被视为失踪，而不是在战斗中阵亡。"失踪"代表着你让自己成为俘虏，谁都无法接受这种可能。现在，大家都有了动力。

一连两三天，海面上始终波涛汹涌。小林中尉制定了政策，如何执行他的命令成了我们这些军官当前的职责。哪些星星可以作为我们的"方向标"？一晚上我们应该划行几个小时？这些决定都必须作出。小林中尉的决定是，应该把会用星星导航的人集中到一艘救生艇上，这样一来，另外两艘救生艇别无选择，只能跟着我们。

我负责口粮的分发。如果按照通常的做法，军官们可以得到比普通士兵更多的食物。但在目前这种恶劣的条件下，如果我们这样做的话，军队的纪律可能就无法维持。我必须小心避免出现任何不公平的迹象。思及以往沉船后因为食物引发兵变的故事，我必须防止兵变。小林中尉简短地说道："我们将划到菲律宾。"而我的任务就是让大家顺利到达那里。说心里话，我对此感到非常自豪。

我们有两种硬饼干，一种包裹着海藻，另一种则普普通通。我每天会给每个人发一块饼干，睡觉就枕在这些装有饼干的罐子上，以防止偷窃。我们还有十几罐炼乳，这能为我们提供充分的营养。我最担心的是患上夜盲症，这会导致我们有可能错过远处的岛屿——如果它们确实出现的话。因此，我建议小林中尉饮下这些炼乳，可他拒绝了。我当然不认为自己喝下这些炼乳是个好主意，因为部下们绝不会原谅我的。于是，这些炼乳一直原封未动。

小林中尉坚持认为，我们绝不能对部下撒谎。如果我们向他们保证，不用担心，"我们明天就能到达"，实际上并未能到达目的地，他们就不会再信任我们，我们的权威也将就此荡然无存。

我们共有 3 艘救生艇，每艘搭载着 65 个人。这些救生艇都没有顶棚，我们只能将船桨竖起，再覆盖上我们的军装。我们穿的是热带工作服，下着短裤，军官和水兵们一样。我曾在某本书里读到过，美军飞行员都有个急救包，里面甚至配有渔具。军舰沉没前，我们约有 5 小时，本来可以趁此时机往救生艇里塞鱼钩或渔网，甚至是鱼饵。然而当时作为帝国海军军官的我，从未想过军舰仍在漂浮时就设法挽救自己的性命。所以现在的我们，面对海上求生却毫无准备。

救生艇船头架着一挺机枪，我们这些军官待在船尾。水兵们的表情渐渐发生变化，变得阴沉而又凶恶。我问小林中尉，要不要把机枪换个位置。他回答说不必，反正发生兵变的话，我们都活不了。双方的力量对比是 60 比 4。作为他们的上级，我们不得不依靠自己的权威，这是震慑他们的唯一办法。我暗自思忖："我必须设法阻止随时可能发生的兵变。"

白天，我们布设起海锚，撑起"顶棚"。水兵们轮流担任瞭望执勤，执勤者将海水浇在撑起的衣物上，这样海水蒸发时我们会稍稍凉爽些。我们想睡上一会儿，但这很难做到。夜里，我们划行 10 个小时。日出后，用半个小时吃点东西。暴风雨到来时，我们就喝雨水。起初我们只是拼命张大嘴，但这种办法并不能喝到太多的雨水。后来，我们摊开衬衣，让它吸收雨水，再像婴儿那样吮吸湿透的衬衣。我们很幸运，当年的雨季比以往持续的时间更长些，我们每天都能遇到暴风雨。这片海域肯定有很多美国舰艇，他们居然没有发现我们，我对此感到惊异。如果被他们发现，除了交火，我们别无选择。

水兵们无时无刻不在谈论食物，特别是他们在家中吃过的那些东西。一个家伙没完没了地讲述着他家后面的一片树林里有一座寺庙，那里的水是如何纯净。另一名曾当过小学老师的水兵在估计着自己的学生现在是不是都放暑假了。成了家的人肯定在思念自己的妻儿，但很少有人会把自己的想法说出来。当时大家认为说这些就意味着怯懦。我感觉小林中尉应该是已婚人士，但他从未提起过。

我们作了细致的策划。菲律宾群岛由北向南绵延了 1 200 公里，我们的沉船地点位于菲律宾东面 300 海里处。即便没有指南针，我们只要朝正西面划行，无论向北或向南漂流，迟早能到达群岛的某处。按照我们的计算，划行到陆地可能需要 15 天，但我们按照 30 天分配食物，因为风浪的缘故，可能有某些天无法划船。我们担心的是大家的体力能支撑多久？如果确保北极星位于我们的右舷，那么我们就知道我们正向西航行。这一点我们有把握，可如果没有食物和淡水，又能坚持几天？

每艘救生艇上有 12 支船桨，每支船桨由两个人划动，这样就需要 24 个人划船，剩下的 40 个人只能平躺着。如果你抬起头来，就会被船桨碰到。划船的人很辛苦，不划船的人同样辛苦。放眼望去，大海茫茫。我们做了一个船帆，为此每个人都贡献出军装上的一小块布。我们用一根备用船桨充当桅杆，但这个船帆始终没能让船航行起来。尽管如此，我们还是满怀希望，也许明天吹来的风能让我们不必划桨。

在日本有一句俗语：“领导者实施有效领导的基础是以身作则。”但我们在海军兵学校里学到的领导方式却不是这样。如果我去划桨，所能提供的仅仅是一个人的力量。指挥官实施领导，并不是为了提供一个人的力量，而是要集中所有人的力量，让大家劲往一处使。这就是我们这些军官不参加划桨的原因。

气候闷热不堪，南太平洋的 8 月正是夏季最炎热的时候。太阳升起时，裸露在外的皮肤立即感觉到疼痛，就像受到针刺那样，这种疼痛一直持续到日落。有些人想跳入海里游泳，这有可能会耗尽体力。但如果拒绝他们的要求，又有可能激起兵变。我是军官中身体最健壮的，因而可以试试证实自己的猜想：连着一个星期不吃东西是否还能浮在水面上？我把一根粗缆绳从船身侧面放入海中，然后抓着缆绳下到海里。感觉太棒了！身上的暑气被海水悉数带走。我松开绳子，发现自己并没有沉下去。于是，我们决定让大家轮流下海凉快一番。

几个机灵的水兵在救生艇底部发现一些小螃蟹，只有米粒般大小。他们给了我 3 个。吃下这些活物后，我的身体似乎注入了一股新的能量。

第 10 天，也许是第 11 天，我记不太清了，一名水兵突然喊道 :“蝴蝶！”这是一种小小的白色蝴蝶，你平时能在白菜地里看见它。“陆地肯定就在不远处！”通常情况下，我们不在白天划桨，但现在每个人都想加紧划行。但我们没有发现陆地。蝴蝶肯定是上帝派来的，以便让我们保持希望。我们经常看见海鸟，但蝴蝶，就只见到过这一次。

我们被骗了很多次。有时候，负责瞭望的人会高声呼喊 :“陆地！陆地！”但事实证明那不过是海市蜃楼。最终见到陆地时，我们甚至没指望它是真实的。在我的想象中，陆地从远处看去像个小酒盅，然后便渐渐扩大。但我们最终见到的陆地是一片沿着地平线延伸的山脊线。它看上去近在咫尺。每个人都想用力划桨。赶紧划到那里！但小林中尉说 :“如果拼命划船的话，我们会在天黑后到达那里。我们都患了夜盲症。岛上可能有视力很好的美国人，不然就是当地土著。”通常情况下，我们在日落后一个小时开始划桨。但那天晚上，我们没有立即划船。

我们在没有食物和饮水的情况下划行了 13 天，这是一场史无前例的壮举。3 艘救生艇上，约有 200 人成功到达陆地。有几个在军舰上被烧伤的人死去了。还有几个人，沉船后在海面上漂浮了太长时间，最后因疲劳过度而丧生。我们确实无法救助他们，毕竟这里是南太平洋，所以最后我们也只能把他们的尸体抛入海中。有那么一段时间，他们看上去似乎仍想跟着救生艇一同求生。死者的家属可能希望留下他们的一绺头发或是剪下的指甲，但当时的我们根本无从考虑。

我们在棉兰老岛东北端，靠近苏里高的地方登陆。日本海军在那里有一个小小的鱼雷艇基地，驻扎着 30 多人。180 名生还者的到来令他们十分愕然。到达陆地时，我们起初无法行走，但每个人都站得笔直，并且依靠自己的力量离开救生艇踏上码头。就在这时，一名水兵跪倒在小林中尉面前，双手合十，说道 :“我欠您一条命！”我觉得他可能就是当初那些最想发动兵变者的领头者之一。

我现在 70 岁了。这一辈子，我总共遭遇过三次沉船。1942 年 10 月，我所在的“古鹰”号重巡洋舰，在离开瓜岛附近的萨沃岛时被美军巡洋舰击沉。在海里泡了 40 分钟后，我被一艘驱逐舰救起。后来我被派到“那珂”号轻巡洋舰，1944 年 2 月，它在特鲁克岛被美军舰载机击沉。虽然几次遭遇危险，但我都幸运地死里逃生，没受伤，也没被烧伤过。许多人遭遇的情况比我更惨，更危险。

运输战

口述者：商船水手　增田令二

“1971年，我们终于得以竖立起一块纪念碑，以缅怀战争期间阵亡的商船水手。他们当中，丧生者超过6万人。纪念碑伫立在伊豆半岛的观音崎,从那里可以望见太平洋。碑文上写道：‘安息吧,朋友！海浪终于平息了。’皇太子明仁，今天已成为天皇，1971年5月曾去那里拜谒过。”

战争期间，他在各种舰船上服过役。今天的他致力于保存那些被彻底遗忘在海上者的回忆。“310万日本人丧生于战火！这个数字中，陆军和海军占了200万。而这200万阵亡者中，40万～50万人与运输船一同沉没。有些人逃上了海岸,却被卷入最后的‘玉碎’战。在这样的战斗中，他们甚至没有任何武器。”

为陆军运送部队到南方后不久，我被召入帝国海军。1942年末，美军发起反击，从日本人手中夺取瓜岛时，我被派到“朝潮”号驱逐舰上参加战斗。海军舰艇的锅炉能够承受高压，与商船完全不同。军舰的涡轮机和锅炉效率极高。一些运输船的航速只有8节左右，而驱逐舰能达到30节。

特鲁克岛是联合舰队在南方的军令部驻地。庞大的“大和”号战列舰就停泊在那里。我们总是被派往前线，而那些战列舰却从未投入过战斗。我们这些商船学校的毕业生被送上最前线参战，可那帮帝国海军兵学校出来的混蛋却安安稳稳地坐在“大和”和“武藏”号里。诚然，驱逐舰和轻巡洋舰的舰长都是江田岛海军兵学校的毕业生，航海长和机关长（轮机长）都出自商船学校，而我们这些人在海军中则属于外来户。

我们参加了对瓜岛的最后疏散。敌人从莫尔兹比港出发，翻越“欧文·斯坦利”山脉，对布纳港构成威胁后，我们又奉命为新几内亚的日本守军运送补给和援兵。9艘运输船搭载着7 000名日军士兵，在8艘军舰的护卫下赶往新几内亚。如果我们能将这些士兵和重武器运到那里，他们就能击退盟军。但我们刚刚起航便被敌人的侦察机发现。距离新几内亚还有一半航程时，10架B-17重型轰炸机对我们发起猛烈的空袭，一艘运输船被炸沉。

1943 年 3 月 3 日，我们穿过丹皮尔海峡，准备卸载船上的部队。此时，我在“荒潮”号驱逐舰上服役，隶属于机关长。突然，我们遭到 130 余架敌机的攻击。迎战的日本战机只有 40 架，毫无胜算。就在这场空战进行之际，大批敌机扑向我们的运输船。它们从低空飞来，投下的炸弹在海面上跳跃，就像用瓦片打水漂那样。这就是他们采用的轰炸战术。剩下的 7 艘运输船都被笼罩在大火中。它们的桅杆断裂，船桥四分五裂，船上携带的弹药被引爆，整艘船发生爆炸。5 000 多名士兵尚未登陆便已丧生。B-17 轰炸机、战斗机、跳弹、鱼雷轰炸机，它们击中了我们这艘军舰的中部。我们拼命开火还击，但根本无法击退对方。我们的舰桥被两枚 500 磅的炸弹命中，舰长、航海长、枪炮长、鱼雷长和军医长悉数身亡。我们这艘军舰上搭载的 50 名登陆部队队员，160 名陆军士兵以及 3 名报社特约记者全都被炸死。不知何故，我们这些身处下方轮机舱里的人倒是幸免于难。

由于“荒潮”号上所有高级军官都已阵亡，军舰也严重受损，我们奉命将幸存的舰员转移到我过去所在的“朝潮”号驱逐舰上。机关长和我奉命留下，负责“荒潮”号的操作。我们决定留在船上，因为我们仍能让军舰保持五六节的航速。随后，第二轮空袭接踵而至。从左舷到右舷，我们一共承受了 30 发炮弹。舰体剧烈颤动，炮弹和弹片把它打得像个蜂窝。所有蒸汽管发生爆裂，整艘军舰沸腾起来。我们试图弃舰，但敌机的飞行高度极低，几乎贴着我们的舰桅，机载机枪朝我们喷吐着烈火。许多舰员非死即伤，手被炸断，肚子被射穿，多得数不清。数百人在海里挣扎，可船上没人能救他们。他们筋疲力尽，被流速约为 4 ～ 5 节的潮水卷走。

机关长和我仍留在舰上，但其余的舰员则寥寥无几。我们 8 个竭尽全力操纵着“荒潮”号，一些幸存者跳入海中，他们认为在海里获救的机会比待在这艘可怕的军舰上更大些。当晚午夜时，“雪风”号驱逐舰赶来救援时，舰上还有 17 名幸存者。但活着的人里，没人能读懂“雪风”号发来的灯语。我们想，如果那是一艘敌舰，我们就只好用手枪自尽了。我们喝了点威士忌。最终，我们听见有人朝我们喊道：“喂！喂！我们是‘雪风’号！”我们用尽全身的力气喊了起来：“这里是‘荒潮’号！”他们放下一艘小艇来接我们，第二趟才把我救走。登上这艘救援的驱逐舰，我发现他们救出来不少运输船上的士兵。然后，“雪风”号全速返回拉包尔。

最后，我们经拉包尔被送回日本。回到横须贺，我们做的第一件事就是请一名和尚为阵亡的战友做法事。接下来的一个月，我们被限制在基地里，不得离开，对所发生的事情也不许有任何提及。今天，那场战斗被称为“丹皮尔海峡的悲剧”。我奉海军省的命令向“最上”号重巡洋舰报到。在中途岛战役中，这艘军舰勉强逃生，它甚至连主炮炮塔都被轰没了。战斗中，炸弹将它的炮塔掀飞，砸中了侦察机机库甲板。但现在，“最上”号奉命出航，参加作战行动。“我再也回不来了。”接到命令时，我这样想。

在“最上”号重巡洋舰上，我发现了些阵亡于中途岛战役的官兵的遗嘱。一些士官这样写道，“敬爱的父母，请原谅我带给你们噩耗”，或是“亲爱的妻子，请原谅我”。这些遗嘱都是死者留下的，他们在中途岛战役中被浓烟活活呛死。我在行政人员的舱室内发现了这些遗嘱，并把它们偷偷带上岸。

我们离开拉包尔，我跟随“最上”号参加了所罗门群岛的反击战。1943年7月，在科隆班加拉岛，我们执行了一次炮击任务，并遭遇到伏击。我们返回拉包尔，刚一到达便遭到100多架敌机的空袭。所有舰艇都被击中，包括我们这艘巡洋舰在内，我们不得不踉踉跄跄地退至特鲁克岛进行维修。随后，我们又赶去增援塞班岛，在那里又遭到失败。我们的燃料已十分缺乏，因而在1944年夏季撤往新加坡。

莱特湾战役前，作为一名中尉，我与一个毕业于海军兵学校的少尉就谁负责下级军官餐厅的问题发生争执。我捍卫了自己的权利，尽管我没有过错，但还是被转调到第21号猎潜艇。我认为这件事暴露出海军丑陋的一面，但他们长期以来的习俗没那么容易改变。东京高等商船学校的毕业生、大学生、医生或那些来自水产学院的人，都被打发到船舱里干活。只有海军兵学校的毕业生有资格在甲板上昂首阔步——这就是他们的态度。大家在一起并肩作战，这么做毫无意义。面对这种态度，你无法获胜。这就是我被调离重巡洋舰，被打发到猎潜艇上负责轮机舱的原因。

江田岛海军兵学校的毕业生都是精英，我见过他们中的许多人，可这场战争中很多获胜的机会都被他们白白错失了。如果他们的军官能采取勇敢、果断的行动，而不是计较谁出自哪个部门，我相信我们能赢得更多胜利。但事实上他们畏首畏尾，心惊胆战。很多时候，我们缺的只是“临门一脚”。

即便在A号作战中，我们仍有一支实力雄厚的舰队。于是我们冲向莱特湾，但对运输船只的重要性没给予足够重视。1942年8月，第8舰队驶离拉包尔、猛轰瓜岛，并在萨沃岛歼灭一整支美军舰队时，完全忽略了隐蔽在岛屿阴影处的 30 余艘美国运输船。他们没对其发起进攻便迅速返航，这是因为击沉货船不会获得勋章和奖励，只有打沉敌人的航母或战舰才能得到。

1944 年，由于我们的大批运输船队被歼灭，帝国海军这才姗姗来迟地试图建造海防舰。最终，我们建造出 185 艘海防舰，但没有飞机。没有制空权，这些舰艇就只能成为活靶子。它们一艘接一艘在海上被击沉，总共损失了 101 艘。随之阵亡的舰员约有 1 万人，大多是担任机关长、航海长和舰长的商船学校毕业生。

海军将领们的记述和回忆录很多，但关于船员们的寥寥无几。商船船员们都是配角，是明星背后的舞台工作人员。日本损失了 2 500 艘运输船，总吨位 800 万吨，6.2 万名船员丧生。而美国损失的船只总量 60 万吨，只有几百名运输船船员死在太平洋上。这些数据清晰反映出日本和美国在战略上的差异。

为进行莱特湾战役，本应将所有运输船集中到莱特岛，但我所在的第 21 号猎潜艇却奉命携带着糖和军用物资返回日本本土。我们有幸为一艘满载着航空燃料的油轮护航。原先和我们在一起的其他船只驶向莱特岛，全部在途中被击沉，其船长都是商船学校毕业生。我们在马公附近遭遇到一场台风，因而进入基隆躲避，这才将油轮平安送至九州。当时，每滴油都如同鲜血般珍贵。吴海军工厂的负责人对我们的表现满意至极。

后来，我又被分配到“伊藤”号海防舰，这艘军舰正在浦贺船坞装配。军舰的引擎居然没有回动装置！我向舰长作了汇报，我们一致认为：“绝对无法驾驶这样一艘军舰去打仗。”舰长亲自向海军省汇报情况，这才使他们改进了引擎。这样一来，至少能让螺旋桨反转。我那些部下都是从海军退役 10 ~ 15 年的家伙，几乎已经忘记螺旋桨是什么。到 1945 年时，我们甚至无法驶入太平洋，因为我们彻底丧失了制空权。

1967 年，我和妻子去拉斯维加斯大峡谷和旧金山旅游。在旧金山的渔人码头，我们见到一艘用于展示的美军潜艇。潜艇的指挥塔上涂有一些标记，每个标记代表着一艘被它击沉的日本运输船。这就是他们看待运输船的方式。

大东亚战争开始后，我在多个战场经历过许多次战斗，尽管我所在的舰船不是被击沉就是严重受损，但不知何故，我侥幸生还。我浑身是伤，后背受的伤到现在仍需要时时注意。我对自己能活着心存感激，但我们这些海军中的商船船员，重要性不及军马和军犬，甚至比不上军用信鸽。

与其说那是一场无法打赢的战争，不如说对世界是一场灾难。

第 15 章 | 特别攻击

“神风特攻队”通常指用飞机对攻击菲律宾和冲绳的美国舰队发起自杀式攻击的特攻队。然而事实上，日本陆军和海军使用的其他特别攻击武器类型很多，不仅仅指飞机。“特别攻击”这个概念最终被广泛应用于一切使用非常规方式发起的进攻，在这样的攻击中，进攻者并不打算活着回来。

从战斗机到教练机，各种飞机都被改造成特攻机。有一款特攻机被称为“樱花”，实际上就是一枚以火箭为动力的飞弹。这款特攻机一经发射，几乎无法阻止。冲绳战役期间，缓慢、沉重、极其脆弱的双引擎中型轰炸机常常携带着这些特攻机赶去对付美军特混舰队。首次执行任务时，尚未到达发射位置，所有母机便被美军击落，投入的 18 架“樱花”悉数损失。帝国海军的“震洋”特工摩托艇和陆军的“四式肉搏攻击艇”都是马力强大的汽艇，船头装有大量炸药，汽艇能以高速冲向敌舰。在这些特攻武器中，最不被看好的是“伏龙”：特攻队员携带着水下呼吸器和绑缚在竹竿上、特别设计的水雷潜入水下，打击逼近本土海滩的敌登陆艇。

对于常规战术打击不到的敌人，日本人还准备了另一种特攻武器——“回天”鱼雷。这是一种即兴创造的武器：将两枚海军的九三式鱼雷扩大，结合在一起便成了。“回天”的前端是一枚鱼雷的战斗部，装填有 3 000 磅炸药，中段装有驾驶座和操控设施，驾驶室后方连接上第二枚鱼雷的后部，里面装着鱼雷的推进系统。这不是一艘船，而是塞了个驾驶员进去的大型鱼雷。一艘潜艇的甲板上可以携带 5 ~ 6 枚“回天”鱼雷，潜艇下潜时，可以通过一个舱门进入“回天”，再从下方关闭舱盖。“回天”鱼雷用铁箍固定在潜艇上，潜艇艇长下达命令后，固定装置便会脱开。发射后，“回天”能达到 40 节的高速。这是一款威力强大的武器，甚至能击沉一艘航母。但如果错失目标，鱼雷及其驾驶员都无法回收或生还。

致那些一去不返的志愿者

口述者：神风特攻队员　横田宽

他戴着一顶深红色的贝雷帽，穿着花呢夹克和粉红色衬衫，蝶形领结上的图案是一尊密集金刚的头像。在车站，他看上去很害羞；但驾驶着他那辆小小的灰色汽车穿过东京狭窄的街道时，他就像个F-1赛车手。“别担心，30年来，我从来没有因为超速被处罚过，只有一次例外，那是因为他们搞了个测速区。”

“这就是我的房间，”他带我参观了他那栋房子里的一个小房间，“听说你过来，我花了点功夫把它打扫干净。”架子上放着一枚“回天”鱼雷的微缩剖面模型，清楚地展示出鱼雷驾驶员坐在两枚硕大的鱼雷间。他的著作出版后，一名读者将这模型作为礼物送给了他。“我收到许多年轻女学生写来的信件，她们是我最热情的粉丝。”房间的墙壁上挂着一面帝国海军的军旗，另外还有特攻队队员父母们的照片以及特攻队员们出发前的集体合影。每次提及这些战友的名字，泪水便从他的眼中涌出。

“你们的祖国面临着迫在眉睫的危险。想想吧，祖国是多么需要你们。现在，一种可以消灭敌人的武器已经诞生。你们当中有谁满怀着为国家捐躯的激情，就请挺身而出，在面前的纸上画两个圆圈。如果你不知道作何选择，那就画一个圆圈。至于不想去的人，干脆把纸扔掉。不要想着还能活着回来，这些武器不是为了你们能活着返回而制造的。今晚好好想想，明早把你们的决定写在纸上交给你们的分队长。”

聆听这番话语时，我们正排列着整齐的队伍站在校长面前。我们这些飞行预科练习生毕业于土浦海军航空队基地。在那一刻，我作了决定：“我参加!”

珍珠港事件爆发时，我16岁，已从中学毕业。驾驶微型潜艇的9名“军神”给我留下了深刻的印象，报纸对他们大加赞誉，认为他们为这场胜利作出了重大贡献。日本损失了5艘双人微型潜艇，9人在行动中丧生。他们的事迹刊登在报纸头版，被誉为“军神”。当然，他们操纵的并非“人间鱼雷”，尽管如此，我还是暗下决心，我不介意像他们那样阵亡。我是个满脑子军国主义思想的青年，我接受的教育就是要为国服役。我想去江田岛的海军兵学校，但未能如愿。加入该校的一个条件是父母必须身世清白，无瑕可寻。可我父母之间总是发生争吵和打闹。宪兵对我的家庭背景进行了一番调查后，我被拒之门外。于是，我放弃这个愿望，加入了预科练。但如果当时被海军兵学校录取，我到战争结束时仍会是一名学员，根本无法投身战争。因此，未被海军兵学校录取反而让我的人生更加丰富多彩，我对自己被拒之门外深怀感激之情。

当时，我很担心只画两个圈不一定会被选中，尽管我在班里的记录都很优秀，而且也很擅长柔道。于是，我在圆圈下添了两句话：“恕我冒昧，拜托你们选择我。横田宽。”这两行字写得很大。然后，我把纸交了上去。

我第一个被选中了。

入选后，我有些悲伤，因为这意味着我的生命只剩下不到一年的时间了。但我已经在预科练，反正也没想过在这场战争中生存下来。与其被敌机击落，还不如死得壮烈些，光荣地离开人世。

我听说94%的人画了两个圆圈，5%的人画了一个圆圈，把纸扔掉的人不到1%。我对此激动不已，但我记得拥有剑道二段的野口没有入选。他冲到分队长面前，眼中露出绝望的神情。“您怎么能把我丢下？您为何不要我？”他声泪俱下，“请让我成为第101位志愿者。”他们从200人中挑选了100人。野口最终也没能入选，但他曾竭力试图成为我们中的一员。我们拼命训练。你不能抱怨疼痛什么的，你必须加紧努力，“如果没击中目标，如果不得不自爆，那你就没能完成必须完成的任务，死得毫无价值”。在所有人看来，这一点最令人痛苦。一旦成为特攻队员，你会变得非常严肃，你的目光总是凝滞、专注。如果你有两条命，那就无所谓了，可你放弃的是你唯一的生命。生命是如此珍贵，可你要把生命奉献出来，全力撞向敌人——这就是我们接受这种训练的原因。我们的训练如此辛苦，正是因为我们认为自己的生命非常宝贵。

尽管我们竭尽全力，美国人的战报却指出，我们只撞沉了两艘船！别耍我们了！正如潜艇艇长织田所说的：“我们应该冲向美国，发出强烈抗议！”

即便是我所在的那艘潜艇，也可肯定击沉了三四艘敌舰，更何况我们有那么多艘潜艇。难道都没取得战果？别开玩笑了！这不可能。我在伊 -47 号潜艇准备发射时，柿崎中尉和山口准尉已被发射出去。就在他们仍有操作时间时，我们听见一声剧烈的爆炸，“轰隆！”他们不会自爆，因为还有操作时间，他们肯定撞上了什么东西。另一个可能性是，他们在海面上被机枪火力击中。

被“回天”鱼雷击沉的大多是七八千吨的船只。我们认为，用自己的生命换取一艘至少像重巡洋舰那么大的舰船还是划算的，但我们真正想换的是敌人的航母！久下中尉和柳谷准尉击中了一艘驱逐舰，但我可不想用自己的生命去换那么小的船只。但如果他们没有将对方击沉，我们就会暴露在雨点般的炸弹的攻击之下。冒着深水炸弹的轰炸，我们实施“盲射”，要么是久下，要么是柳谷，反正是他们其中一个击沉了敌方驱逐舰。在我们所有人看来，那艘驱逐舰的价值不亚于一艘航母，如果我们当时被击中，我今天就不会坐在这里了。

离开光市的那天早上，我们向生命作了告别。我们都穿上了军礼服。他们发给我们每人一柄短剑，仿佛我们是从江田岛海军兵学校毕业似的。另外还有一条头带，上面写着“七生报国”——那是我收到的第一条头带。今天，我还保留有两条。你看这一条，真的很脏了，因为我经常把它扎在额头，在潜艇通入“回天”座舱的狭小空间里钻来钻去，“回天”就绑缚在潜艇的甲板上。去世的时候，我打算戴着它进入另一个世界（说着，他把头带扎在额头上）。我会戴着它进棺材，这就是我的葬服。

汽艇把我们送上母船，我们跳进各自的鱼雷，双腿分开站在里面，来回挥舞着短剑向欢呼的人群作出回应。我告诉你此前我做了些什么。实际上，我亲吻了“回天”满载炸药的头部：“好好干吧，拜托了，请帮我干掉敌人的一艘航母！”那时我对接吻一无所知，可我不假思索地亲吻了我的“回天”。

“一周内到达冲绳！干掉 3 万吨的敌舰！不为任何小船自杀！”我们喊着诸如此类的话。我们的声音可能并没有传到港内的其他船只，但不管怎样，我们就这样叫喊着。

穿越濑户内海时，那些岛屿看上去非常美丽。这种话听上去像是有感而发，但我们心里想的是，“这些岛屿，这些海域，这片海岸都属于我们，我们要保卫它们”。我们想：“还有其他福地需要我们为之阵亡吗？”我认为这种感觉只有我们这些“回天”驾驶员才能理解。

老话说：“武士道，乃探寻死亡之道。”没错，这就是我们强烈的欲望，是我们蕴藏在心中已久的梦想。它也是为国尽忠之道。我为自己是个男儿而高兴，一个日本男儿。这种话听上去有些自负，可我不在乎，我知道自己的感受——国家兴亡，匹夫有责。

1945 年 3 月 29 日，我们穿过丰后水道离开四国时，我敏锐地意识到，这是我对祖国的最后一瞥。尽管这里是日本的门户，但也有正在逡巡等候的敌军潜艇。我们沿“之”字形航线前进。刚一离开水道，艇长和全体艇员便紧张和警惕起来。我们在当日全速行进，以便能尽快靠近敌人。

“请让我们遇到个大家伙！”这就是我们最迫切的愿望。我这样想着：“要是运气好的话，我也许能逮住一艘航空母舰。”在潜艇里，我们相互开着玩笑，玩着将棋、围棋和纸牌。后来击沉一艘敌驱逐舰的久下中尉，几乎就是个玩纸牌魔术的专业人士。一个名叫前岛的潜艇艇员是个出色的将棋棋手。有一次，我跟他下起了将棋。一直到中局，我都下得很糟糕，但之后他却烂招频出。我说：“别闹了，好好下，别故意让我。”“不是，”他回答，“你太顽强了！”最后他竟然输了。我后来获知，他是初段，而我只是八级，实力远在他之下。直到战后我再次与他相遇，他仍坚称当时他已尽全力。

我们这艘伊 -47 号潜艇，甲板上搭载着 6 枚“回天”。参与此次进攻的共有 4 艘潜艇，20 枚“回天”，但我们没能到达冲绳。两天后我们就被敌人发现，并遭到炸弹和深水炸弹的攻击。那些“回天”看上去就像是用赛璐珞制成的，都发生了弯曲和变形。我们不得不两手空空地返回光市。

4 月 20 日，我再次出航，赶往乌利西环礁与冲绳之间的美军海上补给线。到达有可能遭遇敌舰的海域后，我们这些“回天”驾驶员享受了一顿美餐。大型舰艇上的规矩非常严格，士官动辄欺负水兵。但在潜艇上，从艇长到最普通的水兵，伙食完全一样，尽管军官们有专属餐厅。在潜艇上，如果送命的话，你也是跟大伙一同丧生。操纵“回天”的军官跟潜艇军官住在一起，我跟水兵们同住，但他们把最好的床铺让给了我。艇员们都很年轻。艇长向我们敬酒：“我们不知道何时会遭遇敌人，所以这就算我们的欢送会吧。我祝你们圆满地撞上敌人的军舰！”

山口准尉的“回天”将在我旁边同时被发射出去，他是个爱开玩笑的家伙。一天早上，似乎有可能进行发射，我们在准备室里换上慷慨赴死的军礼服。你不得不脱光衣服，然后才能穿上这些服装。当天，我想跟几名预备军官道别，因为他们对我非常关照，所以我换装稍晚了些。我回来时，其他人都已穿好衣服，围在一起挤眉弄眼，这让我尴尬不已。“喂，伙计们，把脸转过去，我要换衣服了。”我说的衣服指的是我的兜裆布。“横田君,没什么可害羞的，”山口说道，“这里又没有可爱的姑娘。怎么，难道你的‘主炮’只是一把‘玩具水枪’？”我转过身子，赶紧裹上兜裆布。“真是个小气的混蛋！”他说道，“你那门大炮看上去比我的‘手枪’还小。”“怎么，山口君，一门炮一支枪，你有两个那玩意儿？”岑海问道。“不是，它平静下来时，我就把它叫做‘手枪’。”我们肚子都笑疼了。

我们都很年轻，我们经常谈论女人，相互开着一些成人玩笑。我们从不谈论“忠诚”“勇敢”“高贵的灵魂”这些东西。我们相处得就像亲兄弟。柿崎从不谈论这些，但他有个女朋友。他执行完自己的任务后，女友写给他的信寄到了，但他没能读到这封信。我的衣兜里总是放着母亲的照片，我 4 岁时她就去世了。每次我登上自己的“回天”，总是会说上一句：“妈妈，很快我就会和您在一起了。”

“‘回天’队员立即就位！准备‘回天’战！”潜艇的扬声器响了起来，我们的时刻到来了。我们再次将头带扎在额头上。因为我们都是些自负的男子汉，惊慌失措在我们看来是一种耻辱。“我们要出发了，”我们宣布道，“请静候我们的佳音！”你攀上通向你那枚“回天”鱼雷舱口的梯子,时间很紧迫，但你仍能回头张望，并强迫自己展露笑容。“我要走啦！”这就是你唯一能说的话。你期盼自己阵亡后能获得赞誉，就像你活着的时候所期盼的那样。你希望他们能这样说：“横田很年轻，但他带着令人难以置信的勇气，舍生取义。直到最后，他都像个男子汉。”如果他们说“他吓得浑身发抖，一点也不像个‘回天’队员”，那就太糟糕了。我们的团队里，只有一个人发生了这种情况，他是我们“回天”队员们的耻辱。我把他从我们出发时拍的合影中剪掉了，不过这已经不重要了。

下一刻，你坐在“回天”鱼雷的驾驶舱里。“保持镇定！集中注意力！如果慌慌张张，你就会失败。你只有一次生命，你很快就会去你妈妈身边。”我这样让自己平静下来，“在太平洋汹涌的海浪中，如果你手忙脚乱，不能展示出真实水平的话，你的生命就将被浪费，你的损失徒劳无益。”除了执行自己的任务外，我什么都没想：“你必须成功！绝对的成功！这就是我所能接受的。如果没能取得胜利，就算是死了，我也会永不瞑目。”

负责照料我这枚“回天”的是名尾准尉。从下方关闭舱盖时，他朝我伸出手来，说道：“祝你成功！”在这个狭小的空间里，我们握了握手。

舱盖从下方关闭后，唯一的通讯方法是通过电话。“所有‘回天’做好发射准备！”命令传来，“我们将发射一号和四号‘回天’！其他人原地待命！”那是柿崎中尉和山口准尉的“回天”。我甚至能听见铁箍松开的声音。然后，他们轰鸣着蹿了出去，渐渐远去。我们并排躺在那里，耳朵能听见声音。透过潜望镜，你看见的只是“回天”留在身后的白色泡沫。

20 分钟后，我们听见一声剧烈的爆炸，“轰隆”。我用电话联系潜艇：“我何时发射？现在我该怎么做？”“我们只发现 2 艘敌舰。”“什么？你们能再找找吗？”“请等待。”电话里传来回答。“等待？你们什么意思？那里肯定还有更多的敌舰，请努力找找看。”随后，他们命令古川发射，这是此次行动的最后一次发射。现在，已有 3 枚“回天”鱼雷被发射出去。我奉命返回。那一刻，我真有一种“英勇捐躯”的冲动。

我们的第三次任务是在塞班岛附近，也是我第三次没能发起特攻。执行第三次任务时，我们这个特攻队里的成员都是在过去的任务中由于种种原因没能发射出去的人。动身出发前，我们互相发誓，不管怎样，这一次决不生返。可我还是回来了，因为 3 枚“回天”都发射失败。我那枚鱼雷的主燃料管上有一道裂缝，另外 3 枚“回天”射了出去。久下留有一封信，恳请大家不要将我们这些没能发射出去的人视为“懦夫”。他写道：“园田发现自己无法发射时，我看见他哭了。请尽快给他们再次发射的机会吧！他们即将返回，求求你们，热情地迎接他们吧！这是我唯一的担心，现在，我要在他们之前离开了。”久下也遭遇过两次失败的发射，一次是因为鱼雷的驱动器失灵，另一次是因为引擎无法点火，所以他知道我们的感受。我们真想钻到角落处，为自己的失败一死了之。

可这毫无作用。这一次令我深受打击，对“回天”特攻队员来说，活着返回是一种耻辱。这次的失败使我的左耳听力下降，左手上留下一些疤痕。那些没被选中的人对我被选中执行任务羡慕不已。

后来，一名机械维修师告诉我，日本战败了。“你这个肮脏的混蛋，你在说什么啊？”我简直无法相信。当天晚上，我们聚在一起。特攻队的指挥官眼含泪水，向我们通报了消息。我离开人群，穿过基地的隧道朝海边走去。在这里，我的泪水第一次从眼中涌出。我失声痛哭。“战争结束了，可我从未被发射出去！古川、山口、柳谷，回来吧，请你们回来吧！”我一遍遍哭喊着，不是因为日本的战败，“为什么你们死了却把我留下？请回来吧！”我朝着大海喊叫着。我的泪水不是源自怨恨或愤怒，也不是出于对日本未来的担心。泪水是为了那些“回天”队员，为了我的战友们！凝望着大海，我甚至起了自杀的念头。我没有枪，只有些炸药，但我没有勇气把自己炸成碎片。

我无法告诉你我在战后经历过的痛苦。只有我们几个经历过这一切，园田、岑海和我，就我们几个。我们像兄弟那样一同乘坐潜艇出发，这是一种真正的战友情谊。你钻入绑缚在潜艇甲板上的鱼雷，他们从你身边离开了，没人能理解这一点。园田从未谈论过这些，他告诉我，他不想回顾那段往事。其他“回天”队员也对此深感不解，但我相信他有自己的理由，我自己也从来没想让任何人明白我的感受。

我抽烟很凶，还猛喝清酒。我想，圣经里并没有写你不应该喝酒。最近这 20 年，我坚持去教堂。我是特攻队的生还者，一个身心扭曲的人。可以说，我是个扭曲的基督徒。

通常情况下，你的记忆会在 40 年的岁月中渐渐褪色。但我不是这样，那些记忆似乎变得越来越清晰。去年 1 月，我去了乌利西环礁、关岛、帕劳和雅浦岛。从关岛到乌利西环礁没有任何航班，所以我们雇了一艘 8 吨的旧船。返程途中，引擎发生故障，在珊瑚礁之间漂泊了 3 天，上演了一回鲁宾孙漂流记。我们没有淡水，吃的是乌利西环礁上的村长送给我们的椰子。迎接我们时，他用日语说道：“欢迎。”此外，他还说我们是战后第一批重返乌利西环礁的日本人。我把鲜花投入大海，另外还有多年来我为每一个阵亡的“回天”队员抄写的佛经。

我们认为，可能是阵亡战友的亡灵让我们这艘船的引擎停下，不让我们离开。他们大概想告诉我们：“别急着回家，多陪陪我们。”那么多出色的年轻人，优秀的男子汉，就这样阵亡了。

人间鱼雷

口述者：特工队队员　神津直次

“我没有死在‘回天’里，在那之后，我又活了 45 年。不过，直到今天我也不知道自己为何能活着。也许是为了写我的书吧，我认为这已成为我情感的一部分。他们告诉我，‘这种书卖不掉的’。但我觉得自己应该做点什么，所以我不停地写作。我的心跟那些阵亡的年轻人同在。”

他轻声细语，带着某种外露的情感。

珍珠港事件爆发时，我在高中二年级的学业即将结束。成年人正在鏖战，征召学生入伍的行为仍被推迟。如果一切正常的话，我要到 1946 年 3 月才能从大学毕业。我相信自己是绝对安全的，因而生活学习一切照旧。

然而，他们改变了规则。他们做的第一件事就是缩短学期，这恰巧发生在太平洋战争爆发前。两年半（而不是正常的 3 年）后，我被迫进入大学。1943年秋季，学生免服兵役的政策被取消。消息宣布的第二天，我来到校园里，东京帝国大学内一片哗然。没人知道究竟是怎么回事。有人说："他们绝不会从东京帝国大学和京都帝国大学征召学生的！”但事实证明，这种猜测大错特错。当年 10 月，我被召入军队——完全出于被迫。

我很瘦弱。我想，就算他们从学生中征兵，我也不会入选。我相信自己当不了一名步兵，也不适合干水兵。早在中学时期，就有些陆军军官被派至我们学校。他们都是些神气活现的混蛋，很难忍受。海军看上去要好些，因此我加入了海军，成了一名二等水兵，这大概是最低的军衔吧。我参加了军官考试，他们认为，我们这帮东京帝国大学法律系学生参加帝国海军军需官职务考试完全没有问题。

事实的确如此，只有一个例外。我那个小组里，每个戴眼镜的都当上了军需官。当时，东大的学生 70% 都戴眼镜。然后，他们报出被分配到射击、导航、鱼雷学校的那些人的名字，但没有叫到我。接下来，他们又宣布了被选中担任“防御专业预备生”的名单，我的名字赫然在列。“防御专家？”当时，我不知道我们正在输掉一场又一场战役。我想："我不用参加进攻了！太好了！看来形势确实不错。”我哪里知道，在这场殊死搏杀的战争中，“防御专家”纯属黑色幽默。

1944 年 2 月，我被送至海军对潜学校[①]，在那里一直待到 10 月底。那时候，我对学校产生了厌倦。“我在这里干什么？”我这样问自己。然后，他们开始招募志愿者，要求“精力充沛”“愿意从事一项危险任务”“愿意登上一种

① 即反潜战学校。

特殊武器”，这种武器将“立即扭转战争态势”。为什么不参加呢？肯定比待在这里强，因此我草草提出申请。我们这些人中，近 90% 都愿意加入。

不过，他们只想从我们当中挑选 40 个人，我相信自己不会被选中。他们对报名者进行了第二次、第三次筛选，每次都有些同学被淘汰。最后，我们大致明白了筛选的标准。家里的长子会从名单中去掉，你必须是家里的次子或更小的孩子。即便如此，如果你有个哥哥在前线服役，他们也会把你从名单中删除。如果你是家里的第三个孩子，但你的两个哥哥都没有生还机会的话，那你也将落选。我是家中的次子，弟弟仍在上中学，大哥是一名海军军官。我想，他们大概认为我弟弟的生命毫无危险。因此，我被选中了。但我从未想过自己会被派到一个毫无生还机会的地方。

就这样,我们这 40 个人加入了“回天”特攻队。10 月 24 日,我们到达川棚。此刻，这里没有任何供我们使用的武器，他们甚至没有告诉我们那些秘密武器究竟是什么，只说那是绝密。在川棚，有一些胶合板制成的摩托艇，他们称之为“震洋”。我们就用这东西撞向敌人！距离目标 300 米时，你稳住船舵并将其固定，再用一个手动连接杆控制加速器。等你放手时，它不会像汽车油门踏板那样自动松开。然后你就跳入海里，无人驾驶的快艇就将一头撞向敌军目标。他们没有说你必须一同丧生。但我们会穿上救生衣，你不得不怀疑，参加这样的攻击是否有生还可能。我觉得这太离谱了，但他们告诉我们不用担心，“回天”将是一种更加出色的武器。可我怎么知道“回天”上是否有逃生设施呢？我们开始训练时，发起“神风特攻”的第一份公告下达了。我记得那是 10 月 29 日。报纸上刊登了神风特攻队驾机撞向敌舰的新闻，这令我不知所措。但那时候，我并不了解“神风特攻”真正的性质，我仍觉得奇怪，“他们要干什么，为什么不跳伞降落在敌舰中间？”尽管如此，我们之间却不能交流意见。我们来自不同的大学，如果我说出心中的不安，母校将因我而蒙羞，我不得不保持缄默。

今天，我知道他们欺骗了我们！我对此已一清二楚！但在当时和之后的许多年里，我认为肯定是我的问题，是我“误解”了他们的话。我们只接到过口头解释，我想是我漏掉了他们的某些话。就在 10 年前，我还有些疑问。但 1987 年，一份文件被公开。看到那份文件后，我明白了。文件是帝国海军人事局和教育局于 1944 年 8 月 20 日起草，8 月 31 日签发的。文件上盖有海军大臣米内光政及其主要下属的印章，下达了招募和训练海军预备学生补充进特别武器单位的指令，并阐述了该如何选择和训练他们。文件明令禁止涉及武器的性能及用途。负责招募的人接到的命令是，只告诉志愿者：如果你们使用这种武器发起进攻，就能干掉敌人，绝不会失手。他们还奉命告诉志愿者，确实有些危险，但仅此而已。看着这些打印出来的文字，我明白了，他们是故意忽悠我们。

等待赶往光市这个最终集结地时，我们收到了在我们之前动身的一名战友寄来的明信片。明信片上写道："向工藤问好。"这是我们之间约定的暗语，意思是"不可能逃生"。直到此刻，我们尚未证实"回天"鱼雷是一款根本没有逃生机会的自爆武器。

我们听过一些传闻，但到达光市后，我才真正见到一枚"回天"。它被漆成黑色，里面只能容纳一个人，中部一个小小的潜望塔和一副潜望镜似乎破坏了整体的和谐。后三分之一段就是一枚九三式鱼雷。一名维护人员不动声色地为我们作了介绍："全长 14.5 米，直径 1 米。组员一人。炸药 1.6 吨。航程 78 公里，最大航速 30 节。"

我本应该为此作好了准备，但眼前的情景还是令我震惊不已。1946 年夏季，我把自己当时的想法记录下来："我们终于见到了将由我们操作的那种武器。我感觉到了某种比一个人对我怒目而视更大的威力。我丧失了我的理性和激情。我瞠目结舌。我觉得自己已变成某种不再是人类的东西。"当时，我无法准确描述我感觉到的东西比人类更优越还是更低劣，但我觉得，我现在知道为何我们人类再也无法掌控自己的命运了。

如果细心行事，你是可以逃离"回天"特攻队的。你所要做的只是错误地操作"回天"，重新尝试时再次如法炮制。然后，他们就会朝你怒吼："你这个蠢货！我们是不会让你这种笨蛋去操作一枚'回天'的！"接下来，他们会把你从名单上"除名"。但我从未想过逃避，这种做法只意味着让其他人死在我的岗位上。就算全体队员都被淘汰，他们还是会找到其他人来干。这是一种可怕的体制。我无法接受自己退出，让另一个人去阵亡的想法。我知道，如果这样做的话，我的余生将为之愧疚，尽管我绝不会知晓替死者的名字。如果我屡屡操作失误，他们就会说："这帮预备生真差劲！"我讨厌这种说法。我不能连累其他人，所以希望自己能出色地驾驶"回天"。就像他们说的那样，"没法子"。我只能听天由命。

死在"回天"里，这种事情想起来很可怕。许多年轻人已在战争中阵亡，他们驾驶着“神风”机、“樱花”火箭弹和“震洋”快艇冲向敌人。如果一切顺利，逼近隐约出现在前方的敌舰时，他们至少可以通过倒计时来计算撞击时间，“三、二、一……”然后，只要睁大双眼，他们就能知道死亡到来的时刻。

但“回天”不是这样。你在水下，根本无法注意到这些。透过潜望镜，你已确定了自己的航向。“敌人的位置将在1分30秒外，我将攻击角度调整至此。”然后，你被海水淹没。你朝着预测的敌舰所在处全速冲去。从发起进攻的那一刻起，你就什么都看不见了。你有一个秒表，你知道1分30秒的消逝需要多久，但你也可能在测量上发生错误。你不停地想着：“要撞了！要撞了！要撞了！”但并不知道这一刻何时到来。超过预测时间后，你就知道自己没有命中目标。你浮上海面。你再次搜寻敌人，这才发现自己从舰艉穿过。于是，你要再次设定航向。但这次你还是不知道自己的死亡时刻何时到来。你可能会提前丧生，但你对此一无所知。我无法述说这种武器的残酷性，我也无从向其他人询问那一刻的感受，因为经历过这种状况的人，全都去了地狱。

有些特攻队员平安返回的次数多达4次，但那是因为他们的“回天”无法从母船发射，或是因为没有发现敌人。从潜艇上顺利发射出去的人，没有谁活着回来，因此我们无从得知他们的感受。在那最后时刻，他们肯定是一身冷汗，也许已处在疯狂状态，但那一幕没有目击者。没有什么比这更加残酷了，没有！我有什么资格说一名“回天”队员在那种时刻仍能保持理智呢？但在我撰写的关于“回天”队员的书中，不能将这些想法写进去。想到那些阵亡者的家属，我就无法说出这些想法。即便已过去40多年，我还是不能写。这是一种残酷无情的武器，太冷血了！我这里有一份阵亡者名单，所有人都在上面。至今我仍不知道他们在最后时刻的感受。

实际上，“回天”几乎没有击中过敌舰。身边的“回天”被发射出去，自己却平安返回的特攻队员说，他们听见了爆炸声。他们说，他们是在母船改变航向返航或寻找新目标前听见的爆炸声。这肯定是那些“回天”自爆了。“回天”射出后便发起了进攻，但与作为目标的敌舰相距很远。“回天”队员竭力试图追上对方，但没能做到。他们在广袤的太平洋上身孤影只，当然，他们也可以打开舱盖爬出来。可在太平洋上，你能怎么做呢？我想，他们大概认为自爆会更好些。他们也许想过，至少我在爆炸中死去了。这一点，我无从得知，也没人知道。

美军对战争期间损失的所有舰船的确认工作早已完成。根据他们的记录，“回天”只击沉或重创了3艘船。一艘在乌利西环礁被击中，另外2艘都在开阔的太平洋上。但我确信，肯定有些船只没有被美国军方登记在册——征召来的船、澳大利亚的船、英国的船和那些没有完整记录的船只。有些船可能已被“回天”击沉，因此我也不太相信“仅有3艘船”这种说法。尽管如此，我还是不由自主地想：除了那3个取得战果的队员，其他“回天”队员会有怎样的感受？

106名“回天”队员阵亡，这个数字包括训练或事故中的17名丧生者。只有3人击中目标，这就意味着另外86人的阵亡原因仍有待解释。2人在基地遭到空袭时丧生，7人死在运送他们的船只上，其他人跟随搭载他们的母船一同死去。真正能驾驶着“回天”发起攻击的人非常少，我告诉你，非常少。

日本的计划是在几个月的时间里制造1 000枚“回天”，但实际上只造出来400～450枚。他们总共招募了1 364名队员，并不是对他们加以训练后再从中挑选出优秀者，而是“回天”的制造严重落后。他们没有足够的训练鱼雷，教官也不足。在基础训练中，你大概要经过4次练习，如果能顺利完成练习，你就会被分配到特攻单位。在那里接受进一步训练后，你便被派去执行任务。实际上，直到5月我才登上一枚“回天”，那是和一名实习教官共同操作。为了这一刻，我等待了那么久！

我不知道是谁为特攻单位挑选队员。每个特攻单位通常由5～6名队员组成。你被选中后，指挥官会把你叫去，并通知其他人，“你们将在我的单位里服役”。从这一刻起，他们才将你视为集体的一员。

121名海军兵学校毕业生被分配到我们这支部队，而我们这些预备生共有230人。我们的领章上也佩有一枚樱花徽标，但海军兵学校的毕业生们经常对我们说：“你们这朵樱花是拜罗斯福所赐。你们只用一年就成了海军少尉，我们可是花了几年时间才得到的。”我们却想：“见鬼，我们才不想要这些东西呢！”

海军兵学校的毕业生经常殴打我们。我认为他们在海军兵学校里不会采用这种手段，但跟我们在一起时就无所顾忌了。海军里有一种近乎迷信的观点，认为暴行和体罚能打造出更加优秀的水兵。通常情况下，军官们不会碰他们的部下，但“回天”特攻队里的正规人员却认为这是对付我们这种非正规“暴发户”的最佳办法，他们觉得我们这些学生兵的意志太过软弱。他们开口闭口就是“海军兵学校这样，海军兵学校那样”——我们并不关心他们在海军兵学校是怎么做的。与此同时，我们也会想：“我们会让他们看看我们这些人能做些什么。”我想，这就是他们想让我们产生的念头。

1944 年 9 月 1 日，“回天”特攻队在大津岛组建。当年 11 月和 12 月发起了最初几次“回天”特攻行动，队员们热情高涨。12 月 1 日，位于光市的基地投入使用，次年 2 月 20 日，第一支特攻队离开该基地。所有人都陷入疯狂状态，对出征趋之若鹜。第二支和第三支特攻队出发后，狂热才渐渐平静下来，常态得以恢复。

我告诉你，特攻队的出征是一场盛大的演出，极其鼓舞人心。为同伴送行的人，个个激动得忘乎所以。这种场面就像封建时代的大将军率领着他的武士出征，与今天的“按钮”战争完全不同。这其中有一种人与人较量的感觉。陆地战争已变成了强国与强国的冲突，大规模的坦克战，或是像从英帕尔大举攻入缅甸的战事，个人将被湮没在这样的战争中。就连空战也不再是孤胆勇士间的单打独斗。但“回天”自爆仍是一项个人的战斗。盛大的庆典上演了，这是一场隆重的欢送仪式。

“明天，我也会成为出征者中的一员。作为新来者的我，与今天这些出征者以及那些早已离开、现在已阵亡的人完全一样。”我可以毫无愧疚感地送别他们，但那些不必以身赴死的军需官和上级们会作何感想呢？这一点我无法告诉你。我从未想过天皇会亲赴前线。我也不认为自己是为天皇、为政府或为国家抛头颅洒热血。我想，我会为了不让父母、兄弟姐妹被登陆的盟军虐待而慷慨赴死。

一名神风队员的新娘

口述者：神风特攻队队员遗孀　荒木重子

世田谷区不动寺位于东京一个安静的住宅区内，我们在敬献给特攻队的观音像（特攻观音）旁会面。她似乎是一名特攻队员的女儿或妹妹，通过别人的解释，我才得知她是“飞行员荒木中尉的遗孀”。

随后，我们在她的家里交谈，墙壁上、桌子上和柜子上摆放着许多家庭成员的照片。角落处孤零零地放着一张照片，照片上是一名身穿飞行服的年轻男子。

他阵亡于1945年。数十年过去了，奇怪的是，在战斗中阵亡的这个男子，依然是一张21岁的面孔。我的第二任丈夫去世时57岁，面目苍老，可荒木的脸看上去就像是我的儿子。我想，这就是思念年复一年、日益强烈的原因吧，就像一位母亲思念她的孩子时所怀的爱意。

我没有打算那么年轻就结婚。我们青梅竹马，从小就像哥哥和妹妹那样相处。我的父母再婚时，都带来了自己的孩子。妈妈带着我，继父带着他。他就读于成城中学，后来考入陆军士官学校。我当时正在学习日本舞俑[1]，希望日后能从事相关教学。但我们被告知，“这个不能跳”，“那个不能跳”，那时候的限制太多了。我们不能跳《蝴蝶夫人》，因为平克尔顿上尉是个美国人。

我们居住在东京的高田马场。战争爆发后，我们被疏散到神奈川县的国府津。我在一个榨油厂为海军工作。我们用大米制作一种淀粉蛋糕。工厂位于一片田地中。每天，数十架飞机从相模湾方向而来，从我们头顶掠过，朝富士山飞去。那肯定是特别攻击机，你能看见机翼上闪烁的阳光。我们跑到外面，舞动旗帜，或干脆向他们挥舞双手。一架飞机，可能是为首的长机，会降低高度，晃动机翼以示回应。我们叫喊着，哭泣着，因为我们知道，这将是我们最后一次见到他们。我们疯狂地挥舞着双手，直到他们消失在远方。然后，我们为他们祈祷。这就是我们在1945年4月和5月的日常生活。

一天晚上，没有任何预兆，荒木突然回到家里。那是4月9日，大约晚上11点，正下着雨。所有人都已入睡。“出什么事了？真让人惊喜！”我问道。他告诉我们，他今晚获准回家是为了向家人道别。稍早些时候响起过空袭警报，此刻我们正处在灯火管制下，所以我们在漆黑的屋内摸索着。他说：“有件事情要告诉你们，因为我们是一家人。”他告诉我们，他已被任命为执行一项特攻任务的队长，行动的具体时间尚不清楚，但应该会很快。

他随后说道：“我有一个请求，尽管这很自私。要是可以的话，我想娶重子为妻。”我惊呆了。我知道他即将以身殉国。父母沉默不语，我也默默地思考。他，当然也沉默了。

① 即日本传统舞蹈。

“我答应晴雄的请求。”我终于说道。

“那么，就这样决定吧。我们来安排仪式！”每个人似乎都立即脱口而出。我的母亲抹着泪水，毕竟她是我的妈妈。没有清酒，但我们还有点白薯酒。妈妈从厨房里取来酒，还有些甘薯藤和鱿鱼干。我们只有这些。然后，我们举行了婚礼仪式，用一个小酒杯互敬三次。继父唱起婚礼歌曲《哈利路亚》，但唱到“永生”这一句时，他彻底沉默下来。我们忍不住哭了起来，不停地抹着眼泪。他很正式地跪在那里。我竭力抑制自己的泪水。我的妈妈跑进厨房。直到现在我都不唱这首歌。我不喜欢参加别人的婚礼。我总是想起自己的婚礼，而不是他们的。我无法忍住自己的哭泣。最后，继父又唱了起来，这次终于唱完了。

凌晨 2 点，我们终于就寝。拂晓来得如此之快。他什么也没对我说，一个字也没说。他大概不知道该怎么安排他死后我怎么办。我想跟他说说话，可找不到合适的话语。这一刻，似乎做什么都不合适。我有好多话想说，可又对无法表达自己的想法感到沮丧。此时仍在空袭警报期间。如果这只是一个初期警报，我们还能有一些灯光，但这是个全面警报。妈妈在厨房里发出一些响动。挡雨的百叶窗紧闭。空袭警报可能已在凌晨 2 点左右解除，但沿岸地带的灯火管制执行得非常严格。人的双眼已习惯于黑暗，因而可以在朦胧中分辨事物。我听见母亲强忍着抽泣。我规规矩矩地坐着，他也如此。然后，我察觉到一些动静，他的手攥住了我的手，我也紧紧握住他的手。我们都太羞怯了。黑暗中，我们为何要如此腼腆？我们什么都不懂。清晨 4 点，我们起床了。5 点过后，他走了，没有告诉我们要去哪里。我问他：“什么时候才能再见到你？”他只是说：“等到下雨时，我就会回来。”他走了，只留下这句话。我们这对夫妻在一起只待了 4 个小时。

从 4 月到 6 月，每逢下雨，我们都等着他回来。下雨时，我们就会说“今天他会回来的”。我们从不锁门，这样他就可以随时走进家门。我们一直等到最后一趟列车，但他没有回来。他早已在战斗中阵亡。我们左等右等，就这样一直等着他回来，全然不知他已阵亡。

在此期间，我怀孕了。我发现自己经常呕吐，但不知道原因。我的母亲对此毫无经验，你要知道，我是被她收养的，她其实是我的姑妈。大家都认为我生病了，于是去看医生。医生谨慎地问我：“您有什么要告诉我的吗？”我说没有。“那么，您结婚了吗？”我说：“是的。”“明白了，看来您有宝宝了。”

我目瞪口呆。从那一刻起我就想见到他，把消息告诉他。我们找啊找，可没有任何线索。6月中旬，高木俊朗来访。您认识他吗，就是那位著名的作家？那段时间里，许多记者走访了特攻飞行员们待过的基地，高木先生也在其间。“在知览，荒木晴雄将他的临终遗嘱托付给我。另外，还有他剪下的头发和指甲，”他郑重说道，我感觉五雷轰顶，“他在5月11日的战斗中阵亡了。”

现在，怀着的孩子成了我活下去的理由，对家人们来说同样如此。在大家的精心呵护下，12月25日，我生下一个儿子。那天是圣诞节，我们给他取名为“生久”，这是他父亲所在的特攻单位“恒”的日语发音。全家人辛辛苦苦地抚养他。可1946年11月5日，他突然生了病，没过30分钟就停止了呼吸。我把他抱在怀中。一切都结束了，那时我才22岁。

我想起以前总是跟他打架。他曾说过：“看见你就心烦。”我告诉他：“我才不在乎呢，比你好的男生多的是，我会嫁给他们当中的一个。”我们年龄相同，成了好对头。他肯定早就想过要娶我。不知怎么回事，我也曾想过，要是他能成为一名中尉，就算我们打架，我也会嫁给他。我总是意识到他的存在，仿佛我们已经订婚那样。如果他娶了别人，我肯定会怒不可遏。

他在遗书中告诉父亲，4月底，他曾从我们家上空飞过，盘旋了许多次。父亲在田地里干活，始终没有抬头。“爸爸，”他写道，“我无法引起你的注意。”全家人陷入到深深的懊恼中。此后，继父一直对此悔恨不已。每当有飞机飞过，他总会朝他们招手，并说：“为什么我偏偏没有注意到我儿子驾驶的那架飞机呢？”

那是一份非常简短的遗书。那段时间里，他写给我的信总是这样开头：“亲爱的重子小姐。”但遗书上的开头这样写道，“重子。”这才是我所希望的，是他写给妻子的信。他告诉我，他很担心我的未来。他说，他对此心痛欲碎。他要我坚强、快乐地活下去。时至今日，每次想到这些我就会失声痛哭。他请我原谅他过去老是对我声色俱厉。一个即将慷慨赴死的人为什么要恳求我的原谅？我才是那个想要获得原谅的人。他请我谅解他的自私和任性。由于他表露出对我的未来的关心，我想，他肯定也想为娶我得到原谅。

他写给父亲的信很长，谈到了许多话题。可写给我的信却很短，肯定是最后才写的。他的手在颤抖，一再恳求我的原谅。这是最令我心碎之处，可我无法回应他的请求。我只能祈祷，我只能感受同情和痛苦。我的心绪与他同在。他的遗书中没有提及我的母亲，她对此深感心痛。我安慰她，晴雄提到父亲时，当然也包括了她。

从 6 月到 7 月，逼近目标的特攻机几乎都被敌人击落。我不知道晴雄是否真的撞上了敌人，但的确有些特攻队做到了，他们取得了一些战果。我愿意相信这一点。我愿意相信他的死并非徒劳无获。否则，躺在冰冷的冲绳海底的他会显得毫无意义。直到现在我还是想去找他，尽管我知道那里已什么都不剩，可我无法打消这种念头。

（她取出一本小小的相册）您想看看这些吗？这些照片是高木先生在 5 月 10 日拍摄的。他们三个都是九州知览航空基地的特攻队长，是陆军士官学校第 57 期的同学。这真是不同寻常。非常巧，他们三个都是 21 岁，将在同一天发起特攻，只有起飞时间略有不同。清晨 6 点刚过，晴雄驾驶着飞机起飞，他的头带上涂抹着一轮旭日。知览航空基地附近一所女子学校的学生们刺破手指，用她们的鲜血染红了那轮旭日。这张照片是晴雄起飞前摆出的最后一个姿势。他微笑着凝视镜头。在这种情况下，没人能绽露出自如的微笑。再看看这张，这是他们三个去伊势神宫祷告时拍的合影。看见那个身材高大的小伙子了吗？晴雄真的很帅，对吧？

我只有这些照片。我们没有时间去拍合影。我们曾商量过这件事。“等他回来，我们就去拍结婚照。”可这种机会始终没能到来。

后来，我再婚了，还生了孩子。孩子们到了上小学的年龄时，我有时候会想，如果晴雄回来，我会选择谁呢？是跟他走，离开我的丈夫和两个孩子，还是应该维护我的家庭，彻底离开他？我真的认真想过这些。坦率地说，我丈夫去世后，我似乎有些如释重负。我曾想过，“现在，晴雄随时可以回来了。”是不是很奇怪？您能相信吗？我的第一个孩子死在我怀里，我也曾亲眼目睹我后来的丈夫去世，可我从没见到晴雄死去。在那种情况，我根本无法确认他的阵亡。有些特攻队员就曾迫降在海面上。有些人回来了，有些生还者断绝了与同学和朋友们的联系。就算同学们试图联系他们，他们也会断然拒绝会面。我听说过这些事，有时候我对此感到迷惑不解。

那些年里，他经常出现在我的梦中。这似乎让人难以置信，可他甚至给他的孩子起过名字。他告诉我，“他将在明天出生”，第二天，生久真的出生了。我后来的丈夫去世后，我不再梦到晴雄。为什么他再也不出现了呢？也许是因为他现在随时可以回来。对我来说，所有的期望是有那么一天，我跟晴雄在另一个世界重逢，我会对他说："好久没见到你了。"我敢肯定，他会大吃一惊："这位老奶奶是谁啊？"也许，他只是将目光移开，说他不认识我。

每逢他的忌日，或是天气晴朗的日子，我都会去公墓。如果当天下雨，我会失声痛哭。那是个美丽的地方。你能看见大海在你眼前延伸，富士山就在对面。公墓坐落在山丘上，四周环绕着橘子林。

6 年前，我去了冲绳。我想再看看那片大海。有人告诉我，在嘉手纳湾附近，荒木发起了他的特攻行动。我们真的不知道。不管怎样，我从那里取了些沙子和鹅卵石，把它们撒在他的墓地旁。在那里，我大声呼唤着他的名字："晴雄哥！"有时候，有人邀请我跟他们一起去冲绳，可我不想再去那里。冲绳人认为自己才是唯一的受害者，他们这种感觉之强烈令人惊讶。这种感觉无处不在。他们认为冲绳远离日本本土，只有冲绳人有过可怕的经历。我在报纸上读到过那些故事，我不喜欢他们。晴雄为保卫冲绳而战死，冲绳人却认为只有他们才是受害者，我对此深感愤怒。

我脑海中回想着各种回忆。有许多次，我真希望天皇能早点作出投降的决定。那么多无辜平民惨死，到处都是废墟瓦砾。我们将用我们的竹矛抵抗敌人。待他们登陆后，我们就将冲向他们。在工厂里，我们总是将竹矛持在右手。"一人杀一个，绝不失手！"他们这样告诉我们。"是！"我们异口同声地回答着。

发给我们的竹矛长约 1.5 米，顶部是一个斜切的尖角。每天早上我们都拿着竹矛操练，"杀！杀！杀！"我想我肯定能刺中他们。在我们的想象中，美国佬人高马大。我们被告知："美国人高大壮实，所以要对准他们的喉咙。刺那里，把你们的竹矛向上刺入他们的喉咙。不要看他们的脸，只管刺下去，不要张望。"我们真的相信我们能做到这点。这是不是很可怕？我们通常称之为"大和魂"。我们将饰有一轮旭日的头带扎在额头上，向皇宫的方向深深鞠躬，然后便操练我们的竹矛，接下来才开始工作。对日本人来说，这是为了"保卫"自己的国家。为了这个国家，我们已将自己的亲人送进鬼门关。我们至少可以在后方做到这些。不可思议吧？今天看来，这令人无法理解。可在当时，我们对日本抱有无限信心，我们认为大和民族是"最优秀的"。

即便在数十年后，我的记忆也不会泯灭。这样的谈话的确让我很激动。那时候，我觉得晴雄的死是很自然的事情，他活着回来的话，反而是一种"耻辱"。我有点期待他的阵亡。可他向我保证过，他会再次回来。

我想，下一次就将是最后一次。那时候我应该抱着怎样的心境？我考虑的是，作为一名武士的妻子，我该怎么做？我该怎样迎接他？送别他时我该说些什么？后来，他阵亡了！就这样死了，完全出乎我的意料。这令我感到震惊。请您理解，我并不是想让他去死，可我确实在期待他“光荣捐躯”。要是他没死的话，那会是一种“耻辱”。在那些日子里，如果一个家庭里的某个成员在战斗中阵亡,我们会向他们表示“祝贺”。我们会说 :“这太棒了。”我们是认真的！这至少表达出当时的真实感受。

最终获知他阵亡的消息后，见到我的人都说 :“太好了，祝贺你们！”我回答道 :“是啊，的确如此，他是为国捐躯。”然后，我跑回家，独自哭泣，不让任何人看见我的眼泪。我们被告知应努力克制泪水,也被告知不要哭泣,而应默默忍受。我的父母在外人面前从未落过泪。没人向我们表达悲伤或同情，他们只是说 :“奋战而死真光荣，是吧？”我们对此表示赞同。

即便在父母和孩子面前，我们也从未流露出诸如“他为何要死”或“要是他还活着会怎样”这类想法。我们对这些话题彻底保持缄默。没有谁紧紧地将我抱在怀中，用同情的话语安慰我。可当孩子出生时，我的继父失声痛哭起来 :“他是晴雄的转世！”他放声恸哭。每个人都崩溃了，我们握着彼此的手哭泣着，这是唯一的一次。助产士惊诧不已，告诉我们别哭了，赶紧烧点开水。这些泪水，继父肯定在心里憋了一整年。我们无微不至地照料着这个孩子。他死在我怀中时，我觉得这个世界根本没有什么上帝和菩萨。我把晴雄的木盒子和孩子的尸体埋在一起，举行葬礼时，我晕倒在墓地旁。

我对他的记忆都是美好的一面,因为他英年早逝。如果一同生活到今天,我们的生活也许会变得乏味透顶，可能早就离婚了。那 4 个小时弥足珍贵，是一段只有我们知道的时间。我的身体和灵魂都感受到浓浓的爱意。我们根本没有入睡，但也没有交谈。时间太宝贵了。他当时肯定愁肠百结。我以为我会再见到他，没想到这是最后一次。他说 :“要是有根绳子，我们就绑缚在一起，一同跳入国府津的海中。”我不知道该说些什么。他用平静的语调继续说道 :“但我现在不能这样做。”要是我把这些话告诉别人，大家会斥责他这位军官的可耻行径。他比我成熟得多。我们住的是一个西式房间，大约能摆放 10 张榻榻米。屋外的光线透过玻璃窗，这使我们能看清彼此的面孔。我们举行婚礼仪式的那个房间竖着几道纸墙，外面挂着防雨百叶窗，所以房间里漆黑一片。凌晨 2 点左右，空袭警报解除后，我们打开了用黑布遮挡着的电灯。灯光让我们感到尴尬，于是我们又把灯关了。第二天早上，我们还是觉得害羞，不好意思盯着对方的脸，我们都转过身去。后来，我一直后悔当时没有紧紧地盯着他。我希望自己能仔细打量他的面容。第二天早上，我清楚地看见他身穿军装，站在客厅的窗户旁向外张望。那一刻的情形一直铭记在我的脑海中。清晨的微光中，他的身躯清晰可见。

早饭已准备妥当。我问他 ：“可以和你一起去车站吗？”他回答道 ：“那就走在我身后吧。”我穿着裤裙跟他去车站，尽管举行婚礼时我穿的是和服。对我们俩来说，这一刻有些尴尬。我的目光盯着他，可他一个劲地往前走，一直没有回头看我。他在国府津车站买了张票。我朝车票望去，想知道他去哪里，但他厉声说道 ：“你不能看！”我吓了一跳，向后退去。

每次去祭扫他的墓地，我总是故意沿着海边行走，然后在回家前去看看过去那座房屋。我们早已把它卖掉，并搬到其他地方，可它仍跟过去一模一样。我默默地告诉他，“此刻我正走在我们一同走过的路上”或是“我已经 67 岁了”。有时候，他和我丈夫的形象发生重叠。我把他们搞混可能是因为我在国府津嫁给了我的丈夫。提起晴雄，我也许可以称他为“晴雄哥”，孩子们和我总是以“爸爸”或“爷爷”称呼我丈夫。晴雄是个高大、英俊的小伙子，像他这样一个人却被炸成碎片，甚至没能留下一点点皮骨。如果他撞上一艘敌舰，那就的确如此 ；可如果在途中被击落，他就有可能还活着。你无法确定他被击中了头部还是心脏，如果只是腿部或胳膊受伤，他也许还活着。我讨厌诸如此类的幻想。

我的孙子说 ：“飞机从上空飞过时，奶奶总是抬头张望。”我抬头是因为它们就像数十年前从我头上飞过的特攻机，这一点永远不会改变。我记得这些事，就像是昨天刚刚发生的。我没有太多机会作这样的交谈。我试着告诉自己，别再回忆了，把这一切尘封在心中。可一旦开了个口子，它就像永不停息的潮水那样汹涌而出。

“您想看看他的遗书吗？”我拿出了晴雄留给我的那张淡褐色纸张，上面写道 ：

重子 ：

你还好吗？匆匆一别已逾月余，快乐的梦已告结束。明天，我将驾驶着我的飞机冲向一艘敌舰。我会带着一些美国佬跨过冥河，进入另一个世界。回顾往昔，我发现我对你太过无情。我待你一直很凶，现在，我对此深感懊悔。请你原谅我。

想到你的将来，想到你日后的漫漫人生，我五内俱焚。请坚强、快乐地活下去。在我死后，请替我照料我的父亲。

曾为一个崇高目标而活的我，将永远保卫这个国家，使其免遭卑劣敌人之侵扰。

"恒"航空队队长

荒木晴雄

听，海神的声音

口述者：神风特攻队队员亲属　西原若菜

她骑着一辆自行车来到火车站，这个身材娇小的女人留着一头黑色的短发，身穿一件鲜红色的毛衣。谈及自己的父母和哥哥，她的目光似乎有些迷茫。悲伤、快乐和绝望都被她那充满激情的女低音生动地表达出来。

她热心于"日本阵亡学生纪念会"（也被称为"海神会"）的事务。1943 年末，大学生延期入伍的政策取消后，大多数学生递交请愿书，离开了他们的校园。许多受过高等教育的年轻人被召入特攻队。他们留下的信件和日记表明，战争到达白热化阶段时，他们对自己面临的生死问题深感困扰。1952 年，他们在最后时刻所写的东西在日本结集出版，书名为《听，海神的声音》。他们在阵亡前那一刻的想法被公众广泛阅读。她哥哥留下的 4 本日记、各种信件和资料也已出版发行。

在英国，他们说"天佑女皇"。国王或女皇在上帝的庇护下实施统治，但如果他（她）们违背上帝的意愿，成为暴君，人民就有权利推翻他（她）们。但在日本，他们说"为天皇而死"，没人敢违抗为他献出生命的命令。在这 43 年里，我一直思索着这些问题。我不是共产主义者，但我相信，如果我们没有“天皇的军队”，他们绝不会发明像人间鱼雷“回天”这样的特攻武器。

家里的5个兄弟姐妹里，我最年幼。稔是长子，所以我跟他的年龄相差12岁。他出生于1922年。我只在孩提时跟他住在同一屋檐下。1939年，他离开家人进入第一高等学校就读时，我才6岁不到。他能考入那么好的学校，对全家人来说都是件极为自豪的事情。后来，他又进入东京帝国大学。我们刚刚庆祝他考入东大，他便被召入军队。我记得很清楚，我对他加入海军深感骄傲。我上小学那一年，所有学校都已成为“国民学校”，因此我们被彻底灌输了这样一种信念：我们是天皇的孩子，是“小爱国者”，为天皇献出自己的生命是理所应当的。

另外，我们从未想过日本会战败。我们相信，就算人们应征入伍，也能赢得“辉煌的胜利”，肯定能平安归来。我们从未对此表示过反对。相反，一个三年级的小姑娘可能会吹嘘：“我大哥去打仗了，他会在海军服役。”虽然我肯定，爸爸妈妈对他们的宝贝儿子参军入伍感到焦虑，但我不认为他们设想过他真的会阵亡。

我在静冈县的沼津长大，这是个资讯闭塞的小镇。身处东京的人可能早已知道大学生们应征入伍的风险，但住在县辖市里的我们从未想过这些。我们兴高采烈地送别那些赶赴前线的士兵。大哥离开时，町内会成员们挥着太阳旗，披着写有“祝贺应征入伍”的绶带，一路游行至火车站。一些穿着白色围裙的女会员高声歌唱。町内的其他人被征入伍时，我们也去挥旗欢呼。现在轮到大哥了，我自豪得难以自持。

他去了位于德山市的海军兵营。我们三姐妹经常写信给他，诉说家里大大小小的各种事情，告诉他我们是如何做年糕的，我们在学校里取得了多少进步，我们学了些什么，我们每天在做什么，等等。我们轮流给他写信，所以他不停地收到信件，这让他的长官大为恼火。“你怎么教导妹妹的，她们的信里尽是些俗气的东西，我禁止她们再给你写信！”大哥只好写信给父亲，请他让几个妹妹消停一阵子。大哥在日记中写道，他对这道命令感到痛苦和懊恼。父亲告诉我们，不要再给大哥写信。这个消息来得太突然，而且我们没被告知不许写信的原因。就这样，大哥收信的间隔延长了。有一次，我们在沼津火车站跟他见了一面，他是从九州赶赴馆山海军兵营的途中经过这里。我用剪刀剪下一绺刘海交给他。现在回想起来，我对自己的举动感到惊异，但我只是想表达对大哥的感情。我希望他身边有我的某样东西。我认为他一直带着它，直到阵亡的那一刻。

1945 年 5 月，他突然回到家里。门铃响起时，我们已准备就寝。当时已是晚上 10 点，雨下得很大。我们打开门，这才看见来的是大哥。“稔哥回来了！”我们欢叫起来，然后叫醒爸爸和妈妈。大姐已出嫁，二姐在东京女子大学读书，家里只有我们 4 个人。稔带回来满满一箱鲑鱼罐头、糖果和羊羹甜豆饼。

我们问道：“他们怎么会让你回来的？”他只是说：“我现在变得很重要，所以他们批准了。”我那时还是个孩子，没有对他的话产生任何怀疑，完全信以为真。我紧紧地搂着他，直到深夜。我觉得，要是一不留神，他可能会消失不见。我兴奋得都要疯了！他在家里住了两晚，第三天就返回位于光市的基地。据他日记记载，这是他发起“回天”特攻前最后的道别。

当时，乘火车从光市到沼津需要 24 小时，回家看望我们的途中，他在日记中写道：“我对自己没有信心。我觉得，看见父母的面孔，我可能会把一切都说出来。”但他没有就即将发生的事情向我们作出哪怕是最细微的暗示。只有我父亲可能已觉察到某些东西，因为 1945 年 5 月，东京遭到大规模轰炸后，“玉碎”这个词不绝于耳。

他回到家中的那天早上，我宣布道：“大哥回来了，我不想去上学。”我们所在的是一个小镇，每个人都对其他人的一切了如指掌。那天早上，大哥对我说：“我们去散散步。”从很小的时候起，我就喜欢跟他一同散步。如果我是一只小狗，早就连续晃动 10 次尾巴了。真让我兴奋——这可不是我开口恳求的，是他的提议！

我们家正前方是一片松树林，穿过树林就是大海。夜间，你能够听见海浪声。我几乎是紧搂着他，就这样走至海岸边。我们总是沿着海边玩耍，用石块打水漂，努力让石块穿过滚滚而来的海浪。那天，大哥在我面前展示出高超的技巧，他抛出的石块突破了 3 ～ 4 道水波。那一刻的记忆至今历历在目。那里有一个名叫大濑崎的小地方，位于海湾对面，就在伊豆半岛上，东京帝国大学在那里有一座小屋。从我们所在的地方可以清楚地看见它。大哥说出了它的方位，包括经度和纬度。

在光市基地受训期间，这肯定已成为他的习惯。只要看见一座岛屿、一艘船只，他就必须通过目测立即计算出度数和分数。我们站在海滩上唱了首歌，然后来到沼津公园，这是我们一贯的散步路线。随后，我们走入镇内。

回去的途中，我们来到一间照相馆。太出人意料了。我跟着他走了进去，心中充满了喜悦。大哥先拍了一张单人照。然后，他坐下，我站在他身旁。摄影师让我用胳膊搂住他的肩膀。那时候我才 11 岁，由于营养不良而身材瘦弱，可他已经是一名海军少尉。我现在明白了，摄影师之所以让我们摆出这个姿势，是因为他肯定知道这是我大哥的最后一张照片。一名海军军官带着他的小妹来到照相馆，这不是件琐碎的小事。这就是他最后一次回家探亲拍摄的照片。大哥有一部相机，给全家人拍一张合影不算什么怪事，但他肯定担心这种举动会让我们觉察到某些不对劲的地方。我想，我那时候真的只是个小孩子，太过幼稚，不知道、也无法理解大哥的感受。对他来说，这无疑是一种解脱。

我的二姐只比他小一岁。第二天早上，他们一同出去散步，但彼此什么也没说，中途就回来了。令我追悔莫及的是，那时候我居然什么都没觉察到。但同时，我也为自己孩子气的幼稚而庆幸，我不懂得琢磨他的感受，这对他而言是一种安慰。

浑然不知大哥即将离去，
即将驾驶他的“回天”投入战斗，
我和他在一起玩耍，
用石块在海面上打水漂。

30 多年后，我写下这几句诗。大哥的形象在我的记忆中无比清晰。我怎么能想到他会永远地消失？我不知道一名士兵在战争期间突然回家意味着什么。

搭载着大哥的伊 -363 号潜艇，很快便出发执行作战任务。它在海底徘徊了一个多月。有一次，特攻队员登上他们的“回天”，作好了发射准备，但美国人的运输船把他们的潜艇远远地甩在身后，于是攻击被取消。他们没能找到猎物，只得返航。这就像你把头放在断头机下，就在刀具落下前，你获救了。大哥的战友们说，回来的人一个个失魂落魄。根本没办法安慰他们，你不能表示祝贺：“太好了，你们活着回来了！”不是这样，实际上，他们很快就将再次出航。

这时候，大哥已不再写日记。我对他此前写了那么多东西印象极为深刻。

这么勤奋的一个作家，可活着从那次任务返回后，他彻底辍笔了。这可能意味着他当时已经以一种抽象的方式设想了死亡。怎么会有人在脑中作出这样的准备？他才 23 岁半，可能从未接触过女人。他爱他的父母，爱他的弟弟，也爱他的妹妹们。他会拉小提琴，会写诗。他想做的事情非常多。直到那时，他还在日记中写道，“这是我生命中的最后一个生日”，以及“这是我最后一个大诏奉戴日”[①]。他以这种抽象的方式作好了阵亡的准备，但活着回来后，他在私下里告诉战友们自己并不想死。有一次，他在弹钢琴时把心里的想法告诉了一名战友。还有一次，跟同学们一起看相册时，大哥把我的照片拿给他们看：“这是若菜，我的小妹，你们看，她很可爱吧。”他的两个战友是我非常信赖的人，这件事是他们后来告诉我的。所以，大哥根本不想死，我对此毫不怀疑。但他们再次执行任务的时间已经确定——8 月 31 日。

在 7 月 25 日清晨进行的训练中，大哥和他驾驶的“回天”失踪了，可能是由于操纵问题，也可能是操控设备出了故障，尽管他那具“回天”刚刚维护过。我大哥的驾驶技术很熟练，但他那具“回天”跳动起来，一头扎入海底。他们拼命搜寻他，不幸的是，美军的一场大规模空袭不期而至。位于吴市的日本海军兵工厂是美军航母经常打击的目标。搜寻“回天”最好的办法是从空中，但日本方面无法派出飞机去寻找他。通过战友们的证词，我知道他们已倾尽全力进行了搜寻，但他那具“回天”已沉入海底。我被告知，被困在“回天”里的大哥也许还能活 20 个小时。

我们全家人都在沼津，对这些事情一无所知。战争结束于 8 月 15 日，但沼津在 7 月 16 日遭到一场猛烈的空袭。幸运的是，我们的房子逃过一劫，没有被烧毁。亲戚们从沼津的各个地方赶来，住进我们家。每家人占据了一个房间。人数最多的时候，屋内住了七家人。我们忍受着跳蚤的骚扰，灯火管制时，我们必须关闭百叶窗，室内的空气令人窒息。食物很少。这是个可怕的月份。但在 8 月 15 日前，大多数亲戚离开了，我们又恢复了往日宁静、平和的生活。那天早上，我们被告知有重要广播，并得到了务必收听、不得疏漏的指示。整个町内的人都来到我们家，将客厅挤得满满当当。他们肯定抱有这样的想法，“他们家有收音机，”这是因为我们的房子位于镇子的角落处，幸运地躲过了空袭引发的大火。我们从先前接到的指示中获知，天皇陛

① 1941 年 12 月 8 日，日本偷袭珍珠港，打响了太平洋战争。此后，日本政府规定，每月的 8 日都要在全国宣读《开战诏书》，这一天被定为大诏奉戴日。

下将对我们发表讲话，但随后从广播里传出语调高亢的话语，我们真的难以听懂。今天，电视上发布的公告我们听得很清楚，但当年的广播信号发送和接收技术非常糟糕。我们勉勉强强听明白了天皇的诏书。我坐在那里，心不在焉地聆听着。父亲用手抹着眼泪，发出叹息声，我的心情也跟着悲伤起来，后来还哭了。

那天晚上，父亲第一次说道："稔要回来了！"他当然会回来！我们从未想过他会阵亡。谁在乎国家是否战败？稔哥要回来了！母亲的脸上绽放出笑容。我的另一个哥哥问道："要把这些东西拿掉吧？"他指的是遮挡在窗户上的黑布。他把那些黑布扯了下来。这一晚，我像疯了似的弹奏着钢琴，因为心情太兴奋了。"稔哥要回家啦！"我脑中想的只有这个。我们就这样等了10天。8月26日早上，我躺在门廊的沙发上，阅读着吉屋信子写的《妈妈的小夜曲》，这本书的创意来自一个著名的英国故事，讲述的是母亲的爱。一直在打扫门厅的妈妈默默地朝我走来，说道："稔自杀殉国了。"她的脸色苍白，手里攥着一封电报。我拿过来看了看，上面写道："和田稔当众身亡。"电报的日期是8月25日。"当众身亡"，不是"阵亡"。我们不明白"当众身亡"是什么意思。我们认为，稔肯定是自杀成仁了，就像阿南将军和另一些军人在皇宫前的二重桥旁剖腹自杀那样。

我把电报握在手中，当时想着必须把它交给爸爸。那时候，父亲有一间诊所，同时也在一家公共诊疗所工作。我们家没有自行车，于是我向邻居借了一辆，拿着电报，穿过松树林，沿着海边的道路而去。那天很闷热，蝉的鸣叫声在我四周此起彼伏。日本战败了，不光如此，本该回家的大哥也死了，我们甚至不知道他出了什么事，这令人痛苦而又愤怒！我冲进爸爸接治患者的房间，哭喊着："稔哥死了！"他让我赶紧回家。对一个11岁的小姑娘来说，在这种情况下，独自一人骑着自行车回家，是一件可怕的事，但我别无选择。

邻居们已知道这件事。妇女协会的力量和团结性在这种情况下得以体现。哀悼者立即赶来看望我们，并开始烹制蔬菜，以招待即将到来的客人们。在我们这个偏僻的小镇就是这样。有一首颇带讥讽意味的诗歌曾说过，如果有谁死了，其他人就会过来，并开始煮白萝卜。实情的确如此。爸爸到家后走进房间，打开大哥托付给他的行李箱。箱子里整齐地排列着他的遗书、信件和日记。他们把他的遗书放在家里的供桌上，爸爸坐在发条钟下的长火钵旁，他弯着腰，把脸埋在手中。"你为什么要死？你为什么要死？"他不停地说着，大滴泪水从他眼中涌出。如果电报上写的是“在7月25日的一起事故中身亡”，爸爸也许不会如此悲痛。

我父亲出生在明治时代，和这个国家一同成长，从未抱怨过自己的儿子被送上战场。如果这封电报在日本战败的消息发布前送到，他也不会伤心成这样。直到很久后我才明白这一点。他就是那位悲痛欲绝的李尔王。他把自己的儿子奉献给国家，如果儿子在战斗中为国战死，他可以接受。但现在，国家已然战败，他的儿子为什么不回家完成长子的责任？难道他忘了他的父母、他的妹妹和他的兄弟？

爸爸的模样甚至比大哥已死去这个事实更让我害怕。在此之前，我一直以为孩子不会比他们的父母先死。我真是这样认为的。“这个早晨到来前，我们是那么快乐。”这个念头闪过我的脑海。我们为什么不能让时光倒流？如果可以的话，只需要半天即可，我不介意死的是我。这就是一个11岁的小姑娘绝望的想法。次日，父亲和我的另一个哥哥去了光基地，他们在那里获知，大哥并非死于自杀。自那以后，父亲再也没有在其他人面前流露出那种悲痛欲绝的表情。

妈妈绝望地试图让自己忙碌不已。多年以来，我一直跟在她的身边，抱着她，恳求她：“千万别寻死啊，妈妈，还有我们4个呢，别丢下我们。”我觉得我不得不紧盯着妈妈，否则她可能会去什么地方或是轻生。有时候，我们在吃饭时，她会起身离桌、消失不见，爸爸便派我去看看她在干什么，于是我就去打探一番。有时候我发现她蹲在花园的角落处锄草。也许妈妈宁愿用我们4个换取大哥平安归来。现在我也有3个孩子，如果他们中的一个死了，另外2个把我曾对妈妈说过的话对我说一遍，我也不知道我会怎么做。那时候，我不太理解妈妈的感受。我不能说，“我还活着呢，为了我，别轻生啊！”尽管我是个小孩子，但也不能这样说。

我认为一个人最大的犯罪就是把其他人当作工具使用。美军用燃烧弹对东京发起大规模空袭时，我知道美国人的伤亡非常轻微。他们只阵亡了9个人，遇难的日本人却多达10万。美国人投入了300架飞机，大约3 000名机组人员。一些飞机被击落，但大多数飞行员被他们的潜艇救走。他们对生命的重视达到了这样的程度：如果相应的准备工作没有完成，他们宁愿不发动进攻。而在日本，如果你被告知这是来自天皇的命令，那你就必须不折不扣地加以执行。只有日本采用“特攻”策略，这个事实意味着这种策略只可能存在于日军中。世界上还有哪个国家愿意把她的子民投入到一场绝无可能生还的战斗中呢？

1944 年 5 月，大哥在日记中写道："如果人间鱼雷研发成功，被派去驾驭这种武器的肯定是我们。"我大哥不是为天皇而战，而是为了他所爱的父母，为了他所爱的弟弟和妹妹，也是为了他所爱的故乡。他大概以为自己挺身而出，击沉"敌人"的一艘军舰或航母，或许能阻止敌人发起空袭。我必须坦率地指出，这是一种幻想，一种令整个民族深陷其中的幻想。"八纮一宇"就是幻想中的一部分。所有人都相信我们是个"神圣的民族"，相信神风很快就会将敌人卷入海底。在外人看来，日本似乎是个奇怪的国家。硫磺岛、阿图岛、塞班岛上的日本人明知道形势已然无望，还要发起"玉碎"进攻。他们应该向美国人投降，但他们没有。没人教过他们成为一名战俘意味着什么。如果被俘，你就成了一名"叛徒"。多少人死在因帕尔、新几内亚和菲律宾，不得而知。为什么他们不投降？

神津先生是我大哥的战友，他加入了一个反战士兵协会。该协会的两名成员是在战争末期被俘的战俘，可就连他们的同事也说出这样的话："都当了俘虏，还有什么资格谈论战争。"经历了那场战争后，你认为他们都会承认这是一场愚蠢、毫无意义的战争；但他们还是对那些成为俘虏的人持鄙夷态度，即便今天仍是如此。

"200 万～300 万日本人死于战争"，"犹太人死了 600 万"。我们不应将死者变为数字，他们是一个个独立的个体，他们有不同的名字和不同的相貌。"3 000 万亚洲人丧生。"东京空袭中死了 10 万人，广岛也死了 10 万。我大哥可能只是这千百万人中的一个，但对我来说，他是这个世界上我唯一的大哥；在我妈妈看来，他是她唯一的长子。死者一个个被汇集起来，这些宝贵的生命就这样被摧毁，他们中的大多数人籍籍无名，并被彻底遗忘。我大哥是日军阵亡者中最幸运的一个，他的回忆录在死后出版，因为他是一名学生兵，是一名"回天"特攻队员。

1945 年 9 月底，一场强烈的台风到来。海底发生剧烈的搅动，他那具"回天"被卷了上来，在长岛搁浅。光市基地里仍有些人从事善后工作，其中的 3 个赶至长岛。战争末期，只有一具"回天"下落不明。他们想："这肯定是和田君的'回天'。"他盘腿而坐，面前放着个小箱子。由于缺氧，他窒息而死，尸体腐烂得并不太严重。我记得那是 10 月的某天，听见门铃声，我过去开门。他的上司站在门前，另外还有一个白色的箱子。他说："我带来了你大哥的遗骸。"

我手上的戒指是大哥的遗物。他最后一次回家探亲时，送给妈妈一支发簪，让她夹和服的腰带。当时，他的军饷收入很不错，于是买了这支中间镶有一颗大珍珠的发簪。多年后，发簪磨旧了，于是妈妈把它改成一枚戒指。她在临去世前告诉我："你为你的稔哥做了那么多事，这个戒指理应给你。"我做的事没什么大不了，只是因为死者都已沉默，我必须替他们完成。他们无法诉说，活着的人必须努力为他们做点什么。这就是我在做的事情。

1943 年，大哥获知即将应征入伍后，用小提琴演奏了儒勒·埃米尔·弗雷德里克·马斯奈的《安魂曲》，并作了录音，那把精美的小提琴是他考上第一高等学校时爸爸买给他的。我的女儿出嫁时，我把她的东西送到她的新家，一种奇怪的感觉油然而起，我觉得自己陷入到地底深处。我正在厨房里洗碗，于是我打开收音机。广播中传出的正是那首曲子，这一刻，仿佛大哥在对我低语："这样一个喜庆的时刻，你为何要难过？想想送我上战场时妈妈的感受。"这首乐曲是大哥留给我的唯一声音，每次听到这段旋律，我都会想起他。

攥着阵亡通知，
我冲过松林，
战败国的蝉正在齐声合唱。

我害怕"正义"思想和国家意识形态。我宁愿要一个"不正义"的和平，也不要一场"正义"的战争。无论理想是什么，如果它会导致战争，我情愿要一个腐败、不道德、不正直、无法改善的和平。

我无法忘却父亲的恸哭，
他蜷缩着，
像只受伤的兽。

第五部分 | 一亿玉碎

JAPAN AT WAR

1944年，在日本本土，美军的火力打击犹如“钢铁风暴”，舰炮、大炮、炸弹、迫击炮、机枪、火焰喷射器和炸药铺天盖地。妇女、儿童、老人，所有人全部身处战区。“被敌人抓获后，男人会被切成碎片，妇女会被强奸……”在军国主义的宣传下，岛国开始了最惨绝人寰的“集体自决”噩梦，人们纷纷把屠刀砍向自己的亲朋好友……

空袭，空袭，空袭来了！
红色！红色！燃烧弹！
快跑！快跑！获取床垫和沙子！
空袭，空袭，空袭来了！
黑色！黑色！是炸弹！
捂住你的耳朵！闭上你的眼睛！

——出自《国民最喜爱的歌曲集》（这是孩子们跳舞、练习民防技术时唱的歌，在1944年的日本广为流传。）

1944年7月，塞班岛落入美军手中。通过报纸对岛上居民命运的报道，日本百姓首次意识到他们面临的前景会是多么严峻。例如，全日本的报纸都刊登了《时代》周刊一篇文章的译稿，文章中描述了妇女和儿童自杀的场景，特别是年轻的日本妇女选择舍身跳崖，也不愿向美国兵投降这种壮烈的景象。这种满怀敬畏的“敌方报道”被东京引用，作为平民“光荣牺牲”的铁证，并被描述为“日本女人之骄傲”的证明。《读卖新闻》很有代表性地刊登了东京帝国大学一位教授的评论，“这一鼓舞会使我们的勇气上升百倍、千倍，”并告诫读者们，“在取得大捷前，我们必须付出阵亡”。

这与一年多来一直向日本公众描述的，“帝国战败后会遭遇到什么”的情形完全一致。从关岛到冲绳的所有惨败，都被称为“日本取得大捷前的伟大阵亡”。至于日本本土遭受的轰炸越来越猛烈，媒体无法掩饰，只得承认“美国在战争物资方面的优势已给帝国军队造成困难”。这种说法通常还算恰当，但声称“日本的损失很有限”就有些自欺欺人了。报纸上还总是强调，个人主义和自由主义盛行的美国，不得不试图打一场短暂的战争，以便控制国内的和平主义情绪。日本民众一再从军人、官员和他们所青睐的知识分子那里得到保证，只要日本以真正的“大和魂”精神奋战到底，美国人的战斗意志就将在全民皆兵的日本本土上彻底崩溃。尽管此类以胜利的名义号召民众付出阵亡的官方呼吁愈演愈烈，但在日本的各个城市里，最常见的话题仍然是如何应对日常生活中遇到的困难。面对盟国海军日益有效的封锁，再加上农民和渔夫中可怕的劳动力短缺，粮食短缺的问题越来越突出。大米在黑市上的价格暴涨，被赋予“稳定经济”职责的警察，忙着在街道和火车上检查包裹和行李，搜寻各种违禁品。没有官方或军方的凭证，就连火车票也买不到。1943 年，周日休息的制度也被取消了。

无论怎样掩饰，日本在“太平洋帝国”边缘遭受的军事惨败，渐渐使其本土进入到美军的空袭范围内。针对这种进攻所作的防御计划，尽管付出了巨大的精力，并将全体国民卷入其中，效果却并不显著。民众被鼓励在他们的客厅下或是花园的角落处挖掘小小的、几乎派不上任何用场的防空洞。城市街道的两侧也准备了窄窄的壕沟和只能容纳一个人的孔洞。各个地方的妇女忙着为自己和孩子缝制塞了棉花的帽子，这种帽子据说能起到保护作用，她们还接到命令，这些“头盔”必须随时挂在肩头，如果被发现“没有保护”，就会遭到老师或官员的严厉训斥。

民防的责任主要落在妇女们肩头，因为大多数身强体健的丈夫、父亲和儿子不是在军队就是在工厂，在遭受攻击的情况下，她们不得不承担起“防御”任务。町内会举行了消防演习，在演习中使用诸如接力水桶和拖把这些原始的方法来扑灭燃烧弹引发的火焰。手动水泵和灭火器（和大号水枪差不多）被储存起来，水槽和水壶也灌满了水。灯火管制被严格执行。甚至在夜间点燃一根烟都会遭到严厉的训诫。战争后期，一些城市开始大批拆除建筑物，以便构设防火带。

1944 年 6 月，从中国基地起飞的美军 B-29 重型轰炸机开始对日本发起密集轰炸。起初，他们打击的是工业目标，实施的是高空轰炸，但到 1944 年秋季，马里亚纳群岛（当年 6 月被盟军夺取）的空军基地投入使用后，轰炸变得越来越猛烈。空袭变成了家常便饭，但直到 1945 年 3 月 10 日清晨，美国人才开始全面采用轰炸新战术，这种新战术将在不到 3 个月的时间里，将日本大多数主要城市夷为平地。一些幸存者在战后接受的采访中回忆，这种空袭可能夺走了成千上万人的性命，遇难者的确切人数根本无从统计，因为几乎所有的官方统计记录都在那场一夜之间将帝国首都四分之一区域摧毁殆尽的浩劫中被销毁。上百万人一下子变得无家可归。由于日本绝大多数城市建筑和几乎所有的房屋都是以木头或其他易燃材料为主，因此民防的努力根本无法阻止燃起的大火。遭受空袭时，那些为保卫家园、社区或工厂而按照规定坚守岗位的人，最有可能沦为随后而来、肆虐于日本城市的风暴性大火的遇难者。

但日本的官方报道和公告竭力淡化这种灾难，并试图将其转换为宣传优势。例如,《朝日新闻》在 1945 年 3 月 11 日的头版头条上写道 :“130 架 B-29 对帝都实施盲目轰炸,15 架敌机被击落,约 50 架被击伤。”相关的文章中指出 :“军事机构、政府部门和民众共同应对敌人鲁莽的盲目轰炸，我们为本土决战所作的战力积累不会因为敌人这种攻击而受阻。相反，这将激励起我们消灭敌人的斗志和决心。”但此类声明被证明与事实完全不符。截至 3 月 18 日（东京被摧毁后的第 8 天），名古屋、大阪和神户这些主要城市都被 300 余架轰炸机投下的燃烧弹焚毁。

通过这种惨痛的经历，人们学会了如何应对这种空袭。讽刺的是，这种应对方法居然不是从军事或民政部门那里学来的。现在，他们知道只要空袭警报响起，就应该立即逃离，而不是留下来灭火。在 4 月 13 日和 4 月 15 日的空袭中,美国人改善了战术,增添了延时炸弹,既能阻止日本人的消防努力,还能造成“即便轰炸机离去仍会发生爆炸”的恐惧，虽然 22 万栋房屋被毁，但空袭造成的伤亡人数只有 3 月 10 日的十五分之一。当然，当局会斥责民众只顾仓皇逃窜。对城市的这种空袭意味着前线和后方已没有任何区别。妇女、儿童、老人，所有人都已身处战区。到 1945 年春季，无论盟军军事机构还是日本军方和政府，似乎都无意对战斗和非战斗人员加以区分。

1945 年 4 月 1 日，冲绳战役正式打响，那是日本控制下的 47 个都道府县中最南端的一个。1945 年初，县里的民众已被动员起来保卫自己的家园。岛上唯一的报纸《琉球新报》，询问驻岛守军参谋长长勇少将，敌人发起登陆时，冲绳的居民应该怎么做。长勇回答说 :“毫不犹豫地接受军方的指挥。必须全民皆兵。抱着以一敌十的斗志,必将消灭敌军。”长勇补充说，军队的职责是赢得战争，不能为保护当地居民而遭受损失。2 月中旬，《冲绳新报》发表了社论 :“狂妄的美国人已将我们控制下的西南群岛作为目标。尼米兹（美国太平洋舰队司令）开始了他的行动。这是彻底歼灭敌人的一个天赐良机。全县所有居民，请拿出你的特攻精神！”

一旦美军登陆，冲绳及其邻近岛屿上的村庄和城镇都将成为战场。岛上的居民无法逃至岛屿北部的荒野，因为那里直接暴露在被许多人描述为“钢铁风暴”的火力打击下——舰炮、大炮、炸弹、迫击炮、机枪、火焰喷射器和炸药铺天盖地。奉命守卫岛屿的士兵从日本的其他地区调来，冲绳人被召入地方防卫单位和另一些非正规部队，或是被动员担任向导、学生护士、儿童传令兵，妇女和孩子们蜷缩在洞穴中（有的是天然洞穴，也有的是人工挖掘的洞穴)，无助地面对着美国人压倒性的军事力量。

根据以下幸存者的叙述，“友军”根本没有为冲绳居民提供保护。日军士兵经常命令带着孩子的母亲们离开洞穴，或强迫她们杀死啼哭的婴儿，以免吸引敌人的注意力。美军于 1945 年 6 月 22 日正式宣布攻占冲绳岛前，许多当地人被日军当作潜在的“间谍”加以处决。

冲绳战役的代价极其高昂。但就在许多冲绳人仍躲在藏身处并拒绝投降之际，当年 8 月投向广岛和长崎的原子弹将战争的恐怖送上了一个新的高度。

第 16 章 | 燃烧的东京

“浩子因我而死”

口述者：小学生　船户和代

1945年3月9日晚，日本首都遭到325架B-29重型轰炸机空袭时，她和她的家人就在东京。

这场空袭所采用的战术，与美军以往对日本城市发起打击的方式截然不同。以前大多是在白天发起高空轰炸，主要使用高爆弹瞄准目标。但这次空袭中，曾经负责指挥美军陆航队从马里亚纳群岛发起空中攻势的指挥官柯蒂斯·E. 李梅将军却下令实施低空轰炸，主要在5 000 ~ 8 000英尺。另外，许多轰炸机奉命拆除机枪和配弹，以便更多地携带上M-69凝固汽油燃烧弹。每架飞机可以携带40颗集束燃烧弹，每颗燃烧弹内含38枚炸弹，因此每架飞机总共携带着1 520枚燃烧弹。发起空袭的轰炸机也投下一些高爆弹和磷弹。此次空袭的既定目标是东京的住宅区，而不是特定的工厂厂房。日本的工业分散在一个个小作坊间，这让美国有理由将隅田川东岸的下町区选定为主要轰炸目标。对1923年关东大地震引发火灾进行的研究和对日本家庭及社区建筑的分析表明，这种战术很可能引燃一场无法控制的大火。美军的目标是尽可能将这座城市焚毁。

今天，船户和代和她的丈夫及两个孩子居住在东京的葛饰区。她的丈夫在东京遭到轰炸的那天成了孤儿。最近，她把自己的经历写成一本儿童读物。回忆起当晚的情形，她的眼中总是噙满泪水，屡屡失声哽咽。

我们的学校似乎被军国主义色彩所笼罩。校内举办的活动，主题大多是“士兵”“冲锋中的司号兵”或“战地护士”。我们常常在作文、绘画和书法中向奋战的军人们致谢。老师们变得非常严厉，也许是为了把我们这些“小爱国者”培养成服从命令、听指挥的人。我就读的是一所新学校，很容易被军事化，所以我们以操练著称。早晨集合后，我们便开始操练，这让我们觉得自己就是士兵。伴随着喇叭里传出的军乐，我们迅速排成 4 行，然后是 8 行。所有人步调一致，这很带劲。按照体育老师厉声喊出的口令，我们干净利索地完成一个个动作。此外，我们也举行防空演习。我们戴上专用防火盔，拿起书包躲在教室的课桌下。用拇指堵住耳朵，再用另外四根手指挡住眼睛。他们说，如果不这样做的话，我们的眼睛会弹出来，耳膜会破裂。我们还用“接力水桶”的方式练习灭火。

我有三个哥哥，光一是我的大哥，二哥稔就读于医药学校。根据去年通过的“学生动员令”，他俩都已应召入伍。1944 年 3 月，稔被派往陆军医疗补给站。8 月 11 日，我成了第二个离开家的人。按照“群体疏散令”，我被送到乡下，那时我才上六年级。家里还有三个比我更小的弟妹，我离开时，最小的弟弟才 3 个月大。如果留在家里，我就得把他背在身上，还要看好在附近奔跑玩耍的两个妹妹。我不知道我走后这几个小家伙怎么办，但想到能跟着一大群人离开，我便兴奋不已。后来，几个弟妹和奶奶一同被疏散到亲戚家。

1945 年 3 月 2 日，我们这些六年级的学生终于从位于山形县的疏散地被送回家。到家 6 天后，我们遭到了空袭。如果疏散是为了挽救生命，那么这次返家则属毫无必要；但疏散地实在没有容纳我们的地方了，因为三年级的学生很快将疏散到这里。于是，我在山形县的时候就给稔写了封信：“咱们在东京见。”

我不知道我的妹妹们已回到东京。浩子到了上学的年龄，所以她必须回东京接受体检。奶奶也背着旭子回来了，她说：“要是浩子回去的话，我们就都回去。”他们的想法是，我回东京参加学校毕业典礼时，全家人就能再次团聚了。

当时东京遭到的空袭并不太频繁，所以我们一家人过得还算热闹、快乐。我的三哥价旦也回来了。3月9日晚，稔从他工作的地方赶回来。就这样，在非常偶然的情况下，我们全家人当晚都在东京聚集。但接下来的事证明我们真的太不幸了。

当天一直刮着北风，天气很冷。我们都已就寝，因为那时候我们普遍睡得早，也因为当时不许开电灯。10点刚过，第一次空袭警报响起，来得非常突然。这是个初期警报，因为只发现三四架敌机。很快，警报解除了，他们肯定认为这只是敌人的侦察行动。随后，一场全面空袭骤然降临。妈妈叫醒我时，到处都是可怕的喧嚣声。爸爸不得不拿起钢盔和背包奔向他的工作岗位，因为他在警防团担任医务工作。那时候，我们总是穿着衣服睡觉，所以我唤醒浩子，妈妈背起最小的弟弟，我们一同走进挖掘在店铺下方的防空洞。我的3个哥哥已冲出去扑灭燃烧弹引发的小火。突然，光一跑过来告诉我们趁逃生道路尚未被切断，赶紧往学校方向奔逃。他说："我们随后就到。"我们跑出去时，看见西面的深川市方向已是一片通红。此时的北风异常猛烈，飞机引擎发出的嗡嗡声汇聚成一股剧烈的轰鸣，震颤着地面和天空。四面八方，到处都有燃烧弹落下。

妈妈背上的孩子啼哭着。我拉着浩子的手。旭子住在奶奶家里，稔去找她们。他到达那里时，发现燃烧弹像雨点般落下，周围一个人都没有。他知道自己正处在极度危险中，于是转身返回。此时，妈妈、小弟、浩子和我正躲在学校后面的避难所。那里无遮无掩，更像是一道战壕。按照计划，如果发生什么事情的话，我们应该在这里集合。

燃烧弹开始落在学校附近，火焰越来越近。惊慌失措的人们奔跑着，尖叫着："火来了！我们都会被烧死！"燃烧弹落下时发出的嘶嘶声、飞机震耳欲聋的轰鸣以及火焰、狂风的咆哮令我们不知所措。"待在这里会死的！快跑吧！"人们纷纷响应，妈妈和我也跟了上去。"妇女和孩子，跟上我们！你们还犹豫什么？"我们跳了出去。有人喊道："逃到砂町就安全了！"

砂町在我们家南面，几周前那里遭到过猛烈的轰炸，大半个砂町已不复存在，只剩下一片片空地。砂町位于下风处，火中求生的一个铁律是逃往上风处，但我们无法朝另一个方向奔逃，一场风暴性大火拦住了我们的去路。要想逃至上风处，就必须穿过这堵火墙，大批市民疯狂地逃离火焰。"朝砂町方向跑！"我们离开避难所，跨过学校前方一条臭水沟上的木桥。然后，我们遇到了我的 3 个哥哥。爸爸也来了，他所在的警防团已解散。我觉得，“我们终于安全了！”猿江恩赐公园就在附近。爸爸肯定已作出判断，逃到那里会比较安全，于是我们手牵手朝那里跑去。可当我们赶到时，却被禁止进入公园，因为里面已经挤满了从深川方向逃来的市民。我们不得不转身返回并穿越那堵火墙。此时此刻，即便是两三分钟都宝贵至极。

“抓紧，不要松手！”稔攥紧我的手时这样说道。光一背着浩子，我们朝砂町方向逃去。那里有许多河流和桥梁，我们赶至新开桥，砂町就在前方了，但我们在这里走散了。风力和火势变得极为猛烈，我们宛如身陷地狱。所有房屋都在燃烧，灰烬雨点般落向我们。太可怕了！火花四散飞舞。摇摇欲坠的电线噼啪作响地发出火花。妈妈背着小弟，狂风从她脚下卷过，她跌倒在地。爸爸从她身后跳了过去：“你没事吧？”价旦喊道：“爸爸！”

我不知道他是想救爸爸还是想和他待在一起，但他们几个立即消失在火焰和黑烟中。一切都在燃烧。我们前方的工厂，红色的火舌从一扇扇窗户里蹿出。此刻，只剩下光一、稔、浩子和我。桥下有一片茂密的灌木丛和一处浅浅的洼地，我们挤在那里。光一叫道，不能再往前走了。但我们也无法回头。路上，许多人跳进了 20 米宽的小名木川河。从我们所在的地方可以勉强看见路边的一条壕沟。为防备空袭，许多道路旁都已挖掘了壕沟。光一攥着浩子的手，我紧紧抓住稔，我们穿过火焰，朝路对面冲去。浩子戴的帽子燃烧起来，帽子里填满了棉花。我们跳入壕沟，试图把那帽子弄掉，但浩子为了不让风把帽子吹掉，戴得很紧。她也想把头上的火扑灭，结果双手却被烧伤，头发也烧了起来。最后，我们终于把那顶帽子弄掉，并用我们的腿把火扑灭了。我们面朝下趴在沟里，心里想着只要明天早上火势减弱，我们就会平安无事了。突然，稔发出一声可怕的尖叫，跳出了壕沟，火焰从他背后蹿出。光一站起身喊道：“稔！”就在这一瞬间，他也被火焰吞没了，此刻只剩下浩子和我。

另外有一名女学生也躲在沟里，可以说是她救了我。如果这里只有浩子和我，我觉得自己根本无法承受心里的恐惧。沟里无遮无掩，上面周围全是火，火星雨点般落入沟里，浩子不停地尖叫着，“烫，太烫了！”我们本来要逃出去，可这样我们肯定葬身火海。那名女生凑到我们身边说：“我跟家里人走散了，我们三个一同努力吧！”她可能比我大两岁，我不记得她有没有跟我们说她的名字。那晚，她用自己的身体盖住浩子。后来我们又把浩子放在我们中间，平趴在防空壕底部。浩子被严重烧伤，不停地哭叫：“我的手痛，我的手痛。

给我点水吧，和代姐。”我在沟底挖了个洞，把她的双手放了进去。她说她的手感到凉爽舒适。我们就这样在沟里躲了一夜，等待火势减弱。

各种声音首先停顿下来。拂晓刚到，那名女生就对我说：“我们返回已被烧过的地方吧，其他人可能都平安无事，然后你们就可以回家了。”马上要跟这名女生分开，我感到很焦虑。我问她要去哪里，她说她要去第八区。显然，我们的家在相反方向。于是，我们一同离开了防空壕。新开桥旁，许多人已丧生。那些没能冲过街道躲入壕沟里的人都跳到了河里，此时水面上满是尸体。有些人试图在桥下避难，但也被烧死了。

跟那名女生分手后，我们再次跨过昨晚才跨过的桥梁，然后看见了许多被烧成黑炭的人。场景十分可怕。有些人的衣服仍在冒烟，身体却一动不动，这种情况绝不是只有一个两个。桥下有个小小的派出所，现在只剩下混凝土墙壁。我想也许会有警察待在那里，因此我让浩子靠在一堵水泥墙上。随后我又想，爸爸和哥哥们可能会从这条路经过，这样我们就能遇上，然后一同返回药铺。那时的我大概是害怕独自走在街道上，可是在桥下等了许久，一直没有人来。浩子嚷着要喝水，周围路过的人都说应该带她去救助站接受治疗。最后，我们来到一片已被彻底烧毁的地区，这里曾经是我们的家。我之所以能确定，仅仅是因为房子前面有一个装满水的硕大的水泥蓄水池。那里也有具尸体，半个身子泡在水池里，他显然是溺死的。父亲药房里的许多玻璃瓶已被烧化，整个店铺沦为一堆瓦砾。

一切都如此安静。我和浩子坐在药店前的水泥台阶上等待。町内会的一名年轻妇女走过来，告诉我们：“你们大哥就在那里。”附近有一个快运公司，光一坐在他们公司车库一辆被烧损的卡车上，浑身颤抖。“你们是怎么逃生的？”他问道，喜悦的泪水从他的面颊滚落，他原以为我们都被烧死了。冲出那条防空壕时，他被撞倒，远远地摔倒在街道上。恢复知觉后，他趴在地上，紧贴着路缘。最后，这道小小的路缘救了他的命。

过了一会，爸爸和价旦也出现了。活着的人犹如鬼魂般出现，一个个沉默不语。他们步履蹒跚地走回来，祈祷着亲人也能活着回到原先的住处。爸爸说：“稔不会有事的，他很健壮。”他用红药水和绷带给我们做了急救，然后告诉浩子：“你的烧伤很严重，但爸爸在这里，不用担心。”然后，我们五个在这里等着妈妈。很长一段时间过去了。其实，妈妈就在这里，只是没人认出她来。她蹲在地上，没有背着小弟，衣服和头发也全被烧焦了，光着双脚，身上裹着一条军用毛毯。价旦首先发现她："妈妈？"爸爸问道："孝久出什么事了？"妈妈沉默不语，她的后背和双肘都被严重烧伤。从烈焰中穿过的人都知道，烈火有多么野蛮。我们不敢开口询问小弟出了什么事。在当时的情况下，每个人所能做的只是自救。妈妈的眼睛也被硝烟熏伤。这的确是一件残酷的事，难以开口，但我能看出妈妈此前一直背着孝久。她的后背与孝久的双腿接触的地方被严重烧伤；她曾搂着孝久，防止他跌落，因而手肘也被烧伤，甚至能看见红红的血肉绽露在外。她几乎已无法行走。爸爸所能说的只是："你回来啦！你回来啦！这太好了！"我们扶着妈妈来到车库，给她喝了点水。我们就这样挤在一起。邻居们在各个地方等待着家中尚未归家的成员。但我们家，再也没有其他人回来。

临近傍晚，我们的亲戚推着一辆推车从小松川赶来接我们，那里没有遭到焚烧。他们说，从远处望去，红色的火焰就像是绽放的红莲。爸爸尽量拖延着离去的时间，他不停地说："再等一会儿，再等一会儿。"最后，他从警防团的笔记本上撕下一张纸，把我们的目的地写在上面，然后将这张字条留在车库内。

我们来到小松川的一间农舍。妈妈呻吟着，但孝久的下落她一个字都没有说。她甚至没有哭，只是趴在那里。爸爸返回火灾区寻找稔、旭子和奶奶，多次寻找无果便不得不放弃。起初，我们以为或许能发现他们的尸体，但连这个都没找到。我们联系了稔的学校，同样徒劳无获。

浩子的伤情加重了。她不时索要饮水，却什么都咽不下去。爸爸说，这肯定是破伤风。她必须住院治疗，但大多数医院都已被焚毁。我们获知小松川有一所小医院，爸爸就把她放在推车上，带着她赶到那所小医院。正如我们所料，她患了破伤风。爸爸被告知，注射血清或许能救她的命，可这里却没有血清。

浩子的脸严重烧伤，绷带很快被鲜血和脓液浸透。医院里可供更换的绷带寥寥无几，因此我们把浩子的绷带带回家清洗，再送回医院。那天，轮到我去给她换绷带，彼时我已经好几天没见到她了。我拿着绷带走入病房，混凝土房间里只放着一张病床。我说："浩子，你怎么睁着眼睛睡觉？"我试图把她的双眼闭上，可那双眼睛却无法闭拢。我叫了起来："浩子！浩子！"她毫无反应。通常情况下，她都会说"我想喝水"或是"好痛"。一直陪着她的爸爸走了进来，他告诉我："浩子刚刚走了，尽管我为她弄到了血清。"

此前我从没听说过破伤风病菌，现在我第一次知道这种病菌存在于土壤中。是我在防空壕潮湿的地面挖了个洞，并把她的手放了进去。破伤风病菌肯定就这样通过烧伤处进入到她体内。听到这一切，我再也坐不住了。

我们的许多亲戚住在小松川，有些人说："和代，你跟浩子在一起。你毫发无损，她却死了。"我竭尽全力在地上挖了个洞，以便让她烧伤的双手得到些凉意。我怀着幼稚的善意做了这件事，他们称赞我："你做得非常好！"可现在，我的妹妹浩子死了，那些人又开始悄声议论她的死因。爸爸向我保证，说这不是我的错。灾难中，破伤风和伤寒经常出现。但他也说，可怜的浩子本来是不会死的。

尽管妈妈对此从未说过一句话，但我觉得这是她人生中最艰难的时刻。她背后的孩子死去了。我们不知道她是把他放在了某处，还是他烧着后从她身上跌了下去。想搜集东京大轰炸记录的人曾请我们去询问妈妈当时的情况，可我们无法开口。她现在 88 岁了。在她还能走动时，我经常带着她去弟妹的墓地祈祷。她一边往墓地上浇水，一边说道："小浩子，你肯定烫坏了！小孝久，你肯定烫坏了！"

电话局的死难者

口述者：电话局员工　富沢贵美、小林弘泰

这是日本电信电话株式会社总部内一间令人印象深刻的会议室，位于东京市中心的新桥，我们在这里见面了。80 岁的富沢贵美穿着一身华丽的和服，70 岁的小林弘泰穿着蓝色的西装，打着领带。在会社发展企划室室长的陪同下进入会议室时，他们显得很正式。室长直言不讳地对这次采访提出了忠告："今天的会社被称为 NTT，但在当年是递信省，请务必谨慎地对此加以区别。"整个采访过程中，会社的两名代表一直在场。

1945 年 3 月 10 日午夜过后，盟军对东京发起了大规模空袭，造成 7.5 万～10 万人丧生，可能创下"二战"乃至任何一场战争（包括原子弹轰炸）中单日死亡人数之最。正式的记录中还有 4 万人受伤；一片大约 14 平方英里的区域被摧毁，区域内 60% 建筑物遭到破坏。

富沢贵美：当时，整个墨田分局有 8 399 个电话插座。我是一名主管，这个数字我永远不会忘记。墨田分局是东京中央电话局 6 个交换台里最大的一个。那时候，平均几十户人家才有一部电话。除非至关重要，你才能拥有一部电话，否则根本不会给你布线。政府部门和警署是最优先级，普通住家是第五级，也就是最后一级。

大正十年，即 1921 年，我进入电话局。那时候，像我这样的女孩所能找到的工作无非是在纺纱厂当一名女工，或是给别人当保姆。对一个小姑娘来说，接线员是份非常好的工作，不仅有前途，甚至还能获得养老金。开始在那里工作时，我才 12 岁。

小林弘泰：所有机器和设备的管理都由男职工承担，接电话是唯一向女性开放的工作。我的工作是负责外部设备。就连我们的维修和操作人员都分属不同的行政管理系统。我经常一连工作 24 个小时以上。我去上班常常一干就是一整天。夜里，空袭警报响过后，我骑上自行车又回去上班。四下里漆黑一片，使用照明工具非常危险。

富沢贵美：我不会骑自行车，所以从家里到上班的接线站，我要走上半个小时。我的头上戴着防空头盔，但不时被空袭警卫人员拦下，他们说："女人不应该在这种情况下赶路。"尽管我向他们出示了我在电话局的工作证，但他们还是让我等到空袭警报取消后再走。所以，我用了很长时间才赶到电话局。

我们每个人都尽了全力，真的。我们作好了应对火灾的准备，知道自己该干什么。我们曾用水桶和灭火器进行过消防演习，我们甚至接受过军事训练，"各就各位！按班组列队！前进！"他们给我们下达这样的军事命令。我很年轻，所以对我来说执行这些命令轻而易举，但那些年长的妇女就颇觉为难了。她们奉命列队行进时，甚至无法确保自己迈出右脚的同时伸出左手。

通讯至关重要，哪怕铁路运输中断，通讯也不能停顿。如果通讯线路发生故障，你必须立即处理。只要有一根电话线尚存，你都要用它来恢复通讯，以便将重要的信息发送出去。确保系统正常运作不仅仅是我们这些主管的任务，也是全体人员的共同职责。当然，我们也一同分享完成任务后的喜悦。

小林弘泰：我们也有同感。但是火焰四起时，上级没有下达撤离岗位的命令，也没有让你离开，你只能坚守岗位，至死方休！就是这样。操作人员都是些十三四岁的孩子！如果他们在家里，家人会告诉他们，赶紧逃跑。但在这里，在火海中，他们操作着交换机，或是忙着用水灭火，他们从未吐出过“逃跑”这个词。这是个命运多舛的工作。

富沢贵美：那天，我上白班，但每天下午 5 点到晚上 8 点都是最忙的时候，所以我一直待到 8 点左右才回家。

小林弘泰：1945 年 3 月 9 日，我也在岗。空袭警报每天都会响起，所以尽管看见了远处的红点，我们也没有太惊慌，但飞机很快出现在我们上空。附近的地方已是一片通红，到处都是火。大楼起火燃烧后，有些人仍在操作交换机，其他人则试图将火扑灭。外面，巨大的电话线杆靠着建筑物而设，既能保护窗户，也能承受炸弹的爆炸，但在燃烧弹的攻击下，它们就像一根根木柴。电话线杆起火燃烧时，电话线上仍有些工作需要完成。

富沢贵美：我们这里的电话线连接着整个墨田地区的高射炮部队和消防单位。当时，这里没有任何无线通讯设备可供使用，所以重要的政府部门线路都是经过我们的交换机。直到最后一刻，许多接线员仍在工作，将一条条线路插入电话插座。

小林弘泰：大楼的某些部分仍是用木头建成，例如窗框和休息区，都是用木头构设，再涂上灰泥。楼顶上有个水箱，从理论上说，通过管道，水箱能为整个建筑投下一道水帘。但打开阀门后，水箱里的水很快便耗尽了。我们打开消防栓，一开始，水流汹涌，但由于所有人都在使用，所以很快就没水了。我们还有个小小的池塘，大约 2 米长，池塘里的金鱼一直令我们深感有趣。此刻，我们从池塘里舀水，再把水浇到窗户上，试图让其冷却。玻璃都碎了，在烈焰中发出“呯”的爆裂声。我还记得那些拎着水桶的孩子。现场一片混乱。就连茶壶里的水都用光了。

外面，整个世界都在燃烧。我们无水可用，各种水源都被耗尽。操作员兼夜班主管松本修治被发现死在避难所里，是被烧死的。他是一名马拉松运动员，但他对属下负有责任。据幸免于难的田中小姐说，他们最终试图离开这座建筑，“出去，快出去！”但火势太大，他们没能逃离。

富沢贵美：他们当中只有 4 人幸免于难，幸运地逃离了危险，剩下的 31 人悉数遇难。

小林弘泰：我们以为自己是最后一批撤离的人群。我们没能打开大门，于是从侧墙翻过去。荒川河上的桥梁被堵得水泄不通，对岸的人想逃过来，这里的人想逃过去。双方被堵在桥中央，动弹不得。人都是贪婪的，即便是这种情况，许多人还携带着不少东西。我们在大桥旁有一根电话电缆，部分淹没在水中。但此时我们必须抓住逃生机会，没有别的办法，因此攀住电缆，一点点爬过去。我们的身体浸在河水中，就这样渡过河去，以避开燃烧的空气，这就像一场马戏团的表演。

要是消防栓里还能放出水来，我们可能无法逃生。但那里已经没有水了，根本没办法灭火。另外，我们的行政管理系统与那些姑娘们是分开的。我们后来遭到质疑："为什么只有你们这些男人逃了出来？"他们想知道我们为什么没有多带些姑娘一同逃生。但经过调查，他们发现就连公用电话的投币箱都被彻底烧融，这才明白情况有多紧急。

一条可使用的电话线都不剩。第二天我回去时，发现粗大的电缆都被烧化，窗框已荡然无存，所有金属物件不是被熔化就是烧得变了形。交换机和其他一切木头制品都被烧毁，什么都不剩。

富沢贵美：内部的电缆仍挂在空空的水泥箱上，这令我不寒而栗。

小林弘泰：通过缠绕的腰带，有些死者尚能识别，紧贴着皮肤的那一面写着他们的名字。实话告诉你，我无法分辨死者是男还是女，因为遗体已经不完整了。他们堆在一起，最底部的尸体都黏了起来。他们身上的衣物已寥寥无几。松本先生只剩下一条内裤，黏在避难所的墙壁上。他妻子赶来后，谁也没有勇气告诉她，她丈夫已经死去。每个人都对我说："你去告诉她吧，你也是值夜班的。"没有比这更痛苦的任务了，后来是他的妻子证实了墙上那条是她丈夫的内裤。

即便在所有遗骸都被安葬后，这里每逢下雨都会出现一股蓝色火焰——是磷的缘故。驻守在这里的士兵们曾说过："他们也许会在今晚出现。"这让人无端想起鬼魂和蓝色的火焰。

我不知道战争是什么，我也不知道我们为何要发动战争。我不想谈论战争的胜败，只是为那些死者感到心痛。这与我是否仇恨"敌人"无关。无论你多么荣耀，如果死了，那就万事皆空。那些年轻的孩子们辛勤工作，毫无怨言，是那么令人敬佩。可是转眼间，到处都是燃烧的烈焰，巨大的飞机从空中飞过，投下炸弹。我感到仇恨，"你这个混蛋！混蛋！"你大声吼叫着，但你对此无能为力。如果你打赢了，你就是胜利者，你说什么就是什么。端着步枪的人被打死，这没问题，可那些孩子没有任何武器啊，他们有的只是自己的胸膛，他们的结局太惨了。

我不知道战争给谁带去了幸福？坚守岗位的遇难者被晋升了两级，还获得了天皇颁发的奖章。可是在很长一段时间里，他们的父母甚至没有得到抚恤金。只有那些好战分子被供奉在靖国神社里，可死在这里的无辜者呢，她们在哪里？那些十五六岁的姑娘，她们个个恪尽职守。（他的喉咙哽咽了）人们甚至这样问道："她们为何不早点逃生？她们应该早点跑！"

富沢贵美：无辜的她们才真正应该被供奉起来。

第 17 章 | 战火烧至冲绳

“我想走在没有炸弹的天空下”

口述者：高中女学生　宫城喜久子

姬百合和平祈念资料馆伫立在岛屿的南端。1945 年，这里是冲绳战役战斗最激烈的地方。经过“姬百合学徒队”生还者历时 8 年的筹款和艰苦努力，这座资料馆得以落成。资料馆里挤满了游客和参加学校组织的郊游的初高中学生。墙壁上挂着年轻姑娘们放大的黑白照片，每张照片下都写着她们的名字。墙壁的某些地方只写着姓名，没有照片。生还者的证词也被展出，另外还有饭盒、钢笔、梳子、写字板、铅笔盒和其他一些物品，都是从学生们工作过的洞穴里挖出来的。这座资料馆本身就修建在一座洞穴的上方，但通入洞内的道路已被堵住。冲绳岛呈蜂窝状，遍布天然火山洞，这种结构被纳入岛屿的防御，在战争期间成为平民和士兵们的藏身处。

“如果不发生战争，我那些朋友和同学就能和她们的儿孙一起享受和平的生活。”宫城喜久子这样说，62 岁的她是姬百合学徒队里最年轻的生还者之一。作为一名退休教师，她在这些日子里花了许多时间来回答资料馆读者们提出的问题。

1945 年时，冲绳县的人口大约为 57 万人，战役在 1945 年 4 月 1 日正式打响前，已有 8 万人撤离该岛。就读于该岛的女子高中、初中和师范学校的学生，许多被征召进学徒队。在那些最有名的学校里，女生加入“姬百合学徒队”，男生参加的则是“铁血勤皇队”。共有2 000名学生被动员起来，其中的1 050人身亡。

1945年2月，接受动员之前，我回家向家人道别。我对父母保证，我会赢得“勋八”等帝国旭日章，并被供奉于靖国神社。父亲是一名乡村教师，他说：“我把你拉扯到16岁，不是让你去送死的！”父亲居然说出这样的话，所以我认为他是个“叛徒”。我为自己能投身战场而深感“自豪”。

“姬百合学徒队”由15～19岁的女学生组成，都来自冲绳县立第一高等女子学校（以下简称“一高女校”）和国立女子师范学校女子部。当时，我在“一高女校”读四年级。3月24日夜间，伴随着美国海军隆隆的炮声，我们被动员起来，从学校的宿舍直接赶往南风原陆军医院。尽管说起来是陆军“医院”，实际上却是散布在南风原镇周围的一些洞穴。医院并未真正建成，所以我们的第一个任务是挖掘洞穴，为自己搭建藏身处。洞外，雨点般落下炮弹的形势持续了五六天。

我们在战场上粗陋的三角形兵营里举行了毕业典礼。炮击仍在继续，我们跪在地上，用两三根蜡烛提供了照明。光线极为昏暗，我们几乎看不清同学们的面孔。校长作了毕业演说，主题是“努力工作，不给‘一高女校’丢脸”。我们唱道，“无论你去何方，都将一生奉献给天皇”。我们的音乐老师那时才23岁，已为我们的毕业写了一首歌，歌名是《离别之歌》。这首歌非常棒，根本不是军歌。我们在挖掘掩体时将这首歌记熟，我特别喜欢副歌中“我们会再度重逢”这一句，但在毕业典礼上，没时间唱这首歌了。此刻已过晚上10点，尽管如此，伴随着爆炸震颤地面发出的回响，我们还是唱着这首歌返回我们的洞穴。第二天早上，那座三角形建筑已不复存在。三天后的4月1日，美国人开始登陆。

与此同时，大批受伤的士兵被抬入洞穴。我们都被惊呆了。有的伤员没了面孔，有的没了四肢。那些二三十岁的年轻男子，像婴儿似的惨叫着。这些伤员足有数千人。起初，我的一个朋友看见一名脚趾被炸飞的士兵后晕了过去。她居然瘫倒在地，士兵和医护人员朝她怒吼起来：“你这个笨蛋！你认为你在战场上能这样做吗？”

我们每天都遭到申斥：“傻瓜！笨蛋！蠢货！”我们是那么幼稚，那么不切实际。我们曾以为自己会在远离前线的后方，举着红十字旗，为伤员们裹上绷带，涂抹药膏，按照受过的培训为他们注射药剂，再用温柔的声音告诉那些伤兵："请不要放弃，拜托了！"现在，一个个伤员被抬了进来，直到各个洞穴人满为患，但被送来的伤兵依然源源不断。很快，我们把他们安置在空地处，随后又使用了一片耕地。有些伤员因失血过多而死，还有些人被雨点般落下的炸弹再次击中。许多人死得非常快。

被送入洞穴的伤员也没那么幸运，每隔一周或两周，就要为他们换绷带。所以，脓液会喷溅到我们的脸上，伤口处蛆满为患。清理蛆虫是我们的工作，我们甚至没有足够的时间把那些蛆逐一弄掉。气性坏疽、破伤风和脑膜炎很常见，患了脑膜炎的伤员几乎已不再是人类。剧烈的疼痛使他们扯掉衣物，撕开绷带。他们被反绑在柱子上，治疗也停顿下来。

起初，见到他们的痛苦和扭曲，我们很害怕，甚至哭泣起来。很快，我们不再多愁善感。从早到晚，我们不停地忙碌着，"做这个，做那个"。但是，作为低年级学生，有些伤兵需要我们照料。女生们站着睡觉。"学生小姐，我要尿尿。"他们这样喊道。照料他们大小便是我们的工作。高年级学生被分配到手术室。在那里，伤员们在不使用麻药的情况下被锯掉胳膊和腿。他们用的是锯子，按住伤员的四肢就是学生们的任务。

洞外，密集的弹雨从早到晚倾泻而下，晚上会稍稍减弱。这时候，我们就把尸体和截下的四肢运出去。外面的弹坑星罗棋布，说起来有些好笑，但我们的确认为很幸运：不需要我们再挖坑了。"一，二，三"我们齐声喊道，将尸体抛入坑中，然后再钻回洞里。没时间啜泣或恸哭。

面对冰雹般落下的炮弹，我们还要到外面去取口粮和饮水。两人一组，抬着一个半蒲式耳的木桶来到水井边。炮弹落下时，我们趴倒在地，但总会护住水桶，因为桶里装着所有人的救命水。我们的饭团越来越小，最后只剩下乒乓球大小。抵御饥饿的唯一办法是大口喝水。这里没有多余的水，我们甚至无法清洗沾满泥污的面孔。

我们奉命从事"护理"，但实际上，我们干的是杂活。我们在洞内待了60天，随后奉命撤往伊原。我们这群人中有12人丧生，其中2名老师，10名学生。有的被活埋，有的被炸飞了腿，还有5个死于毒气。

5月9日，敌人使用了毒气。他们将毒气弹投入三年级学生所在的洞穴，那些学生才15岁。3名学生和2名老师惨死，就这样死了！他们的尸体肿胀成了紫色。他们身上没有伤痕，看上去就像是窒息而亡。他们剧烈挣扎，我们不得不像对待患了脑膜炎的伤员那样，捆住他们的胳膊和双腿。那个洞穴就在我待的这个洞穴旁边。老师回到我们这里时不禁失声恸哭起来，尽管他们都是男人。另一个洞穴也遭到毒气弹的攻击，就是今天姬百合和平祈念资料馆所在的这个位置。洞里的51人，有46人丧生。

5月25日左右，我们奉命撤至伊原。我们护理的所有伤员都被留在原地。我们中的一个人问道："当兵的，你打算怎么处理这些伤员？"他回答说："别担心，我会让他们轻松些。"我们后来听说，医护兵给他们提供了掺上水的炼乳作为最后的食物，然后又给了他们氰化物，并告诉他们："像个日本士兵那样光荣阵亡吧。"美军就在附近。如果伤兵们被俘并交代出日本军队的部署，那就大事不妙了。为了保护军事部署，这些伤员都被杀死，只有一个人爬了出来，活着提供了证词。

通往伊原的道路很可怕，不仅泥泞不堪，还布满弹坑，弹坑里漂浮着死尸，已肿胀成原先的两三倍大。我们只能在夜间行进。有时候，美国人会发射照明弹来寻找目标。具有讽刺意味的是，这反而给我们提供了足够的光线看清楚道路。照明弹的亮光暴露出途中手足并用、绝望爬行的人，受伤的人朝我们喊道："学生们！学生们！"我以肩膀为拐杖，搀扶着一个负伤的朋友。另一个朋友由于营养不良，患了夜盲症，她不断地被尸体绊倒，不禁痛哭起来。我们已习惯洞穴中粪便、脓液和蛆虫的臭气，但道路上的死亡气息还是令人难以忍受。这里每天都在下雨。

成千上万的平民像蚂蚁那样移动着。祖父、祖母，以及背着孩子的母亲，浑身泥泞，沿着道路仓皇逃生。负伤的孩子被留在路边，就这样被抛弃。这些孩子知道我们是学生，他们哭喊着："Nei，nei！"并试图抱住我们。他们喊的是冲绳方言，意思是"姐姐"。太可怜了！直到今天，我仍能听见那些哭喊声。

白天，我们遭到敌军炮火的压制。在荒郊野岭上，我们躲在草丛里，大声呼叫着我们的老师，"我害怕"。我们这群人都是些十五六岁的孩子，老师们对我们特别关照。"振作些！你们能克服的！"他们安慰着我们。

6月10日，我们终于到达了伊原。今天坐车只需要30分钟的路程，我们当时走了10天。第一、第二和第三外科壕得以重建。第二外科壕已人满为患，你在里面只能坐着，将双膝蜷缩到胸口。

到达伊原后，我不记得自己去过厕所，当时的我们都已严重脱水。如果你把手插入头发，就会发现头发里满是虱子。以前，我们身上满是泥泞，现在则沾满污秽。我们的指甲越来越长，一张张面孔黑黢黢的。我们瘦弱不堪，浑身发痒。

我们吃的是霉变的生糙米，同时也会小心翼翼地嚼点饼干。吃这些东西的时候，我们觉得自己就像是在享受一顿真正的大餐，但那些糙米依然难以下咽。一天，一名老师说道："我们出去把这些米煮煮吧。"只要把这些糙米加热，它们就能稍稍膨胀，吃起来就会更容易些。我们搞了点水，跟着老师一同爬了出去。在岩石后，我们收集了一些干树叶，把糙米放在饭盒中加热。然后，我们转身返回，来到第一外科壕的入口处。我站起身把脚放进去时，感觉到地面又湿又滑。当天是 6 月 17 日，我闻到了血腥，随即想到："他们被击中了！"我们一直生活在黑暗中，凭气味能觉察到一切。我听见同学们的喊声从下方传来，"我的腿没了！""我的手断了！"在老师的催促下，我踏入到一片血海中。外科壕里的护士、士兵和学生，不是当场阵亡就是身负重伤，我的朋友胜子也在其中，她的大腿受了伤。"快点，老师，快点！"她哭泣着，"太疼了！"我惊呆了。这里已没有药物。在我旁边，一个高年级学生竭力试图将流出的肠子塞回腹腔。"我不行了，"她低声说道，"请先救其他人吧！"然后，她停止了呼吸。

时至今日，她的话仍令我痛彻心扉。一个受到军国主义思想熏陶的姑娘说出这样的话并不奇怪，可她怎么会如此坚强？她才 17 岁啊！我看见老师们哭泣着剪下死者的头发，把它们塞入自己的口袋。这些老师已不知道如何保护我们这群学生，他们所能说的只是，"全力以赴！不要死去！你们绝对不能死！"他们不顾一切地保护着我们，这些年轻的老师也不过二三十岁。我不知道他们承受着怎样的痛苦，但我知道他们此刻肯定悲痛欲绝，我对他们深感同情。300 名学生中，219 人丧生；一同赶赴战场的 21 名老师，16 人身亡。没人想到会有这么多人死去，特别是以这样一种残酷的方式。对于战争的恐怖，老师们同样一无所知。那时候的日本人都是这样。"大捷！""我们的军队战无不胜！"这就是我们所知道的，我们是如此轻信，如此幼稚。

18 日，下达了解散令。他们告诉我们，集体行动太引人注目，美国兵离我们非常近，所以必须分散逃离。每个人都流下了眼泪，可我们能说什么呢？我们不知道该怎么办。我们那些负伤的朋友躺在地上，也听到了命令。她们知道自己会被丢下。我们没办法带上她们，一点办法也没有。

当初，我们也曾被迫将两名学生留下，跟那些伤兵们待在一起，因为美国人已近在咫尺，你甚至能听见有人在讲英语。一个学生接受了医护兵给她的牛奶，可能也得到了氰化物。另一个学生不想就这样死去，她硬是拖着已动弹不得的躯体朝外爬去。进攻中的美军士兵救了她时，她仍在南风原附近的泥泞中爬行。他们把她送至美军战地医院，为她提供了精心护理，但我听说她最终死在医院里。那是在 5 月。战争结束后，一名知情者告诉我们，这个女生是这样说的："我曾仇恨、害怕这些美国人，但他们以极大的关怀和善心为我提供了救治，而我亲爱的同学和老师们却抛弃了我。"我们一行 19 人，一同离开了洞穴，其中有 3 名老师和 16 名学生。一颗巨大的炸弹爆炸后，我们这群人中少了 4 个。我们爬行、站立、再次爬行，总是身处猛烈的炮击下。拂晓来得非常快，此时已是 6 月 19 日。一场激烈的进攻正在进行。我们仍在第一和第三外科壕所能看见的地方。太近了！我们只逃出去这么一点点距离！换作今天，最多是一两分钟的车程。环顾四周，我们才发现被敌人的坦克包围了。美国人相互吹着口哨，坦克隆隆向前发起攻击。在此之前，我们不得不在夜间逃亡，现在我们趴在道路边。就在这时，我听见一声巨响，随即晕了过去。最后，我终于苏醒过来。我被泥土所覆盖，什么也听不见。在我前方，两名同学倒在血泊中。然后，她们痛苦地惨叫起来。三年级生亚纪子一动不动，已然死去。两名 20 来岁的老师不见了踪影。我们再也没见过他们。仅仅在第一天早上，19 个人只剩下 12 个。附近的日本士兵仓皇逃窜，大声叫嚷着"坦克！坦克！"在我们身后，坦克隆隆驶来，喷吐出一股火流。我吓得浑身发颤。在场的唯一的老师是我们的副校长，他喊道："跟我来！"我们都跟在他身后爬行着。我的几个朋友身上沾满鲜血，我们催促她们跟上，尽管她们呻吟着"我做不到，我无法动弹！太疼了！"可她们还是跟了上来。

6 月 20 日，大炮不再轰鸣，美国人开始用火焰喷射器焚烧一切。我们被熏到了悬崖上。我们相互作出承诺："要是我无法动弹，或者你动不了的话，我就给你喂下氰化物。"我们每个人都藏着颗手榴弹，像护身符那样带在身边。"如果我们站起来，他们就会开枪打死我们。"我们这样想着，然后大家站了起来。我们带着尊严直立行走，但他们没有开枪，这让我们有些失望。太奇怪了！昨天这里还是地狱，为何突然间变得如此安静。我们到达了悬崖边缘，这是一个令人难以置信的峭壁，我们朝下面爬去，很快就弄得浑身血迹。就这样，我们朝着大海而去。海面上的船只被我们尽收眼底。我想，要是他们愿意的话，军舰的一轮齐射就能把我们全干掉。可是，我们顺利到达了岸边。海岸上到处都是人，都是平民。我后来得知，大约 17 万人挤在这片狭窄的区域内。他们挤在一起，就连坐的地方都没有，涌来的海浪拍打着他们。

一艘军舰放下一只小艇，朝着我们驶来。然后，我们第一次听见“敌人”的声音。“会游泳的人，游过来吧！我们会救你们。不会游泳的人，朝港川走！在白天走，夜里不要行走！我们有食物，我们会救你们的！”他们真的这样做了！他们把冲绳人照料得很好，完全依据国际法行事，但我们是在后来才知道这一切的。当时，我们觉得自己听到的是“魔鬼”的声音。从孩提时起，我们就被灌输了仇恨他们的思想。他们会把姑娘们的衣服扒光，肆意妄为，然后用坦克把她们碾死。我们曾对此深信不疑。不光是我们这些小姑娘，包括那些母亲、祖母、祖父，都在“魔鬼”的声音前退缩了。我们受到的教育就这样攫夺了我们的生命。我永远不会原谅对我们的那种教育！如果我们知道真相，所有人都能生还下来。单在解散令下达后的四五天里，姬百合学徒队就丧生了 100 多人。总之，我们没有理会对方的呼吁，继续设法逃跑。我们非常害怕被他们剥光衣服，女孩子最怕这个，不是吗？我们根本就没幻想过“敌人”会救我们。

于是，我们朝着山上爬去，但悬崖顶部正遭到火焰喷射器的扫荡。我们只得攀附在山崖中段。朝下望去，我们看见白色的海浪。此时是 20 日的夜间，月光皎洁，一切都看得清清楚楚。那是荒崎海滩。今天，这片海滩郁郁葱葱，一派平和的景象。19 日早晨受伤的几个朋友浑身是血，愈发绝望，但还是跟着我们。我们的双手越来越虚弱。“老师！老师！我坚持不住了！”他回答道：“往上爬！”最后，我们终于爬到了崖顶，一个个瘫倒在地。我们这 12 个人都哭了起来，“我们再也受不了了！”那些三年级学生哭得最厉害：“老师，杀了我们吧！用手榴弹杀了我们吧！”

老师一直在鼓励我们，但最后就连他也说：“我想，一切都结束了。”这句话令我们如释重负。我们终于可以解脱了。“老师，这里很好，请让我们就此解脱吧。”所有人都哭了，这还是第一次。我们都想见到自己的妈妈。“妈妈！”我们喊叫起来。在此之前，我们一直竭力抑制，从不谈及自己的家人。（她的嗓音哽咽了）我想知道爸爸、妈妈和小妹在这片战场上的情况如何。我非常想见到他们，但将这种想法用言语表达出来，这在当初的洞穴是一种禁忌。那天，第一次有人说道：“我想见到我的妈妈！”欢子是家里的独女，是个可爱、甜美的姑娘。她抱着我说：“我想见妈妈，哪怕只见一次！”我们都说出了自己的心声。“我想走在没有炸弹落下的天空下。”在这 90 天里，我们一直像鼹鼠那样蜷缩在黑黢黢的洞穴里。现在，有人唱起了故乡的歌曲，“我们在山上追逐着兔子……”当然，我们一个个泪流满面。这一晚，我们完全忘记了自己已被美国兵包围。

21 日，荒崎海滩彻底沉寂下来。海上的军舰仍在盯着我们，但没有朝我们开火。我有一颗手榴弹，我们的老师也有一颗。小组里的 9 名学生挤入一个小小的山洞，比嘉、老师、一名日本士兵和我，我们 4 人无法钻进去，于是待在山洞旁边。我面朝大海坐着，攥着手榴弹，回瞪着“敌人”的军舰。一艘小船驶了过来，朝我们发出信号，船上的人挥着手：“游过来吧，我们会帮助你们的！”我打了个寒战，看来我彻底暴露了。突然，一名日本士兵朝悬崖下爬去。“一名日本兵举起双手投降？这不可能！叛徒！”我们曾被教导过，并坚定地相信，我们冲绳人以及大日本帝国的所有人，绝不会让自己落入“敌人”的手中。尽管如此，那名日本兵还是朝着大海走去。另一名日本兵蹲在我们附近的一块岩石后，朝着他开枪了。海水被染成了红色，这是我第一次看见日本人杀害日本人。

一名不知从何处冒出来的日本兵突然落在我前方的地面上，浑身是血，美军士兵肯定在追他。比嘉和我跌入一个小山洞里。我看见老师和这名日本兵飞入空中。然后我听见有人用怪异的日语喊道：“出来！出来！”很快，一阵密集的轻武器火力射来，美国人在近距离内开火了。他们肯定认为我们跟那个日本兵是一伙的。他们朝我们这里扫射了一通。高年级学生青麻当场被打死，同时被打死的还有上木、中本和原先跟我们在一起的那名日本兵。我被压在这 4 具尸体下。还有 3 名高年级学生被子弹击中，发出痛苦的惨叫。我们的老师与那岭先生背着一个浑身是血的学生，站在一名美军士兵面前。射击停顿下来。疯狂扫射的美国兵肯定发现了倒在他枪口下的都是些小姑娘。我那 10 个藏在洞中的同学看见这个美国兵后，拔掉了手榴弹的保险栓。太不幸了！跨过面前的尸体，我跟着老师走了出去。四五名美军士兵用他们的步枪指着我。一直攥在手上的手榴弹也被他们拿走了。美军士兵放下枪，我的目光掠过他们，看了看我那 10 名同学。昨天晚上，这些三年级学生还请求老师赶紧用手榴弹炸死她们。现在，她们都死了。手榴弹太残酷了。

我坐在跌入洞中的地方，一名美军士兵用枪管捅了捅我，示意我朝他指示的方向走。我不会说英语，只能按照他的命令行事。出乎我意料的是，3名高年级学生已被抬了出来，她们的伤口得到清理和包扎，美国人正在给她们注射生理盐水。在此之前，我一直认为美国人是“魔鬼”。我惊呆了，无法相信自己见到的情景。

此刻是6月21日中午，烈日当空。炽热的阳光下，我哭着蹒跚而行。美军士兵有时候会朝我喊道：“嗨，学生妹！”我瘦得只剩下皮包骨，身上污秽不堪，脚上穿着一双工人的鞋子，用绷带扎在脚上。“嗨，学生妹，No poison（没有毒）！”我不知道“No poison”是什么意思，但来到他们的营地后，我得到了一些被称为“ra-shon”的食物。我真的不太喜欢吃这种食物。我躺在沙滩上，痛哭了一整个晚上。

后来，我被送到北部的国头村营地。在那里的3个月，许多我根本就不认识的家庭照料着我。到了第三个月，我遇到了我的父母。妈妈光着脚从营地的一座帐篷里冲了出来，将我搂在怀中，“你还活着，你还活着！”我仍记得她放声痛哭的情形。

战争结束后，我拒绝参加悼念仪式。我竭力试图忘掉这一切，因为它太可怕，太伤感，也许还有些其他原因，反正我不愿记住这些。直到最近，我才能谈及往事。我决定参与修建资料馆的事宜，因为我觉得，如果我沉默不语，没人会提供支持。

有时候，年轻人会问我们：“你们为何要投身这样一场愚蠢的战争？”在当时的我们受到的教育是，“天皇和国家至高无上”。为了他们，不应该吝惜自己的生命。听起来很怪异是吧？可当时就是这样。与美国爆发战争后，我们一直接受着“保卫冲绳岛”的教育。我讨厌承认这一点，但这种精神训练教会了我们如何忍耐。这就是我们能建成这座资料馆的原因，您觉得呢？我们还要咬紧牙关再坚持一段时间，直到彻底还清修建资料馆欠下的巨额债务。

参观完当年的战场，我在返回那霸的途中，对出租车司机提到刚刚采访过一名姬百合学徒队员。他问我，她们有没有告诉我，她们搬入山洞时，原先躲在山洞里的平民都被赶了出去。“您应该再去看看第二高等女子学校的遗址，而不是只听她们的一面之词。”说着，他驱车带我去了那里。与繁忙的姬百合和平祈念资料馆相比，这里非常安静，我是唯一的游客。

“集体自决”噩梦

口述者 :“集体自决”幸存者　金城重明

他是冲绳基督教短期大学的一名宗教系教授。这所学校伫立在一座山丘上，四周环绕着绿油油的甘蔗田，远处的大海清晰可见。他住在渡嘉敷岛，那是庆良间群岛中最大的一座岛屿，位于冲绳主岛西面大约20英里处。这座岛屿从北至南长约6英里，宽1英里。美军以迅雷不及掩耳之势对该岛发起攻击，日军的100艘特攻鱼雷艇根本来不及投入战斗。这些鱼雷艇隶属于第3海上突袭战队，该战队部署在渡嘉敷岛，准备参加即将到来的冲绳战役。

他一直致力于通过课本向日本的学生们讲述日本军队在冲绳战役期间是如何残酷对待冲绳居民的。他的表述沉稳、冷静，甚至颇具表现力，直到他谈及自己的悲惨遭遇。虽然竭力回忆那场噩梦，可他所能记住的只有一半。

战争期间根本没有“集体自决”这个词，当时用的是“玉碎”。这是军国主义一个冠冕堂皇的委婉说法，指的是“玉石的破碎”，意思是国民欣然为自己的国家献出生命，而不是屈从于“敌人”或落入对方手中。直到战后，特别是20世纪50年代，“集体自决”这个词才被使用。这是个很容易被误解的术语。国家现在想说，这些死者是“自愿自杀”的。但这不是实情，冲绳民众从未主动自杀过。

1945年3月27日，美军在渡嘉敷岛登陆。岛上的日本军队告诉我们这些岛民到附近一座兵营集合，那里被称为“恩纳河原”。从我所在的阿波连村到兵营，大约有7公里路程。在我们出发前，必须作出一个重大决定。我们有一些可供藏身的洞穴，我们原本打算，就算是死，也要死在这些洞中。所有人都知道，如果我们集中到一个地方，被“敌人”发现的可能性更大，还不如躲在洞里安全，这些洞穴散布在岛屿的各处。尽管如此，全体村民还是去了一个更加危险的地方，这就证明来自军方的命令是强制性的。

“集体自决”的一周前，在一次紧急会议上，一名小队副给村里的青年协会会员和岛厅的年轻人每人发了两颗手榴弹。他们得到的命令是，将一颗手榴弹投向敌人，另一颗用于“玉碎”。村里的军事事务员事后证明的确如此。这就意味着岛上的士兵和平民将作为一个整体共同战斗，共同付出最后的努力。

简单地说，计划是让岛上的每个人都“玉碎”。经常有人指出，军方从未下达过实施自决的命令，但这不是重点。你必须从整体上理解岛上驻军与居民之间的关系，否则你就无法明白所发生的事情。

3 月 28 日，美军和日军作好了战斗准备。战斗一触即发，美国人似乎准备随时向我们扑来。来自各个村庄的居民，大约有 1 000 人，已在村长的带领下聚集到同一个地方。妇女们告诉她们的孩子，除了以身赴死外，别无他途。呜咽、哭泣着的人们发誓说他们要死在一起。女人们梳理好自己的头发，作好了踏上黄泉路的准备。当年的那一幕，至今在我脑中依然印象如新。我们被告知等待军方的命令。几个小时过去了。然后，命令似乎已下达，手榴弹分发下去，并开始使用。不知是幸运还是不幸，那些手榴弹真正爆炸的并不多。就在这时，我们被美国人发现了。我记得先是一场空袭，接着又是迫击炮的轰击。

爆炸的冲击波将我震得晕头转向。我想，杀戮已经开始。我静静地坐了一会儿，一个怪诞的场面开始呈现在我面前。人到中年的村干部，将一棵小树折断。我盯着他，不知道他要干什么。攥着树干的他突然间变成了一个疯子，拼命地击打他的妻子和孩子，一遍又一遍，直到把他们打死。这是我所目睹的这场悲剧的开始。

就像一场连锁反应，这种影响从一个家庭传至另一个家庭。我们都要以这种方式死去，每个人似乎都是这么认为的。人们开始对自己的亲人下手。我当时刚满 16 岁，跟比我大 2 岁的哥哥、妈妈、弟弟和小妹在一起，就我们 5 个。爸爸在途中跟我们走散了，他在晚上的视力很差。

我记得，我们率先下手的对象是我们的母亲。有些人用刀片或镰刀割开了自己的手腕或脖子上的动脉，但我们没有这样做，我们用的是一根绳子。对养育我们的母亲动手时，我们号啕大哭。我清楚地记得这一幕。最后，我们还用石头猛击她的头部。就这样，我们结果了母亲的性命。然后，大哥和我又扑向我们的弟弟和小妹。地狱吞噬了我们。

我不知道时间过去了多久。大哥和我讨论着谁先死的问题。一个跟我们年龄相近的男孩跑了过来。此刻，我们的确认为我们是岛上仅剩的幸存者。他说，反正我们不得不死，不如先杀掉一个“敌人”再死。我们知道，“如果被‘敌人’抓获，我们会被切成碎片。他们会割掉我们的鼻子、耳朵，剁掉我们的手指，再用坦克从我们身上碾过去。妇女们会被强奸。”这就是我们自杀的原因，是为了避免被敌人活捉。我们决定选择一种最适合天皇子民的死法。这里还剩下一些六年级的女学生，我们试图把她们赶走。我们告诉她们，你们这些小姑娘不能跟着我们，可她们还是尾随在后。我们离开了这个“集体自决”的地点，死者的尸体堆积在一起，他们的鲜血染红了溪流。

我们打算抡着棍棒冲向“敌人”。但我们不知道“敌人”在哪里，只是胡乱地往前走。我们首先遇到的竟然是日本士兵。你无法想象我们当时是多么震惊。这些士兵还活着？通常情况下，他们也许会带给我们一种安全感，但此刻我们感到愤怒和怀疑，这令我们怒不可遏。我们独自经历了那种恐怖，这怎么可能？我们与军队的亲密无间感就此彻底消失。

本来，我们应该同生共死，彼此间的团结一致会在死难中达到顶峰。现在，日本兵比美军士兵更令我们感到恐惧。仍活着的居民被禁止去那些有可能与美国人发生接触的地方。我们聚在一起，待在一片小小的区域中。这造成了食物问题。为了活下去，我不得不喝被鲜血染红的溪水。时隔数日，溪水依然是血红色的。

我后来获知，日本军方下达了将阿波连村剩下的居民悉数处决的命令，因为他们未经许可便擅自返回自己的村子。他们都是“集体自决”的幸存者。阿波连村约有 300 名居民，其中 124 人在“集体自决”中幸免于难。最后，处决令未被执行，我们这些幸存者都被美军俘虏。

我所在的这个岛屿上，守备队没有进行战斗，几乎完整无损地生还下来。就连特攻快艇单位的人员，见没有机会发动攻击，也撤入山里。只有岛上的居民实施了“玉碎”。这种自决执行得太早，他们聚在一处，就像是一条麻袋里的老鼠。另外一些孤立的岛屿上，没有驻军，也就没有发生“集体自决”。

对冲绳人来说，1945 年 8 月 15 日意味着从冲绳战役中获得了解放。对我而言，本应该从“集体自决”的噩梦中得到解脱，但实际情况并非如此。和平的到来意味着从一种扭曲的心理状态回归到正常的心态。但我越是想恢复自己的正常心态，扭曲的心态就越发强烈。我开始经历难以言述的内心煎熬。要知道，我还是个孩子，根本没有精神力量去指责国家的意识形态或认真细想“集体自决”究竟是怎么回事。我有的只是一种深深的绝望。幸好我遇到了一名基督徒。起初，我被基督教所吸引是为了遗忘我的恐惧。但最后，我开始相信，作为一名基督徒，我不应该忘记。幸存者必须作证。但直到20多年后，我才公开谈论“集体自决”。大多数岛民仍希望忘记那一切，我理解他们的痛苦。

溃败的散兵游勇

口述者：学生“铁血勤皇队”成员　大田昌秀

他是一名就读于冲绳师范学校的学生。美军在冲绳登陆前，他接到动员令，成为“铁血勤皇队”的一员。

美国的军事历史研究认为，冲绳战役从1945年4月1日持续至6月22日。对日本人遭受损失的估测差异很大，但一份相关资料指出，冲绳各主要岛屿上，日军士兵阵亡65 908人，其中包含28 288名冲绳人（这些人要么隶属于国民义勇队，要么就是在日本军队里服役），另有9.4万名非战斗人员死于轰炸、军队的交叉火力、双方士兵的直接杀害，或是死于集体或个人自杀。如果将死于饥饿和疟疾的人也算上，冲绳县总人口的25%，也就是15万冲绳人死于这场战役。

尽管美国军政府（后来称为琉球政府）于6月22日宣布冲绳被“占领”，但又经过82天的浴血战斗后，这场战役才彻底结束。接下来的数周乃至数月里，数千名不愿投降的士兵、水兵、当地国民义勇队队员以及像大田昌秀这样的男孩，仍在设法逃生。他们认为“继续战斗”的命令依然有效。直到9月7日，日本在东京湾的“密苏里”号战列舰上签署降书的5天后，冲绳岛上的日本军队才正式投降。

冲绳守军的军令部设在首里城下方。所有指挥官都在这里，包括司令官牛岛满、参谋长长勇、高级参谋八原、参谋神和木村。我所在的“千早队”[①]直接隶属于守军军令部的情报组，和他们一起驻守在地下掩体内。每当战报送至，我们的工作就是将最新战况通报给洞穴内的士兵和平民。

6月19日，解散令下达给“铁血勤皇队”“姬百合学徒队”和另一些类似单位，但我们这个小组没有被解散，而是被指定为特别单位。我们将去北

① “千早队”实际上是“铁血勤皇队”里的情报宣传队伍。

部的名护集合，打一场“情报战”，按照现在的说法就是游击战。我们奉命让自己被美国人抓获，然后溜至敌军后方搜集情报。所有将领都身穿军礼服，胸前佩戴勋章，参谋人员戴着他们的金色穗带。我目睹了这一切。战事临近结束时，他们脱掉军装，换上冲绳老妇们常穿的黑色和服，以便让自己尽可能不那么显眼。我在“千早队”里的一些同学被派去担任他们的向导，每2名参谋人员配1名向导。这些向导在离开洞穴后都被杀死，只有一个例外。

我和另外3名战友一起赶往北面的国头村。我们试图穿越敌人的防线，但很快我就受了伤。尽管我们发过誓，无论生死都要待在一起，但他们几个还是消失不见了。我已无法行走，只能爬到他们今天为那些朝气蓬勃的年轻人竖立纪念碑的地方。那里有一口水井，也是该地区唯一的一口井。好多人挤在井里，漂在水面上。我竭力试图爬到水井处。机枪和步枪射来的子弹在我们周围砰砰作响。

那天晚上（我不记得确切的日期，也许是22日或23日），一个男子从我身边走过，随后又转身回来，盯着我的脸看了看。他是我的同学新庄，我曾去他家里玩过。在那个野蛮、残酷的时代，几乎没什么人会拉小提琴，但他是个小提琴演奏者。他的大哥写过一些优美、著名的乐曲。新庄告诉我，他马上要向敌人冲去，“我不需要这个了”，说完，他把装在袜子里的米饭和鲣鱼干递给我。那时候，我们都把米饭装在袜子里，并把袜口扎紧。我还带着一支步枪和两枚手榴弹，外加120发子弹。我穿着一件中袖军装和一条短裤，但没有皮带，所以腰间只能扎一根绳子。我没有穿鞋，因为我的脚受了伤，而且我的鞋子也被人偷了。食物、鞋子和其他一切，你稍不留意就会被人偷走，我的食物就是这样丢失的。

我没有药物，也没有绷带。所以，如果穿上军用皮靴，我就无法行走。我需要的是工人们穿的那种胶底鞋。摩文仁地区有很多天然洞穴，许多从附近村庄逃来的人都躲在这些洞中。他们饥肠辘辘。我向一个难民提出，用米饭换他脚上的鞋子。他非常高兴，因为这对他毫无影响，他可以轻而易举地从某具尸体上搞到一双军靴。多亏了新庄送给我的米饭，我终于可以再次前行了。

为了寻找食物，我爬上摩文仁山顶。我们先前隐蔽过的洞穴就在山下。我在山顶发现了司令官牛岛满和参谋长长勇的墓地。他们都已自杀身亡。我想你也许能称其为“坟墓”，但那真的很简陋。牛岛满将军的墓地只有一个人的长度，薄薄地抹了层水泥。墓地上竖着一块木板，可能是事先准备好的，上面写着“牛岛满司令官之墓”。朝墓地走去时，起初我以为自己看见墓碑上挂着个十字架。那时候我是个非常敏感的年轻人，对这个发现非常感动，认为这肯定是美军士兵挂上去的。但很快我便意识到，那不是十字架，而是一柄插入墓碑的美军短匕首。然后我又看见充当墓碑的木板上刻着些字。当时，我看不懂那些英文的意思，但记住了字母的形状。后来我才知道，上面刻的是“妈的！去死吧！”

我们这些被击败的散兵游勇在一个山洞里躲了很长一段时间。在我看来，当时能生还似乎有些不可思议。那时候的我，想的只是如何逃离被敌人占领的地区。受伤的腿几乎使我无法行走。我脱掉身上的短袖衬衫，把它垫在钢盔里。我又把自己的步枪埋了起来。将带有菊花徽标的步枪直接扔掉是一项严重的“罪行”！最后，我设法来到海边，但我没有力气游太远。一个人被逼至绝境时，会本能地跳入大海。每个人都在海中游动，他们在我眼前沉下去，就这样淹死了。我晕了过去。海水将我冲上岸，我在海滩上昏迷了两三天。恢复意识后，我发现一名妇女面朝下倒在我身旁的沙滩上，紧紧地攥着个布包。她已经死了。我想，她那个布包里也许有食物。我试着掰开她的手指，却发现她的手攥得非常紧，我无法掰开。我仍想尝试，但海浪冲了上来，把她的尸体卷走了。我躺在水线处，根本无法动弹，只能等待她再次被冲回来。最终，我打开了那个包裹，却发现里面放着些蜡烛和一把梳子，没有吃的东西。但蜡烛也是一样很宝贵的东西。

美军士兵每天都来搜捕残存的日军败兵。此时，我身边的同伴里有一个东京文理大学的毕业生，名叫白石。他非常和善，肤色白得跟女孩子似的。加入军队时，他随身带着一本韦氏词典。他从未获得过晋升。白石很关照我，我也很喜欢黏着他。有一次，我告诉他，我已作好在这里迎接死亡的准备。“不，”他说道，“我们要逃得越远越好。”他坚持带着我一同逃亡。

一天，美国军舰和岛上同时腾起红色和黄色的火球。火球在空中炸开，就像是烟花。起初，我们认为是特攻队发起了反击，对此欣喜不已。但最后，白石指出，这不太可能，因为日军当时的状况已无法发起这种攻击。那时候只有我们两个，一点吃的东西都没有。四周都是美军士兵的帐篷。如果你丢一颗手榴弹，美军士兵就会四散隐蔽，你便可以溜过去，从他们的帐篷里偷些食物。

白石喜欢阅读。有一次，我去偷食物时顺手给他带回来一份美国画报。“大田，你看看！”他惊呼起来。当然，我不懂英文。“日本战败了，”他告诉我，“我们那天看见的爆炸是他们欢庆胜利的炮火齐射。”后来我得知，白石说得一点不错，美国人是在庆祝日本的投降，但那个时候，我们这些人看见火炮齐射，还以为战斗仍在继续。白石警告我：“这件事不能对外透露。否则，他们会杀了我们两个。”溃败的散兵游勇犹如惊弓之鸟，经常会因为微不足道的小事而彼此残杀。

白石读的东西我全然不懂，但他的学识以及学习外语的行为深深地打动了我，这种力量甚至比我周围的危险更强大。他有一次对我说：“如果你能活下来，就去东京学习英语吧。”这句话彻底改变了我的人生。从那时起，我们共同发誓：“决不能白白死去，我们要活下去！”

对我们这些散兵游勇的抓捕越来越紧密。每天都有美军士兵爬上摩文仁的山丘，他们端着自动步枪，光着膀子在山上吃午饭。我们沿着海滩寻找食物时，他们就从山上朝我们射击，就像是一场体育运动。我们留意着这些美国人，他们会在晚上 7 点左右离去。他们一走，我们就去寻找他们的残羹剩饭。他们不会把带来的食物都吃完，但为了避免这些东西落入我们手中，他们会故意用刺刀将剩下的罐头刺穿，以便让里面的食物变质腐烂。但就算是变质的食物也能决定我们的生与死，所以我们设法将找到的食物加热，以杀死病菌。但这里没有真正的火种。没有小木片，也没有燧石。可如果你能弄到几名士兵的腰带，腰带里的生橡胶很容易点燃，一点点生胶足以烧熟食物。几个月来，我就这样在四周搜寻、积攒这些东西。

一天，一个由日军士兵组成的“宣抚班”带着美军宪兵来到这里。“我们被打败了，日本战败了。你们怎么这么久才出来？”他们朝我们喊道。当时，我们躲藏的山洞中有 140 ~ 150 人，分属于各个不同的单位。他们本来都是各自逃生，但现在凑到了一起，商量着该怎么办。“这肯定是假的。我们不能出去，除非得到真实的证据，证明日本真的战败了。这是他们的诡计。”有人这样说道。白石和我保持沉默。渐渐地，大家达成了一致：我们要求获得日本战败的证据。“宣抚班”由 3 人组成，其中一个是军官，另一个是冲绳士兵。我认识那名士兵，因为他以前是军令部的哨兵。看见我也在场，他惊奇地问我在这里干什么，“你的朋友和老师都在战俘营里。”我问他战俘营里都有谁。令我惊讶的是，他说出了好几个我认识的人的名字。

第二天，那名军官带来了证据，是一份天皇颁布的《终战诏书》。“念吧！”我们要求道。每个人都围住了他，手里都攥着手榴弹。这名军官面露惊恐,他要求我们让开一条路,以便他随时离开。然后,他宣读了“天皇诏书”。有人让他先离开,留一天时间给大家考虑。他照做了。我们再次商量该怎么办。有人认为这份诏书是伪造的。我和白石都认识的一名中尉军医首次开了口：“诏书里的语句不可能是普通人写的，风格很独特，我认为这是真的。”这是一个强有力的说法。好几个人反对这种看法，我记得他们当中有一名见习军官，还有个早稻田大学的毕业生，他们激烈地争论这份诏书的真实性。尽管如此，中尉军医的观点还是被众人接受了，我们决定投降。我们提出最后一个条件，希望在成为战俘前洗把澡，让自己体面些。

第二天，我们在露天里清洗身子。突然间，每个人都似乎成了另一个人，因为在此之前，我们见到其他人时，不是在夜间，就是脸上沾满污垢。这一刻，我们觉得我们就像是来自另一个世界。

我以为我最终离开洞穴的那天是 9 月 23 日，实际上，那是 10 月 23 日，与牛岛满将军自杀的那天已相隔近 4 个月。在战俘营里，冲绳人待在一顶帐篷里，来自冲绳以外的战俘待在另一顶帐篷里，而那些朝鲜劳工则占据了另外一顶帐篷。几乎每天晚上都会发生斗殴——受过欺凌的人把曾经欺压他们的人叫出来，狠狠地揍他们，让他们跪下，强迫他们道歉。在此之前，我们受到的教育是让我们成为“天皇的子民”。但现在，冲绳士兵和冲绳国民义勇队的队员们谈论起这是多么可怕，他们一直受到怎样的欺凌。我也曾亲眼目睹过冲绳的母亲们被赶出洞穴，她们的食物被日本人抢走，这种事情发生过无数次。“为什么会发生这种事？”这个疑问仍在我脑中盘旋。但我想知道的是：“冲绳人与外县人之间有什么不同？”我第一次意识到双方文化间的差异。我开始明白，我是个冲绳人。

第 18 章 | 落入敌手

举白旗投降

口述者：预备役海军军官　小岛清文

战争期间，他是一名预备役海军军官。战后，他成了日本反战士兵协会的领导，该协会成立于 1988 年，拥有 250 名成员。

据厚生省救护局 1964 年公布的数据，1945 年 8 月 15 日，共有 127 200 名日本陆海军士兵在菲律宾服役。在此前的战争中，486 600 名日本军人阵亡于菲律宾，含 368 700 名陆军，117 900 名海军。另外，据报有 1.2 万人死在 8 月 15 日之后。

就读于庆应义塾大学时，我已不再担任预备役海军通信小队长，这是因为我想找个相对安全的地方。但恰恰相反，我被送入海军会计学校，随后又接到去“大和”号战列舰报到的命令。我惊呆了！“大和”号是当时世界上最大的军舰，他们称它为“不沉之舰”，是日本最棒的军舰。所有人都对我羡慕不已，“班上最懒的家伙怎么会被派去那里？海军那些人脑子进水了吧！”

我在“大和”号上待了很长一段时间，经历了 1944 年 9 月和 10 月的莱特岛战役。我们遭到重创，同年 12 月底，“大和”号踉踉跄跄地回到吴港。我离舰登岸，奉命向第 26 航空战队军令部报到。没人知道原因，甚至没人知道该军令部在哪里。最后，我发现第 26 航空战队军令部在菲律宾。“大和”号最后一次出击是去保卫冲绳，结果被击沉。留在舰上的人，几乎都与军舰一同沉没。

飞赴菲律宾的途中，因敌人掌握着制空权，我在台湾逗留了 5 天。最后，一架飞机带着我和另外三四名预备役军官飞过台湾与菲律宾之间的吕宋海峡。飞行员告诉我们要时刻盯着窗外，留意是否有“敌机”。幸运的是，我们平安到达克拉克机场，但美国人已抢先一步把跑道炸得坑坑洼洼，空气中满是褐色的尘埃。放眼望去，没有一架完好的日军飞机。我们朝着顶端的建筑物冲去，事实上那只是栋茅草屋。屋内聚集着大约 10 名佩戴着金色肩章的军官，海军将官的肩章和参谋人员的金色穗带随处可见。他们径直向其中的一架飞机走去。身处菲律宾的所有海军将领都乘坐这架把我送到克拉克机场的飞机逃往台湾。总之，最后一架飞机被派去救他们，而我们不过是被骗去兜风而已。这些将领将在台湾指挥菲律宾的防御，而他们的下属却被丢在身后送死。

来到第 26 航空战队军令部报到时，司令官很奇怪，“小岛？没听说有个小岛要派到我们这里啊。”副司令官在一堆文件里翻寻着，最后他喊道 :“啊，他的调令在这里。”然后，他把我派到高松宫宣仁亲王的小舅子手下担任暗号士官。副司令官是一名海军中尉，拥有“松平”这个花哨的皇室名字，他显然是个会把事情彻底搞砸的家伙。这里还有些和他一样出身名门贵胄的人。当天晚上，我刚想去睡觉，突然听见轻武器的射击声。有人告诉我，游击队每天晚上都会发起袭击，杀害军令部门前的哨兵。第二天早上吃早饭时，我的餐盘里只得到 3 条可怜的小红薯。在“大和”号上，我们吃的是白米饭和可口的配菜。“居然把我派到这个鬼地方来。”我这样想道。午饭吃的是红薯饭（寥寥无几的大米黏在红薯上）和腌西瓜皮。晚饭是两个乒乓球大小的饭团和一小块罐头牛肉，还有些煮熟的红薯。只过了一天，我就已对红薯深恶痛绝。

美军在 1 月份登陆。逃入山中的 10 天后，我被召至名义上的军令部，他们命令我带上几个人返回机场。我的任务是从那里发出一份电报 :“敌人已冲至克拉克机场，我们即将后撤。”

当然，所有大人物早在一周前都已逃入山中，但这种事情传出去肯定不太好听。这就是我们被派至已弃守的机场，等待敌人出现的原因！这种感觉很怪异。远处的滚滚尘云渐渐逼近，坦克和大批各式车辆朝我们这里驶来，我们却只有一辆破旧的卡车。敌人的飞机在空中盘旋。但我们不能逃离，我们的任务是确认“敌人”的到来——只有等“敌人”的坦克确实到达，我们才能发出电报。这真的很可怕！最后，我们终于将电报发出，然后便在黑暗中拼命奔逃。

不知怎么回事，我们竟然活着逃回到山里，但我们这些人都是海军通信人员，除了随身携带的匕首，没有其他武器。我们奉命制作竹矛，上级告诉我们不必担心，美国人是不会进山的。但如果他们来了，我们就用竹矛跟他们搏斗。其实，“敌人”想去哪里就能去哪里，无论是不是在山区，我们根本没有力气跟他们肉搏。争夺机场的战斗已将我们的陆军和海军士兵耗尽，勉强逃脱的残兵败将被编为一个小队。小队长阵亡后，“军令部”里的一个人说，他们不再需要我待在身边，命令我去接掌那个小队。

我曾听军令部的参谋人员谈论过，他们说一切都完了，在这种情况下，英勇战死一点用都没有。可现在，我却不得不去指挥“我的小队”。通常情况下，一名小队长应该对每个士兵有所了解，例如：他们的家庭背景，以及来自何处，等等。可我甚至不知道他们的姓名。我发现他们当中有一个早稻田大学的毕业生，是一名海军士兵。同为知识分子，我们很快便交流起来。小队里的另外 30 名士兵都是应征入伍者。你根本无法将超过 25 岁的人当作士兵使用，可我这些部下的年龄都已超过 30 岁，最年长的 47 岁，甚至还有两个 15 岁的孩子。这两人“自愿”从军，是小队里仅有的精力充沛者。所有人都患了疟疾或其他病症，许多人浑身发颤。此时的温度超过 40 摄氏度，我们根本没有能力从事战斗。小队里，每 3 名士兵才有 1 支步枪。一名士兵曾担任过学校校长，他成了我的传令兵。我们这个小队成为守卫吕宋岛“防线”的“陆地战队”的组成部分。

坦白说，奉命进入前沿阵地时，我觉得自己被丢到了世界上最可怕的地方。位于我们两侧的部队很快遭到重创并被击溃，但后撤令却迟迟未到。没接到命令我们就不能后撤，守在右侧的陆军部队是我们的主力，他们消失在夜色中。位于左侧的海军部队被完全歼灭。美军观察机在我们上空盘旋，投下一个个白色烟雾标志。硝烟呛得我们喘不过气来，我那些部下说道：“队长，咱们这下遇到大麻烦了。”他们的战斗经验比我丰富，所以我听从了他们的建议，躲入附近的一个山洞中。很快，迫击炮弹如雨点般落下，尘埃和刺鼻的硝烟令人无法呼吸，黑色的烟雾灌入我藏身的洞穴，差点把我呛死。炮击停顿下来后，我把头探出去，发现每个人的脸都被硝烟熏黑了。炮弹击中了我这个洞穴的两侧，几名士兵被炸死。第一晚我便已损失 10 名部下，又过了两三天，我们终于得以逃离防线。

现在已没有可让我们归队的主力单位了，所以也就没人为我们提供食物。军需部门已逃入深山，他们之前曾用大盆为我们供应伙食。海军甚至没给我们提供饭盒，我们只得捡些空罐头盒，在两侧钻孔，再用绳子穿过去，以此充当饭盒。我们把这些空罐头盒挂在腰间，一路叮当作响，看上去凄惨至极，发出的声音也很可悲。很快，每个人变得骨瘦如柴。由于缺乏食物，一些友军部队开始自相残杀。散兵游勇中的体弱者成了身强体健者的猎物。这太可怕了！我们已被包围，只能穿着破衣烂衫在丛林中兜着圈子寻找食物。与敌人战斗已沦为最不重要的事情。死者看上去非常可怕。黑色的腐尸肿胀起来，身上衣服的纽扣悉数被绷飞，赤裸裸地倒在地上，散发出令人作呕的臭气。我想，我可不愿这样死去。但我实在太累了，所以经常睡在那些尸体旁边。偶尔我会提及"投降"。然而，虽然每个人都清楚自己的处境，知道在目前条件下根本无法生存，但投降仍然是绝对不能接受的。如果我耐心解释我们除了投降别无出路，他们就会勃然大怒。想都别想！我们必须战斗到最后一刻！于是我不再谈论投降，大概是时机尚未成熟吧。

又过了许多天，我们没有盐，没有食物，于是不得不开始吃蜗牛。我再次提起投降这个话题，这一次他们居然异口同声地说："队长，听你的！"他们现在只剩下 7 个人了——4 名海军士兵，2 名陆军士兵，还有 1 个在军队里从事辅助工作的台湾人。我记得那一刻我仰望蓝天，心中想："从现在起，我没有国家了，我会孤身一人。"但我又想："我的战斗终于结束了。"我压根就没认为我是为天皇而战。要是你问我为何而战，我想我会说："是为了我的父母和我的弟弟们。"

我们从山上下来，朝着敌人走去。2 名陆军士兵让我们其他人先走，因为他们患了严重的腹泻。我建议大家停下来休息一会儿。后来，他俩再次重申先前的要求。最后，他们承认自己不愿意投降；作为帝国陆军的士兵，他们宁愿"为天皇献身"。我们离开时，他们请我给他们留下一颗手榴弹。

菲律宾本土抵抗武装也活跃在前线。我知道，如果落入他们手中，我们会被杀掉。他们会抠出我们的眼睛，割掉我们的鼻子，再把我们杀死。所以，我们决不能放下武器，除非是被敌人的正规军俘获。我偷偷藏了一面白旗，直到我们靠近美军时，才把它挂在一根树枝上。这面白旗是一块降落伞绸布，我曾用它包裹随身携带的物品。如果我公然举起一面白旗，我就会被己方军队射杀。现在，台湾人举起了这面白旗。偶然间，我们遇到一座美军兵营。四五名哨兵在营地外站岗，他们手里端着咖啡，拿着面包或其他食物，步枪扔在一旁。突然看到我们出现，他们立刻朝营房跑去，现场一片混乱。我们是来投降的，但不知道该怎么表示。就在这时，数百名身穿作战服的美军士兵出现了，举着步枪指着我们。这是个奇怪的时刻，我们仍持有武器。我的手枪插在皮带上，还挂着佩剑。我们的情绪异常紧张，没有擦枪走火实在令人欣幸。如果美国人朝我开枪，那我也没什么可以抱怨的。

美国人形成个圆圈，将我们包围起来。他们越靠越近，不停地朝我们喊着什么。我突然意识到，我们的表现并非束手就擒，于是告诉部下放下武器。美国人仍在不停地喊叫。我们的手没有举起来。老实说，我不知所措，以前我从未投降过。最后，一名美军士兵向我们示意，把手伸平，掌心向上。就这样，我们一步步向前走去。刚一靠近对方，几个美军士兵便跳了过来，把我们从上到下拍打一遍。我明白过来，他们是在搜查看我们是否藏有其他武器。然后，菲律宾人冲了过来，抢走了我们的手表、皮带和其他物品。我有 4 块手表，都是阵亡战友的纪念物，还有 1 个银质皮带扣，上面刻着一顶日本钢盔，但也被抢走了。他们洗劫一切的方式太恶劣了，但也唯有这样我们才能正式成为战俘。

像我这种带着部下投降的军官太少见了。一般而言，投降都是个人行为。第 26 航空战队军令部的军官中，只有 2 人投降，而且都是单独行动。我的情况不太一样，我领导的小队成了无人监管的散兵游勇，所以我能这么做。还有一点，我们是海军。

我的部下们已有几天没吃过东西，他们请求我向美国人索要些食物。讨要食物令我感到尴尬，特别是在投降的时刻。但我还是开了口。美国人告诉我，他们刚刚吃完早饭，作为一支前线部队，他们不得不等待后方运来更多的食物。总之，他们把我们送往后方。准确地说，他们用两辆吉普车带着我们离开。菲律宾人站在田地里，把手放在脖子处作砍头的姿势，示意我们很快会被宰掉，还朝我们扔石块。押送我们的美军警卫朝天鸣枪，把菲律宾人驱散。我那辆吉普车上的美军司机给了我一包“好运”香烟。我是个老烟枪，好久没吸香烟了，非常想抽上一支。我从烟盒里取出一根烟，向他表示感谢，他告诉我给其他人也发上一根。警卫端着枪监视我们，可当我们把香烟叼在嘴上时，他们用打火机帮我们点上。这一刻，我感觉到自己封闭的心灵敞开了。一根烟抽完，他又给了我一根。最后，他干脆把一整包烟塞给了我。

到达后方营地后，一大群美军士兵涌出来围观我们。我想他们肯定是想看看被他们抓获的日本兵有多滑稽。可看见他们时，我惊呆了！金色、银色、黑色、棕色、红色的头发，蓝色、绿色、褐色、黑色的眼睛，白人、黑人，各种肤色的人。然后，我意识到我们在跟全世界的人为敌。同时我又想到，美国真是个有趣的国家，各种不同的人穿着一样的军装共同战斗！我发现了一个新的国家。

我们被安置在一片开阔地带，所有人都好奇地盯着我们。两名美军士兵站在我身后。我的部下，也就是那 4 名海军士兵，坐在另一边，没人看押他们。我有点羡慕他们，他们看上去比我更自在。我再次向美国人索要食物。他们告诉我，"我们刚刚吃完午饭"。但我说给点什么都可以，水也行，于是他们拿来了水。我告诉他们，我们有好几天没吃东西了，他们马上给我们送来一些罐头。我想那是咸牛肉吧，真是令人难以置信的美味，我们这些天吃的可都是草。

吃完之后，一名美军士兵朝我们走过来，递过一把铁锹，让我挖个坑。我的脸顿时变得煞白。日本士兵抓获敌俘后，总是让他们挖个坑，让他们跪在坑旁，然后把他们的头砍下——反正我是这么听说的。他们把铁锹递给我，而不是我的部下。我绝望地环顾四周，想找地方逃跑，可四处都是铁丝网，看来只能听天由命了。我摇摇晃晃地站起身，开始挖坑。我浑身无力，地面坚硬得犹如钢铁。坑挖得很浅，我想这个坑肯定装不下我的尸体。但那个美军士兵取走了铁锹，把我吃完的罐头盒扔入坑内，又命令我把其他人吃剩的东西也扔进去，再用土埋上。我当时看上去肯定是被惊呆了！那名美军士兵解释道，这是一项卫生措施。老实说，看见那把铁锹时，不光是我，另外几个人的反应和我完全一样。我曾对部下们保证过一切都会顺利，他们此刻都认为我大错特错了。

来到下一座兵营时，岗亭里走出来一名二世（第二代日裔美国人），是个穿着美国军装的日本人。我无法告诉你那种奇怪的感觉。他走过来，用日语盘问我们。在此之前，我一直说着磕磕巴巴的英语，没人明白我说些什么，甚至我说"沃特"(water)，他们也听不懂。我不得不在纸上把这个词拼写出来。我告诉他们我是一名中尉，可他们却认为我"饿了"。在这座营地，我们被关入拘押所，这里还有另外五六个看上去脏兮兮的日本战俘。在此之前，我几乎忘了自己的战俘身份。我们受过的教导使我们深以战俘为耻。起初，我就是这样看待那几个日本战俘的，尽管我自己也是个战俘。

拘押所非常狭小，四周都是铁丝网。我们别无选择，只能像沙丁鱼那样挤在一起，躺在地上。这里的蚊子实在太多，我们不得不向看守求救。他拿着某样东西在空中喷洒起来，一瞬间，所有飞舞的蚊虫都死在地上。这真是个先进文明的工具！身体极度的疲倦，于是我们在 8 点前就倒头入睡了。尽管如此，我一直觉得自己可能随时会被处决。就算饶了我，他们也会把我流放到某个偏远山区的农场。这些想法一直在我脑中萦绕，然后我听见有人在喊我。随后，我被带出拘押所见今天遇到的第二个二世。他没有携带武器，径直把我带到他的房间。"小岛先生，"他问我，"想喝咖啡还是茶？"我回答说，"喝咖啡吧。"他又取出一袋饼干。我们曾被告知，为赢得胜利而节衣缩食是我们的责任，所以我已经好几年没见过这种奢侈的食物了。他打开袋子，把饼干倒在桌子上，并告诉我："请开动吧。"

我问他的军衔，他告诉我他是一名中尉。然后我又问他日期，这才得知我是在 1945 年 4 月 13 日被俘的。他告诉我他的祖父母住在广岛，并问我对日裔美军士兵怎么看，是否仇恨他们？我意识到他对这个问题非常担心，这就是他如此善待我的原因。这令我产生了信心。"你们出生在美国，"我回答道，"为了你们的国家而战，美国——我对它并不反感。"他和我一样，都是为国效力。然后，他告诉我日裔美国人在美国受到了可怕的虐待。他们被关入拘留营，受到压迫，尽管由二世们组成的第 442 团级战斗群取得了优异战绩，多少改变了一些这种状况。我们一直聊到晚上 10 点半，我了解到许多二世的内心很痛苦，因为他们不属于任何一个国家。

最后，我被飞机送至莱特岛上的一个营地。小说家大冈升平（他后来写了本《野火》，描述了他在菲律宾的经历）也在营地的战俘群里。我跟几名美军军官成了朋友，每天都倾心畅谈。其他战俘问我，他们为何要"调查"我。事实是，这些美国军官也是大学生，同样是预备役军官，我们一见投缘。他们中的一个送给我一套席勒的作品集，还有另外几本诗集。同时，莱特岛地区的指挥官也想见见我，因为保罗中尉推荐由我来代表拘押在该地区的日军战俘。我告诉保罗，我的军衔太低，只是个微不足道的中尉，战俘营里还有许多引人注目的大人物。军衔最高的是一名陆军少佐，但他是个可怕的家伙，每天晚上都会自豪地谈起攻城略地期间被他强奸过的女人。他身边总是围着一群应声虫，入神地倾听他谈论往事。保罗告诉我："你知道他们都是些什么人，这就是我选中你的原因。"

保罗带我去见一位海军少将，这位将军见到我的第一句话就是："日本军队必须为巴拉望岛上美军战俘被杀一事负责。"他怒视着我。这是多么可怕的一项指控啊！我一直在吕宋岛，巴拉望岛上的情况我怎么会知道？保罗用英语说了几句话，将军这才转移了话题，问我们这些战俘受到的对待如何。我如释重负。他又向我问起天皇制度。我告诉他，就我个人而言，我认为我们不需要一个皇帝，我已见过太多无辜的士兵为了天皇战死在前线。

次日，保罗告诉我，昨天与将军的会谈非常好。他说，一名海军中尉会先陪我去夏威夷，然后再飞赴华盛顿。我感觉自己对保罗中尉有一种由衷的亲切感。他给我留下了极为深刻的印象——只接受过9个月的语言训练就能说一口如此流利的日语！他给了我一件美国军装。我们这些战俘穿的都是美军制服，背后印有字母"PW"（战俘）。但他给我的这件军装上没有印字，这使我觉得自己似乎已不再是一名俘虏。

赶往夏威夷的途中，身边都是美国军人，我是唯一的战俘。他们对我很好奇，纷纷过来与我攀谈。直到这时，我才开始了解这些美国人。一名海军少尉朝我走来，在我面前立正，举手敬礼，然后问我是否能给他签个名。我问道："用日文签吗？"他回答得很干脆："是的，长官！"

我对他们的态度深感惊讶。在日本，所有人都鄙视被俘者。可这些美国人最想问我的是战争何时会结束，日本军队还能支撑多久？我告诉他们，我是一名海军军官，却在深山里当了俘虏。他们爆发出一阵欢笑。

在夏威夷，我得到一个单间，里面有床，还有一盏灯。这简直就是星级酒店的待遇了。早晨，我站在窗户前向外张望，一排排帐篷出现在我眼前，里面都是日军战俘。我惊呆了，真没想到会有这么多日本士兵被俘。我想，他们肯定是一个接一个分别被俘的。我第一次开始产生这样一个想法：既然有这么多人被俘，也许某天我真的能获释回家。

由于我患了疟疾，所以没能去华盛顿。但我帮着美国人从事尽快让日本投降的工作，因为我在丛林里每天都能见到人死去。哪怕战争多拖延一天，都会有更多的人丧生。这种死亡毫无意义！美军对日本本土的攻击日益猛烈，我知道日本会被彻底毁灭，这就是我参与制作日文传单的原因。在此之前，一直是二世们起草这些传单，尽管他们会说日语，但许多人写得不是太好。于是，我开始纠正他们书写的日文，但这种行为直接针对的是我的祖国。就连美国人也对我的做法颇有微词，特别是那些职业军人，他们把我看成是祖国的“叛徒”。当然，日本军人也是这样看我的。

我参与制作了当时投向日本的传单。最重要的问题出现在《波茨坦公告》发表的那天，也就是1945年7月26日。该如何将公告中的条款告诉日本人民呢？日本政府没有向他们直接透露过相关内容。《波茨坦公告》要求日本立即投降，然后才能考虑盟军与日本进行间接谈判的问题。我们把日本的反应和美国的态度写在同一张传单上，往日本撒下数千份。一张传单落入皇宫，内务大臣木户把它呈交给天皇，终于使战争走向终结。至少根据某些说法是这样的。

我监听了日本所有的广播电台。听到的新闻时而令我兴奋，时而让我绝望，但我仍抱着战争有可能结束的一丝希望。整个7月都如此。日本政府仍要求保存“国体”，但盟军坚持将天皇置于盟军总司令的控制下。然后，美国人投下了原子弹。我一直记得《星条旗报》的头版头条上，用大号字母刊登的“原子弹”。我不知道原子弹是什么，但报纸上有一张照片，是一团巨大的蘑菇云。报上还刊登了原子弹造成大规模破坏的报道，另一些美国报纸甚至批评这种炸弹太不人道。我不禁想起了那名二世中尉的家人。

1946年10月，我回到日本，在一家大银行得到一个职位。我终于有地方可去，但它却是个金融资本主义的怪物，我很讨厌它。很快我就递交了辞职信，回到了妈妈在岛根的老家。在那里，我办了一份地方报纸，并认为民主应该从底层开始。我在占领军中非常受欢迎，他们甚至为我提供了纸张的特别配给。我经营了10年的报纸，然后再次返回东京。

我不认为自己能永生，但我希望让年轻人知道战争是多么愚蠢。另外，我想让这个国家成为一片乐土，生活在其上的人们可以自己思考、为自己而活。我当俘虏的时间很短，但在被俘期间我知道了民主和自由。战争对我的影响会一直持续到我死去的那天。

尽管小岛先生在战后似乎没有因为当过战俘而遭到非难，但许多在战争结束前被俘的日本人确实遭到歧视，自我怀疑也令他们备受煎熬。

第19章 | “一种可怕的新武器”

1945年8月6日上午8点15分,3架B-29组成的编队中的一架轰炸机，从8 500米高空将一颗炸弹投向广岛市中心。这枚长3米、直径0.7米、重4吨的炸弹在590米高度的空中炸开。炸弹里的0.85公斤铀发生裂变，释放出相当于1.3万吨TNT爆炸力的能量。

爆炸发生的瞬间，出现了一个数十万摄氏度的火球。0.3秒后，这个火球的表面温度升至7 000摄氏度。爆炸发生3秒后，火球发射出强烈的热辐射，持续了大约10秒。爆炸中心地的温度上升至3 000 ~ 4 000摄氏度。方圆1公里内，暴露在热射线下的人都因剧烈灼伤和内脏破裂而丧生。高温还杀死了爆炸中心3.5公里范围内的人，衣物和木制房屋均被引燃。8分钟内，巨大的烟柱升至9 000米高空，形成一朵蘑菇云，从数公里外都能看得清清楚楚。

爆炸的瞬间也制造出一股剧烈的冲击波。从理论上说，位于爆炸中心的冲击波，其最大爆炸压力达到每平方米35吨，最大速度为每秒440米。距离爆炸中心1.3公里处，冲击波的压力达到每平方米7吨，风速为每秒120米。爆炸发生后30秒，冲击波已传至11公里外。这股冲击波剥掉了人们身上的衣服，撕去他们被严重灼伤的皮肤，震碎了一些遇难者的内脏，还将玻璃和其他杂物刺入他们的身体。方圆2.3公里内的木质建筑被夷为平地，3.2公里内的半数木质建筑被悉数摧毁。爆炸中心附近，就连混凝土建筑也被彻底粉碎。

高温和冲击波之后，原子弹爆炸的第三个主要危害是辐射。伽马射线和中子在1分钟内对爆炸中心2.3公里范围内的人造成了各种有形损害。距离爆炸中心 1 公里内的人遭到强烈的辐射。残留辐射使那些在爆炸后 100 小时内进入该地区的人都暴露在伽马射线下。

爆炸发生后的 30 分钟内，空中升起的灰烬和尘埃与水分凝结，开始以“黑雨”的方式落下，时间持续了大约 90 分钟。雨水中含有大量辐射，受到伤害的不仅是人类，还包括一大片区域内的其他动植物。长期存在的辐射致使该地区的居民不断感染上包括白血病和癌症在内的疾病，并且数量在不断增加。因原子弹爆炸而当场死亡的人数曾一度估计为广岛 7.8 万人，长崎 2.7 万人。这两个数字被普遍认为偏高，但准确的死亡人数难以确定。据估计，截至 1945 年 12 月底，8 月 6 日投向广岛的原子弹造成 14 万人丧生，而 3 天后投向长崎的原子弹则致使 6 万～ 7 万人送命。

原爆中心 800 米外的哀伤

口述者：原爆受害者　山冈美智子

她是一名“被爆者”，一个暴露在原子弹爆炸之下的人。提及这些特殊的受害者时，这个词被频繁使用，以此来区别于描述其他战争受害者时使用的更为笼统的词语。在厚生省登记注册的“被爆者”可以获得一本“原爆医疗簿”，这就正式确认了他们的身份。今天，他们可以得到只有“被爆者”才能得到的医疗救助。

我们在广岛和平纪念资料馆一个大房间的角落处会面，只需步行便能到达位于和平纪念公园边缘的原爆圆顶塔。“这些天来，我跟一群群来自广岛的小学生交谈。他们似乎在倾听，但我担心没人真正了解我们的感受。”

那年的 8 月 6 日，我 15 岁，在女子高等学校读三年级。但我也是电话局的一名接线员，一年多以前，我们在学校里接受了从事各种工作任务的动员令，我被分配到民用工作岗位上。当时的我们充满了对保家卫国的期盼，自觉与祖国密不可分。我们已听闻东京和大阪遭到轰炸，但广岛尚未遭到空袭。我们依然相信日本会获得胜利，但在那之前我们必须忍耐。B-29 轰炸机从空中飞过时，我并不特别担心。

那天早上的 7 点 45 分，我离开了家门。听说 B-29 已经返航，但妈妈还是对我说 ：“小心点，B-29 有可能会再回来。”我家距离原爆点大约 3 公里，但我上班的地方离原爆点只有 500 米。我朝那里走去，为防止火灾发生，那片地区的房屋和建筑都已被拆除，无遮无掩。我穿着白衬衫和裤裙。走到那里，我看见一些中学生正在离原爆点 800 米的地方拆除建筑物。

来到河边时，我隐约听见飞机的轰鸣声。敌人的飞机很狡猾，有时候它们只是假装离开。尽管轰鸣声很微弱，但我还是听见了。由于爆炸的伤害，我的左耳现在已丧失了听力。当时我觉得很奇怪，于是伸出右手遮挡在额头上。我抬头向空中望去，想知道是否能看见敌机。阳光很刺眼。就在那一刻，事情发生了。

没有任何声音。我只感觉到某种强烈的东西，非常强烈。我能够感觉到它的色彩，但温度并不炽热。真的不能说那是黄色，也不是蓝色。那一刻，我想我将是唯一死去的人。我在心中默默说道 ：“妈，永别了！”

他们说，7 000 摄氏度的高温击中了我。很难描述那种高温涌来的感觉，我只是晕了过去。朦朦胧胧中，只觉得自己的身体浮在半空。有可能是爆炸的冲击波将我冲了出去，但我不知道自己被冲了多远。醒过来的时候，四周一片寂静，没有一丝风。我看见一道细长的微光，所以我觉得自己肯定还活着。我被埋在石块下，身体动不了。然后，我听见了哭喊声，“救命！水！”这声音让我意识到自己并非孤身一人，但我还是看不见周围的东西。我想说话，可发不出任何声音。

“着火啦！快跑！救命！快点！”传来的不是叫喊声，而是痛苦、绝望的呻吟。“我必须发出声音，这样才能获救。”我这样想。后来，赶来救我的人是妈妈，尽管她也被压在我们家坍塌的房屋下。妈妈知道我每天上下班的路径，她赶过来大声呼唤我的名字。听见她的声音，我也叫起来。我们的周围已经开始燃烧，火焰从强光中迸出。强光并未落下，只是不停地闪烁。妈妈无法将我从瓦砾中挖出。她恳求其他人 ：“我的女儿被埋在下面了，她一直在帮助你们，在为军队工作。”她说动了附近的军人，他们开始帮着她挖掘。当时，烈火在熊熊燃烧。士兵们喊道 ：“那个女人，赶紧离开这里。”我在瓦砾下听见噼啪作响的火焰声，于是朝妈妈喊道 ：“别为我担心，赶紧跑！”我真的不介意为国家献身。然后，他们拽着我的腿把我拉了出去。

周围的人都已不成人样。此刻，我仍以为落下的是燃烧弹。所有人都呆若木鸡，就连身上也已起火，他们都无法喊叫出“太烫了！”只是坐在那里，任由火焰燃烧。我的衣服被烧毁，皮肤也被烧伤。出门前我梳了辫子，现在的头发却乱如狮鬃。有的人几乎已没了呼吸，有的人竭力试图将流出的肠子塞回腹腔，有的人断了腿，有的人没了头，还有些人的脸被烧得肿胀变形——眼前的场景宛如人间地狱。

看见我的脸时，妈妈什么也没说，我也没有感觉到任何疼痛。她只是用力握了握我的手，告诉我赶紧跑，她还要去救我的姨妈。大批人群从火海中逃离。我的眼睛仍能视物，所以朝着比治山逃去，那里没有火。逃生途中，我遇到了电话局的一个朋友。她一直待在房间里，因而没有被烧伤。我叫她的名字，但她没有回应。我的脸肿胀不已，所以她认不出我。最后，她识别出我的声音：“山冈小姐，你看上去像个怪物。”这是我第一次听到这个词。我看了看我的手，皮肤挂了下来，红色的肉裸露在外。我不知道我的脸已肿胀，因为我无法看见。

唯一的药物是天妇罗油，我把它抹在身上。在水泥地上躺了几个小时后，我的皮肤渐渐舒缓，不再肿胀，一两层皮已脱落，这时候才开始感觉到疼痛。头顶上依然是烈日炎炎。一群群苍蝇朝我涌来，覆盖在我溃烂的伤口之上。到处都躺着人，一旦某人微弱的呼吸声平息下来，人们就会说，“这个人死了”，然后把那人堆放在一堆尸体上。有些人想喝水，但他们一旦得到水就会立即死去。妈妈又赶来找我，这就是我能活到今天的原因。我已无法行走，什么也看不见。我被一副担架抬至宇品，再从那里被送到一个收容撤离人员的岛屿。在船上，我听见有人说：“要是他们想喝水就给他们喝吧，反正都会死的。”所以我喝了好多水。

接下来的一年里，我一直卧床不起。我的头发都已掉光。后来，我们去投靠亲戚时，他们甚至不让我进门，因为他们担心被传染上疾病。我没有得到治疗，也没有获得救助。那些有钱人、父母仍在的人、有房子的人可以去红十字会医院或广岛市立医院。他们可以得到手术治疗，但我们没有钱。只有妈妈和我在一起。我的脸和脖子上都是瘢痕，脖子根本无法转动。我的一只眼睛垂下。我甚至无法控制自己流口水，因为我的嘴唇已被烧掉。在医院里，我得不到任何治疗，妈妈只能为我按摩舒缓。如果不是她为我做的这一切，我的瘢痕会更恐怖。我唯一能做的事情是缝制短裤，因为只需要我缝一条直线。我必须做点事来赚钱。

日本政府轻描淡写地告诉我们，我们不是战争的唯一受害者。没有援助，没有治疗。对我妈妈来说，日子可能更加难挨。有一次她告诉我，她曾想过把我扼死。如果一个女孩子长满可怕的瘢痕，不再是原来的完好面孔，就连做母亲的都想杀掉她的孩子——我能理解这一点。有些人朝我丢石头，称我为“怪物”。这些事情发生在我多次手术之前。不得不面对外人时，我只把右侧的面孔露出来，就像我现在坐在这里一样。

原爆的10年后，我们去了美国。诺曼·卡曾斯挑选了25名受害者到美国接受治疗和整形手术，我是其中之一。我们被称为“广岛少女”。美国政府对我们的到来表示反对，他们认为，接纳我们等同于承认当初投掷原子弹是个错误，但美国的许多民间团体对我们表示支持。我们来到纽约的西奈山医院，在那里接受了为期一年半的治疗，包括皮肤移植。去美国时，我对美国人恨之入骨。我问自己，他们为何要用毁灭人类的办法来结束战争。谈到自己遭受的苦难时，我经常被告知，“那是因为你们偷袭了珍珠港”。我听不懂英语，倒也不必惋惜。在美国人看来，他们投掷原子弹是为了迅速制止更大的伤害，以便尽快结束战争。他们仍在制造更恐怖的炸弹，不是吗？

“我们无法为朝鲜人提供救济”

口述者：旅居日本的朝鲜原爆受害者　申朴秀

她希望与我在“朝鲜之家”会面，那是市中心的一座办公楼。她说话的口音带着浓郁的广岛味。说话时，泪水偶尔会在她眼中闪现。她现在的丈夫已住院近一年，原爆那天，他也在广岛。

广岛和长崎的原爆受害者中，很难估计外国人的确切数字。但细心的估算表明，广岛大约有5万名朝鲜人暴露在原爆下，近3万人丧生。朝鲜独立后，幸免于难的2万人中除了5 000人外，其余都被遣返朝鲜。此外，“被爆者”中也有来自台湾和大陆的中国人，亚洲其他地方的人，盟军战俘以及战争爆发后困在日本的日裔美国人。

那是在日本和朝鲜“统一”的时候，总督南先生对我们发表讲话，说我们现在都是日本人了。朝鲜人突然被告知要改名字。于是，我们起了个日本名，“繁满”，意思是“茂密的树林”，因为我们家一直居住在枝繁叶茂的山区。我们这个村庄有 250 名居民，4 公里外有一所新建的学校。我想去那里上学，但父母不同意。他们认为对一个小姑娘来说，走这么远的路去上学太危险了。我去求爷爷，最后他同意了。就这样，我在 10 岁时上了一年级。

学校里有 10 名老师，7 个是日本人。当时，朝鲜的学童就连想去小便都不知道该如何用日语表达。所以，有的孩子最后尿在裤裆里了。尽管如此，在学校时我们还是觉得自己成了“日本人”。朝鲜有许多日本人，其中有放债人。他们都是些真正的高利贷者，以高得离谱的利息将钱借出。借债者无法立即还钱时，他们就拿走对方的土地，因而迅速致富。那些放债人的家里还有浴缸！日子过得非常奢侈。

23 岁时，我在一个农业实验室工作。家里人开始讨论我的婚姻大事，当时的我很向往日本。像大家那样，我觉得日本人就是“神”，拥有压倒性的权威。遇到日本人时，我们要向他们鞠躬。即将成为我丈夫的人从日本返回朝鲜相亲，见了面后我便同意了这桩婚事。没过 3 天，我们就结婚了。他是个普普通通的朝鲜人，朴实、直爽。就这样，我于 1937 年跟随丈夫来到广岛。

我以为旅居日本的朝鲜人过得不错，但事实并非如此。我丈夫是一名分包商，隶属于三菱的子公司，该公司使用朝鲜劳工。我没什么可担心的，因为有白米饭吃，手上还有钱。来到日本我就觉得很幸福了。回到广岛的一周后，他给我买了第一套洋服。他是朝鲜乡和会的一名领导，这是个朝鲜人的社团。我让他帮忙创办一个朝鲜妇女协会。他设法取得了相关部门的批准，妇女协会开张时，市里的大人物们都赶来祝贺，他们认为这是个好主意。我成了协会的负责人。我们从事一些志愿工作，进行民防和防空训练。于是，我开始了从早忙到晚的生活。

原子弹落下的那天早上，我们在 7 点 40 分吃早饭。然后就响起了空袭警报。7 岁的儿子提醒跟我们住在一起的婆婆：“奶奶，留神点。动作要快，否则你会没命的。”她回答道：“别担心我，我还能跑，没问题的。”就这样，我们开着玩笑走入后院的防空洞。我们都戴上头盔，并把收音机的音量开大。听见广播里说广岛上空已没有敌机，我们走出防空洞，摘掉头盔，脱掉外套。广岛的天气太热了，我解掉宝宝的尿布。婆婆把才 13 个月的他背在背后，用腰带扎好，走进厨房清洗早上的盘子。另外两个孩子困了，因为昨晚的空袭警报吵醒了他们。我让他们小睡一会，替他们铺好床褥，又把蚊帐放下。透过窗户，我发现蓄水池里的水已不多，于是从浴盆接了根水管，准备将蓄水池灌满。突然，一道刺眼的闪烁闪过，接着就是“咚”的一声巨响。我抬起头，可什么也看不见，眼前是一片漆黑。我听见婆婆叫道："救命！救命！”我喊道："你在哪里？”“在客厅里，我喘不过气来！”

渐渐地，黑暗被照亮。我看见婆婆倒在孩子身上，房屋的两根横梁分别压在她的脖子和腿上。我环顾四周，已看不见我们的房子。我想，不至于吧，一颗炸弹炸毁了我们的房子？我试图拉开横梁，后者却纹丝不动。我大声呼叫邻居："帮帮忙，我的孩子被埋在房子下了。”邻居从自家的废墟上跑过来，试图把她们救出来，但他也抬不动倒下的横梁。“很抱歉，”他说道，“我祖父被困在二楼的房间里，我必须去救他。”

我们的另一个邻居，石原先生，浑身是血地跑过来，递给我一把没了手柄的刀子："广田夫人（那是我当时的日本姓氏），用这个割断她们的绦带吧。”我朝她们冲去，用这把菜刀割断了绦带，把孩子拉了出来，孩子的左腿已被划破。随后，我和婆婆一同用力，她便从横梁下挣脱着爬了出来。这番救援用了一个半小时。脱困后，婆婆撒腿就跑，她只想着她自己！我朝她喊道："把宝宝带上！”可她充耳不闻。我追上去抓住她。附近有一片小米地，由于食物短缺，我们在那里种植蔬菜。我把她带到地里坐下，把孩子塞入她怀中，然后转身朝房屋跑去，去寻找另外两个孩子。孩子们睡在哪里？我们的房子相当大，他们一直待在房子中央处。蓄水池还在那里，我便以之为参照物，一片片揭开屋顶的瓦片，不停地叫着他们的名字："武雄！亚纪子！出来！”但我没有听见任何回应。我不停地翻开瓦片，然后听见了飞机的轰鸣声，但我已不在乎自己是否会死在这里。我不停地翻寻。很快便下起雨来，是黑雨。

四周起火燃烧时，我丈夫赶了回来。当天早上，他去拜访城里的某个朋友。爆炸发生时，他正好在厕所里，结果被埋在里面。他只穿着一条短裤跑了回来，身上满是黑色烟灰。直到跟我说话时，我才认出他来。我哭着告诉他，孩子们还埋在房屋下。

火焰开始从废墟中蹿出。他找到一张草席，把它浸在水中。他踩着湿漉漉的草席来到屋顶的瓦片上寻找。在竭尽全力将残瓦移到一旁时，草席烧了起来。一名士兵冲过来，命令我们赶紧撤离。我们被其他人拖开。当晚，我们被安置在市内的体育馆里，周围不断有人死去。

第二天早上，我们又回去找我们的孩子。家已被彻底烧毁，我们小心堆放起来准备疏散的家居物品、积攒起来的一些配给口粮仍在燃烧。两个孩子的尸体也是如此。靠过去，我看见我的女儿亚纪子蜷缩在她哥哥身边，火焰仍在舔舐着他们的身体。

我已无法行走,残瓦的碎片刺入我的后背。一直以来,我拼命地来回奔波,双腿已受伤。丈夫的一名部下把我送上一辆大车,带我去寻找药物。街道上,我看见大批被烧伤的男男女女。有个人仍戴着一顶军帽，但整个身子已被烧焦。你根本无从分辨面前的人是男是女，如果他（她）有乳房，那就是女人。他们的脸像冰柱那样挂下，胳膊上的皮肤爆裂开来。“水！水！”要想穿过街道，就得不断从死者身上跨过。我看见一些死去的女学生，她们的头浸在蓄水池里。当时的热度肯定很吓人。

大约一周后，我们接到通知，到学校去领取孩子的遗骨。我们拿到两个黄色的信封。打开后，我丈夫却说：“这是成年人的骨灰。”我们的孩子，一个 7 岁，另一个才 4 岁，现在却连骨灰都拿不到。最后，我们将那些骨灰撒入河中。

我丈夫的膝盖只是轻微擦伤，所以我觉得自己还是幸运的。但从 8 月 25 日起，他的头发开始脱落。去医院就诊后，他得到一些药物，但嘴巴开始变黑。他说如果待在这里，他一定会死，他叫道：“我得去东京，去那里治病！”他朝着火车站跑去,我背上孩子,跟在他身后。婆婆被我们留了下来。我们冲上一列挤满士兵的货车，于当晚到达大阪。他的模样看上去很快就将死去。一列从东京而来的火车从这里经过,我骗他说那是开往东京的列车。就这样，我带着他回到广岛。第二天早上，他死了，身体已发黑，血液从皮肤里渗出，身上散发出可怕的气味。

那时候，我们只能靠一辆卡车送来的饭团过活，每天一个。一个月后，我们的邻居告诉我赶紧去市役所，家里有人死于原子弹的，可以在那里领到救济金。这真是一个好消息！我赶至市役所，工作人员让我填写一张表格。我写下了姓名和籍贯。“你是外国人。”他说道。在此刻之前，我一直是“日本人”，但我的籍贯确实是朝鲜的。“我们无法为朝鲜人提供救济。”他说道。我问他：“为什么？”我的丈夫和两个孩子都因为“我们是日本人”而丧生。"是谁突然间就判定我们是外国人的？"“我不知道，”他回答道，“这是上面的命令。”

原爆当日的 5 张照片

口述者：摄影记者　松重美人

76 岁的他刚刚在广岛和平纪念公园的纪念馆里给一群小学生作了一场关于原子弹的演讲。他拿着在原爆当日拍摄的照片，说道："看着这些照片与您交谈时，数十年前的记忆一下子都回来了，就像是发生在昨天的事情。"

我就职于中国新闻社的《广岛日报》，是一名摄影记者，同时我也隶属于陆军的新闻单位，该单位设在广岛的师团军令部内。那天晚上大约 12 点半，空袭警报响起，我骑着自行车赶往师团军令部。我家与军令部之间的直线距离是 3.7 公里。警报解除后，我躺在一张军用长椅上睡了一会。太阳升起后，我站在广岛城（师团军令部就设在这里）的石墙后观看城市的风貌。这是个安静祥和的早晨，现在去报社还太早，因此我就回家了。对我来说，这个决定成了生与死的分界线。师团军令部和我在报社的办公室，距离原爆中心点都只有 900 米。

骑车回家的途中，我的内衣裤都湿透了，因此到家后我就把内衣挂在晾衣绳上。正当我要把衣服收回来时，通入房屋的电线爆出了可怕的火花。我听见巨大的爆裂声，仿佛树木被劈开一般。与此同时，我感到一阵纯白色的刺目光芒，就像我们拍照时点燃的镁粉，然后便什么也看不见了。我半裸着身子坐在房间里，衬衫仍挂在晾衣绳上。爆炸的冲击波像针那样刺着我。这一切都在瞬间发生，我的妻子跑进来说道："一颗炸弹落了下来。"我拉着她的手往外跑，逃至铁路对面的一片甘薯地，蹲在一个凹坑里。直到此时，我才彻底清醒过来。应该是一颗普通的炸弹直接击中了我们的房子，或是在旁边炸开。外面一片漆黑，我们紧贴在一起，但我依然看不清她的面孔。我认为我们都得救了，因为我能感觉到她手心传来温暖。我的心脏跳得飞快，像是要蹦出来一样。

渐渐地，黑雾似乎稍稍升起了一些，我能看见东西了。附近四层的木制消防署大楼已在瞬间坍塌。我必须去师团军令部！怀着这个念头，我返回住处取相机。我注意到家里的几堵墙壁已倒塌，我自己也被碎玻璃刺伤，胸口和脸都在流血，但很快便止住了。所幸，我的妻子看上去没什么大碍。我拿起相机，沿着铁轨朝市中心走去。市役所距离原爆点大约1公里，我看到它和西消防署都已起火燃烧，变成一片火海。我无法赶至报社，于是回到御幸桥西端，试图沿着河岸赶往市中心。但一个个火球在道路上滚动，路上没有行人。我想，如果我继续待在这里，很可能会被火球吞噬，于是我返回桥上。

穿过街道时，你不得不避开倒在路上的尸体。那些尸体都已肿胀不堪，破裂的衣衫下，人体的皮肤爆裂开来，脸被烧得漆黑。我把手放在相机上，但这种地狱般的可怕景象使我无法按下快门。犹豫了20分钟后，我还是按下快门，拍下了第一张照片。照片中的人可能是一名警察，他正用料理油为那些被烧伤者提供急救，一桶油正放在他身后。照片中女人的头发被烧得卷曲起来。他们都光着脚，鞋子已陷在熔化的沥青里。那个女人半裸着身体，将孩子抱在臂弯中。孩子双目紧闭，不是死了就是休克了。她来回奔跑，呼喊她的孩子："睁开你的眼睛吧！"孩子可能已经死了。在这张照片中，你能看见她的腿有些模糊，当时拍摄的快门有点慢，所以你能看出她正在跑动。

我走近了些，又拍了第二张照片。这是一幅残酷的场景。拍照时，我的泪水模糊了相机的取景器。此刻大约是上午11点。整片地区仍在燃烧，硝烟弥漫。照片底部的是街道上的沥青。桥梁上游一侧，人们躺在已坍塌的栏杆旁，把栏杆当成枕头使用。桥梁下游一侧的人却没有这种奢侈的待遇，直接躺在道路上。他们的身体从头到脚都被烧黑，身上满是沥青。他们误以为我是一名军人，用微弱的声音喊道："士兵先生，请给我点水喝吧。"我戴着个袖章，上面写着"军事记者"。我只能回答道："救援单位很快就会赶到，请再坚持一下。"

我转身回家，但下午2点左右，我再次出门。大火已渐渐熄灭。我朝市中心走去，一心想前往师团军令部或报社办公室，但到处都是死尸。阴燃的废墟中，不时从各处蹿出一缕缕火舌。我想这里的温度肯定很高，但也许是我的神经麻木了，反正是一点感觉都没有。

日本人的住宅都是用木头制成，爆炸的冲击波很容易使其坍塌；大多数店铺和另一些较小的建筑物同样如此。许多人被困在废墟下无法自救。这片地区遭遇到一股每秒钟440米的狂风和高达数百摄氏度的热浪的袭击。一场大火爆发开来，人们就算能逃出废墟，也无法从这片火海中逃脱。许多人被活活烧死。我在 7 日见到的尸体都已被烧黑并硬化，但前一天火焰还焚烧这些尸体，其体内的脂肪都被烧得沸腾起来，四散飞溅。这是我唯一亲眼目睹人类被焚烧的情景。

我穿过火焰来到报社的办公楼。这座建筑是用钢筋混凝土建成的，楼内应该不会被彻底烧毁。我的抽屉里还放着另一部相机。在准备进入办公楼时，我看见了楼内一堆堆的灰烬和烧得通红的炭块。心有余悸的我，往前走了几步就退了回去。

附近，我看见人行道上停着一辆烧焦的有轨电车，可能是被狂风吹到那里的。我没有凑过去，而是朝纸屋町走去。我在那里看见另一辆被烧焦的电车停在拐弯处，里面似乎还有人。我朝它走去，踏上电车的踏板朝内张望。

车内有十五六个人，都已死去。纸屋町距离原爆点只有 250 米，爆炸的冲击波导致这些人的内脏破裂，很可能是当时就送了命。然后，他们和电车一起燃烧起来。所有人都赤身裸体。我的脚踩在后车门处，没有继续盯着他们，而是惊恐地向后退缩。车门和窗户都已被烧焦，剩下的只是电车的残骸。我不记得那辆电车是否被烧得滚烫，朝里面张望时，我好像没有抓住门框。我想拍张照片，手都已经放在相机上了，但这幅场景太可怕了，以至于我无法按下快门。

活着的人排队登记，以便获得灾难救援，我拍了张照片。照片中坐着的警察，头上裹着脏兮兮的绷带，正在给人们填写文件，证明他们遭受了一场灾难。凭这份证明，难民们可以获得口粮，或是登上一列火车。照片中，你能看见他们正在分发硬饼干，一人一袋。我也得到了一袋。那天晚上，我们把饼干吃掉了。我们没有水，没有电。我们也不知道敌人的飞机会在何时再度光临。

5 点左右，我回到家中。我的侄女来到我这里，她的脸和半侧身子都被严重烧伤。她无法返回自己家。她的鞋子陷入熔化的沥青里，所以只能光着脚行走。她的脚底板被烫伤并肿胀起来。我们没有药物，只能给她扇扇子，让她稍稍凉快些。她的伤口上已经出现许多细如蚕丝的蛆虫。人类被烧死，苍蝇却活了下来。我们在消防署的废墟中度过了一晚。其间，我看见市中心方向的一些地方仍有火焰蹿出。

第二天，我们带着侄女来到不远处的农村，我妻子的哥哥就住在那里。一个月前，我已将我的父母和孩子送到那里。幸运的是，他们都平安无事。

我们和孩子在一起过了一夜。我的相机一直挂在肩头，但这些天来，我没有拍摄其他照片。

8 月 9 日，我又回到报社。拍照已毫无意义，因为再也没有刊登这些照片的报纸了。但在 8 月 11 或 12 日，我将 6 日拍摄的照片冲洗出来。太阳落山时，我在一个简单的托盘里完成了这项工作。

一年后的 1946 年 8 月 5 日，这些照片出现在中国新闻社的《广岛晚报》上。我和撰写文章的记者一起被叫到占领军总军令部。出乎我们的意料，美国人没有动怒。他们告诉我们，刊登这些照片没有问题，因为这都是事实，但他们希望在发布这些照片前先由他们审查一下。盘问我们的美国人随后问我拍了多少张这样的照片，我告诉他只有 5 张。他向我索要一套，于是我回去给他冲印了一套 B5 尺寸的照片。把这些照片交给他时，他请我在照片上签名。起初我把名字签在背面，但他说："不，不，签在正面，最好用日文。"于是，我在 8 月 6 日拍摄的这些照片的正面签下了自己的名字。

对进驻广岛的美国和澳大利亚士兵，我并未特别仇恨他们。虽然我因留在家中而避开了原子弹的直接伤害，但我也是一个原子弹的受害者。经常有人问我，为何没有多拍些照片，甚至有人为此批评我。这让我非常生气。他们怎么可以这么问？当时的情况他们根本没看到，太触目惊心了！而且那天带着相机的并非我一个，其他人也拿着相机四处走动，但没人拍照。

"遗忘是一种幸福"

口述者：儿童　木村泰子

"我不恨投掷原子弹的美国人。那是一段恐怖的时期，但我憎恶空袭，憎恶战争。可是，在我的孩子看来，原子弹却彻底结束了那场战争。"

她现在居住在东京，和丈夫经营着一个生产袜子的小工厂。我们在她工厂旁的家中会面，厂里 10 台针织机发出的咔咔声清晰可闻。

广岛是个军事中心，布满陆海军设施。城里的孩子们，一个个都像是小士兵，一切行动听指挥。我们从不怀疑日本会赢得胜利，我们是真正的小爱国者！我和同学们一起被疏散到别处，妈妈写信告诉我，战争结束后我就可以回家了。“我无法原谅她”，那时我才 9 岁。我们被疏散到一座寺庙，老师们对我们管理得非常严格，除了去上学，我们不许踏出寺庙一步。但寮母[①]们非常善良，也很温柔，简直就是我们的救星。她们都是当地村民，都只有 19 岁或 20 岁。

寺庙坐落在广岛与岛根县之间的一座高山上。我们站在山上眺望，看见人们沿着道路而行。8 月的那天后，我们见到许多伤者沿着道路从广岛逃来。我听见有人说，“广岛遭到一颗新式炸弹的袭击”。老师回了广岛一趟，并带回消息说整个广岛已被彻底摧毁。

疏散点内，幟町国立学校有 300 名儿童的家位于原爆点方圆 800 米范围内。我们是集体疏散的组成部分，都是些没有其他地方可去的孩子。只有儿童可以被疏散，所以我们的家人都留在广岛。现在，我们在寺庙里等待着他们的消息。有些家庭会设法送来诸如“你姐姐还活着”“父亲还活着”这样的消息。

8 月 15 日，战争结束了。集体疏散在日本各地正式停止，但广岛的孩子们无家可归。最后，收到尚有家人幸存消息的孩子们可以被送回广岛。我依然留在这里。孩子之间往往喜欢大肆吹嘘，例如他们会说，“我的成绩比你更好！”那时候，在寺庙里的我们喜欢吹嘘家里死去的人数，人死得越多，孩子就越自豪。老师们把我们叫去，告诉我们家里有哪些成员已丧生。回来后，我们会夸耀，“我家有 3 个！”另一个孩子家里人死得更多，他说道：“我家里死了 5 个！”他们都显露出骄傲的神情。我想：“3 个，我家只有 3 个。”我莫名其妙地对他们产生了羡慕之情，甚至想：“我家要是死了 5 个多好！”那时候的我们根本不知道死亡究竟意味着什么。等疏散行动结束后，那些一直受到轻视的“家里只死了 1 个人”的孩子，早早地被赶来的家人接回家去。这时候，我们才明白“家里死了 5 个人”究竟意味着什么——这表示没人来接你回家了。

他们集合起三四十名接到家人消息的孩子，用卡车把他们送回去，交还给候在广岛废墟上的亲属。我也接到父亲还活着的消息，很快便轮到我被送回家。

我们在傍晚时到达广岛。微红的夕阳挂在空中。如果是普通的火灾，废

① 负责照料被疏散儿童的女性职员。

墟会呈黑色。但广岛的废墟是棕色的，是那种未烧制的陶器的颜色。屋顶瓦片上的釉荡然无存，斑斑驳驳，都呈棕红色。这座城市看上去一点都不像被焚烧过，但它确实已被夷为平地。废墟中央有两座建筑，一座是百货公司，另一座是报社，孤零零地伫立着。父亲在这里等着我。在指定的会合点等了一阵子，他再也等不下去了，干脆向前走来，迎向我乘坐的那辆卡车。我记得他站在那里的身影，广岛城的石墙就在他身后。我还记得我们父女相见时他眼中的泪水。

我知道妈妈已经死了。被带至亲戚家时，我被告知屋内放着一个圆形的花瓶和一张用绳子系住的信纸。“你妈妈在这里。”奶奶对我说。这有些怪异，尽管所有的屋瓦都已被掀翻并摧毁，但这个花瓶却完好无损。花瓶上的釉已被烧蚀，表面很粗糙。他们告诉我这就是妈妈，我感到很害怕，无法相信这一点，本能地向后退去。

我们认为，妈妈肯定当时就死了。他们告诉我，她当时站在房子最深处的客厅里。在那里发现了她的骨灰，她只剩下些骨头了。普通的火灾中，尸体会被烧成黑色，你可以从东京遭遇空袭的照片中获知这一点。但在这里，只剩下骨头。很多的白色骨头。

原子弹落下的那天，就读于女子高校的姐姐被动员去清理拆除的房屋，以构设防火带。与姐姐同龄的那些男女学生几乎都丧生了，大概有1万人。8月6日，也就是原子弹落下的那天，我父亲不停地寻找她，第二天继续寻找。8月8日，他在医院找到了她的名字。他被告知，姐姐在前一天便已死去，遗体已被火化。他们将大批尸体堆积起来，浇上汽油后点火焚烧，没有留下任何遗骨。据一名护士说，姐姐被送到医院时已被严重烧伤，她不停地喊叫着“妈妈！妈妈！”直到最终死去。

对于弟弟的情况，我们一无所知。他才6岁。后来，一位邻居告诉我们，我弟弟跟他的孩子在一起玩耍，他能听见他们发出的声音，直到炸弹落下的那一刻。一个人即便被烧死，你通常也能找到些骨头，至少可以说，这里是我的房子，所以这些骨头肯定是他们的。可我们什么也没找到，那些骨头肯定是被吹到其他地方去了。

那天早上，父亲和奶奶都在郊区，忙着将放在临时储存处的行李取出。爆炸发生后，父亲立即进城去寻找家人，因而暴露在辐射下。我大哥当时就读于中学二年级，他已接到动员令，在工厂里干活。原爆那天，他也在广岛。

回到家里，我怎么都不肯跟奶奶分开。无论她去哪里我都跟着。我不愿独自一人待着。每当奶奶遇到认识的人，打招呼前，她们都会相互询问："爆炸时你在做什么？"这成了广岛的问候语。"你是怎么活下来的？你的家人是怎么死的？"遇到熟人，她总是这样问对方，她们就这样一次次谈起各自的经历。

无论你去哪里，都能见到细小的骨骸。这太可怕了！我无法忍受看到这些骨骸。整片地区已被烧毁。一切都被夷为平地，没有任何矗立的东西，大门、柱子、墙壁和栅栏都已不复存在。不管你想去哪里，只需要沿着直线行走即可。但无论在何处，你都会遇到遗留下的骸骨。那些散落的骸骨实在太多了，根本无法收集完。

读大学二年级时，我们搬至东京。我第一次想了解广岛遭遇到的一切。我曾以为全日本都是如此，但事实证明只有广岛。从那时起，我想把这一切遗忘。我现在远离广岛，从某种意义上说，我与它"毫无关系"。我从未签署过任何要求禁止原子弹或氢弹的请愿书，我认为这与我无关。一个朋友曾问过我："难道你不认为你的妈妈是被谋杀的吗？""不，没什么特别的。这跟其他死法完全一样，不是吗？"这就是我的回答。如果你努力忘却，你就能忘记那一切。如果你投入 30 年，就有可能遗忘。我痛恨"广岛"这个词，就算这个词出现，我也不会提及我的家人死在那里。每逢 8 月 6 日，我不看电视，也不读报纸。

我想去看看原子弹落下前我们那些小孩子藏身的疏散地，在那里我保住了自己的性命。但直到很多年后，我才得以成行。从载着我去那里的汽车上走下，当年的点点滴滴立即浮现在我脑海。那是 8 月初，正是水稻开花的季节，那股清香令我想起了一切。在这片稻田中，我曾被告知妈妈已经死了。我忍不住哭了起来。我不知道自己为何会哭，但随后当年的记忆便潮水般朝我涌来。我开始阅读相关书籍，并向幸免于难的哥哥询问问题。

多年前，我们大约 100 个孩子，乘坐着两辆大巴车再次回到当初的疏散地。但我们从未向彼此询问家人的遭遇。没有人询问，也没有人自愿透露。不开口询问就是最大的体贴。没有什么真正要问的东西，每个人都有遇难的家属。

这就是关于广岛的事情之一。你可以谈论自己的经历，但你不能替别人说话。你必须先在自己的脑海中把所发生的事情整理好，只有这样才能谈论自己的经历。我们家只失去了 3 名成员，另外 3 人幸免于难，我已经很幸运。我的父亲活了下来，并重新回到社会中。他悉心抚养我长大，最后他死于癌症。我只失去 3 名家人，可我用了 30 年时间才让自己适应这一点。

我姐姐的同学们似乎和我的感受不太一样。她们在学校里接受了动员，应该都在广岛。我最近还跟几个生还的女孩见了面。她们为自己得以生还向我道歉。巧的是，活下来的都是那天逃学或逃避劳动的女孩。我告诉她们，请继续活下去，这也是为了我的姐姐。

我的哥哥也活着，但他暴露在二次辐射下，由此导致的病症极为疼痛，活得很痛苦。比他年轻的“被爆者”相继死去，他认为很快就会轮到自己。他服用安眠药，就算是白天，他也把自己灌得酩酊大醉。他成了那种逃避现实的人，尽管那些生还者的精神早已四分五裂。

我为自己逃避了 30 年感到遗憾。我是家里唯一没有暴露在原子弹下的成员。要是我真的暴露在原子弹下多好，我就能了解家人们遭受的痛苦，就能知道他们是怎么死的，可我却“逃脱”了。

第六部分 | 沉默的结局

JAPAN AT WAR

在这场举国奋斗的庞大战争中，数百万日本人被卷入这场战争，酿下无数悲剧。但战后，日本却没有设法总结战败的原因，不去了解战争的可怕及其复杂性，也没有吸取教训或得出结论，更没有进行过真正的全国性辩论。在大多数日本人眼里，就连东京战犯审判也不过是在描绘一个精英策略、政变、阴谋、军事阵营和集团的世界，几乎没人认为这与他们亲身经历过的历史有关。

告尔等忠良臣民：

朕深鉴于世界之大势及帝国之现状，欲采取非常之措置，收拾时局……帝国所以向美、英两国宣战，实亦为希求帝国之自存与东亚之安定而出此，至如排斥他国之主权，侵犯他国之领土，固非朕之本志；然交战已逾四载，虽陆海将兵勇敢善战，百官有司励精图治，一亿众庶克己奉公，各尽所能，而战局并未好转，世界大势亦不利于我。加之，敌方最近使用残酷之炸弹，频杀无辜，惨害所及，实难逆料；如仍继续作战，则不仅导致我民族之灭亡；并将破坏人类之文明。如此，则朕何以保全亿兆赤子，陈谢于皇祖皇宗之神灵乎！此朕所以饬帝国政府接受联合公告者也……朕亦深知尔等臣民之衷情，然时运之所趋，朕欲忍所难忍，耐所难耐，以为万世开太平之基……

日本时间 1945 年 8 月 15 日

——日本天皇发布的《终战诏书》

太平洋战争始于天皇在 1941 年 12 月下达的命令，终于他在 1945 年 8 月 15 日通过广播宣读的诏书。那天，日本民众第一次听见了“活神”的声音。天皇以被描述为“政治史上最大的轻描淡写”的方式告诉他们：“战局并未好转，世界大势亦不利于我。”他的政府宣战后的三年零八个月，日本民众被要求“忍所难忍，耐所难耐”。

国家之间的冲突终于因日本与盟国政府互换外交照会而告终。1945 年 8 月 28 日，第一批占领军在横滨的厚木机场着陆。8 月 30 日，一架飞机将五星上将道格拉斯·麦克阿瑟送至厚木机场，从此他将成为驻日盟军总司令。

9 月 2 日，日本人在“密苏里”号战列舰上签署了投降书，第二次世界大战正式结束。这些手续非常顺利地完成了，日本没有出现抵抗的情况。日本向盟军投降的那天，除了本土仍有 4 335 500 名军人外，尚有 3 527 100 名士兵身处亚洲大陆和太平洋上的各个岛屿。这些兵力中，有 179 万人在中国。从冲绳到缅甸，从中国到菲律宾，日军指挥官举行了正式的投降仪式，向部下们宣读了天皇诏书。在此之前，这些部队已作好“最后决战”的准备。

但战争的魔爪并未轻易放过那些受害者或参与者。出现在本章节中的男女受访者指出，对日本人来说，战争（和死亡）并未因为政府宣布其结束而告终。

8 月 9 日，苏军对中国满洲发起进攻，那里的 18 万名日本殖民者在那场战役前后被杀。实际上，对他们当中的许多人来说，国家宣布投降的那天才是战争真正到来之时。包括军人、行政人员或移居满洲的殖民者在内的 70 万名日本人继续着他们的“战争”——在苏联战俘营里从事繁重的劳动。许多人被关押了10年或10年以上。1990年，日本和苏联进行的联合调查确认，这些日本人中的62 068人死于被囚期间。

亚洲的其他地区已陷入到一连串混乱的内战、殖民战争或民族解放斗争中，数百万日本人仍在这些地区面对着不确定的未来，他们怀疑自己远在千里之外的家园和家庭可能已被彻底破坏。“密苏里”号战列舰上举行投降签字仪式时，一些日军士兵或被招募或被强制卷入到亚洲新的战事中：有时候，他们充当临时警察，站在对印度尼西亚、马来西亚和印度支那重新提出权力主张的欧洲旧殖民政权一边；有时候，他们又站在呼吁民族解放的亚洲反政府武装一边。在中国，国民党与共产党重新爆发内战，这不仅吸引了战争结束前被俘的日军士兵，还使一些在1945年8月投降的完整部队卷入其中。在孤立的岛屿以及一些与本土完全隔绝的地区，部分军官和士兵无法获得进一步指令。他们没有权力自行其是，依然决定永不投降，或是依据他们接到的最后的命令继续坚守，直到招抚人员“回来救他们”为止。有些人甚至坚守了几十年。

不仅仅是那些背井离乡的日军士兵和百姓，留在本土的日本人也不得不在满目疮痍的城市中自谋出路。1945年“最后的顽抗”毁灭了日本的工业基础，农村经济也严重受损。随着战时纪律和约束的消失以及国家食物分配制度的全面崩溃，饥饿成了一种新常态。沦为街头流浪儿的战争孤儿、无家可归的乞丐、一贫如洗被迫卖淫的妇女以及身心遭到战争摧残的被遗弃者似乎遍布整个国家。1910年被强行合并进日本这个“大家庭”的朝鲜人，现在发现自己再一次“独立”了。在这个他们曾与之同甘共苦的国家里，他们被当作外国人遭到排斥，就连新政府发给本国公民的微薄津贴也没有他们的份。

数百万日本人被卷入到这场举国奋斗的庞大战争中，他们因国家、天皇、亲人、职责、顺从或是为了追求理想和宏伟的抱负而“支持”这场战争。短短的《终战诏书》结束了这一切，尽管有些人因为幸存而如释重负或感到喜悦，但深深的被遗弃感也如影随形，有时候他们也会对自己的存活感到羞愧。没有了长期以来一直指导他们的正规组织，他们发现自己不得不独自整理破碎的生活。对绝大多数疲惫、饥饿、士气低落并且生活在被占领土上的日本人而言，战争的经历从某种程度上淡出了公众的视野，被深深地埋藏在个人的痛苦下。

在这个战败国里，战争的责任和其中的因果关系，要么被推给一小群领导者，他们完全听从于目前占领这个国家的美国人，后者对这场战争应该作出怎样的说明和解释有着自己的看法；要么留在日本人的个人记忆中，继续无声地忍受煎熬。在国家中，重建和重新开始似乎是重中之重，整理战争经历在公众领域几乎没有市场。在大多数日本人眼里，就连东京战犯审判也不过是在描绘一个精英策略、政变、阴谋、军事阵营和集团的世界，几乎没人认为这与他们亲身经历过的历史有关。最后，罪责落在日本政府最顶层的25名军政人员头上,这些甲级战犯被盟军法官判定犯有“阴谋破坏和平”罪，并对不人道的行为和计划负有责任。他们当中的7人在1948年12月23日被处决，其中包括前首相东条英机和广田弘毅。一些级别较低的政客被控下令和执行“常见的”战争罪而受到审判和处决，但将大东亚战争的起因或在此名义下发生的一切暴行公之于世似乎没什么意义。

盟军想在被占领的日本建立起一个可运转的政府，再加上裕仁天皇对麦克阿瑟将军的合作态度（1946年1月的“天皇非神”宣言就是个象征），使得天皇对战争起源及执行的责任基本上未被追究。曾几何时，政府曾以天皇的名义运作，军人和平民被告知为了天皇而献身；现在，根据1946年11月3日颁布的新宪法，天皇将作为一个“民众团结的象征”而保留。

在战败后的日本，这场开始于偷袭珍珠港和攻占新加坡，结束于广岛和长崎废墟中的太平洋战争，现在看起来更像是一场自然或超自然的灾难，而不是一个深思熟虑的策略选择。更早些时候对中国的不宣而战也被多多少少地忽略了。日本的领导者曾想以“一亿玉碎”的口号将全体国民团结在共同的目标下，这个口号被日本的对手痛斥为“同一张底片印制出相同的照片”。具有讽刺意味的是,这场战争却成了最个体化的事件。它带来的兴奋和恐惧，隐藏在每个人的内心，成为一组被压抑、需要面对和忍耐的回忆，但基本上无从表达，无论是在自己家里还是在同龄人中，在公众领域探讨就更加不可能了。

这个国家没有设法去总结战败的原因，或是努力了解战争的可怕及其复杂性，也没有吸取教训或得出结论，更没有进行过真正的全国性辩论。每个人都发现，缅怀死者以维持自己对战争的回忆，仅仅是一种个人义务。

第20章 | 逆转的命运

满洲大逃亡

口述者：幼儿园老师　福岛良枝

1945年5月30日，苏联宣布1941年签订的《苏日互不侵犯条约》不再续约。与苏联爆发战争的可能性骤然增加，帝国大本营据此下达命令，将关东军撤至满洲南部的一片防御三角地带，其底部位于朝鲜边境。

部队向南开拔，许多军官的家属乘坐火车向南而去。在满洲北部和东部与苏联边境接壤处，居住着多达30万的日本平民和“农业开拓民”。由于当时的政策是避免“激怒”苏联，因而大本营没有努力疏散这些百姓。

1945年8月9日，苏联军队终于投入对日作战时，满洲定居者中身强体健者早已被关东军征召进预备队，并被派往其他战区。前沿地区的村庄和城镇内，留下的都是妇女、孩子和老人。随着苏军第一波次坦克和空袭的到来，他们在整个乡村地带散布开来。

成千上万的人死在混乱不堪的逃亡中。有的被苏军杀死，有的自杀或死于“集体自决”的相互残杀中，还有许多人在跨越河流时被淹死，还有的或是死于疾病和饥饿，或是被中国的非正规部队所杀。

满洲曾被日本称为“五族和谐之地”，但此刻就连满洲人也开始反抗日本人。许多受过日本移民欺负的当地人，现在对盘剥他们的人展开了报复。

福岛良枝是一名幼儿园老师，她嫁给了一个军事供应商，和他一同定居在东宁。这里位于海参崴北面，靠近苏联边境。1945 年 7 月，她丈夫被征召进军队，离开了她和他们尚在襁褓中的儿子。

8 月 9 日的拂晓是个美丽的早晨。我正给家里养的狗“江洲”喂早饭，突然听见飞机的轰鸣声。我想，这肯定是一场军事演习。随后我又听见“啪！啪！啪！”的声音，并看见从飞机上落下些银色的东西，在阳光下熠熠生辉。

我赶紧打电话给宪兵队，因为我认识里面的一名宪兵，但电话无人接听。我打开收音机，那时大约是早上 7 点。一名播音员读道：“新闻公告！新闻公告！苏联与日本断绝外交关系并对日宣战。”苏联人来了！我的儿子出生于 1944 年 9 月 25 日，刚刚学会走路，但还没有完全断奶。我把他背在身后，抓过一个早已准备好的应急背包，又拿了一本小小的佛经。

这个世界已天翻地覆。东宁的居民不知道该去哪里，每个人都想沿着苏军尚未到达的道路逃跑。有人喊道：“逃到山里去！”还有人说：“沿着铁路线跑！”一些人动身出发，其他人排成长长的队列跟在后面。但当天晚上苏军追了上来，我们朝着不同的方向四散奔逃。

从这天晚上开始，你不得不完全依靠自己。要是遇到熟人，你会跟他们打招呼，也许能一起逃亡，但很快又会跟他们分开。我不知道自己身处何方，东宁远在满洲北部的荒野中，这里没有道路，我也从未见过一张地图。

这简直就是地狱。铁轨也许能把我们带到奉天，因此我找到铁路，沿铁轨而行。一些累倒在地的难民就这样死在铁轨旁。但没过多久，我就无法沿着铁轨行进了。

苏军开始通过这些铁路包围苏联边境对面的日军，我们不得不逃入山中。那是一片荒野，有时候甚至是一片原始森林，一条条小径上遍布着尸体。

在深山野林里，我的儿子开始发烧，呼吸困难。我已放弃了日本人的常规做法，不再把他背在身后，而是抱在胸前，这样我就能清清楚楚地看见他，并给他喂点奶。他的呼吸越来越吃力，体温越来越高。我想，要是他死了，我也没法活下去了。

就在这时，一群日军士兵出现了。他们当中的一个戴着红十字袖章。他看了看我的儿子，立即说道：“麻疹！他可能没救了。太太，接受这一点对你更好些。”我恳求他，想知道他是否带着什么药物。他承认确实带着一种德国制造的肺炎特效药，但他不愿浪费哪怕是一个孩子的剂量。

我紧紧地抓着他的胳膊，不断地向他恳求着，泪水从我的脸上滚滚落下。因为我怎么也不肯放手。最后，他还是给了我一些药物，我儿子这才得以死里逃生。

一路上，我们经过日军士兵与苏军激战过的许多地方，我们很害怕被敌人抓获。要是你被满洲人逮住，他们会抢走你携带的所有财物，但最可怕的还是苏军。我亲眼目睹许多人被刺刀捅死，一具具尸体倒在满洲的荒野里。

日军士兵给我们这些妇女分发了手榴弹，并且告诉我们，在必要的时候跟他们一同“玉碎”。我把我那颗手榴弹扔在深山里，这东西太重了，我实在没有力气带着它走上哪怕是一天。他们还给了我们一些氰化物，从军人那里拿到小包裹的所有日本妇女可能都得到了同样的告诫：“作为一个日本女人，如果被强奸可不太好。”但汗水和雨水已让我浑身湿透，我那颗毒药融化了。

当时的情况不允许任何人长时间地照料其他人。一些士兵看上去挺可靠，对我的儿子也很好。他们会轻轻地拍着他，和他一同玩耍。

但夜间孩子一啼哭，每个人就开始对我憎恨不已。士兵们要求我要么离他们远点，要么把孩子杀掉。我多次遇到这种情况，许多次。我对这些士兵极为愤恨，但终于有一天，我开始从他们的角度看待这个问题。

我再次发现自己孤身走在铁轨上。我遇到一个裹在和服里的女婴。她躺在地上，旁边整齐地摆放着她的物品。面对炽热的阳光，她甚至没有一丝遮蔽。她的父母肯定是死了，或是被杀了，把她留在这里，大概是想让别人收留她。这个婴儿看上去很可爱，可能只有 5 个月大。我把她抱在怀中，现在，我带了两个孩子。但这种状况甚至没能持续一天，我很快便后悔了。我把她留在满洲人的一个村子边，村里的人会发现她的。事情关系到自己孩子的安危时，你就会变成这样。

我抓了些青蛙，把它们串在树枝上，再用火烤熟。每逢下雨，蜗牛会从土里钻出来，我也吃它们。不知怎么回事，我的乳房里再次有了奶水。藜属植物的叶子富含维生素，每次看见它们，我都会采摘一些。然后我再找些稻草，点燃后把放在罐子里的树叶煮熟。我不时能得到一些火柴。这些火柴弥足珍贵，无论在任何情况下我都会保持它们的干燥。没有火柴，你在黑夜中会感到孤独，即便你想，也无法生火。但我喜欢夜晚，我可以和我的孩子在一起睡上几个小时，这能让我暂时忘记自己所处的困境。不过，我知道黎明总是会到来的。

我不知道自己在哪里，也不知道走了多远。我曾搭乘一辆颠簸的马车走了4天，来到牡丹江市。我在这里遇到了满洲人孔先生，他让我到他那里去。

他说他是一个剧院的老板："我认识一些上层人物，你就跟我来吧。"他声称自己是"亲日派"，曾为宪兵队工作过。他的日语说得非常好，从他那里我首次获悉了广岛和长崎的毁灭性事故。"日本再也无法恢复了，"他说道，"你的丈夫如果是个军人，可能会被送到西伯利亚，他再也回不来了。你有个很乖的孩子。我很想有个日本儿子，请你做我的妻子吧。"我拒绝了。

当晚11点左右，我把孩子背在身后，推开了房门。此时是10月底，满洲已进入严寒季节。推开房门逃走时，我的手指碰到门上的金属门栓，表皮被扯掉了。

不知过了多久，我找到一辆驶往哈尔滨的货运列车。棚车里坐着五六个日本兵，都是逃兵，我们都通过贿赂在车上得到个位置。我是车厢里唯一的女人。他们穿着看上去很暖和的毛皮大衣，我和我的孩子却只有一张脏兮兮的旧毛毯。

一连四五天，我们就这样在棚车里度过。每当火车停顿下来，苏联人就会检查车厢。有一次，火车停下时，我的孩子哭了起来。那些士兵被激怒了："你的孩子为什么老是哭？要是被他们抓住，我们会没命的。"他们当中一个比较善良的士兵说道："如果发生这种情况，我们就凑点钱贿赂苏军。"

就在我们惊惧不安时，车厢门被打开了。几个苏联人发现我是个女人，就抢走了我的孩子，还试图强奸我。我拼命叫喊着："Spirochete！Spirochete！"这是俄语"梅毒"的意思。另外，我相信他们看见我身上满是疥疮和蚊虫叮咬的疤痕。最后，他们放过了我和我的孩子。

几天后，火车停顿了很长一段时间。腹泻越来越严重，我什么都不能吃，就连面包也不行。我的儿子也患了腹泻，我再也无法忍受。一名士兵将车厢门打开，下车去方便一下。

阳光射入车厢内。看情形，我们肯定已到达哈尔滨附近，这里已经距离南方很远了。我朝车厢外望去，一条长长的道路呈现在我眼前。我抱着孩子跳了出去。他是我唯一携带的东西，寥寥无几的随身物品都被我丢在身后，包括我丈夫的最后一张照片，但那本小小的佛经仍放在我贴身的衣服里。

我不记得走了多远，反正最终到达了哈尔滨。这座城市混乱不堪，日本乞丐、满洲人和自负的苏联人混居城内，共同经营这座城市。原先的武藏百货公司为我们这些远道而来的难民设立起免费的住宿地。

我在那里住下，那片地方很大，居住着许多无家可归者。那里没有取暖设施，除了一堆高粱壳，什么都没有。大家不得不挤在一起相互取暖。有人提醒我："斑疹伤寒正在蔓延，所以一定要小心。"我决定写一份广告，宣布自己在这里，因为我在电线杆和墙壁上见到过许多此类的广告。我写道："福岛正一先生，良枝在这里。请到武藏百货公司找我。"

现在我做的事情大多是乞讨，我已经不得不沦为了一名乞丐。如果抛开一切自尊和羞愧感，这就很容易做到，你只需要开口乞求："帮帮我，请帮帮我。"最后，我乞讨到足够的钱，做点卖香烟的小生意，每次一根。在温暖的阳光下，我会带着儿子来到一个有许多日本人经过的地方，向他们描述我丈夫的模样，询问他们是否见过他。但我不知道他所在单位的名称，只知道福岛正一这个名字是不够的。但我确实见到过有人通过这种方式找到了自己的亲人。

最后，我和我的儿子得以返回日本。那已是 1947 年 2 月。我记得我们靠近佐世保港口时，眼前的麦田是那么翠绿。我们最终回到金泽，我的婆婆来到车站接我们，从她那里得知我的丈夫还没有回来。多年来，我一直胡思乱想，他也许还活着，但也可能已经死了。

1955 年的某天，我收到枥木县寄来的信，信中说："福岛正一死在我待的那座战俘营，距离莫斯科 400 英里，他可能就是你的丈夫。"我的丈夫，在 1946 年 5 月 18 日便已死去。

今天，我获得了我的养老金和我丈夫的抚恤金，我儿子一直照料着我。我们现在经营着两所幼儿园，那是我在"退休"后建立的。我最终平复了心态。

但有几次，当年留在中国的日本孩子来日本寻找亲人时，往事会突然回到我的脑海。我儿子说："我本来会跟他们一样。"看见那些人，我为自己现在过的生活感到愧疚：我是过得很愉快，可他们仍在承受那场战争带给他们的苦难。

从万隆到饥饿岛

口述者：外派商工省官员　饭丰省吾

战争爆发前，他是商工省的一名官员。“被任命为帝国官员，我感到自己身负重任。彼时我已经结婚，服役的身体条件被列为C级，但我还是担心被征召进军队里充当士兵，所以我自愿去前线担任行政官员。这个抉择使我活到了今天。”

战争结束后，他在更名后的通商产业省工作。71岁的他现已退休，跳交谊舞成了他的业余爱好。

第一次去雅加达时，我是商工省工务局外派的总负责人，当时的工作并不需要懂马来语。但1944年10月，我被调至万隆的工业试验室，马来语却是从事这项工作所必需的。

到达那里后，我悉心钻研这门语言，也确实获得了回报。这里的120名工人来自多个国家，有德国人、白俄罗斯人、中国人、荷兰人以及来自各处的本地人。这就需要通过马来语来沟通，为被占领地区的日本管理者赢得合作。所有人都对这个职位深感犹豫，但我觉得它非常有挑战性。

我们到来前，这个实验室专门测试金属丝、线材和其他工业材料的拉伸强度和承受力。这里有供高级研究使用的一切材料和必要设备，但文件完全是以荷兰语写成，我们不允许使用荷兰语。另外，日本军方告诉我们：“现在不需要基础研究，那是和平时期需要的。干点有用的事情，眼下是战时。”所以，我们制造炸药雷管所用的电极，还研发了供航空拍照使用的高灵敏度相纸。

负责雷管制造的是一个日本人，名叫林修一郎；而负责相纸研发的是个白俄罗斯人，名叫蒂森。我们被告知，蒂森非常聪明，要对他多加留神。他的聪明才智究竟发挥到了怎样的程度，目前尚不清楚。这里的工人都来自印度群岛，战争爆发前就在这里工作。他们经常说缺乏某个必要的设备，或是需要某些特殊用品，总是缺这个少那个。我觉得他们是在找借口怠工。

在家里，我有一名司机、一名园丁、一名厨师、一个男仆和一个女仆，我在万隆最好的地段有一幢大豪宅。这就像被占领时期，美国军队搬进东京赤坂最好的街区。我有一个车库，还有辆汽车。我的花园里生长着香蕉和木瓜。我有一间客厅、一间餐厅和三个卧室，还有为仆人们准备的单独的宿舍。我跟实验室负责人酒井住在这里，就我们两个。

为了阅读那些文件，我们从军方获得特许，可以使用荷兰工人。于是，我们跟宪兵队商谈使用战俘营里的荷兰人。在我们这个实验室里工作的荷兰人都待在战俘营里，他们的家人获准在战俘营外过正常的日子。

每天上午 10 点，我乘坐汽车来到战俘营，挑选出我们所需要的人。工作到下午 4 点，再把他们送回去。尽管这些人是囚犯，但我还是跟他们建立起友谊，这是人之常情。背着宪兵，我们让他们与家人会面。他们对此非常感激。为了生计，他们的家人向我们变卖财物，有些人甚至沦为高级应召女郎，为日本人服务。

一天，宪兵们过来逮捕了蒂森。他当时是我们最重要的一个技术领域的负责人。事实上，他是个间谍。我获知，他在家里的天花板上藏了个短波电台。那是 1945 年 6 月的事。

8 月 14 日，我们被告知，次日将有一个重要的公告。电台接收状况非常差，我们根本听不清广播里说了些什么。由于听不明白天皇说的是什么，我们便给南方军军令部打电话，询问该怎么做。

他们告诉我们，南方军将奋战到底，我们应该和以前一样继续工作。但下一个电话又通知我们，日本已战败，交出一切，向英印军队投降。命令发生了彻底的改变，一片混乱。这是真正令人痛苦的一天。所有人都盯着我们，我能感觉到那锐利、凶狠的目光。过了一会儿，我便再也无法承受。我关上房门，和酒井躺在地上失声痛哭，完全没有考虑身份、地位或后果。就这样，我在海外经历了我们国家的崩溃。

8 月 16 日，蒂森出现在我们面前。他的模样至今仍会浮现在我眼前。他满身污垢和汗迹，散发着一种奇怪的气味，脸上满是胡子，看上去就像一尊金刚力士。他用力锤击着我的桌子，仿佛要把它敲破似的。他喊道："Nippon kara！"意思是日本彻底战败了。"你们知道这意味着什么吗？你们对自己所做的事情后悔吗？"他告诉我，他在宪兵队里受到折磨，但又说道："看看我，我现在回来了！"

一夜之间，我们从天堂坠入地狱。在此之前，作为负责人的我，一直肆无忌惮地统治着其他人。现在，我被英印军军令部控制。他们的军官都是英国人，军士都是印度人，大多是廓尔喀人。我们被送入原先关押盟军战俘的营地。

第二天，我们被剥了个精光，只剩下一条短裤，就连汗衫也被夺走。在这座曾被我们统治过的城市里，我们沿着主街道游街，原先由我们居住的高档住宅，现在被英国人占据。我们奉命清理被堵塞的厕所，这是我们羞辱性工作的开始。我们光着身子，在围观者各种目光的注视下清扫街道。要是我们稍稍松懈，他们便对我们又踢又打，骂我们是懒骨头，或斥责我们消极怠工，这真比死还难挨。我在印尼认识的每个人都在盯着我。（说到这里，他的眼中充满泪水。）

印度士兵对我们还不错。他们会趁军官们不注意，让我们歇上一会儿，还偷偷地给我们食物。他们告诉我们，他们在英国殖民者的统治下也很遭罪，并说理解我们的处境。作为黄种人，他们对待我们算是比较宽厚的了，简直就像慈悲之神。战俘营里关押着 700 ~ 1 000 人。

我羞愧地承认，我们已沦落到底层。我们会为了争夺一点食物残渣而发生斗殴。在我家里工作过的中国人和印尼人给我送来了面包和水果。我第一次产生羞愧感，在这种绝望的状况下，我才开始明白人性的温暖。

这是一段可怕的时光。英军逼着我们在烈日下用钢丝刷擦洗机场跑道。我们口渴难耐，感觉就要晕倒了，但这里没有水。喝水要到 2 公里外，你要跑到那里，痛饮一番后再跑回来。每天都有好多人中暑，我们的皮肤晒出了水泡。

我们告诉他们，我们不是军人，并要求解除这种繁重的劳动。可他们告诉我们："不管是不是军人，日本人都一样，如果不遵从命令，我们就毙了你。"英军的政策似乎是将日本战败的意识灌输进我们的身体、心理乃至精神。从 1945 年 8 月到 1946 年 2 月，我们一直待在那里。

最后，我们被送到丹戎不碌港。一名英国军官一个接一个地询问我们，他以带东京口音的日语询问我们到达的日期、从事的工作和等级。他的面前放着一份完整的名单，所以，撒谎毫无意义。我们得到了白色、蓝色或红色的卡片。我后来获知，红色代表的是战争罪犯，蓝色意味着嫌疑人，白色表示没有战争罪行。我得到的是一张白色卡片。我非常激动，因为手持白色卡片的人即将登船。此时已是 4 月，我们要回家了！

但结果证明，运送我们的只是一艘排水量为 500 吨的船只，它太小了，根本无法驶回日本。轮船出发后，我们获知我们将赶往加兰岛。那里有两座岛屿，加兰岛和瑞邦岛，离新加坡大约3小时航程，驻守在马来亚、缅甸和爪哇岛的数万名日军士兵都被送至这些岛屿。

我们到达时，我被眼前出现的那些人惊呆了。他们拄着拐杖，四肢包裹着绑带，腐烂的伤口渗出脓液，我最初以为他们是麻风病人，但事实证明，他们正遭受着溃疡的折磨，这是极度营养不良和体内循环系统崩溃所致。哪怕你只是被蚊子叮了一口，接下来就会变成一个脓疮，用不了五六天，你就会跟他们一样，永远别想彻底康复。

岛上没有天然的水源。两座岛屿的周长都不到10公里，都位于赤道上。在这里，4至6月都是旱季，气候闷热。岛上没有草，也没有树木，甚至没有一个适当的港口，有的只是礁石。驻扎在新加坡的英军每周往这里运送一次淡水，岛上的人奄奄一息。一天早上，我试图唤醒旁边的一个人时，他一动不动，这才发现已经死去。他们让我们在岛上修建一条道路。我觉得道路在这个岛上没什么用处。

这里比地狱更可怕。每天我们只能得到7勺米，还不到半杯。我们吃岛上的一切活物，包括蛇、青蛙。饥饿是岛上的常态，就连这里的老鼠也饿得骨瘦如柴。

我住的地方距离海滩大约有两三公里。听说农林水产省的人在那里靠钓鱼过得很不错，作为以前的同事，我特地赶去探视一番。到达那里时，我简直不敢相信大海是那么野蛮，怎么会有这样一片难以驯服的大海存在？礁石的边缘像剃刀般锋利。农林水产省的人用岛上寥寥无几的几棵椰子树上缠绕的藤蔓织成草鞋，穿着这种鞋子，他们可以一直走到海里，并用自制的长矛捕鱼。我问他们能不能给我一支长矛，他们却说："自己做吧，在这里靠乞讨可活不下去。"

晚上，如果你把某件东西放在身旁，而你又睡着了，那第二天早上这东西肯定已不翼而飞。这是关乎生死的问题。你的职业、学识、在校的成绩，在这里毫无意义，只有强者才能活下去。

最后，一个国际观察组听说有一个这么恐怖的地方存在，还特地从日内瓦赶来。食物供应状况随即得到好转。我们得到了作战口粮，尽管只有早餐，但我觉得这一辈子从没吃过这么美味的食物。一个小盒子里装着咸牛肉、黄油、奶酪和四五根香烟，还有一些糖。小盒子塞得满满当当的，我们一个个吃得泪流满面。看见这种口粮，我就知道日本的战败是无可避免的。我在岛上待了40天，直到1946年5月25日才被前帝国海军的“凤翔”号航母接走。

最近，我和妻子时隔42年后重返印尼。我参观了万隆工业大学和我曾工作过的实验室，还看了看过去居住过的地方。40年时间改变了一切。

当初，我在这里度过了4年。令人伤心的是，当地人根本不记得我们。我问他们是否还记得我们的实验室时，他们只说不知道。无论我问什么，他们的回答总是“不知道”，年轻人和老人都是如此。也许对他们来说，那是一段黯淡的岁月，根本不值得铭记。但我还是对此感到遗憾。

“军旅生涯很美好”

口述者：陆军通讯单位负责人　谷田勇

我们在他舒适的家中会面。今天，这位93岁的前陆军中将穿着一件深蓝色的亚麻和服，衣服熨帖得没有一丝皱褶。他打着手势来阐述自己的观点，轻捻着并不存在的络腮胡须，不时发出近乎咆哮的笑声，目光中闪烁着明了自身状况的幽默。

我从军多年，却从未打过仗。我们在杭州湾登陆并占领南京，随后又占领了那里与上海间的“三角区”。在那段时间，我总共听过大约50天枪炮声。

那时候，我从未真正见过火炮的射击，因为我一直待在前线后方的指挥部里。直到我当上第38师团参谋长，该师团奉命南调前，我才一连10天目睹并且听闻火炮的射击。轻武器火力从身边飞过的情形只持续了2天。就是这样，30多年的军旅生涯中的2天。我是那种很差劲的军人！

在中国待了数年后，我被调回东京，领导参谋本部的一个部门，而我之前所在的第38师团奉命开赴瓜达尔卡纳尔岛。1943年3月，刚回到东京，我便打电话联系过去的上司，他们在1936年发生“二二六事件”后就已被迫从陆军中退役。他们问我，能否不要提军内会议上的事，因为他们缺乏相应的地位，无法说出诸如“在合适的时候结束战争”或“让我们想办法实现和平”这类话。我同意了，随即开始串门拜访，呼吁那些仍具影响力的前辈发出自己的声音，尽管我只是个少将。

当年5月，一名宪兵准尉穿着便服来家里拜访我。他称我为“阁下”，但随后又描述了我去拜访某先生和某将军的情形，并一五一十地重复了我为实现和平所付出的努力。在这种情况下，否认是不行的，因为他们早已把这一切都弄清楚了，所以我说：“没错，的确如此，这都是我做的。”一周后，我被派往南方，在新不列颠岛上的拉包尔指挥一个通信单位。

这一次我可是真的上了前线！我负责的是第8方面军的通讯工作。我们不得不完全依靠无线电与外界保持联络，因为我们的海空线路太过脆弱。

来自东京的所有命令都必须通过我的单位。第8方面军司令官今村均将军经常对我说，他不能再给我的部下分配汽油了，要是我们到处跑的话，他就完了。所以，他们对我非常好。从战争伊始，人员和物资就大量集中在拉包尔，因为这是个优良的港口。一支部队的先头单位可能会被派出去，但如果其主力和总部无法及时跟上，就有可能滞留后方。物资堆积如山。我们得到的东西远远超出了需要，用也用不完。

美国人的广播从澳大利亚的悉尼传了过来。我召集起英语出色、通讯技术优秀的士兵，组织成一个特别单位，系统性地监听外国电台。我相信敌人也对日本如法炮制。我们这些身处前线的人可以监听到敌方的所有电台，之后我们将报告发回东京，帝国大本营很高兴。方面军司令官也很高兴，对我们连声称赞。

在拉包尔，一些低级别单位仍拥有性能良好的无线电接收机，但在1944年初，我派宪兵把这些设备悉数收缴，因为我觉得事情泄露出去不太好。

只有通信单位和军令部的一小批人了解国外的情况。我就是其中之一！我的单位可以为整个方面军接收世界各地的信息，这就意味着我可以四处闲逛。我为自己的超然地位深感自豪。

截至1944年，海上和空中的一切通信都被切断。我被擢升为中将，但我无法调至另一个更符合我军衔的单位。帝国海军输掉了这场战争！太平洋中部的交通线已被切断。像我这种被派至偏远地区的军人，即使获得晋升也无法调换岗位，只能待在原地。

1945年8月，我们这个方面军正在为敌人即将发起的进攻作准备。我们挖掘了可以承受10吨炸弹直接命中的防空洞，并囤积储备了可供食用的食物。

所有士兵，不论其兵种或专业，都要接受作战训练和白刃战练习。这就是方面军司令官在拉包尔采取的对策。尽管我们在白天没有遭到太多轰炸，但敌人的侦察机不断出现在我们上空。所有将士都很紧张，等待着发起“玉碎战”的指令。

但我们这些通信单位的人已在 8 月 12 日获知盟军对日本的最后通牒。通过盟军的广播，我们知道我们最终会接受，尽管日本仍在提出些条件。

如果让部下们在最终投降的两三天前送命，我觉得我永远无法原谅自己，我认为应该停止最后决战的训练。我那些属下肯定认为我是个软弱的上司，联队长还来找我询问命令。

我的第 1 分队接收到宣布战争结束的广播。那是 15 日的 8 点 30 分，我记得这个时间是因为我当时看了看手表。负责监听国外广播的特别通讯队的负责人（他来自通信省）递给我一张小纸条，上面只写了这样一句话：“引用杜鲁门的话：日本向我们投降了。”

我想，消息终于来了。随即命令部下们在 15 分钟内集合。我叫来高级参谋，他是我在念工程学时的同学，从小就认识。我把纸条递给他看，并问道：“我们该怎么办？”

我们单独在一起时，像朋友那样交谈，但如果有其他人在场，说话方式就会比较正式，完全是大佐对中将应有的语气。我们决定，暂时不宣布这个消息。

部下们集合后，我告诉他们，暂停军事训练。我说，不必担心遭到攻击，即便在汽车内也无妨。我命令他们驾车直接返回各自的单位，我还告诉他们：“如果与当地人发生争执，尽量以忍让的态度解决问题。”他们看上去有些疑惑不解，但有几个聪明的家伙似乎从我的话中悟到了什么。

9 点刚过，我们的会议结束了。中午传来了天皇的“玉音放送”，我们用技术手段把它录制下来。方面军军令部的通信人员不是专家，因此他们的电台没能收到天皇的《终战诏书》，但我们收到、听懂并且把它完整地转发给军令部。参谋长对我们的工作非常满意。你看，我对战争结束的那一刻仍记得一清二楚。第 8 方面军司令官今村将军把我们召集到一起。在副官的陪同下，他走进来宣读了天皇的诏书，随即转身离去。

战后，他写了好几本书，都提到这一刻的情形。在这些书中，他描述了 1945 年 8 月 15 日晚上的这次聚会。他总是说，宣读诏书时，所有人都失声痛哭起来，并说哭得最响亮的是我。但事实上我事先已知道这个消息，所以并没有伤心哭泣，反而差点笑起来。所以他在书中的叙述让我觉得很奇怪。

据今村均将军估计，我们可能需要 4 年才能返回日本，因为我方被击沉的船只太多了。今村将军认为，不管怎样，坐在这里傻等送我们回家的船太过消极，所以我们开展了一个职业培训计划。

在拉包尔大约有 2.5 万名海军士兵和 7.5 万名陆军士兵。为了对这些军人展开培训，我们把当过老师的人都召集起来。当时，谁也不知道日本会变成什么样。我们想为士兵提供精神教育，今村将军让我编写一份教材。我对此一无所知，但我有个部下非常喜欢伦理学，我便请他来编写。这份教材在 1945 年的最后一天完成，正好是天皇陛下宣布他不再是“神”的前一天。在这份教材中，我们谈到日本的历史上从未发生过革命，也没有政变，只有“维新”。这个观点我坚持至今。

很幸运，我在 1946 年 11 月从拉包尔启程回国。我的上司们都被带走，作为战犯接受调查，但我跟战争犯罪毫无瓜葛。因此，作为一名高级军官，我乘坐最后一艘遣返船回家——那是日本海军的一艘驱逐舰。

战败后，我成了一贫如洗的浪人[①]。

① 失去主人的武士。

第21章 | 罪与罚

樟宜监狱里的死囚牢房

口述者：乙级战犯　阿部宽

他把手绘的樟宜监狱和P通道（作为一名乙级战犯，被判处死刑后，他一直被关押在这里）的图片整齐地摊放开来，以便我仔细察看。面前还有一本破旧的《圣经》，他说：“我把遗嘱写在书页的空白处，偷偷带出监狱并送回日本，交给了我的父亲。”

他的声音充满活力。“我有个曾在英帕尔战役中操纵山炮的朋友，最近他去了英国，和他曾经的英国敌人共同参加缅甸战友会。我想，如果是修建缅甸—暹罗铁路时的敌我双方，就绝不会这样做。”

战争结束时，西里尔·怀尔德少校在我看管过的那座战俘营获救，并成为战争犯罪调查处东南亚区的负责人。他想复仇，我成了他首个追查目标。他们来到铁路修建队，让那里的人排好队伍。

他们仔细检查每一个人，但没有找到我。战争结束时，我不在那里，而是在曼谷的一所医院。

一年后，就在我拿到船票，即将登上遣返船的前一天晚上，我被告知必须留下。我们这些被拦下的人，不是跟铁路修建队有关，就是隶属于宪兵单位。最后，我们被送至新加坡。他们终于抓获了“战犯”阿部宽！

战争犯罪调查处的起诉书中声称，阿部中尉应对一切罪行负责。他强迫战俘从事劳动，并将他们置于没有足够的食物和药品的恶劣条件下，导致大批战俘丧生，直接违反了战争法。

看这些指控我就知道，他们只想就发生的事情找个人来顶罪。他们并未指控我殴打战俘或犯有诸如此类的罪行。我就像个甲级战犯，要对整起事件的策划负责。在我受审的第四天，已擢升为上佐的怀尔德将亲自从东京赶赴新加坡。他曾在东京战犯审判的法庭上，作为证人参加了对那些大人物的审判。

从事缅甸—暹罗（从缅甸仰光至泰国曼谷）铁路修建工作的战俘约有 5 万人。怀尔德被关在一座名叫宋干的战俘营，该营地由我负责。作为帕西瓦尔将军（这位英国指挥官在新加坡投降）的高级参谋，怀尔德少佐在营地里担任联络官。

我每天都能见到他，因为他总是来找我投诉。他曾在和歌山县担任过小学教师，因而会说点日语。有时候，我这里也有翻译。怀尔德少校总是说："阿部君，使用战俘从事这种工作是违反《日内瓦公约》的，所以，请停止吧。"这种情况每天都发生。我告诉他："我奉命使用你们这些战俘修建一座桥梁，你来这里是帮忙的，你应该服从命令。"

我对《日内瓦公约》真没什么了解，只知道有这么个东西存在。对我们日本人来说，成为战俘是最大的耻辱，还不如去死。铁路修建队有一名联队长、几个大队长和几个中队长，所以我有很多上司。当时的我只是一名少尉，指挥着一个小队。但整个第 5 铁道联队里，怀尔德少校只认识我。

盟军战俘到达宋干营地时，突然爆发一场霍乱。一个防疫供水单位被调过来。我很担心，要求下属对所有战俘检查身体。他们用一根玻璃棒插入战俘的肛门，然后进行病菌培养。我亲自看过培养皿。所有战俘，无一例外，都带有霍乱杆菌。如果他们的体质越来越虚弱，就很容易染上疾病。我向大队长提出建议，让战俘们多休息。两三天后，我得到回复："工作一天都不能拖延，我们必须按时完成任务。我们应该继续工作，哪怕战俘们悉数丧生。"

我必须修建那座桥梁。对那些战俘，我真的很抱歉，而我所处的位置根本无法积极改善他们的条件。实际上，战俘营的条件如何根本不是我应该关心的事，那是警卫队的问题。

福田恒夫是警卫队的副队长，他的上司是坂野中佐。我总向福田索要更多的战俘来参加劳动。有一次，我甚至问过他："你那里有什么药品吗？"除了这样，我确实没有主动设法为战俘们搞更多的药物。没有机械设备，我们施工就只能使用人力，但一名战俘并不等同于一名劳力。大人物们可不管这些，他们只是在地图上画根线，然后命令我们在他们规定的日期内完成任务。

战俘并不是一直都在干活，他们会在沉默中抵抗。一般而言，他们在上午干 3 小时，休息 1 小时，下午再干 4 小时。他们都瘦得只剩下皮包骨，根本没办法从事更沉重的劳动。

霍乱就像潜伏在人们体内的一枚炸弹，光是照看他们就让我疲惫不堪。他们在干活时会突然发烧，接着严重脱水，我们就不得不把他们送回营地治疗。要是我们能给他们注射些生理盐水，这些患者就能活下来，但我们没有药品。面对数万名战俘，我们一点药也没有。

我们为战俘们提供的伙食是几头瘦巴巴的水牛。伙食每天提供三次，由战俘们自行分配。他们想吃的东西，那里根本就没有。没有牛肉，没有鸡蛋，也没有英国红茶。只有一些难吃的米饭和水牛肉，没有任何蔬菜。他们会患上疟疾，或者霍乱。那座营地就在桥梁前方，战俘们睡在营地里。

早上出现的尸体，有时候多达 30 具，这些尸体裹着用蒲草编成的衣服，摊放在营房里。那里从早到晚都在下雨，天天如此。除了将这些尸体火化，你什么也做不了。身体健康的战俘负责处理尸体：一组人砍树生火，另一组人负责焚烧，但他们并不总是在焚烧。尸体有时候像薪柴那样，堆得到处都是。有时候，风从燃烧的尸体处朝我吹来。

我真的不觉得自己做错了任何事。命运把我送到那里，我就只能在那里工作。我没有任何理由残酷对待战俘，我也很关心他们的健康，因为他们是我们的劳动力。我想方设法帮助他们，甚至为他们调来移动净水车，以杀死饮用水里的病菌。

如果你殴打过一名战俘，哪怕只有一次，你将被判处 10 年徒刑，两次就意味着 20 年监禁。假如他们之中的一个人死了，那等待我们的就是死刑。如果他们知道你的名字，你就完蛋了。就我的情况来说，3 100 人丧生，显然代表着我是彻底难逃死刑了。我们的铁路修建队里有不少脾气暴躁者，如果战俘看上去在偷懒，或是游手好闲，就会遭到这些脾气不好的人殴打。但现在的问题不是我们踢了几脚或打了几拳，而是 3 000 多人丧生。

铁路修建队、工兵队和警卫队一同受审。我立即意识到，他们想让我们相互揭发，这样便能将我们所有人定罪。这是一种诉讼策略。接受庭审的前一晚，我们在一起协商。所有人都沉默不语，我记得当时雷声隆隆。

我告诉坂野中佐，我在法庭上会说警卫队已尽力了，事情发展到这一步，完全是因为当地缺乏食物和药品。我要求他不要说铁路修建队的坏话，我说，如果你想坦白，我相信你能找到许多可说的事，比如殴打、惩罚、强迫劳动等。但我告诉他："我们冒着生命危险在河里干活，湍急的河水淹到脖子处时，我们知道你们（这些高级军官）在打麻将。可在法庭上说这些有什么用？我们都尽力了，是我们所有人，不是吗？已经发生的事情是一场悲剧，不让悲剧继续发展才是我们应当采取的对策。"

坂野考虑了一个小时，最后说："就这么办，阿部。"没有人反对我们的决定，就连担任警卫的两个朝鲜人也没有提出异议。

庭审时，死亡证明堆放在桌子上，每个死去的战俘都有一张。我们不能说我们不知道。每名战俘死去，他的医生都会写一份诊疗证明，把它塞入一节竹筒，偷偷埋入地下。战争结束后，他们把这些记录挖了出来。怀尔德每次来找我都向我索要纸张："阿部君，我们的纸不够用，我们的铅笔也不够。"

在战俘营，怀尔德曾告诉我德国已战败，很快就要轮到日本了。通常情况下，一名战俘发表这样的评论只会被狂扇耳光。"你从哪里听来这个消息的？"所有人都会这样盘问。不过，虽然我也不喜欢这个消息，但我假装没听见，也没对他怎么样，所以怀尔德没有任何理由仇恨我啊！

律师韦特少校将担任我们的辩护律师。他是个真正的绅士，甚至会说一点日语。初次见面时，他跟我们7名被告依次握手，并说："我自己也是参与修建缅甸铁路的战俘，但这与我现在被分配的工作无关。我会以一名律师的知识和技能，尽力为你们辩护。"

他真的这样做了。他提了一些尖锐的问题，触动了关键问题的核心。例如，庭审期间，一些战俘作证说，我们给英军战俘提供的水不干净，结果导致了霍乱。韦特让这些证人承认，感染霍乱的责任不在日本人，而在于英军战俘自己，因为日本人曾给他们下达过命令，不要饮用没烧开的水，是他们自己决定喝生水的。

他就这样杀出一条道路。但3 100名战俘确实已经丧生，没人能否认这一点。不过，他们能证明导致这一事实的过程是蓄意而为，或是被刻意为之的吗？主审法官是一名英军中校，他似乎并不了解战时的严酷环境，他可能从未体验过地狱般的战场生活。

怀尔德将在我们受审的第四天出现。但到了那天，法庭上一片混乱。我们被告知，怀尔德乘坐的飞机在香港坠毁。听到这个消息，樟宜监狱里的日本人欢呼起来。法庭休庭一周后，他们才从澳大利亚派来一名中尉。但这名中尉对铁路一无所知，法庭教他说什么他就说什么。这场审讯一直持续了三周左右。

英军关于这场审讯的报道铺天盖地。我们的面孔每天都出现在他们的报纸上，配文上写道："缅甸—暹罗死亡铁路的恶魔就排列在这里，送他们上绞架！"去法院的途中，我可以读到这些报纸。我相信，他们肯定对复仇深感痛快。我对这些报道并不太担心，令我苦恼的是我们日本人之间的相互指责。我的联队长从东京远道而来为这场审讯作证，这位老先生应该已聚集起所有勇气只为我们辩护了，但现在却被吓倒了。他们告诉他："你是否会被起诉，取决于你的证词。"因此，我真的无法怨恨他。另外，他还一次次向我保证："你会没事的，你会得救的。"

我被判处死刑。坂野被判 3 年有期徒刑。福田被判处死刑。朝鲜人富山被判处死刑。工兵队的丸山上尉被判处死刑。战俘营的医生是一名上尉，尽管死了 3 000 多人，但他只被判处 7 年徒刑。另一个朝鲜人被判了 4 年或者是 5 年徒刑。

他们想绞死的人是我，因为我代表着铁路修建队。我不觉得福田做了什么值得被判处死刑的事情。没错，他打了战俘，甚至是毒打，他们把他视为真正掌握权力的人。坂野中佐是福田的上司，但英国人认为坂野年迈体弱，根本无法掌控事态。

宣判后，我们被送回樟宜监狱。我们在审判时穿的衣服换成了脏兮兮的棕色监狱制服，上面标着醒目的字母"CD"，意思是我们已被定罪，并被判处死刑。

1946 年 10 月 25 日，我走进 P 通道。每天早上 6 点半，我们被叫醒，起身洗漱。然后半裸着身子，冒着烈日聚在被牢房环绕的一片空地。在牢中关了一段时间的犯人都有自己固定的地方。我们在这里无事可做，娱乐大概就是围棋和象棋，或者阅读点东西，或者写写信了。唯一能确定的是，我们很快就会被处决。

我思考着死亡，指着脖子问同在 P 通道的中井医生："这里会发生什么情况？"他解释说，绞刑时，颈骨会"啪"的一声折断，你会立即死去。这番话令我稍感安慰，但我也意识到，死亡已离我越来越近。在最后一刻我能保持平静吗？我可不想在最后时刻成为一个尴尬、被人嘲笑的对象。

“你会喜欢这个的！”一个特别令人厌恶的看守说着，打开了通往绞刑架的房门，让我看行刑室。一条长约 5 米的斜坡通向绞刑架，上面铺着草垫，可能是为了防止滑倒。一般说来，宣判后的 80 ~ 90 天就会执行判决。我进入 P 通道时，每次处决之间的间隔已延长至 1 个月左右。战争结束后没多久，几乎每周都执行处决。有一次，一天就处死了 14 个人。

我在 P 通道期间只发生过一次处决，9 个人送了命。执行死刑的前夜，我们这些被判处死刑的人得到一份美餐，我们称之为“最后的晚餐”。我们唱着歌，为他们加油打气。我们没有清酒，却都装出喝醉的样子。会跳交谊舞的人跳了起来，尽管没有舞伴。我们放声歌唱，直到把自己累得筋疲力尽才打起瞌睡。

清晨很快就到来了。看守分 3 次把被执行人带出牢房，每次 3 人，分别在 9 点、9 点半和 10 点。他们带着这些犯人穿过房门走向绞架，这扇房门就在我那间牢房的旁边。没人愿意住这间牢房，但我是个新来者。

我双手合十，为这些即将赴死的人祈祷。牢房墙壁的上端有一个通风口，通过这个通风口，我能清楚地听到他们最后的喊叫声。我离绞架的实际距离只有五六米。英军士兵默默地忙碌着，没有命令，没有信号，什么都没有。

透过这片沉默，你能听见某些声音：链条的转动声，翻板打开的声音，犯人落下时可怕的声响。他们的脖子被吊住，可能当场就死了，但尸体不会被取下，直到医生确定他们的心脏已停止跳动。你能听见人们来回走动的脚步声，但我不知道那里有几个人。

三名犯人被处决时，每人身边站着两个人，一边一个，他们负责把犯人带上绞架。这一切进行得非常快。他们把他带到一个固定的位置，捆住他的双腿，再把绞索套在他的脖子上并系紧。对体重较轻的犯人，他们还会绑上沙包。准备工作完成与最后时刻到来之间有 20 ~ 30 秒间隔，正好让犯人呼喊“万岁！”

绞架的上端，除了被执行人，还站着 6 个人。绞架旁还有 1 个人，其他人站在绞架下端。总之，共有 16 ~ 20 人参与。这里的人包括从外界请来的证人和战争犯罪调查处的一名验尸官，也有新闻媒体的人。但我没有听见任何交谈声。

过了一会儿，第二道门打开了。另一组犯人被带入行刑室，他们必然会喊叫，“谢谢你们的款待”和“我精神抖擞地上路”。我们这些人便高声回应：“高高兴兴地走吧！”他们喊叫时，两名看守将头套套在他们头上，再把他们的双手绑在身后，然后带他们穿过房门。我们被关在各自的牢房里。我就在最靠近行刑室的那间牢房聆听着这一切，告诉自己必须勇敢，因为死亡最终也会降临到我头上。

绞刑结束后，看守让我们走出牢房，吩咐我们去查看死者的遗物。看守打开三间牢房，房间已被仔细清理过。他们用空烟盒为自己制作了死后的灵牌，整齐地放在水泥枕头旁，在最后时刻书写的遗嘱也放在那里。毛毯叠得整整齐齐，铅笔和纸张摆放有序。

看见这一切，我不禁想：“做得真好！”他们受到辱骂，被称为战犯和恶魔；他们遭到英国哨兵的折磨和欺辱。但他们知道，自己唯一能做的是面对这种状况，以尽量体面的方式结束这一切。

在P通道，我们从未相互询问过对方为何会在这里。一天晚上，一个名叫木村的犯人突然像个疯子那样尖叫起来。我请一名看守让我过去看看情况。他在牢房里疯狂地抓挠墙壁，鲜血从他的指尖流下。我轻拍着他的后背，对他说：“你不是孤身一人，不要这样折磨自己。每个人终有一死。”

这番话似乎让他平静下来。他是我在监禁期间被处决的囚犯之一。他给我留下一封信：“我们永远不会忘记你，我们三个都充满了感激之情。我们会像日本男儿那样了结此生。我会精神抖擞地上路。”我根本就不认识他，但他却给我留了信。死刑执行后，大约半天，P通道的犯人们心情沮丧。我们中的9个就这样突然消失了，但新来的囚犯很快替代了他们的位置。我被关在P通道时，那里共有四五十名犯人。

1947年元旦前后，我知道自己该作好上路的准备了。1月7日，关口君来看望我，他是个和尚。见我正裹着毛毯睡觉，他踢踢我的脚，告诉我他曾见过一份文件，上面说我将获得减刑。但他提醒我不要多嘴多舌，等正式文件下来再说。

一周之后，1月14日，副典狱长（是个印度人）出现了。他是处决通知的传达人。每次过来，他总是会将银框眼镜之后的双眼望向天空。他的第一句话是：“你们的上诉已经被驳回，最终判决如下：福田——终身监禁；丸山——终身监禁；阿部——15年有期徒刑。”我已竭尽全力作好赴死的准备，现在我不得不再次作好活下去的准备，真烦人！这就是我当时的想法。当然，我没有对那些仍要待在P通道的人说这些。我在这里待了2个月零20天。

樟宜俱乐部每年聚会一次。下个月的例会将在东京的一家中国餐厅举行。即便在今天，我们这些人里仍有许多人不愿揭开旧日的伤疤。有些人参与了对海外华人的屠杀，却从不透露对他们的审判，准备把所有记忆带入坟墓。我们也不愿开口。

当然，我们不得不考虑那些被处决者的家人。谈及战争犯罪问题，我们总是滔滔不绝地说些"胜利者的正义"这种话，这当然是非常自私的。胜利者审判失败者，说这种话解决不了任何问题。我们真的应该先深刻反省自己犯下的罪行。

"他们怎么能说自己无罪？"

口述者：战犯遗孀　藤井静枝

她的花园里竖着一块硕大的黑色石碑，上面刻着"纪念藤井肇"几个字。"这是我丈夫在菲律宾的一名部下捐赠的，他俩都受到指控，藤井担下所有罪责，他这个部下才得以幸免。他一次次提出请求，我最终同意他将石碑竖在这里。"

她的丈夫是一名预备役少尉，1944年10月底被征召时，他们有一个女儿和一个襁褓中的儿子，都跟他母亲住在一起。通过信件，她和他保持着断断续续的联系，这些信件都须经过军方的检查。寄信要花钱，但他在信里说得很少，从不透露自己在哪里。尽管如此，她和她婆婆还是通过这些信件得出结论：他在菲律宾，一直进行着"讨伐"。各封信件之间的间隔很长，她写的很多信似乎很少能寄到他手上，但他们还是保持着联系，直到1945年5月全家人被疏散至乡下。战争结束时，全家人仍在那里。当时，他已升为中尉，在班乃岛上指挥着第37独立守备步兵大队的一个中队。

她从一个木箱中取出一大摞信件，指着它们说道："这些信开始褪色了，我的孩子们根本就不想读。等我死后，他们也许会看的。"

1946年8月15日，我收到我丈夫寄来的一封信。他在信中说，他被关押在一个特别营地，已被判处死刑。这封经过审查的信件是用美国人提供的纸张书写的。我陷入了绝望，我永远无法忘记那天。夜幕降临时，我还没喂我的孩子，我记得那天为他们蒸了红薯。第二天拂晓，阳光灿烂，但对我来说，整个世界漆黑一片。那之后，我不知道哭了多少天。后来，就再也没有哭泣过。婆婆彻底崩溃了。大约就是那个时候，她告诉我，我们没什么钱了。当时的通货膨胀非常严重。

1945年8月中旬前，我们一直生活在"打败美英鬼子"的口号下。我们积极配合这场战争，为赢得胜利，我们忍受一切。8月15日后，报纸上的标题突然改成了"日本士兵是魔鬼"，1942年"菲律宾死亡行军"的故事也刊登在报纸上。我想，我们的国家真的干出了这种事？现在，我的丈夫也牵涉其中！我真的无法接受这一点。

他的一封封信件都是从马尼拉寄来的，全部都写在淡蓝色的信纸上，有点像今天的航空信笺。更令我吃惊的是封信用的透明胶带，此前我从未见过这种东西。这真正说服了我，日本确实已战败。他的信总是以这样一句话开始："家里人都还好吗？"接下来说的都是些琐事，例如他被判刑后吃的是什么食物等。他就没有其他东西可写吗？他对铁丝网外的世界一无所知。有一次他在信中写道，他终于得到了内心的平静，但后来他又困惑起来。对他来说，断绝尘世的欲望肯定非常困难。在信中，我随处都能看到他内心的痛苦挣扎。"为什么？"他问道，"为什么？"

他被判处死刑，被关在一个犹如鸟笼的牢房里。我丈夫在信中谈到审判的经过。他的美国律师（我记得他的名字是斯普林格）是个酒鬼，"就跟我一样"，他这样写道。斯普林格总是略带醉意地出现在法庭上。咨询了律师的意见后，藤井同意承认自己所做的事情，并指出其所作所为都是在执行上级的命令。他写信告诉我，斯普林格会把法庭通知书寄给我。但我从未收到过。他还在信中说，就算他死了，庭审记录也会保留下来。所以，我会知道他是如何战斗的，又是如何受审的。（*她唱了起来*）《谁不想念自己的家乡？》是他最喜欢的一首歌。他有一副沙哑的嗓音，很喜欢唱歌。在信中，他告诉我，他放声歌唱时，那些狱友都会彻底安静下来。

我在1947年4月12日收到他的最后一封信。直到1950年，我才得到我丈夫已被处决的确切消息。在此之前，我一直不知道他是否还活着。我经常去县里的复员事务所打听。只要在报纸上看见一两行字，说某某人从那个战区回来了，我就立即写信给对方，询问他是否知道藤井肇中尉的情况。我不停地写啊写，就连邮资都成了一个负担。可是没人知道，因为不可能每个人都认识他。而事实是，他早就死了。

1950年，我收到一封寄自巢鸭监狱的信件，写信的是熊井先生，是我丈夫的战友。他被判处20年徒刑。1950年，美国人将巢鸭监狱的管辖权交还给日本，利用这个机会，他给我写了这封信。四张草浆纸的正反面写得密密麻麻。我第一次获知我丈夫已在1947年4月24日被处决。

我从熊井先生那里了解到我丈夫参加的最后的战斗，也知道了与他交战的对手。他们在班乃岛上遭到来自四面八方的打击，炎热和战斗令他们疲惫至极。一些士兵跑到镇上喝酒、买春。

但班乃岛上，人人都是游击队员，就连卖酒的小姑娘也是。他们既是班乃岛岛民，同时也是游击队员。他们把有毒的饮料卖给日本人。看见自己的战友死于这种残酷而又可怕的手段，日本士兵们的眼睛瞪了起来，他们发誓要在接下来的战斗中为死去的战友报仇。我丈夫被指控卷入到一连串事件中，这些事件导致2 000多名岛民惨遭屠杀。

我丈夫是一名中队长。在他下面还有小队副和伍长，他们都是战斗之神，是真正的作战能手。他们从一开始就被训练成士兵，但我丈夫却是个徒有虚名的军官。他的一名部下评论说，藤井中尉给他留下了深刻的印象，因为藤井从未拔出过佩刀，也不携带步枪，只拿着一根指挥棒。我不相信他曾砍下过别人的头颅。他的一名部下告诉我不必担心，因为藤井从没干过这种事。如果我相信他做了他们说他肯定做过的那些事，那我就能容忍这一切。我已经想通了，为这些事情哭泣毫无意义。认识他的人问我："他们为什么要处死他？"我恳求他们不要再问我这个问题。我告诉他们："他肯定干了某些事情，这就是原因。"但我心中怀有深深的失望，充满愤怒、羞愧和怨气。可我又能做什么呢？

从马尼拉坐飞机到班乃岛需要一个小时。多年后，他的两名下属邀请我去班乃岛看看，我们打着收集战死者遗骸的幌子到了那里。每当他们发现遗骸，便焚香祷告。我这样做时，心里感到非常不舒服。当地人黑色的大眼睛默默地盯着我们，我真的很害怕。

但我很想见见我丈夫老是在信中提到的"次郎"，他是他的向导和翻译。

我被告知，次郎被指控与日军合作，受到国家法庭的审判后坐了一年牢。所有人都说他因羞愧至极而一个人搬到山上居住，没人知道如何联系他。一天，他突然出现在我住的酒店里。他一把抱住我，我们相拥而泣。次郎说他很抱歉，因为他不得不作证指控藤井，他一直跟我丈夫在一起。他被告知，如果按照他们的意思去说，他就能获得原谅，因为他毕竟是本地人。他告诉我，他不得不说是藤井下达的命令。在给我的最后一封信中，我丈夫没有责怪次郎，他只是提到他们被分开审讯。

熊井先生听到了对藤井和次郎的审讯，因为审讯区和他只隔着一道麻布窗帘。藤井承认了一切，并拒绝将次郎列为自己的下属。藤井似乎对自己的部下没有被处决感到高兴。

据熊井先生说，战败后，一位高级军官赶来发表了讲话，并对那些聚集在马尼拉，涉嫌战争罪行的人下达了指示。如果我没记错的话，这位高级军官是真木中将。他说，要是他们给日本军队丢脸的话，他决不会原谅他们。接受审讯时，他们不应说是按照上级的命令行事才导致此类事件。熊井先生告诉我，藤井在这时改变了想法。他本来已准备向审讯他的美国人坦白，但现在他决定不能给日本军人丢脸，不能伤害日本民族的荣誉。他决定把责任揽到自己头上，而不是推说接到上级的命令。

尽管藤井拥有军官的军衔，但他只是一名借调军官。他严格地按照命令行事。熊井先生当时是一名中尉，在军令部担任副官，所以他知道是谁给他们下达了命令。所有被派去那里的上级都被处决，包括那些坚称从未下达过命令的人。藤井的上司们在接受审讯的过程中坚持说他们从未下达过此类命令。

熊井先生认为，为了能逃脱罪行，这些上司准备让藤井充当替罪羊。但美国人不允许这样做。我想，这么做是对的，高级军官们应该承担全部责任。东京审判期间，说实话，我很震惊。所有人都说自己无罪，包括东条英机。他们怎么能说自己“无罪”？我没想到这些大人物居然会这样想。

死者无法诉说。除了在泪水中睡去，我还能有什么选择？我曾向日本外务省提出查阅审讯记录的申请，但最后申请石沉大海。最令我痛恨反感的是他们从未告诉过我。他不是一只鸡！你不能就这样扭断他的脖子！他是个人！

“我们处死了你的男人。由于他犯下了某种罪行，所以我们在某年某月某日对他执行了绞刑。”美国人或其他什么人为什么就不能这样告诉我呢？他们什么也没告诉我。

他如果是死于一颗流弹，这也许还能接受，但他是被蓄意谋杀的。

我不得不亲手在我们的户口本上划掉我丈夫的名字。他做的一切都不是为了谋取私利，而是遵从了国家的命令。就算美国人无法为我提供帮助，日本政府是不是至少应该通知我一声？想到这一切就让我彻夜难眠。他不是个特别聪慧的人，但如果他还活着，照顾我们一家对他来说没什么困难，可他从未有过这样的机会。

很长一段时间里，“战犯”在我父母家是个禁忌词。我们用“那些没能回来的人”来代替。为此，我对我父母非常感激。但更多的人沉默不语，过了一段时间，我觉得日子越来越难熬，我不想跟“战犯”这个词再有任何瓜葛。因此，我搬到这个新住宅区，这里没有人知道我们家的事情。

我从来没对我的孩子们谈过他，我想我会等到他们长大成人再说。有一次，我儿子为申请高中入学准备相关文件时说：“妈妈，真有意思，爸爸为什么是死于 1947 年呢？如果他死在战争期间，应该是 1945 年啊！”我无法编造一个谎言来解释，但再这样说下去已毫无意义。我应该将那些往事彻底遗忘，但它们不断浮现在我的脑海。我想，在我去世前，这些记忆都不会消逝。

马里兰州苏特兰市，美国陆军部战争犯罪办公室破旧、泛黄的文件证实了对藤井肇的绞刑判决。1946 年 7 月 29 日宣判，“1947 年 4 月 24 日在菲律宾群岛的拉古纳省执行”。

第 22 章 | 死亡的阴影

天皇的避难所

口述者：朝鲜劳工之女　山根雅子

“跟我到松代去，”她说道，“如果你看见他们为天皇修建的东西，你就会明白。”从东京到松代有 5 个小时的车程。

“想起松代，首先映入我脑海的是所谓的朝鲜村里，那些营房薄薄的白色墙壁。它们是用最薄的木板建成的廉价窝棚，就像是翻烂的书。大批营房伫立在那里，看不到尽头。在孩子们看来，这简直令人难以置信。母亲后来告诉我，那里大约有 380 个这样的单位，每个又分成几块。我们住在其中的一个房间里，大小只能摆放 6 张榻榻米，顶端有一小块土地。由于那时候的钉子非常宝贵，地板是将木板卡在榫头里，而不是用钉子钉牢的。地上铺着粗糙、刺人的稻草垫。夜间，房内非常潮湿；结冻时，地面上腾起一股股霜气。白天化冻时，地面变得柔软、泥泞。我父亲很少回家。

“我还记得那些妓女。她们的脸涂得雪白，一直涂至颈部，总是喝得大醉。她们向前行走时，和服鲜红色的底部便飘摆开来。我现在知道她们是‘慰安妇’，是从朝鲜强行带到这里来的。我不知道为何会记住这些事情，但记忆的碎片就这么偶尔浮现出来。那时候，我才 5 岁。”

我们驱车穿过松代，她指出了童年时居住过的地方。“人们把松代称为‘信州区的小京都’，这是真田领主的城下町。你能看见指明象山神社和真田氏寺院的路标，但周围见不到松代帝国大本营的说明。那时候的松代车站稍大些，有一个变电站。据我母亲说，他们焚烧死尸的地方，就在变电站的附近。我是看着那些山脉长大的，一看就是10年。户隐山是一条陡峭、崎岖的山脉，山顶上有积雪。这些山脉真的很美，对吧？”

最后，她把车停在看上去像是某户人家的后院中。一个隧道入口旁伫立着长野市竖起的招牌，标明这里就是松代象山地下壕，并提供了它的史略：

第二次世界大战的最后阶段，在高度保密的情况下，军队修建了这个地下壕，打算将帝国大本营和各政府部门迁至此地，作为指挥最后决战的地点。这项工程开始于1944年11月11日上午11点，一直持续至1945年8月15日战争结束那天。建造工作夜以继日地进行了近9个月。这项庞大的工程总计300万个人日[①]，在当时耗资2亿日元，最后有75%的工程竣工。

……松代地下帝国大本营由十几公里的隧道组成，挖通了舞鹤山（今日气象厅地震观测站的所在地）、皆神山和象山，就像围棋棋盘上的交叉线。

相关数据：总长度为5 853.6米，挖掘量为59 635立方米，总占地面积为23 404平方米。

“你看，他们甚至没提挖掘隧道的朝鲜人，只字未提！”山根雅子说道。多年来，她几乎是单枪匹马地发掘发生在松代的故事，“我从事这项工作是为了弄清那些朝鲜人为何会被强行送至松代，他们又遭遇了什么。这简直就像是日本的奥斯维辛！没有文件说明有多少朝鲜人被送到这里，又有多少人死在这里。在这里干活的人，就连名单都没有。日本战败后，他们抢在美国占领军到达前将所有文件烧毁——反正他们是这样说的。”

地下壕庞大的规模史无前例，修建的目的是为了对美军登陆日本本土作好准备。供天皇和皇后使用的特别掩体也包含在内。山根希望披露那些朝鲜劳工的遭遇，他们和她父亲一样，为修建这些掩体，

① 即工日，是一种表示工作时间的计算单位，指一个劳动者工作一日。

在巨大的山岩上挖出了一条隧道。在她看来，作为一个朝鲜人家的女孩，受到歧视的痛苦遭遇从这里开始，她觉得有责任让全世界知道这些朝鲜劳工的命运。

“1945年8月15日，修建天皇御座所的朝鲜人在一夜之间消失了。战后，通过其他劳工的证词获知，大概有46名朝鲜人，但他们消失得无影无踪。如果能弄清他们被带到哪里去了，我们就会发现他们已被杀害，以防外人获知天皇打算逃走的消息。在此之前，他们一直在这里。”她变得愤怒起来，语气也愈加愤慨。“这就是入口。”说着，她指了指一个通入山中的黑洞，“现在，他们只在周六和周日对外开放。我们得穿过这些栅栏。”

他们竖起这些新栅栏，防止人们窥探真相。以前，你可以直接走进去。现在，你最多只能走完地面被清理过的一段距离。那大约有50米，仅走那段路根本无法了解真相。他们想以安全为借口，把人们挡在外面。（我们挤过金属网边缘与岩石之间狭窄的空间，身后昏暗的灯光很快便消失了。她关闭电筒，洞内顿时漆黑一片。这里凉爽而又干燥，空气死一般的凝滞。）

这里就是主掩体，各政府部门本该迁至这里，进行最后的决战。请留神脚下，有些地方不太平整。（在晃动的电筒光下，尖锐的岩石伸向通道，墙壁上岩石的粗糙面清晰可见。）

这些隧道很大吧？一辆卡车可以轻松穿过这些掩体。这里比东京的后乐园棒球场大五六倍，我父亲几乎是徒手挖掘了这条隧道。他们说，施工过程中没有人丧生，也没有人受伤。这条隧道的长度两倍于丹那隧道（日本最长的隧道之一），但工期只是后者的一半。即便在我们这个时代，修建丹那隧道还有人丧生。那时候根本没有凿岩机，劳工们不断被催促加快进度，即使受伤也得不到休息。20个水平井被挖掘出来，每个水平井分派了不同的挖掘组，他们之间相互竞争。每个小组有一名日本工头，在他下面还有一个二头。剥削从上而下，层层盘剥。战争结束时，他们说给每个劳工发250元，但拿到报酬的人说他们其实只得到5元。在他们看来，5元钱是个大数目，大得令他们担心自己会因为这笔钱被杀。通过这种方式，建筑公司赚取了巨额利润。

（来到一个路口时，她继续向前走，似乎对这些隧道的各个角落了如指掌。然后，她停了下来，站在那里一动不动。用手摸摸岩壁，很干燥，也很粗糙。

电筒光沿着锯齿状的岩石向上，一直照到隧道顶。参差不齐的岩石看上去就像是昨天刚刚炸开后开凿出来的。）对不起，每次来到这里，我都会觉得悲伤。我知道，他们想在这里生存下去，而外面的人却要“一亿玉碎”。我能听见岩石间痛苦的哭泣，我能感觉到后背被鞭子抽打的疼痛。这些岩石保持着彻底的沉默，但沉默的洞穴诉说了太多太多。朝鲜劳工在这里的墙壁上刻下韩文字母。隧道中，有些地方仍留有矿车的车辙印。

（我们默默地离开了象山隧道。她开车带我们前往为天皇和皇后构建的防空洞。）供贵族的孩子上学的学习院本来要设在这里。那座建筑就是为天皇和皇后布置的住处，天皇的在右侧，皇后的在左侧。

（她指了指一座单层建筑，该建筑沿着微微倾斜的山丘向上延伸。）隧道从那座建筑通往地下。宫内厅的一份文件表明，最终接受《波茨坦公告》时，他们正准备搬至此处。帝国大本营也将迁至天皇居住的防空洞内。

获知战争结束时，我们正躲在自己的“防空洞”内，已经有很长一段时间没出去了。后来，我母亲离开了这里，回来时带了两根黄瓜。黄瓜不太大，我们蘸着豆酱吃了下去。这就是我对战争结束的记忆。

我还听见一些成年人用韩语大声呼叫着：“万岁！万岁！”但日本村民们却有一种恐惧感。他们觉得朝鲜人现在要袭击他们了。其实，如果没有欺负过朝鲜人的话，他们根本不必害怕。日本的妇女和孩子显然被告知躲在仓库里不要出来。但那些朝鲜人只是喝酒、手舞足蹈。他们有理由这样做，你不觉得吗？他们已不再是苦力。但从明天开始，他们就无法获得食物了。没人再雇用朝鲜人。从这一刻起，我们的生计变得异常艰难。我们在这些棚屋里一直住到 1960 年，没有其他地方可去。政府将大多数幸存者送回朝鲜，我的日本母亲也去了那里。在最后一刻我下了火车，父母和姐姐们就此离开了日本。

我的母亲仍在朝鲜。像她这样的人，无论如何昼思夜想，都无法再返回日本。他们都已年迈，每日以泪洗面。她的信件很少能寄到我们手里，寄到的寥寥几封中写的都是要求我给她“寄这个”，“寄那个”。我们寄了过去，希望她能得到那些物品，可她从未收到过。她在信中写道，云朵可以在空中自由飘浮，为什么人不能回家。读到这些，我产生了一种无力感。他们在战争期间都经历了可怕的灾难。设法让这些老人返回日本，这是我的使命。我也曾受过歧视，也曾试图隐瞒自己的身份。我想，只有等到我的孩子满 20

岁了，我才会把自己的事情告诉他们。我对他们隐瞒了父亲是朝鲜人这一事实。我问自己为何要继续这样的生活，为何要从事现在所做的事情，然后思绪便又回到了松代。

最近，我搞到一名日军小队副的日记，当年他曾在这里工作过。在日记中，他记录了朝鲜人被强迫每天劳动 12 个小时，只得到一碗高粱米，而日本人却吃得很好，经常举办聚会。如今，当年从朝鲜来的劳工，只有一个仍住在松代。他说，战争结束后，这里的仓库里发现了大量变质的大米和小麦，还有大批工作鞋。朝鲜劳工在这里干活时，流着血的脚上只裹着破布。被问及为何没有返回朝鲜时，他回答说，他和村里许多人一同来到日本，他是唯一的生还者，现在回去的话，他会感到羞愧。

事情被隐瞒了那么久，可当我走到在田地里干活的村民们中时，那些有良心的老人告诉我，当年每天都有五六个劳工死在这里。有人说，他们看见受伤的劳工被抬出隧道。那段时间里，火葬场的烟雾从未停止过。在这个小村子，火葬场一直进行着焚烧工作，这意味着什么？它仍在这里。村民们都见过那里散发出持续不断的烟雾。

1944 年 11 月至 1945 年 8 月，挖掘工作持续了大约 9 个月。大致说来，7 000 ~ 10 000 名朝鲜劳工被强制带到这里。如果每天有五六人死去，这就意味着约有 1 000 ~ 1 500 人丧生。历史书中从未提及那些受伤或死亡的劳工。你能相信吗？松代的真实历史尚未被公之于世。

劳工们被告知，他们挖掘的是仓储设施。这份“松代仓储新建工程”的文件证明了这一点。尽管被称为仓储设施，但那些七八十岁的村民们告诉我，他们从 1945 年 4 月起就知道天皇会搬来这里，因为他们看见木料上有菊花印记。他们认为，如果天皇打算逃到这样一个地方，这就意味着日本输掉了战争。但在当时，出于恐惧，没人敢说出来。

当年控制朝鲜劳工的人，是建筑公司负责施工单位的副职，他知道一切。他知道他们杀害朝鲜劳工，让他们挨饿，盘剥他们的工资。1945 年 8 月 15 日消失的 46 名朝鲜劳工到底出了什么事，他是目前唯一的知情者。如果他能透露情况，整个真相就将被揭开。他现在居住在城内最大的一栋房子里。战争结束后，他利用囤积的物资发了大财。周围的土地都是他的财产。他不是当地人，但 8 月 15 日后，他把一切都变成了他的私有财产。如果哪个朝鲜人胆敢说出真相，他就会派人去干掉那人。他跑到北海道躲了 3 年，事情平息下来后又回到这里。今天，他是松代商会的领导人之一。在战争期间手握实权的那些人，今天仍在发挥他们的影响力。

我曾想跟他谈谈。我向他保证，只占用他 5 分钟时间。他对我说："你可真漂亮。尽管我并不想活得那么久，可我不能死。所以，我没有什么可说的。"他已经有点老态龙钟。如果他死了，他知道的一切就再也没人知道了。几年前，他在清水寺建起一尊巨大的观音像，面对着地下壕所在的山脉。塑像上的铭文这样写道："纪念那些为修建地下帝国大本营献出生命的人……祈求永久的和平。"如果不是心怀愧疚，他是不会建这个的。

真田氏最后一位大名的后裔现在还活着，仍在对这座城市发挥着令人难以置信的巨大影响力。他曾说过，我做的这种事情对松代来说是一种耻辱。每个人都应该闭口不语。那些仍在这里的人正渐渐逝去，朝鲜人从来就没有过诉说一切的机会。如果他们还想在这里谋生，沉默是他们唯一的选择。就在前几天，当局用栅栏封住了地下壕的入口，尽管许多人要求将最后的帝国大本营保留下来，并对公众开放。他们担心这会影响到长野申办奥运会！他们试图将昭和时代的帷幕彻底落下。这是不可原谅的！我不明白，干过那些事情的日本人，今天怎么会活得如此心安理得。

"我的孩子再也没回来"

口述者：阵亡士兵母亲　今井四家

硕大的农舍被稻田所包围，黄澄澄的稻穗预示着丰收即将到来。85 岁的四家是今井茂雄的母亲，后者的相片悬挂在主榻榻米室推拉门的上方。照片上的他穿着曹长的军装，曹长相当于三等小队副。这张相片的旁边，是他父亲作三的照片。两年前，86 岁的作三去世了。1942 年时，茂雄自愿投身海军，1944 年在"吕 -36"号潜艇上阵亡于太平洋中部。

四家穿着一件蓝白色夏裙，看上去很虚弱，一头短发还没有全白。刚提及茂雄的名字，她的泪水便夺眶而出。她的声音高亢而又紧张。睁开双眼，她的脸上充满痛苦；闭上眼睛，她似乎稍稍平静了些。

茂雄的弟弟义雄，义雄的妻子小夜子，不时加入到会谈中。

四家：他的学习成绩很好，时常帮我干很多的活。他不是学校里最好的学生，总是第二名。（她闭上双眼，双手合十，啜泣着祈祷起来。）再过两三年，就是他去世五十周年了。他不听我的话，自愿加入帝国海军。

义雄：也许妈妈的内心是反对的，但她不能公开发表反对意见。（四家穿过房间，慢慢走到房子中间一个巨大的佛坛前。四家向我们展示了壁龛。在日本的家庭中，壁龛通常用于摆放家里最宝贵的东西。那里挂着一面日本国旗，旗帜上签有许多姓名，都是茂雄的朋友和老师所写，是为了纪念他在1938年时离开满洲，参加满蒙开拓青少年义勇军。国旗下方是一份现役军人阵亡的初步通知书，右侧摆放着阵亡正式通知。

阵亡通知书下方摆放着茂雄寄回家的最后一封信。信纸上的墨水已严重褪色，字迹难以辨认。他在信中说他想到村子里种植的水稻，想到他的兄弟姐妹去村里的学校上学，想到他们帮着父母干农活的情形，他还在信中提及他在海军省接受的严格训练。但他写道，他将倾尽全力，直到英美入侵者被彻底消灭，他期待有一天能再跟自己的兄弟姐妹一同吃饭。最后，他说他附上一张50日元的支票，希望父母在收获季节后用这笔钱去温泉放松一下疲惫的身躯。结尾处，他“从海底”问候全家人。）

四家：他肯定是把全部军饷都攒起来寄给了我们。50日元在当年可是一大笔钱。我一直记得他，总是想念他。我曾在梦中见到过他，那孩子出现在我的梦中。有时候，他看上去心烦意乱；有时候他又充满活力。他总是在离开，说：“我去干活了，很快就回来。”有时候他穿着海军军装出现。还有几次，他把最小的弟弟背在身后。

有时候他会说：“我要加入海军，我要在军舰上战斗。”然后他就走了，不管我说什么，他就这样离开了。

他的信就在这里，字迹已褪色。都过去快50年了。这张照片，原本是一张很小的相片，我们把它寄到东京，放大后又寄了回来。

义雄：原先那张照片上，他穿着一件水兵的军装。阵亡后他获得了晋升，所以我们请摄影师在照片上添加一顶士官的军帽。我比哥哥小4岁。我是最了解他的人，也经常跟他打架。他们说他阵亡在太平洋中部。妈妈在7月5日或是6日梦到了他，所以我们认为他是在那天阵亡的。正式阵亡通知上写的是1945年7月12日，但这是他所在的潜艇本应到达港口的日期。这就是官方决定这些事情的方式。

四家：我只得到这个消息，对其他情况一无所知，但还有些人回来了。我想，我儿子也许也会回来。于是，我不停地四处打听。我表现得就像个疯女人。

有一次，我儿子通过巫婆捎话给我。他说："你还有我的兄弟姐妹，不必再为我担心了。"我很惊异，他真的死了？我无法忘记这件事。这很蠢，对吧？一些年龄比他小的人都回来了。

义雄：她去算命的。

四家：试着跟自己的孩子分开时，每个人都有这种感觉。大家都有同样的感觉，是吧？我有 8 个孩子，但只有这个孩子……其他孩子都很好。几天前，我去他的墓地祷告了一番。

他究竟是怎么死的，我们对此一无所知。我们只得到一个盒子，里面放着他的军帽。以前，我每天都要读一遍他那封信。但信上的字迹渐渐褪色，我已经无法辨认了。当初收到这封信时，每个字都很清楚。那时候，我的视力也比现在好得多。

义雄：要是茂雄哥还活着，他现在就 66 岁了。

四家：和他一同加入海军的人也回来了。

义雄：三名志愿者跟茂雄哥一同加入海军，只有一个平安归来。

四家：我只想到那个平安归来的人，他来看望我们，并在茂雄的照片前祈祷。

义雄：无论发生什么情况，壁龛里的这些东西从不移动。在其他人家，他们会把这些东西收起来。但在我们家，它们总是摆放在那里。一直在那里。

四家：70 岁时我中过一次风。这些天来，我的腿没什么力气。以前我能掌控马匹，驱赶它们犁地。

义雄：以前她的身体真的很结实，干农活，我根本比不过她。

小夜子：刚嫁到这里时，我感觉整座房屋都是黑暗、压抑的，但我没权力说三道四。我是中途加入这个家庭的，不过我们的孩子却接受了这种状况。

义雄：每天三次，妈妈会坐在这里，每次一个小时左右。

小夜子：早上 6 点到 7 点，她洗完脸梳好头，便到这里坐在他的遗像前。7 点钟吃早饭。中午 11 点到 12 点，她会到这里坐一会儿，然后吃中饭。晚上，她又在这里从 5 点坐到 6 点。每次的时间都超过 30 分钟。我们还在佛坛里摆了一张小照片，有时候她会听佛教经文的磁带。整个屋子里满是烟雾和焚香的气味。有时候，蜡烛倒下，引燃了榻榻米。她的腿不太好，但不得不站起来换蜡烛，有时候我觉得这有点危险，但是……

四家：他没有对我说一句话。年轻时，我不得不到田地里干活。现在我老了，我想的只是我这个儿子，很快我就会去他那里。我不是个虔诚的佛教徒。也许我无法见到他，因为我的心不诚，尽管我一直在祈祷，但我也想了许多其他事情。

义雄：以前有一次，他回家探亲的时候告诉我，他很幸运自己能回来，因为许多战友已与舰同沉。那时候我在富山兵工厂工作。那次他也对我说，他以后再也不会回来了。

四家：他从没对我说过这个。

第23章 | 战后反思

一切源于对中国的侵略

口述者：日本著名历史学家　家永三郎

77岁的他是日本著名的历史学家，出版过许多关于战争和现代日本的著作。1965年，担任东京教育大学教授的他对国家提起诉讼，认为文部省对教科书的审查和批准政策违反了宪法。他编写的高中历史教科书《新日本史》中，一些特定词语和术语被认为是对日本的“批判”，因而遭到“修改”。

在一场仍在继续的司法诉讼中，他认为这种干涉不仅仅是“修改”的问题，而是从根本上侵犯了“思想和学术的自由”，因而违反了战后日本宪法和教育基本法提供的保护。

正如他说的那样，“国家对教科书的审批阻止了人类的发展，我真诚地希望通过法庭将这起案例诉诸全世界。只有获得越来越多公众的支持，我所从事的这场斗争才有可能取得胜利。目前约有2万余人参与进来。”

今天，一系列的审判、上诉和法律行动表面上是关于教科书的内容，但实际上争辩的是日本官方历史记忆的性质，这起案件广为人知，被称为“家永诉讼”。

我是亲身经历过战争的。尽管没有投身战场，但我为自己没能插手阻止战争深感遗憾。这就是我真诚希望我们反思那场战争的原因。1937 年的卢沟桥事变导致了全面对华战争，在那之前的 9 个月，我从大学毕业。1941 年珍珠港事件爆发时，我在新潟的一所高等学校任教，但当时的我并没有批判意识。我真的不明白在中国究竟发生了什么事，只有一种模糊的不安感，日本越来越深地陷入到泥潭中。对于日军的残酷行径，我一无所知。那时候也的确无法获知。坦率地说，对于日本的侵华战争，我当时并没有危机感。

但我们是在大正民主时代受到教育的一代人，所以我知道，英国和美国国力极其强大，同时对英美两国开战根本毫无胜算。当然，我没有日本与美国国力对比的统计数据，这些判断只是基于普通人的常识。

12 月 8 日，听到战争爆发的消息时，我感到绝望。从那时候起我就希望战争尽快结束，哪怕是提前一天也好，但我什么也做不了。至少不能合法地从事任何事情。尽管我说我无能为力，但作为一个成年人，一个当时的人，我必须为自己的袖手旁观、任由战争延续而负责。

战前，普通日本人民通过国家编订的教科书接受教育，深信日本是一个“优秀”的民族，其使命就是引领全世界。在国家历史和伦理学教科书中尤为如此，公民们普遍接受了这些观点，并且对此深信不疑。我必须指出，对统治阶级来说，政治和经济需要是那场战争的主要动机。20 世纪 20 年代的全球经济危机和爆发于 20 世纪 30 年代初期的日本经济危机，使日本遭受到大萧条。金融界认为有必要向海外拓展，以摆脱经济萧条。

从日本国体的角度看，军队不会受到任何批评。统帅军队的是天皇，因此军队被视为是“神圣的”，尽管陆海军仅仅是国家机构而已。对军队的任何批评会使批评者被指责为“反军方”，这些想法被说成是反对国家政体。

武装力量的“最高指挥权”不受那些辅佐天皇，并就国家事务对他提出建议的大臣们的控制。无论内阁还是国会都无权插手。实际上，根本没有相关制度或机制来遏制军队，他们完全是在自行其是。

一场削减军备的临时性国际潮流发生在第一次世界大战后的大正民主时代，正如 1922 年的《华盛顿条约》所证明的那样，各个国家限制了其舰队的规模。这些努力在 1930 年限制海军装备的《伦敦条约》达到了顶峰。

但限制军备的这些努力遭到日本军方的反对，他们试图恢复自身的实力，通过在海外制造事端来反对这股潮流。首先是在 1928 年，一场爆炸炸死了盘踞满洲的中国军阀张作霖，这起暗杀事件显然是日本军方的一个阴谋。

当时已有占领中国满洲的计划，该计划取决于形势的发展，只是无法立即实施而已。但数年后的 1931 年 9 月 18 日，驻扎在满洲的日本关东军炸毁了柳条沟的一段铁路，却声称是中国士兵所为，日军立即发起进攻，迅速占领了奉天（今沈阳市）。这起“满洲事变”点燃了太平洋战争的导火索。

军队这个庞大的机构被日本的大财阀刻意加以利用。不是说财阀们主动挑起了战争，但战争爆发后，军队总是要扩充军备的。军工厂获得了高额利润。尽管财阀和金融界并未主动挑起战争，但他们欢迎战争的爆发，并从中得到丰厚的利润。所以，金融界必须承担战争的重大责任。

由于自小接受的教育，普通日本人认为本国实力强大，军队的一切行为都是正义的。他们当然不会采取批评态度。另外，战争爆发前的治安维持法限制了政治活动，一切印刷品的销售发行要受到严格审查，这就是无人知晓真相的原因。满洲事变发生时，广播电台刚刚出现，但这些电台几乎都被国家掌控，只播送政府发布的消息。

尽管报纸和杂志由私营公司出版发行，但由于受到严格的限制，他们无法公布真相。暗杀张作霖，当时的报道是“满洲发生重大事件”。我想，这是他们最接近于真相的报道了。尽管 1931 年时我已成熟自立，但我根本不知道张作霖遇刺的真相，也不知道关东军策划了奉天城外的这起爆炸。直到 1945 年后，远东军事法庭才揭开这一事件的真相。我们处在一无所知的情况下！我们不知道南京大屠杀！我们也不知道日本军队在中国各地的残暴行径。

虽然人数不多，但的确有些日本人是清醒的，并作出了抵抗，尽管力度有限。但要说日本没有反抗，这并非事实。大多数抵抗者是共产党员，还有一群基督教徒，另一些非常激进的自由主义者也发起了抗击。

尽管这些人的努力一直持续到最后一刻，但日本没能像意大利那样发起一场真正的民众起义。例如，在意大利北部发生了大罢工，还有游击队，甚至在盟军到来前，这些意大利人便已挺身而出，反抗他们的政府。

那场战争的结束不是日本民众努力的结果。相反，是那些领导和推动战争者在面对即将到来的失败时，不得不亲手结束战争。他们认为，如果战争继续下去，作为国体的天皇制度将处在危险中，他们这些下属也将受到危害。没等民众发动起义，统治阶级便采取主动，提出国家政体得以保存、天皇获得保护的条件。由于这场战争不是通过日本人民的关键性意志结束的，因而无法说明随后发生的一场精神革命，我对此深感遗憾。

许多事情现在一直没有对公众披露。美国占领军带给日本一部新宪法，在这个基础上实现的新民主，对提高日本人民的意识发挥了很大的作用。但在底层，战前时代的连续性极为强大。战前便已存在的思维过程的根源没有被真正颠覆。

许多人依然认为“那场战争是为了国家”,或是觉得“日本被逼上了绝路，没有别的选择”。我不知道他们是否真的相信这种理由，但他们的确是仍然相信“日本式的精神”，就像战前那样。这里还存在着右翼势力，如果有谁试图公布当年某些事情的真相，或是作出批评，他们就会遭受到右翼势力的打压和威胁。

这就意味着，有时候人们会避免提及或说明这个问题。如果有人像我一样，在战争结束前活了 30 年，在战后又活了 40 多年，并将这两个时期加以比较的话，我相信他会说，日本发生了许多变化。但在某些人的心底，仍留有一些残渣。1989 年 1 月 7 日，昭和天皇去世，随后举行了葬礼。于是，人们心底的残渣再度浮现出来。各种媒体上充斥着对天皇的报道，数万人赶至皇宫，去表达他们的敬意。

那场战争的起因不是我们当时被教导的那样。中国人民试图摆脱剥削，他们希望驱逐外国的在华利益。和那些国家一样，日本的经济剥削和治外法权已使中国沦为半殖民地状态。战争的起因是日本人试图保护日本的在华利益不受影响。

建立“大东亚共荣圈”的想法不是从一开始就有的，而是后来才添加进去。自明治时期起就有要求向南扩张的运动,但以武力实现这种扩张的想法,完全是为了获取石油、继续对华战争。这是对“以战养战”和“战争就是其自身的原则”这些想法的阐述。

日本对美国发动战争，毫无理由。这不是必然的。应中国的恳求，美国对日本实施了经济制裁。与日本开始谈判以解决彼此间的冲突时，美国接受了中国的呼吁，要求日本将其军队从整个中国撤出。

日本陆军绝对无法接受这一点，他们付出了巨大的“牺牲”，获得的收益浸满了鲜血，所以他们拒绝接受。这就是日本与美国在战争开始时的对立冲突。但必须记住的是，这一切都源自日本对中国的侵略。

随着美国、英国和荷兰实施的经济封锁的持续，由于缺乏石油，日本无法持续其对华战争的可能性出现了。日本被“逼入”这样一种境地，它必须作出决定：要么停止战争，要么对那三个国家开战，以获得石油。停止战争意味着从中国全面撤军，这是他们不愿接受的。发起对英美的战争，其主要目的仍是为了控制中国。

说什么日本在亚洲采取积极行动，以便将亚洲人民从欧美列强手中解放出来，说为什么日本输掉了这场战争，日本“牺牲”了自己，从而使亚洲人民取得了独立……这是彻头彻尾的谎言。

的确，通过占领中国、法属印度支那、荷属东印度、马来亚和缅甸，日本切断了英国、美国、法国和荷兰对那些地区的控制。但取代上述各列强后，日本对当地居民采取的政策，远比过去那些列强更残暴。各处都出现了反抗。

菲律宾的暴动最为激烈，那里的人们曾生活在美国的统治下。在荷属东印度和缅甸，日本军队的到来起初受到当地亲日派的欢迎，但日军随后的残暴行径导致反日运动迅速出现。在越南，最早一批共产党人组成的“越盟”，起初与日本人合作，但由于日军采取的政策，他们开始自行谋求独立。说什么日本人使这些国家获得了独立，完全不符合事实。

日本人的政策是如此极端，以至于从这个意义上说，他们也许的确激起了各国人民的起义。因此，很难否定东南亚国家今天所持的想法，他们认为日本的经济发展和他们在南方的扩展，在某些方面与其战时政策相类似。

战争结束后，教科书明确指出了日本轻率发动战争的责任。战后的第一部历史教科书《国家历程》中说：“长期的战争使民众遭受到巨大的苦难。军方镇压民众并开展一场缺乏理性的战争，造成了这种巨大的不幸。”

1949 年，文部省出版的《民主》一书中指出：“与德国一样，日本必须承担第二次世界大战的最大责任，这场战争给全世界人民造成了巨大的灾难、痛苦和不幸。”书中还表明：“军方势力的狂热爱国主义表现为‘全方位国防’，他们把持政权，践踏人民的权利，并开始策划一场草率的战争。”

当时，他们毫不犹豫地承认了日本对那场战争负有的责任。但到了 1963 年，文部省的公开立场发生了彻底改变。就在这一年，我编写的高中历史教科书没能通过审核。文部省的官员们指着日本遭受空袭、广岛被原子弹焚毁的一系列照片以及伤残军人穿着白色的衣服在战后日本的街头乞讨的悲惨画面，裁定：“从整体上看，这本书太阴暗了。”

国家对我这本教科书中使用的词句提出反对，例如：“这场战争被美化为‘圣战’”，或是“日本军队的残暴行径”以及我提到的“一场轻率的战争”。

通过引用这些词句，他们声称这本书只是“批评”日本在第二次世界大战中的立场和行为，无法让学生们正确理解日本的立场，进而使他们陷入到战争的漩涡中。

这场“教科书诉讼”自1965年来一直在持续。1970年的裁决最初认同了我们几乎所有的主张。对“家永教科书”的审查被裁定违反宪法，但我们取得全面胜利并在判决中证明了自己是正确的只此一次。

文部省的上诉很快扭转了部分形势。我们现在进行的是第三次诉讼。虽然后续审判情况愈加恶劣，但支持我们团体的成员却有所增加。这有些不寻常。

我不属于任何派别，也不接受来自任何“主义”的任何援助，但我坚持认为，宪法并未允许国家对教科书进行审查。我不能说这场斗争是否真的有所帮助。

国家审查制度至今依然存在。教科书里不能写“731部队”，这支细菌部队在中国满洲用活人为实验样本；战争结束时，数千人在那里惨遭屠杀。只阅读教科书的学生对这些事情将会一无所知，尽管今天在相关问题上终于有其他书可读，但推广度不够。我们不能让那些企图塑造我们思想的人控制对战争的教育。

一个人可以从战争中学到东西，但我并不认为大多数人从战争中学到了太多东西，或希望确保这种事情不会再度发生。那些遗忘了战争的人，那些思维方式自战时到现在一成不变的人，仍跟我们在一起，而且大有人在。

正如自民党政治家所作的“虚伪陈述”中体现的那样，他们声称“日本并不是做出残酷行径的唯一国家”。我们这些人公开呼吁“必须披露日本侵略中国的事实”，还有些人一直致力于停止对亚洲人的歧视，这都表明日本与过去的那个国家有了很大的不同，但从事这些活动的人，数量还很少。我们必须扩大积极参与者的人数，这是我们工作的重点。随着战时记忆的消退，我们必须确保将太平洋战争的真相传递给我们的下一代。

罪魁祸首

口述者：三笠宫崇仁亲王的副官　最上贞夫

1940年，他从日本陆军士官学校毕业，就开始在东京的航空总军军令部担任大尉参谋，是三笠宫崇仁亲王的副官。他是一名战斗机飞行员，在战争的最后阶段和对日本领空徒劳的防御中，他因病停飞，而这一切在1945年宣告终结。

由于肾脏不太好，我早早地退出了战斗。设法外出旅行时，我没告诉其他人，打算从帝国大本营去新加坡和苏门答腊。1944年7月，我离开飞行学校的学员，动身向南。来到第3航空军军令部时，木下中将正对东京插手他负责的事务大为光火，他把我置于他的指挥之下，命令我对整个航空军加以训练。这正合我意！我住在莱佛士酒店左翼的一个套房，房间里甚至有一架钢琴。我只是一名大尉，但有特别津贴和住房补贴，每个月能拿到800日元！这跟大将拿的一样多。在日本，各种物资严重短缺，但在新加坡，物资却应有尽有。太棒了！没有敌人在周围，也没有战斗，甚至没有灯火管制。那些身处海外、开酒吧的中国人似乎已彻底改变了肤色，愉快地开门营业。到处都能听见他们的喊叫声，"嗨，军官先生！"然后便做起了生意。最后，我不得不返回日本。

回到日本后，鉴于我的身体状况，他们只派给我一些文书工作，如书写计划文件，决定在哪里训练飞行员，等等。日军飞行员一个接一个地阵亡，损失相当大。航空燃料的储备极其有限。按照我们的计算，国内生产的航空燃料，加上从松树根提炼出的燃油，每个月只有1万升。如果我们动用每个月的储备油进行训练，用不了4个月，储备燃料就将消耗殆尽。飞行员在国内的训练几乎彻底停顿下来。

由于燃料短缺，就连敌人的B-29来轰炸时，也禁止对其实施拦截。美国人发起攻击，我们却停在地面上，战斗机部队对此无法容忍。他们希望至少让一些战机升空，也许这样能打乱美国人的空袭计划。东京在1945年3月10日遭到可怕的空袭后，我们这些身处航空队军令部的人觉得，再也无法阻止对敌机的拦截了。最起码，我们必须保卫那些制造飞机零件的地方。那些日子里，就连我父亲也厉声斥责我，问我们究竟在干什么。我没法回答说："我们没有燃料，我们的飞机是用劣质材料制造的，无法赶上美国的战机。"我不能说我们必须为特攻机保存燃料，庞大的美国舰队即将到达日本本土，我们将用那些特攻机对其发起攻击。

日本对赢得这场战争已不抱希望，而是想方设法体面地结束战争。我们认为这一点能够实现，只要我们的特攻机能给攻入日本本土的美国舰队造成巨大的损失，就应该能为我们争取到一个最好的机会，以获得一份对日本更加有利的条约。“特攻”这个构想并非来自大本营,而是出自一些中下级军官。宝贵的飞机会被损失掉，但能阻止盟军登陆本土，我们似乎没有别的选择。我们的战机火力微弱，即便在直射距离内也无法迫使敌人的 B-29 改变其航程。在伊势湾上空，我的一些同学徒劳地驾机撞向 B-29。

“特攻”精神令全世界震惊。1989 年 9 月 23 日，土耳其驻日武官参观了敬献给特攻队员们的世田谷观音。他在那里称赞了日俄战争中的军神——乃木希典将军和海军大将东乡平八郎,并通过一名翻译告诉我们,他已将“特攻”精神列为土耳其军队的表率。

战争结束时，我在市谷。那是陆军士官学校的原址，我在那里第一次穿上军装，现在我也将在这里最后一次脱下军装。在收音机里听到天皇的讲话时，我唯一的想法是 :“没法子了。”我躺在夜勤军官的榻榻米上思忖着，航空士官学校的 7 名副队长冲进来找我。他们喊道 :“你在做什么？”接着，他们怒吼起来 :“接受《波茨坦公告》？天皇邪恶的下属们正在考虑这样做。这不可能是天皇陛下的真实愿望。如果接受，日本就将灭亡！必须打下去，你必须做点什么！”他们气势汹汹地催促我，因为我是他们的上司。

我考虑了片刻，然后告诉他们，振作起来投入行动，发动反叛，这么做也许是对的，但我们必须首先确定天皇陛下的真实想法。我建议大家先去参谋本部看看情况，于是我带着他们来到作战部，但那里的一位大佐只是火上浇油而已。我又带着他们去见参谋次长河边，后者同样卷入一场争执中。在我看来，参谋本部已然放弃，但跟着我的那些人一个个热血沸腾，他们发出威胁 :“我们要把那些乱臣贼子砍头！”

尽管身处大本营内，但我不能就这样走过去，要求觐见天皇，质询他的真实想法。不过，三笠宫崇仁亲王当时在航空总军军令部里担任参谋军官，他是天皇的弟弟。当年 4 月，他被派到这里，因为日本最后的作战力量在我们陆航军，我被派到他手下担任副官。8 月 15 日那天他没有到场，但除了向他询问外，我想不出其他办法来确定天皇陛下的真实想法。

找到他后，亲王对我说了件令人震惊的事情。他脱口而出的第一句话是 :“最上君，你知道发生满洲事变是因为关东军的阴谋吗？”现在我当然知道，但在当时，我们认为是中国军阀张学良蓄意攻击日本，日本军队因此“自卫”

而已。亲王告诉我，这并非事实。他曾在中国派遣军里担任过参谋军官。“最上君，”他说道，“你也去过中国。我们曾在中国做出过那些可怕的事情，就算日本赢得这场战争，你认为10亿亚洲人会服从我们吗？”

我觉得自己就像被一道闪电击中似的。在这样一个关键时刻，站在我面前的三笠宫崇仁亲王觉得他必须透露这些事，哪怕是对我这样的人。很明显，天皇陛下认为他已无法信赖他的军队。

我敢肯定，这就是陛下的看法。战事的发展已不再像参谋总长对天皇保证过的那样。我开始相信，接受《波茨坦公告》的确出自天皇陛下的真实意愿。于是，我尽可能多地赶往各个单位去说服各部门。之所以如此，是因为上司通知我，驻扎在首都附近的作战部队激动不已，不再听从上级的命令，光靠军衔已无法控制住他们，所以我必须这样做。

这是件得东奔西走的苦差。我告诉那些部队里的官兵们，接受《波茨坦公告》无疑是场赌博。但毫无疑问，这的确是天皇陛下的意愿。为了加强说服力，我特地提及了三笠宫崇仁亲王。他们似乎被“说服”了，但一些最极端的人仍然声称：在天皇陛下作出错误决定时，作为下属有责任提出劝谏，“哪怕要冒着生命危险”。我不得不反驳道：“无论在什么时候，特别是在此刻，批评他太不像话了！你们怎么能说天皇陛下错了？”我呼吁他们展现责任感。“现役军官可能会沦为奴隶，也许会扛着铁轨重建中国那被我们焚毁的土地，也许会遭到皮鞭的毒打，”我大声说道，“但即便如此也没什么大不了的。让我们共同努力，以最后的力量完成天皇陛下的愿望。如果他想接受《波茨坦公告》，我们就帮助他完成。”

8月16日和17日整整两天，我一直在东奔西走。我甚至不得不盯着那些比我年长10岁的军官们，迫使他们屈服。他们正将机枪从飞机上拆下，装上卡车，准备到青梅山进行最后的抵抗。今天回顾起来，尽管我在1940年获得了军衔，但整个战争期间并没有从事太多的实际工作。可我相信，在这场战争的最后阶段，我执行了一项非常重要的任务。

战争结束后，我进入大学，打算学习文学。但入学后的第3年，我加入了怡和贸易公司。到1968年时，我已参与到向东南亚出口建筑材料的业务中。

我们的最佳客户是新加坡的美国金属公司，该公司的总裁是英国人叶彼得。他每次来日本，我都会带他去热海泡温泉。我们的关系越来越密切。跟他成为朋友的3年后，某一天，我在他位于新加坡的家里做客，这座豪宅里有网球场、游泳池和瀑布。我们喝着酒聊起了往事。

他真是海量，是个真正的男子汉！他用英语说道："最上先生，顺便告诉你，我姐姐死在日军手里，那时候我才16岁。她的头被挂在水库的栏杆上。我非常愤怒！想要报仇。我进入了一所游击学校，学习如何使用轻武器，如何投掷手榴弹。我还是个孩子，所以日本哨兵见到我也不太会警惕。我以黑暗为掩护，在暗中发起袭击。就这样，我杀掉了10多个日本人。"我立即清醒过来。我想："不管我们多么亲近，对日军的仇恨都深深地刻在其骨头里。"

230万，也许240万日本军人丧生！我们确实打了一场愚蠢的战争。之所以发生大东亚战争，是因为我们在陆军北上进攻苏联的理论与海军南下的思路之间摇摆不定的结果。海军声称，没有燃料他们就无法作战，所以海军的首要任务是确保获得印度尼西亚的石油。陆军被海军拖入到这场南下打击美国的战争中。

日俄战争后，美国成了帝国海军的假想敌，这完全是因为帝国海军希望加强自身建设的缘故。所以，爆发这场冲突的本质是帝国陆海军都想攫取更大的预算份额。尽管下级人员之间的合作非常密切，但陆海军高层之间的争斗极为激烈。战争的开始和结束，他们一直处于这种状态。一个国家的国防政策绝不应该存在这样的分歧。

战后的日本在各个方面得到恢复，这是因为全体国民统一了思想，团结起来，全民族的力量被融合到一起。如果在日美谈判期间，日本没有坚持己见的话，可能就不会有今天的日本。如果当时的日本软弱地屈服，现在的一切根本没有可能。我们不应该发动战争，但如果它爆发了，你最好能深刻反思，并从中得到教训！

苦难冲绳

口述者：学生　大田昌秀

"冲绳战役期间，我曾见到冲绳民众在摩文仁的海滩上受到日本士兵残酷、严厉的对待。为什么会这样？我很纳闷，因为我们都已竭尽所能。我的120名同学中，只有35人生还。

朋友们的阵亡并未能结束战役。生还者中，许多人负了伤，有的残废了，还有的已无法回归社会生活。他们在那场战役中生还回来，但精神上他们已经被摧毁。今天，这些人仍在这里。他们的确是因为战争致残的。这就是我长期以来一直在研究冲绳战役，探寻其难以捉摸的特点的部分原因。”

我们在他位于冲绳宜野湾的家中见面时，他是琉球大学的新闻学和社会学教授。从地板到屋顶，堆放着大量研究冲绳历史和文化的图书。他曾写过许多关于冲绳战役的著作。

我还是个少年的时候，除了帝国历史观的书，我们没有其他书可看。对身处东京或京都的人来说，尽管这些是禁书，但总有些秘密地方可以找到这种书。

另外，在高等学校里，学生们获得了较先进的教育。如果他们愿意的话，可以弄到各种不同的书，听取进步思想家们的观点。但对我们这些偏远小岛上的人来说，完全没有这种可能性。

冲绳是日本控制下唯一一个既没有工业学校也没有大学的县。对我们实施教育的目的，仅仅是为了打造愿为天皇献出生命，充满忠君报国思想的人。除了已知的东西，我们根本没有办法了解其他信息。因此，我们只能按照他们所说的去做，并且对其深信不疑。

我们对我们冲绳的历史确实一无所知。课程表上确实有一门课程是“当地历史”，但从未开过课。旧的封建统治消亡，各个县建立起来时，我们不知道发生了什么情况。“姬百合学徒队”和其他学徒队的女护士所发生的悲剧，其根源就在于缺乏这方面的知识。

我们接受的是一种“纯培养”，通过教育加以驯化为天皇的臣民。士兵们知道战争的现实，因为他们曾在中国经历过战斗，他们躲入深深的洞中，并待在那里。

我们这些学生以及那些和我们一样什么都不知道的人却被告知：“这是你们的家园！你们挺身保卫自己的家园是理所应当的。”我们别无选择，只能照做。我们冲出去，甚至没有怀着对战争应有的恐惧，结果却惨遭屠戮。

我们必须审视冲绳战役，看看它有什么不同。这场战役最显著的特点是，友军士兵（冲绳人认为日本士兵是站在他们这一方的）杀害当地居民，被杀的人很多。有记录表明，1 000 多名冲绳人被日军杀害，理由是他们从事了“间谍活动”。我无法证实这个数字，但根据我个人对各个城镇和村庄的历史所作的调查，我能肯定，至少超过 800 人遇害。另外，还有大批冲绳人死于“集体自决”。

我真的无法理解这种杀戮的意义何在，直到有一天，《朝日新闻》上的一篇文章把我惊呆了。以“间谍”的罪名杀害当地居民，实施“集体自决”，这种情况同样发生在庆良间群岛。一名在冲绳战役中担任中队长的军人，战后加入了陆上自卫队，军衔一直升至陆将补，负责讲授冲绳战役的军事史。

他在文章中写道，战役期间，以“间谍”罪绞死当地居民的悲剧的确发生过，但他声称，为这种行径批评当时的指挥官毫无意义，最终只会沦为个人攻击，而且这不是主要问题。他还写道，自明治时代起，日本就在海外从事战争，“过去在海外所做的事情，冲绳战役期间在日本长期控制下的岛上上演了，这还是第一次。日本军队不知道该如何应付当时的情况，所以，从国外战场上学来的惯例被用于这次战役。这就是发生此类悲剧事件的原因”。

对于他的说法，我的问题很简单 ：“日本军队遵循海外战场的惯例，这个惯例是什么？”这个问题真的令我心烦意乱，我一直试图弄清楚这一点。

我正在写一本书，名叫《大屠杀》，并以我的方式探讨南京大屠杀。指挥冲绳战役的日军高级指挥官都曾直接参与过南京大屠杀，包括司令官牛岛、参谋长长勇和其他参谋人员，所有参谋人员都曾亲眼目睹过南京发生的事情。这种情况令我目瞪口呆。我第一次感到自己明白了冲绳所发生的事情究竟意味着什么。

冲绳守备军的例行会议都由参谋长长勇主持，其中一次会议在美军登陆的第 9 天召开，他下达了一道即日生效的命令，包括军人在内的所有人，只许说日语，其他语言一律禁止。任何一个说冲绳语的人，都会被当作“间谍”惩处。

在自卫队的战史资料馆里，你可以找到这道命令。5 月 5 日，守军再次下达了同样的命令，上面有参谋长的签名。冲绳岛上年过六旬的老人们，除了当地方言不会说其他语言，因为冲绳自 1879 年才从藩国改为日本的县。另外，岛民们的文化程度非常低。他们使用的是伴随着他们长大的当地语言，特别是在战场上，在所能想象到的最极端、最困难的状况下。可是，仅仅因为说冲绳语，他们就被当作“间谍”惩处。

日军官兵对冲绳并不了解，从来没有人告诉过他们冲绳的情况。许多日本人认为冲绳人属于另一个不同的种族。即便在战后，一名中队长在他的文章中仍将冲绳人视为一个不同的种族。他说，如果不牢牢地盯着冲绳人，就会不知道他们逃到哪里去。

冲绳战役特殊的悲剧可能源自这样一个事实：冲绳人也以同样的方式看待自己。由于冲绳过去的历史，来自缅甸、泰国和中国的各种影响进入到冲绳人的生活中，带来了不同的习惯、风俗和语言，而冲绳人本来就缺乏忠诚和爱国思想。

冲绳人不可能被驯化为真正的日本人，只能是大日本帝国殖民下的三等国民。战争失败之后，日本军人四处散布，声称失败的原因是冲绳人民为敌人充当密探。被疏散到九州和其他地区的冲绳儿童被告知，冲绳战役的失利是因为冲绳人背叛了日本，他们干了许多阴暗的事件。

本土的研究人员在研究日本被盟军占领的历史时，对待冲绳的态度依然如故，都没有把冲绳当成日本的组成部分。美军登陆后，他们在北纬 30 度画了一条线，将冲绳与日本本土分隔开。这种分隔直到 1972 年 3 月 15 日，美国将施政权移交给日本才暂时结束。

今天，冲绳是全日本控制下最穷的一个县，收入只有全国平均水平的 74%。驻日美军中的 75% 驻扎在冲绳，而冲绳只占日本总控制面积的 1%。日本高层人士经常说，日本欣欣向荣是因为《美日安保条约》。

我说这很好，但我要问他们："你们为什么不把基地设在你们的住处旁？为什么美军基地只设在冲绳这种穷地方，让冲绳人共同承担基地的负担？"他们将责任推给弱者，自己却享受着繁荣舒适——这正是日本在整个亚洲一直推行的政策。他们也以同样的方式对待国内的少数民族。

后记：1990 年，大田昌秀在选举中击败了保守的自民党所支持的候选人，当选为冲绳县知事。

第24章 | 结 局

在中国坐牢的日子

口述者：日本战犯　富永正三

富永正三毕业于东京帝国大学农学部，后来被培养为一名陆军军官，在中国经历了近5年的战事后，他得以生还。战争正式结束时，富永大尉开始了他的第二场战斗。

1945年8月，苏军攻占中国满洲后，他成了俘虏，并辗转于西伯利亚一连串严酷的战俘营，遇到过德国人、罗马尼亚人、匈牙利人和捷克人，最后被转至8号战俘营，在那里从事采矿工作。

"在那个战俘营，我首次见到了《波茨坦公告》的全文。公告中的第10条将我惊呆了，上面说所有战争罪犯都将受到严惩，包括残酷对待战俘的人。这几句话令我想起自己在中国的所作所为。每天我都从事8小时繁重的劳动，回到营地后，我竭力不去想那些话对我意味着什么。"

1949年，中华人民共和国成立后，他们开始了对战争罪犯的调查。据传言，中国要求苏联政府将日本战犯移交给他们。有人认为，我们应该缄默不语，了却此生。也有人觉得，说出自己知道的一切是成为一个民主人士的先决条件。而我们大多数人当时的想法是，杀戮、强奸和纵火焚烧村庄是战争中不可避免的行为，没什么特别错的地方。

我被叫去接受审讯时，几名苏军军官和一个朝鲜翻译只是问我是不是富永大尉，并询问我的从军生涯详情。其他人肯定已交代过我的情况，有些人甚至已被收买。返乡的火车定期离开，但我被关在了西伯利亚的战俘营。1950 年时，这里只剩下一座营地。最后，我们终于登上一列火车，并被告知，我们将经哈巴罗夫斯克被遣送回国。

火车沿着 5 年前将我们送往西部的同一条铁路线向东疾驶。曾经的荒地上出现了农场，工厂也伫立在过去的旷野中。贝加尔湖的湖水依然没变，冰冻而又有点令人恐惧。我们聚集在哈巴罗夫斯克，从海参崴来的另一些战俘也加入到我们的行列。

我们在这里的营地里举行了一场仪式。两群战俘的代表们互致问候，手拉手唱起了《团结之歌》。有人告诉我，他们是“反动军官”。后来，他们中的一个人走到我面前，说他们并不愿意为苏联人工作，但希望锻炼身体，以便为在中国的监禁生活作好准备。他们提出的一个条件是，不跟那些将他们视为敌人的人在一起干活。我跟苏联人协商后，为他们安排了锯木的工作。

1950 年 6 月，苏联人给我们发了新衣服，并告诉我们，把身上的钱都花掉。我们被送至火车站。通常情况下，火车上会挂满红色的条幅和标语。但我们发现，这次的货运列车上布满了铁丝网。这幅情景令我想起关押罪犯的囚笼。车厢内非常炎热。行驶了两晚后，火车被分流到一条侧线上。我读出了车站的名称“Guroteko”①，这是位于苏联与中国满洲之间的一座边境城市。车厢内一片混乱，每个人都知道我们即将被移交给中国人。我们认为一旦落入中国人手中，我们就会被杀掉。

火车终于再次向前移动了。我们穿过一条隧道，中国人民解放军的士兵们排列在另一侧。他们非常年轻，看上去就像是一群娃娃兵，也许是因为我们看惯了高大强壮的苏联人。我想，这一切很快就将彻底结束。我们这群战俘约有 960 人，包括过去的警察、宪兵以及伪满洲国从事刑事调查的人员和司法部门的人员，其中约有 100 余人过去曾残酷地对待过中国人。其他的都是军人，军衔最高的是几名师团长，半数以上的战俘是士官。军官有两三百人，但没有真正的高级军官。

进入中国后，我们登上新的列车。这次，我们发现自己乘坐的是客车。午饭时，他们发给我们一些面包，是白面包。在西伯利亚给我们吃的是黑面

---

① 这个发音难以确认，经查阅日本战犯改造纪实，疑为“绥芬河”。

包，我们担心白面包太精细，无法提供足够的体力。这真奇怪！我们受到的对待太客气了。

也许他们想温和地对待我们，然后再突然把我们处死。列车到达抚顺后，我们在站台上列队，然后步行穿过街道，两旁站立着荷枪实弹的士兵。架在屋顶上的机枪是他们缴获的日军装备。我们被带到抚顺监狱，这座监狱是日本政府修建的，曾用来关押中国人。昔日的监狱长现在也在战俘群中。

我和另外 15 个人被送入一间牢房。伴随着沉重的声响，牢门在我身后锁上了。这是一种可怕的感觉。门上挂着一块木板，上面赫然写着“日本军事战犯管理所”。

我们都对此怨恨不已，因为我们坚持认为我们不应该被称为战犯。战争罪犯应该是天皇、内务大臣和那些军事指挥官。是他们把我们推上战场的，他们才是应该对此负责的人，我们这些小鱼小虾可不是什么战犯。我们把这些怨言向看守汇报，由他把我们的感受转达给他的上级。木板被换了一块，上面只写着“管理所”几个字。

第一顿伙食令我们大吃一惊。我们吃到了芥兰菜和猪肉萝卜汤。真是美味啊！新鲜蔬菜吃完后，他们给我们送来更多食物。在西伯利亚的战俘营里，我们唯一的愿望就是能得到足够的食物。

现在，我们不再从事苦役。我们还得到 30 分钟外出锻炼和方便的时间，早晚各一次。其他时候，我们被限制在牢房里。平时，我们就下下将棋、围棋，打打麻将，或是讲些色情故事。除了躺在床铺上，我们无事可做。有时候，警卫会走过来，提醒我们坐起来，但我们对他们的警告置之不理，甚至朝他们吐口水。

有时候我们也得到一些关于新中国的传单，但没人对此太过关注。在抚顺管理所的前两年，我们陷入到深深的绝望中，我们违抗监规，公然挑衅管理人员。我们认为，反正迟早会被处决，毕竟我们每个人都犯有罪行。

他们像风中的杨柳那样，对我们肆无忌惮的态度不予理会。他们从来不朝我们吼叫，也不踢打我们。有战俘病倒时，他们就来照料他，哪怕是在深更半夜。他们还把患了重病的战俘送到管理所外的专科医院。

我们渐渐意识到，作为一个人，应该得到这样的对待，并开始反思战争期间我们是如何对待中国人的。“我们做错了，但如果没有接到上级命令，我们是不会那样做的”，这仍是我们的想法。以我为例，我认为我犯下罪行是因为联队长下达了命令。“没错，真正的坏蛋是指挥官大泽，”我说道，“我杀第一个人就是他下的命令。”我认为自己是个受害者。

1950年，朝鲜战争爆发，美军逼近鸭绿江，我们被转移到另一所监狱，在那里待了一段时间。他们信心十足地告诉我们，中国人民志愿军已参战，很快就将逼退美国佬，让我们转移是为了保护我们，以免遭到美军的轰炸。

我从来不敢想象中国人能击败美军，因为日本军队都没能做到这一点。我们甚至盼望美国人能来救我们，但来年春季，我们中的大多数人重新返回抚顺，而中尉以上的战俘被送至哈尔滨。直到这时我们才意识到，中国人民解放军不是一支普通的军队。朝鲜战争的结局果真像他们告诉过我们的那样，我们曾认为“中国人是劣等民族，中国军队不堪一击”，事实证明，这种观点大错特错。

现在，各类书籍在监狱中流传。先是小说和文学类，后来又有政治和经济类图书，毛泽东的著作也出现了。我重新拿起了马克思和恩格斯的著作，战前我曾读过他们的书，但在监狱里读这些书是一种完全不同的体验。我们还得到了《人民日报》。

大约在这段时间，我们被叫到一个评判小组面前，他们问我们对这里的待遇有什么意见，读了那些书又有什么感想。看管我们的警卫和士兵都没有佩戴军衔。那些来叫我们的人似乎是军官，警卫似乎是士官。我们把他们和跟我们谈话的人都称作“领导”。

一天，他们发给我们10张粗纸，让我们把过去的经历写下来。我们想，最后的时刻到了。如果真的动笔，除了那些残酷的行径，我们还能写什么呢？这就意味着死刑。我们四五个人分开坐在一个房间里，每个人都沉默无语，紧盯着桌上的纸。有人提笔写了几行字，又把它涂抹掉。

午饭时，所有人默默地吃着饭。我心中暗想，反正会被判处死刑，于是提笔写了起来。我写道，我曾接到过直接命令，亲手处决过一名囚犯；担任中队长时，我命令新兵们处决囚犯。我又写道，我命令部下射杀投降的中国士兵，因为带着这些战俘很麻烦。我还写道，我曾按照上级的命令，下令焚烧过100栋房屋。

其他人都惊讶地看着我。我把这份交代誊抄整齐，想把它交给一名路过的警卫。可他没有理我，径自走开了。30分钟后，另一名警卫走了过来，我叫住他，问过我究竟有什么事后，他不太情愿地接过我写的交代。

其他战俘也无比艰难地写了起来，而此刻，我已悠闲地翻起了杂志。就在这时，一名警卫走了过来，叫出了我的囚号。从囚禁生涯的第一天起，373 号就成了我的名字，直到最后。他站在那里，表情凶狠，手里握着我交上去的材料。他说，不能写可以理解，但写得这么快就是一种阳奉阴违的态度。对那些态度真诚的学员们来说，我成了个障碍。他把我叫了出去，将我关入一间地牢。

这间地牢在深深的地下，里面黑黢黢的，显然很久没有使用过了。一盏昏暗的灯泡提供了照明。我试着说服自己，终于落入到我所能落入的最底层。我的眼睛渐渐习惯了黑暗，然后我分辨出墙壁上写的字。“打倒日本帝国主义！”“东洋鬼子！”都是些怒斥我们日本人的侮辱性语言，这些文字是用血写下的。

看见这些，一股寒意从我的后背油然而起。这是那些囚犯在临刑之前写下的，是一种绝望、无助的反抗。平生第一次，我明白了那些囚犯的心声。在此之前，我一直认为自己没什么责任，因为我是执行联队长的命令才犯下那些罪行的。但从遇害者的角度看，我们实施的杀戮无论是自愿的还是执行命令，没有任何区别。

我现在意识到，首先，作为犯罪行为的实施者，我必须承担责任。只有这样，我才能向我的上司、我的指挥官乃至天皇追究责任。地牢里放着一个笔记本。我再次被告知写一份深刻的检讨。被关入地牢的第 10 天，蓝墨水变成了紫色，然后便干脆消失了，我已无法看见自己写下的文字。

把这个情况向警卫汇报后，我被送进医疗室。他们给我打了一针，并命令我不要再写了。我只是坐在房间里，默默地思考着。一周后，他们告诉我可以写检讨了，并建议我深挖自己的思想。我们烧毁过房屋，杀害过无辜的平民，我从受害者的角度书写自己的检讨。寒冬中，他们没有房屋，没有食物，也没有柴火。根据自己所作所为导致的结果，我写了一份深刻的检讨。

一个月后，我获准离开地牢。后来，我被送至哈尔滨医科大学的附属医院，这里曾是日本关东军的医院，拥有一流的设备。我接受了全身检查，这才获知自己患了脊椎骨髓炎。住院期间，我的上半身躺在一个石膏模具中。

由于疼痛，我无法入睡，直到他们给我注射了一针吗啡。醒来后依然疼痛难耐，我认为这是受害者对我的报复。我第一次体会到真正的疼痛。他们给我注射了链霉素，这种珍贵的药物在当时非常昂贵。两周后，疼痛突然消失了。

在我住院期间，其他战俘在众人面前交代口供。那是 1954 年，管理所的领导和公诉人也在场。这种罪行交代每天都进行，一连持续了几个月。被发现有所隐瞒时，战俘们就不得不一次次重复自己的所作所为。

他们缺乏真诚的态度受到批评，不少人因为焦虑而食欲不振，还有个战俘自杀了。卧床 3 年后，我终于获准返回监狱，重新回到其他日本人身边，我发现他们的神情已发生变化。他们说出了隐藏在内心的事情。那时候，我们可以去其他房间串门，因为各个牢房的房门从来不锁。上午，我们学习；下午，我们锻炼。

现在，学习委员会带来了新的主题让我们讨论。曾杀过几十个人的三羽在众人面前宣布，要求将自己判处死刑。他认识到自己所犯的罪行，认为不应该等待审判，而是要求立即处决自己。通过学习，我们的认识达到了一个新水平，我们应该接受任何判决。

可是，审判到来时，我们还是感到惴惴不安。现在，我们离开监狱，去各处参观。第一天，我们来到一个机械厂。特别令我惊异的是一种长形灯泡，以前从未见过。有人告诉我，这叫“荧光灯”，非常高效。这让我意识到自己在监狱里已度过很长一段时间了。

第二天，我们参观了一个农业合作社，第三天去了一个矿场。参观完矿场后，我们被介绍给附近村庄里一个日军大屠杀的幸存者。这位幸存者详细介绍了她的家人和其他村民是如何被杀害的，还有她的感受。她解释说，在中国共产党的帮助下，她认识到造成这一切的是日本军国主义者，而不是日本人民。这是我们第一次亲身体验到中国人的愤怒。

很快，审判开始了。那是 1956 年 6 月，我们共有 1 062 人接受审判，其中包括 120 名曾在内战中与国民党军队并肩作战的日本战犯。45 人被起诉，其他人都被免于起诉。我们被告知，他们有足够的证据将我们起诉并定罪，但还是把我们释放回国，因为我们承认了自己所犯的罪行，并流露出明显的悔改之意。

另外，日本已不再是一个“军国主义国家”。在船上过了两晚后，看见日本的绿色土地时，我无法移动双脚，我甚至不相信已回到自己的祖国。

也许是因为离开得太久了，也许是因为我已被过多的压力所击垮，我不知道该如何支撑自己的家庭，又该如何适应这个社会。在西伯利亚时，我曾对此渴望不已。那时候，看见向东驶去的火车，我的眼中便充满泪水。

但作为战犯被移交给中国人后，我便放弃了回家的念头。

自离家赶赴中国战场起，已过去 16 年了。43 岁的我成了个瘦弱的男人，裹着一件中国工人的衣服，疲惫、羸弱。我不由得产生了一种空虚感。码头上挤满了人。我下了船，穿过欢迎的人群，直到看见我的妻子。“我回来了。”这就是我能说的全部。“欢迎回家！”她回答道，脸上露出了笑容。她看上去苍老了许多。

然后，她把站在身后的一个高个子姑娘介绍给我：“这是由美。”我抚摸着这个高中女生的肩膀，说道：“嗨！”她紧张起来，脸上没有笑容。我最后一次见到她时，她还不太会走路，可现在，这个形同陌路的大姑娘居然是我的女儿。

敌人的面孔

口述者：小学生　佐佐木直方

1944 年 9 月 2 日，他和他那些小学同学们被疏散到宫城县。1945 年 8 月 15 日，战争正式结束时，他们待在一座小客栈里。“许多同学失去了父母，有 7 个人失去一名家长，9 个人失去了双亲，还有 10 个人全家都没了，只剩下孤零零的一个人。这就是我所在的浅草小学六年级的 85 名同学当时的情况。”

战争结束的那天，我们仍跟往常一样出早操。我们光着膀子，即便在隆冬也是这样（女同学同样如此），一边做操，一边有节奏地喊着口号：“消灭美英，一二三四！消灭美英，一二三四！”此刻是清晨 6 点，在客栈的院子里有一个池塘，池塘里仍有鲤鱼在游动。我们毫不怀疑日本的行为是“正义”的，美国人和英国人都是“鬼子”，不是人类。

做完早操，我们去客栈一楼的食堂吃早饭，我们齐声背诵道：“享天地御世之福祉，尝亲及霸业之恩惠。”直到今天我也不明白这两句话的确切含义，但“霸业”也许指的是天皇。然后，我们迅速吃饭。摆在我们面前的食物寥寥无几，很快就吃完了。我们总是很饿，我们把热水倒入碗里一饮而尽，以此来填充空荡荡的肚子。

那天，我们来到山腰处的南瓜地里劳动，那片田地是我们在树林中开垦出来的，然后又返回客栈，准备聆听天皇陛下的特别讲话。但收音机的状况非常糟糕，天皇的话难以听清，我们根本听不明白。就连我们的老师也没听懂。

直到第二天（或是第三天），我们才获悉天皇究竟说了些什么——我们从未想过日本会输掉这场战争。接下来的两天里，我们做早操时继续高呼着“消灭美英，一二三四”，最后，我们的老师告诉我们：“战争结束了。”就算这样，他们也从来不说“日本战败了”。既然这样，我们可以回家了。这很好。

渐渐地，我那些朋友开始返回东京。但我没有，我仍待在宫城。一天，有消息传来：“美国人来了！他们乘坐着吉普车和卡车正在赶来！”

吉普车沿着公路朝我们驶来时，卷起大团尘埃。我们在客栈的纸障上刺出小孔，透过孔洞窥探，试图看清那些美国人。他们会是什么样子？我们突然想：“他们肯定长着角！”

我们想象着那些“鬼子”的模样，犄角从他们的头上伸出。当然，我们失望了，他们根本没有犄角。后来，在街上遇到美国人的同学们带着巧克力回来了。“美国人都是些很好的人”，他们这样说道。我告诉他们这不是真的。我发誓，他们肯定在说谎。可我始终没有出去亲眼看看，直到我返回东京。

给战殁者的礼物

口述者：成功女商人　川岛英子

她是盐濑总本家的第34代传人，这个店铺以被称为“馒头”的甜豆糕闻名。1349年，盐濑总本家的创始人从中国来到日本，将中国的糕点改良为符合日本人的口味后，他们制作的甜点一直深受日本皇室、军事统治者、茶道大师和甜食鉴赏家的喜爱。68岁的她成为了“成功女商人”的代名词。

我父亲常说：“明治天皇陛下喜爱甜食。他喝清酒时，总是吃我们的甜豆羊羹。”昭宪皇太后陛下很喜欢我父亲，总是用我们店铺的名字（盐濑）称呼他。孩提时期，父亲甚至跟皇太子裕仁亲王以及他的兄弟三笠宫崇仁亲王、秩父宫雍仁亲王在一起玩耍，所以父亲从没把为皇室制作甜点当作生意。

当然，我们不是免费提供的，但只收成本价。

战争初期，我们跟军方的生意做得很大。每逢帝国军队大检阅、联队阅兵或纪念日，我们都能接到很大的订单。我们的特产是馒头，但随着战事越来越吃紧，我们发现原材料越来越短缺，特别是制作面粉的日本芋头。另外还有糖，也成了配给品。我们世世代代制作的东西（已有640年的历史），现在却难以做出来。

最后，我们的业务严重萎缩，只留下10名雇工制作两样食物：一种是提供给学校的面包，另一种是供丧事使用的果子。后者带有皇室徽标，是以皇后陛下的名义送给战殁者的家属，以祭奉死者的亡灵。天皇陛下送上的香烟上也带有皇室徽标。我们的果子用面粉和糖制成，纯白色。

为此，我们得到大批原材料，并将它们保存在仓库里。这些材料靠手工加以混合，再压入独立的木模中，做成泡桐叶的形状。经过加热，木模变干，果子变得非常坚硬，就算不慎落在地上，也不会破碎。这种甜点不是用来吃的，而是放在供坛上祭奉战殁者。如果在甜点上发现某些黑点，例如烧斑，污染了纯白色的果子，那将是一场灾难。因此，每个制作步骤都会被小心对待。

母亲和我将每个果子包上白纸，再放入一个覆盖着白纸的特制盒子里，每盒6个。随之附上的一张小纸片上写道："皇后陛下御赐。"这是一份极其单调的工作，可一旦我打瞌睡，母亲便会狠狠地斥责我："送出的这些果子代表着一名士兵的生命，你必须给予它们应该有的尊重。"

战争结束的那天，我聆听了天皇的广播，就在这里。我们都哭了，那时候的我还年轻。我很伤心，但同时也有一种如释重负感。即便在今天，我这样说仍感到内疚，可在我看来，空袭太可怕了。在我身旁的父亲泣不成声。明治、大正、昭和，这些天皇他都曾服务过！对他来说，此刻的心情肯定非常痛苦。

很快，皇室派来了一辆卡车，他们想收回我们储存的原材料。他们说，他们希望能筹一点钱，以便让天皇陛下周游全国，同时也给皇室的雇员们分发退休金。

父亲把所有原料都还给了他们，所有的一切。他没有为自己留下哪怕是一袋面粉，他甚至交出了那些木模："请使用这些，为天皇陛下节约开支吧。"直到今天，我依然记得卡车离开时的情景。父亲站在门廊处，泪水从他的脸颊滚落。这番情形我怎么会忘记呢？他喃喃地说道："我的服务结束了。"

跟美国人追讨版权费

口述者：战时漫画家　横山隆一

作为日本著名的漫画家，1945年时，面对军方即将发出的征召令，他离开了位于镰仓的家，居住在长野的农村。他的妻子刚刚去世，几个孩子需要他抚养。

说起来很有意思，但日本军方并未充分认识到漫画能抓住人们的心，他们没有意识到我们的重要性。其结果是，我们这些漫画家并不害怕军队，因为他们不知道我们所能发挥的力量，但美国人却很清楚。

战争结束前，他们从空中向我们抛撒传单。那些传单上印着我创作的“小阿福”。他们挑选的都是那些最能让你回想起和平时期、让你怀念昔日菊花的内容。例如，一张传单上印着“小阿福”用伞遮住菊花，这样它们就不会被雨水淋湿，这番善举得到了周围人的一致称赞。那是我在1943和1944年间画的漫画，但美国人从来不使用“小阿福”说过的话。

这些传单被称为“空投新闻”，他们甚至采用了连载的方式。在这些传单上，你还能见到许多广告。例如口香糖、标准石油公司的取暖器、立顿红茶、鹰唛婴儿奶、利比牌咸牛肉、新奇士葡萄干等。

日本人知道这些东西，战前他们曾吃过。你知道吗？他们在东京上空撒下这些传单，差点让身处农村的我卷入到一场大麻烦中。一场猛烈的空袭后，有人带着传单来到农场，对其他人说：“横山是美国间谍！他为美国人工作！”他拿出“小阿福”来证明这一点。要澄清自己没做过这种事可不太容易。

总之，战争结束后，我开始琢磨要调查一下美国人使用我的漫画的情况。于是我去了盟军总军令部，并要求见见负责人。我已咨询过好友吉田健一，他是吉田茂首相的儿子。按照他的建议，我告诉那些美国人，他们未经我的许可便使用了我的漫画。如果可以的话，我希望他们能补偿我一些钱。

斯坦利先生是一名澳大利亚人，这位牧师过去曾就读于东京帝国大学。他走了出来，在皇宫对面的盟军总军令部里会见我们。他告诉我，他在战前便通过“小阿福”学习日语。

麦克阿瑟将军向菲律宾挺进时，得到些旧的《朝日新闻》，发现上面刊登着“小阿福”的漫画。他说，这让他想起了昔日往事，因此他在制作传单时，就把“小阿福”剪了下来，再添加上东京人在和平时期喜爱的那些东西。

现在，他在麦克阿瑟的军令部与我交谈，日语讲得非常流利。不管怎样，我告诉他，我来这里是追索版权使用费的。他请我们稍等片刻，说“我必须跟我的上司谈谈”。没过多久他回来了，并告诉我们：“战争期间不存在版权使用费一说。”

我把这件事告诉给我那些朋友，他们都很震惊。当时，所有人都害怕美国人。他们一个个眨着眼睛问我：“你怎么敢跑去那里要钱呢？”

脖子上的割痕

口述者：历史图书编者　宫城晴美

她刚刚完成关于座间味岛在冲绳战役期间那段历史的编写工作。那座岛屿位于那霸市西面 22 英里处，隶属庆良间群岛。美军于 1945 年 3 月 26 日登陆座间味岛，适逢冲绳战役的开始阶段。当时，岛上有 700 ～ 800 名居民。他们的主要生计是捕捞金枪鱼，还有些规模不大的农业。共有 358 名平民丧生，其中包括 171 名“集体自决”者。

是我的外婆，而非我妈妈激发了我对战争的兴趣。妈妈只是谈及战争，而外婆的脖子上却有个洞，我不知道这个洞是怎么来的。我所居住的岛屿面积非常小，但许多人喉咙处都有一道疤痕，包括我姨妈，但只有我外婆的脖子上有个大洞。我已不记得自己是在多大的时候首次意识到这个洞的存在，但作为一个孩子，我认为战争期间每个人的脖子都被砍过。

村里有个老人，我们称他为“凶手”！他出现时，村里的孩子们都喊他这个绰号。等他靠近时，我们便一哄而散。后来，我获知他在一个洞穴里（美军入侵期间，冲绳人躲在这些洞里）杀了他的全家。他的家人要求他杀了他们，据那些生还下来的人说，起初他不肯那样做，泪水从他的脸上滚落。但其他人已没有足够的力气，于是他杀掉了自己的孩子，杀掉了自己的孙子，把全家人都杀了。另一个老人也做了相同的事情。然后，他请那位老人杀了他，但对方没有这样做。他答应过自己的孙子们，很快就会去找他们，所以他把一根绳子挂在支撑洞顶，防止洞穴坍塌的木梁上，试图吊死自己。许多老人杀掉自己的家人后，用这种方式自杀身亡。但我们这些村里的孩子却认为他是“凶手，杀人凶手”。

外婆对外公非常冷淡，很少跟他说话。即便说上几句，也充满挑衅意味。我原以为外公是怕老婆，但事实并非如此。外婆指责他杀死了他们的儿子。实际上，美军士兵出现在他们躲藏的洞穴前方时，许多人惊恐地尖叫起来 :“杀了我们！杀了我们！”外婆也是其中一个，她是这场惨剧的帮凶之一。可她的儿子死了，她自己的脖子上留下一个大洞，似乎是她脑中记住的唯一东西。外公的脖子上也留下一道疤痕，那是他试图自杀时留下的。我曾认为外公性格非常温和，但获悉了整个情况后，我意识到事情不是那么简单。

一开始，外婆惊慌失措，她要求丈夫赶紧杀了她。仓促之下，外公试图用绳索勒死她，但失败了，他没有足够的力气。于是，他决定使用刀片。你知道理发店里使用的那种剃须刀吗？外公身上带着一把那样的剃须刀，因为他很讨厌脸上长胡子。还是个孩子时，我记得他每天都要刮两三次胡子。无论走到哪里，他总是带着这把剃刀。我得知，他用这把剃刀割开了外婆的喉咙，但这并没能杀死她。外婆大声喊叫着，让他再用点力，于是外公又试了许多次。接着又对他们的儿子下手，而后者只喊了声“爸爸”便死去了。

他们还有两个女儿，其中一个是我的妈妈。当时她并不在现场，而是跟村长在一起，作为青年女子队的一名领导救助负伤的士兵。我姨妈则躲在洞里，别人都以为她也被杀死了。她后来告诉我，她听见周围的声响，恢复了意识，然后睁开双眼。一名美军士兵正在俯视她，他们的目光碰在一起。她很害怕，赶紧闭上双眼。但那名美军士兵拨开她的眼皮，让她睁开眼睛。她试图屏住呼吸，但你知道，这不可能长久。他把她抱出山洞。当时她 18 岁，已足以记住山洞里发生的大多数事情。她说，剃刀割到她的喉咙时，她没有感觉到任何疼痛。鲜血喷涌而出，她的身子感到热乎乎的。然后，她开始昏昏欲睡。现场一片血海，每个人都浸在其他人涌出的鲜血中。后来，我第一次希望了解她曾对我说过的这些事情时，她却再也不肯跟我说了。我不知道原因何在。外婆去年去世后，姨妈不再跟我诉说这些往事。她曾说过，她那些可怕的经历都是拜她母亲所赐，我感觉到她是在责怪外婆。也许她觉得自己的母亲去世后，再说这些旧事已没有意义了。

外婆的去世不是因为患病。为了呼吸，她的气管上插了根管子。她的嘴只用来吃东西。说话时，她的话语从喉咙中部吐出，嘴只是无声地翕动。只有听惯她说话的人才明白她说的是什么。那根金属管是战争期间的美军士兵插在她喉咙里的，战后40余年一直留在那里，已渐渐破损。我认为这是意料中的事，后来这根金属管被一根日本制造的管子所替代。新管子是塑料的，结果造成了炎症。医生随后订了根特制的金属管，但不太贴合。一次，这根金属管被强行塞入时，鲜血涌入孔洞，她窒息而死。当时她的身体状况其实还不错。

我从未听她谈过关于战争的事情。老实说，从来没有。只有一次，我问起她的时候，她这样说道："说实话，我想死！可他们不让我死。"她告诉我，她想向自己的儿子道歉，想快点死去，好到儿子那里去。外婆对儿子的死深感自责，我没有再追问。我考入大学的那段时间，外公去世了。那时候，我对战争还远不如现在这般感兴趣。不过，就算他现在还活着，我想我也无法开口向他询问。

所有人都曾认为是部队指挥官下达命令，才导致杀戮的开始。但据说，命令来自我们村里的重要人物。传言说，一名传令兵奔波于各个洞穴，他传达了这样一个消息：所有人都应聚集到阵亡将士纪念碑前。随后，每个人都认为他们将实施自杀，尽管没有任何预先安排或计划。你知道，聚集令并不是实施"集体自决"的命令。但每个人都凭直觉知道了他们该如何行事。仓促中，他们开始"换装赴死"。他们给孩子们换上他们最好的衣服，把剩下的食物吃光。他们在深夜时冒着海军舰炮的轰击离开洞穴，朝着纪念碑的方向走去。

纪念碑的所在地毫无安全可言。那是一片开阔地，是在1940年为纪念日本建国2 600周年设立的。每个月的第8天，他们都会聚集在这里祈祷战争取得胜利，并伴随着冉冉升起的国旗高唱日本国歌。在这里聚集意味着许多东西。夜里，村民们三五成群地来到这里，但猛烈的炮击很快将他们驱散。尽管每个人都抱着必死的念头，但他们无法实施行动。第二天早上，美军登陆了。

1945年3月26日，美国人登陆座间味岛。村民们第一次亲眼目睹美军士兵涌上岸来时，紧张的气氛令人难以承受，仿佛一种一触即发的状态，只要轻轻一碰就会爆炸。村民们受过的教育是，"作为日本人，绝对不能丢脸"。这种教育以天皇为中心，并深深地铭刻在他们的心中。"不得使用你们的本地方言！""不要太看重冲绳的文化！""尽力与日本人并肩而立！"这些教育渗透进他们内心深处，它教导大家，"每个人都是天皇的孩子"。这种教育不得不在冲绳一次次加以强调，因为那里从未有过这种传统。如果被美军士兵抓获，会发生些什么，他们是怎样被告知的？曾去过中国的老兵告诉村民们，如果被俘会遭遇到什么。他们以南京大屠杀为例，“日本人做了那些事，”他们说道，“美国人当然也会做同样的事情。最好是先杀掉你的孩子，然后再自杀，这总比受到羞辱、虐待和强奸要好。”

尽管我出生在战后，但我还是觉得那场战争与我息息相关。就连一些村民也认为我与那场战争同在，或许是因为我所从事的这种工作。他们会这样说：“美国人就这样来了，我们逃走了，你不记得了吗？”

我在座间味岛上采访了许多人。陌生人来到岛上，村民们会很警惕。他们守口如瓶，不会作出任何回答。因为不知道自己的回答会被别人如何使用，所以他们不敢说出内心的想法。那些令人深感耻辱的事情发生在骨肉之间，更让他们无法开口畅谈往事。另外，尽管他们所能做的只是深深的自责，但那些人已经死了，现在做什么都已于事无补。

村民们信赖我的母亲，这对我起到了很大帮助。据说，当年 24 岁的母亲是青年女子队的一名领导。战争刚结束，母亲便开始收集死难者的遗骸。她组织起一支青年队，帮着分发从美国人那里接收到的补给物资。战役期间，按村长和副村长的要求，她所在的青年女子队为军队运送弹药。然后，她和她的朋友们准备以身赴死，打算用手榴弹自杀，但手榴弹没有爆炸。于是，我母亲和村里的 3 名要人（村长、副村长和校长）去找守军司令索要一个弹夹。这样，他们和其他村民就能实施自杀。但他们的要求被拒绝了。守军司令回答道：“回家去吧！”也许在这之后，村干部就下达了命令，让所有人集中到纪念碑前。谁知道呢？现在，除了我母亲，他们都死了。如果守军司令曾下达过“集体自决”的命令，我觉得他至少想过村民们的命运，但情况需要更多证据才能理清楚。数年后，我弄清了这一点，那位司令官回来了，并悄悄来了场旧地重游。其实，是我邀请他去的。我建议他见见那些村民，跟他们谈谈当年的往事。他以化名给我回信，并来到冲绳。我陪着他登上座间味岛，母亲自告奋勇为他担任向导，他想看看他那些部下阵亡的地方。每当我母亲说“一名士兵阵亡在这里”时，他会立即要求停车，接着下车穿过灌木丛和岩石，寻找阵亡者的痕迹。然后他双手合十，低头祷告，并抽泣起来。

“59 位村民死在这里，包括村里的大人物——村长、副村长和校长。”母亲指着一座为他们竖起的纪念碑说道。“是这样吗？”他几乎没什么反应，我感到非常震惊。“好吧，”他终于说道，“我们过去，也给他们献点花。”我很惊愕，简直不敢相信。听到这个消息，他怎么能如此轻描淡写？59 位村民死了，59 个人就死在那里。

其他人也一样，全家人一同赴死——父亲、母亲和孩子。他甚至不愿为此多走几步。这让我置疑，这个人是否下达让村民们自杀的命令，军队考虑的只是他们的部队和命令。在返回那霸的船上，我拿出一本大田昌秀教授编写的图片集《这就是冲绳战役》，问这位司令官想不想看看。“不，我不想看！我不愿回想那场失败的战役！”他这样说。

此后，我便缄默不语，思忖着自己说过的某些话可能是错误的。船只进入港口时，我问他：“您打算去南方战场看看吗？”“不，”他回答道，“那只是一场败仗的象征。我打算去参观嘉手纳的美国空军基地。我想亲眼看看，以确定日本的安全已得到保障。”我告诉自己：“这就是军人的想法。”尽管战争已结束，但他的想法没有任何改变。

我上小学时，岛上各个地方都建起了新房屋。盖房子的钱来自战后重建基金。你可以贷款，利率很低。许多家庭挂起皇太子和公主的相片。

他们说，制造战争的是“坏蛋”，而不是天皇。尽管村民们批评战争，但他们不知道该把责任归咎于谁。他们无法责怪天皇，所以只能将怨气发泄到其他地方。他们说，“那个老人是凶手”或“是那个人的父亲干的”。岛民们被分为杀人者和被杀者。

冲绳战役已过去 45 年，冲绳发生了翻天覆地的变化。首先，美国的长期占领为当地带来了美国文化。然后，冲绳突然被交给日本，我们再次听到了冲绳人必须跟日本人携手共进的说法。除了军事基地的租金和补贴，大量资金作为养老金支付给冲绳的生还者，以及死者的家人。这些钱一直支撑着这个岛屿，但这是一种不健康的生活方式。直到今天，我们仍在战争中踯躅，我们是靠那些死者在过活。

天皇宝座的占领者

口述者：《读卖新闻》记者　河内卯一郎

作为一名《读卖新闻》的记者，整个战争期间，他一直被派驻于帝国大本营，日本投降后，他在东京目睹了美国军队的到来。

战争结束那天，我从帝国大本营被调至首相官邸，奉命采访内阁。走出陆军省时，到处都是焚烧文件腾起的烟雾。我瞄了一眼后赶往首相官邸，准备执行我的新任务。

美国占领者的到来给我留下了深刻的印象。我看见率先进入东京的不是军人，而是记者。对此，我们日本人简直不敢相信。一队吉普车驶入首都，车上满载记者。一些美国人看见围观的日本记者中有熟悉的面孔，就跳下吉普喊道："嗨，你在这里干什么？"过去在日内瓦或其他什么地方相互结识的记者们再次聚到一起，就好像什么都没发生过。

这些美国人没有采取任何防范措施，也没有警卫，什么都没有。他们径直赶往国会，走入贵族院，就是今天的参议院。议事厅一面墙壁的中央，天皇陛下的座椅高高地放在主席台上，天皇一般会坐在那里宣布会议开始或发布公告。这群嘻嘻哈哈的美国记者冲上台阶，朝着天皇的宝座跑去，轮流让摄影师拍下自己坐在上面的照片。看见这一幕，战败的念头在我心中油然而起。公然坐在天皇的宝座上，在我们看来，这完全无法想象。

回到起点

口述者：摄影师　林重男

他原本是驻扎在满洲东部的陆军中的一名工兵。从1943年起，他成了《前线》的一名摄影师，这份陆军刊物的发行目的是为了加强对战争的支持。

战争结束的一个月后，文部省组织了一个研究组前往广岛和长崎。那时候，广岛几乎没有被公开提及。人们也许会说："一声爆炸，广岛就消失了。"但也仅此而已。尽管报纸有时候会评价这场爆炸"残忍""不人道"，但没有刊登过任何照片。我自告奋勇加入其中，一些朋友劝我不要去。他们告诉我，炸弹落下后，那里就连树木都不再生长了。但我的妻子怀孕3个月了，所以我认为，我去很合适，因为我有继承者了。不过，后来证明，我的孩子是个女儿。作为一名军人，我多次面对过死亡。所以无论还能活多久，在我看来都是赚来的。

在满洲当工兵时，我每天都要跟炸药打交道，因此对我而言，计算炸毁一座房屋或将一棵大树连根拔起需要多少炸药实属小菜一碟。我只是想知道那场爆炸给广岛造成了什么样的影响。现在我这样说，你听起来会觉得我有点个人英雄主义，也有些狂妄，但当时的我只是想着，作为一名摄影师，我应该拍些别人没见过的东西。

我想象的东西和我亲眼目睹的毫无关系。和我同去的学者们把测量设备埋入土壤中，试图确定辐射剂量。你看，他们想找到原子弹的准确落点。他们的手段相当原始。通过测量建筑物投下的阴影和角度，他们获知了原子弹可能的落点。

最后，就像一把雨伞的骨架，所有光线都指向一点，这让他们计算出炸弹的爆炸点。一开始，研究组里的负责人告诉我要拍摄哪些东西，但后来他们的注意力都集中到研究和计算工作中，把我晾在一旁。他们对我说："去给可疑的东西拍照吧。"于是，我在广岛绕了一圈，对看到的东西拍摄照片。

事后看这些场景，我们能了解一些端倪。例如，爆炸将桥梁拉向上方，主水管随着桥梁一起被扯开。你能想象人类在那一瞬间遭遇到什么。所有的一切都显得如此怪诞，如此可怕。"那是什么？这是怎么回事？是什么原因造成的？"我不停地问自己，不停地拍下一张张照片。

最后，我们来到长崎，在那里重复了同样的程序。一天，我来到三菱兵工厂拍摄鱼雷工厂。陪同我的是三菱公司的一名员工，在某个地方，他告诉我："我们在这里制造了第一批鱼雷，就是在太平洋战争爆发时用于珍珠港的那些。"工人们使用过的扳手和其他工具摆放在那里，就在我身边，仿佛是在一分钟前刚刚放下的。我拿起这些工具，那名员工平静地说道："林先生，第一枚鱼雷在这里被制造出来，最后我们却被刺死在这里。我们打了一场愚蠢的战争，不是吗？"我们只是默默地站在那里。

致　谢

首先，感谢本书中所有愿意勇敢发声，与我们分享故事的人。感谢他们同意将所述内容公开出版，希望他们也能理解，我们所做的一切正是为了无愧于这个时代。我们同样也真诚感谢其他很多愿意接受采访的人，虽然最终他们的真实身份并没有出现在本书中，但他们不吝与我们分享自己的经历和回忆，已经为本书增色不少，他们的慷慨我将永远铭记在心。

出版商安德烈·希夫林富有真知灼见，早就洞悉创作本书的必要性，并对此坚信不疑。他四处奔波，拓宽调研渠道，促使本书的问世成为可能。希夫林自本书创作之初，就慷慨献计献策，为本书的写作提供了不可或缺的建议与帮助。编辑汤姆·恩格尔哈特做事一丝不苟，在本书创作过程中，给予了我们源源不断的鼓励与支持，对此我们深表感激。此间，有无数日语录音带需要转化成文字材料，翻译成英文，反复校对，每当这些繁琐的案头工作似乎要将我们打垮的时候，恩格尔哈特总是陪伴在我们身旁加油打气。他不知疲倦地工作，身体力行，给予我们最大的支持，我们自然也因此收获了一位至交好友。

完成一部口述的历史，离不开人们之间相互介绍、彼此引荐。很多愿意向我们讲述其亲身经历的人，通常也会很热心地为我们引荐其他亲历者。朋友、家人、熟人，以及许多古道热肠的人，都给我们提供了宝贵线索，我们得以借此顺藤摸瓜找到更多愿意分享往事的亲历者。正是由于他们的热情相助，此书才能顺利付梓。谢谢勅使河原平八、长泽道穗、武田荣子、铃木创人、金敬淑、笹山隆志，等等。其实要感谢的人特别多，限于篇幅，请原谅我们无法一一列举。

特别感谢谭汝谦教授审校本书涉及的所有中文人名。本书创作期间，我们得到了彼此在日本和美国的家人及朋友无尽的鼓励。一路走来，治子的姐妹——塔娅邦子、铃木广子、长谷川菅伸子等人始终义气相助，我们在此深表谢意。

感谢新新出版社的道恩·戴维斯和金·维默尔对本书提供了指导；感谢戴维·弗雷德里克森悉心编辑；感谢权昭媛女士阅读初稿，并提出宝贵意见。

当然，本书的任何疏漏或不当之处，都由我们自己承担。

关于译名及拼写的说明

本书正文的日本人名，均按照日语习惯，即姓在前、名在后的顺序。

书中所涉及的日语，我们使用长音符号来代表长元音，一些已经为西方读者所熟知的词汇除外，比如Tokyo（东京），保留了西方约定俗成的拼法。

本书提及的事件大多发生在“二战”时期，因此文中涉中文专业术语，即人名和地名都采用当时较为普遍的威妥玛-翟理斯拼音规则，而非现代汉语拼音。例如，南京（Nanking）、重庆（Chunking）、蒋介石（Chiang Kai-shek）、毛泽东（Mao Tse-tung）。

韩语名均严格按照讲述者提供的方式拼写。

"iHappy 书友会"会员申请表

姓　名（以身份证为准）：________ 性　别：________

年　龄：________ 职　业：________

手机号码：________ E-mail：________

邮寄地址：________ 邮政编码：________

微信账号：________（选填）

请严格按上述格式将相关信息发邮件至中资海派"iHappy 书友会"会员服务部。

邮　箱：zzhp_marketing6@126.com

微信联系方式：请扫描二维码或查找 zzhpszpublishing 关注"中资海派图书"

<table>
<tr><td rowspan="9">优惠订购</td><td colspan="2">订阅人</td><td></td><td>部　门</td><td></td><td>单位名称</td><td colspan="3"></td></tr>
<tr><td colspan="2">地　址</td><td colspan="8"></td></tr>
<tr><td colspan="2">电　话</td><td colspan="3"></td><td>传　真</td><td colspan="3"></td></tr>
<tr><td colspan="2">电子邮箱</td><td colspan="2"></td><td>公司网址</td><td></td><td>邮　编</td><td colspan="2"></td></tr>
<tr><td>订购书目</td><td colspan="9"></td></tr>
<tr><td rowspan="2">付款方式</td><td>邮局汇款</td><td colspan="8">中资海派商务管理（深圳）有限公司
中国深圳银湖路中国脑库 A 栋四楼　　邮编：518029</td></tr>
<tr><td>银行电汇或转账</td><td colspan="8">户　名：中资海派商务管理（深圳）有限公司
开户行：招行深圳科苑支行
账　号：81 5781 4257 1000 1
交通银行卡户名：桂林　　卡　号：622260 1310006 765820</td></tr>
<tr><td>附注</td><td colspan="9">1. 请将订阅单连同汇款单影印件传真或邮寄，以凭办理。
2. 订阅单请用正楷填写清楚，以便以最快方式送达。
3. 咨询热线：0755-25970306 转 158、168　传　真：0755-25970309 转 825
E-mail: szmiss@126.com</td></tr>
</table>

→利用本订购单订购一律享受九折特价优惠。

→团购 30 本以上八五折优惠。